O Dever de Revelação
do Árbitro

O Dever de Revelação do Árbitro

2018

Ricardo Dalmaso Marques

O DEVER DE REVELAÇÃO DO ÁRBITRO
© Almedina, 2018

Autor: Ricardo Dalmaso Marques
Diagramação: Almedina
Design de Capa: Roberta Bassanetto
ISBN: 978-85-8493-388-4

Dados Internacionais de Catalogação na Publicação (CIP)
(Câmara Brasileira do Livro, SP, Brasil)

Marques, Ricardo Dalmaso
O dever de revelação do árbitro / Ricardo Dalmaso
Marques. – São Paulo: Almedina, 2018.

Bibliografia.
ISBN 978-85-8493-388-4

1. Arbitragem (Direito) 2. Árbitros 3. Árbitros –
Deveres 4. Dever de revelação 5. Legitimidade
(Direito) I. Título.

18-18722   CDU-347.918

Índices para catálogo sistemático:

Arbitragem: Direito processual 347.918
Maria Paula C. Riyuzo – Bibliotecária – CRB-8/7639

Este livro segue as regras do novo Acordo Ortográfico da Língua Portuguesa (1990).

Todos os direitos reservados. Nenhuma parte deste livro, protegido por copyright, pode ser reproduzida, armazenada ou transmitida de alguma forma ou por algum meio, seja eletrônico ou mecânico, inclusive fotocópia, gravação ou qualquer sistema de armazenagem de informações, sem a permissão expressa e por escrito da editora.

Outubro, 2018

Editora: Almedina Brasil
Rua José Maria Lisboa, 860, Conj. 131 e 132, Jardim Paulista | 01423-001 São Paulo | Brasil
editora@almedina.com.br
www.almedina.com.br

"Strive not to be a success, but rather to be of value."

Albert Einstein

À minha família, que, graças a Deus, compreende os de sangue e os de coração. E à benção que tive de ter tantas grandes pessoas em quem me inspirar e com quem aprender.

SUMÁRIO

PREFÁCIO 15

INTRODUÇÃO
REVELAR É, SOBRETUDO, INFORMAR E VALIDAR 19

1. A FIGURA DO ÁRBITRO: QUEM "SÃO" OS ÁRBITROS, E O QUE SIGNIFICA SER "(OU "ESTAR") ÁRBITRO 25
   1.1. Quem são os árbitros. A regulamentação e a visão jurídica, histórica e social sobre os julgadores privados 30
   1.2. Características e padrões (e não requisitos) para a atuação como árbitro. O que se busca em um proposto árbitro – a escolha para vencer. E o porquê de se atuar como árbitro 44
   1.3. Algumas das complexidades. As críticas à figura do árbitro e à sua indicação por critérios de preferência. Os benefícios e os riscos da "comunidade arbitral" (ou "clube arbitral") 58

2. A RELAÇÃO DO ÁRBITRO COM AS PARTES E COM A SOCIEDADE: SEUS DEVERES E OBRIGAÇÕES – A NATUREZA CONTRATUAL E A CONFIANÇA COMO PEDRAS DE TOQUE 69
   2.1. A natureza jurídica da relação entre árbitros e partes. Como se comunicam a base contratual e o escopo jurisdicional da arbitragem 70

2.2. As diferenças entre os deveres e obrigações dos árbitros e dos juízes. Deontologias distintas (e obrigações exclusivas dos árbitros) 77
2.3. Os deveres e obrigações dos árbitros perante as partes. A natureza jurídica, a origem e a relevância de tais imposições ... 85
2.4. As pedras de toque da figura do árbitro: a natureza contratual da relação e a confiança no árbitro como elementos base de seus deveres e obrigações 96

3. O DEVER DE REVELAÇÃO DO ÁRBITRO: SUA NATUREZA JURÍDICA, CAUSAS, FINALIDADES E EFEITOS 105
   3.1. A "equidistância mínima" exigida do árbitro. A relação entre os deveres de imparcialidade, de independência, de neutralidade e o dever de revelação 108
      3.1.1. A imparcialidade, a independência e/ou a neutralidade do árbitro – elementos possíveis da almejada "equidistância mínima" 109
      3.1.2. *Standards* de equidistância díspares dos aplicados ao juiz togado, e que variam também dentro do próprio sistema e subsistemas arbitrais 118
      3.1.3. Na prática: as cargas ou testes de prova exigidos para se aferir os elementos de equidistância mínima (ou a falta deles) 124
      3.1.4. O dever de revelação como instrumento de preservação da equidistância mínima do julgador privado 127
   3.2. O exercício do dever de revelação. As suas causas, finalidades e efeitos. O "seguro de vida", o "efeito purificador", e o binômio "ciência-anuência" 131
   3.3. A natureza e os elementos essenciais do dever de revelação. A redução da assimetria de informações entre o árbitro e os demais sujeitos, o dever de revelar como um "dever de informar", e a batalha contra oportunismos 144
   3.4. A relevância do adequado exercício do dever de revelação. As consequências mediatas e imediatas de uma revelação omitida ou falha. O dever de revelação como solução a muitas das crises de legitimidade da arbitragem 151

4. **A EXTENSÃO DO DEVER DE REVELAÇÃO DO ÁRBITRO: O QUE DEVE, O QUE NÃO DEVE, E O QUE NÃO PRECISA SER REVELADO** 161
   - 4.1. A regulamentação. As cláusulas gerais processuais sobre o dever de revelação e as impugnações a árbitros 168
   - 4.2. A teoria do *full disclosure* e os riscos do chamado *overdisclosure* 189
   - 4.3. As soluções propostas: os critérios e elementos que devem ser considerados para se revelar e para se exigir revelação adequada 196
     - 4.3.1. *Primeira questão*: a informação poderia, razoavelmente, ser obtida pelas próprias partes, ou a não revelação tornaria improvável ou mais difícil o seu conhecimento? 200
     - 4.3.2. *Segunda questão*: a informação é relevante para se determinar se há dúvidas sobre a equidistância do julgador, e está ela protegida por algum dever ou obrigação de sigilo ou confidencialidade? 212
       - 4.3.2.1. O dever de investigação pelo árbitro. Processos ou em negócios que envolvem as partes ou alguém a elas relacionado são, como regra, relevantes. Cabe ao árbitro investigá-los minimamente e revelá-los – antes e durante a arbitragem 214
       - 4.3.2.2. São irrelevantes e frívolos, como regra, fatos não relativos à equidistância ou à competência e à disponibilidade do julgador, tais como as relações e opiniões meramente acadêmicas e sem referência ao caso concreto 225
       - 4.3.2.3. As limitações do dever de revelar diante de possíveis obrigações de confidencialidade ou sigilo. Revelações mínimas ou, em casos extremos, necessidade de rejeição da indicação 232
       - 4.3.2.4. Critérios de relevância que podem ser adiantados e explicitados pelas partes e pela instituição arbitral. Delimitação das "dúvidas justificáveis" "aos olhos das partes" 233
     - 4.3.3. *Terceira questão*: os elementos do caso concreto demandariam uma preocupação maior com a transparência por parte do árbitro? 235

    4.3.3.1. Os casos de *double-hatting, repeat appointments,* e *issue conflicts*   238
    4.3.3.2. A revelação não importa necessariamente o afastamento. Ataques indevidos ao árbitro e ao processo devem ser rejeitados e sancionados pelas vias cabíveis, e não levar à diminuição do escopo do dever de revelação   243
  4.3.4. *Quarta questão*: a não revelação poderia ensejar legítimos motivos para desconfiança na equidistância do julgador?   247
  4.3.5. *Quinta questão*: o consentimento informado está sendo assegurado mediante a revelação (ou a não revelação)?   253
 4.4. Como "racionalizar" o exercício do dever de revelação. Os princípios e critérios necessários para manter a confiança no árbitro sem abrir flancos para impugnações descabidas   256
 4.5. A regulamentação ideal por *hard* e por *soft law*. Como atingir a extensão ideal para assegurar a confiança no árbitro   266

5. CONSEQUÊNCIAS DA VIOLAÇÃO DO DEVER DE REVELAÇÃO: EFEITOS E SANÇÕES ÉTICAS, MATERIAIS E TAMBÉM PROCESSUAIS   279
 5.1. O que significa violar o dever de revelação. Falta de exercício no tempo e forma devidos. Desnecessidade de quebra absoluta e efetiva da imparcialidade (que dificilmente seria evidenciada)   284
 5.2 As sanções e penalidades ético-disciplinares. Redução de honorários, remoção da lista de árbitros, e sanções e penalidades profissionais ao árbitro ou ao seu escritório (ou organização)   287
 5.3. As sanções e penalidades materiais e pessoais. Responsabilização civil e criminal do árbitro   291
 5.4. As possíveis consequências processuais. Recusa ou afastamento do árbitro, invalidação da sentença arbitral, e denegação de homologação da sentença arbitral estrangeira   298
  5.4.1. *A primeira premissa*. A equidistância do árbitro, independentemente de quem o indique, deve ser tida como violada em caso de uma aparência de parcialidade. A desnecessidade de parcialidade efetiva ou evidente   301

- 5.4.2. *A segunda premissa*. O julgamento de recusas, impugnações a árbitros e ações de anulações deve se dar conforme "os olhos de um terceiro razoável", e não os do tribunal ou órgão julgador apenas 305
- 5.4.3. *A terceira premissa*. Critérios e testes de prova diferentes podem ser aplicados em momentos distintos do processo e conforme a parte e seus advogados demorem mais para alegar a existência de parcialidade 307
- 5.4.4. *A primeira conclusão*. O árbitro deverá ser afastado e a sentença deverá anulada quando a violação do dever de revelar causar aparência de parcialidade mediante legítima desconfiança sobre a sua equidistância 309
- 5.4.5. *A segunda conclusão*. A aparência de parcialidade mediante legítima desconfiança sobre a equidistância é causa também de denegação de homologação de sentença estrangeira 324
- 5.4.6. *Conclusão final*. A falha no dever de revelação poderá levar a consequências também processuais nos casos em que tal violação configurar uma aparência de parcialidade do árbitro 329

CONCLUSÃO 333

POSFÁCIO 361

REFERÊNCIAS 363

PREFÁCIO

O jovem autor de *O Dever de Revelação do Árbitro* nos brinda com uma obra de raro equilíbrio entre profundidade e leveza. Profundidade de quem nitidamente se debruçou com interesse e cuidado de pesquisa sobre um tema tão sensível e fundamental para a própria credibilidade da arbitragem como método eficiente de resolução extrajudicial dos conflitos. Leveza de quem maneja uma já rica experiência na área, conferindo aspecto prático ao trabalho que será de grande utilidade a todos que nela atuam ou simplesmente têm interesse e curiosidade sobre a matéria.

A harmonia entre a pesquisa acadêmica de qualidade e a vivência prática de fôlego que emana da obra é uma das características marcantes de Ricardo Dalmaso Marques, com quem tive a honra e o privilégio de trabalhar por mais de uma década. Desde o início, como estagiário e cursando o segundo ano da faculdade de direito, Ricardo compreendeu e absorveu com visível paixão e dedicação o ofício – eu diria até a arte – que é advogar na área de prevenção, composição e resolução de conflitos.

Sua aguçada criatividade, seu interesse pelo novo, seu irrestrito respeito à ética e sua incansável perseguição pela eficiência do resultado logo iluminaram sua visão pelo caminho da arbitragem, levando-o à posição de um dos mais renomados profissionais de sua jovem geração. Daí a satisfação e orgulho que nos dá introduzir o leitor a esta obra de indiscutível – vale repetir – utilidade acadêmica e prática.

Do árbitro, não se discute, espera-se que atue com independência, imparcialidade, disponibilidade e competência, sempre de acordo com os princípios éticos que regulam as relações humanas em geral e as contratuais em particular. Não haverá quem discorde, com um mínimo de fundamento, dessa constatação.

Para satisfação e proveito dos leitores, porém, a obra que temos a honra de apresentar não se limita ao óbvio nem se aboleta na zona de conforto. Partindo da visão jurídica, histórica e social da figura do julgador privado, o autor avança para além da exaltação dos princípios referidos acima e enfrenta um dos mais sensíveis deveres do árbitro para a garantia de seu cumprimento: o dever de revelação.

Nos capítulos iniciais da obra, o autor aborda a relação do árbitro com as partes e com a própria sociedade. Aqui, assenta a análise do dever de revelação nesse que é um dos maiores desafios para a compreensão e a sustentação do instituto da arbitragem: o equilíbrio entre seu nascedouro contratual, proveniente da vontade das partes, e seu desenvolvimento jurisdicional, como parte do sistema legal de solução adjudicatória de litígios.

O autor destaca o elemento que faz a ligação entre os dois componentes acima e que funciona, em suas palavras, como "a pedra de toque" que representa a verdadeira razão de existir do dever de revelação. O leitor está convidado a descobri-la!

A relevância do dever de revelar como instrumento de preservação da equidistância mínima que o árbitro deve manter em relação às partes e ao litígio é objeto de fundamentada análise. O autor joga clareza sobre o conceito de equidistância e sua relação com a imparcialidade e a independência que igualmente devem pautar a atuação dos árbitros. E explica o que se deve entender por equidistância na arbitragem em contraposição àquela que se espera de um juiz togado.

Avançando da expectativa para a realidade, o autor trata da extensão do dever de revelação. Analisa o que deve, o que não deve e o que não precisa ser revelado. Não é tarefa fácil, haja vista que, ressalvados os atos e fatos que impliquem impedimento, inexiste previsão legal ou mesmo regulamentar que qualifique com objetividade o que deve ser revelado pelo potencial árbitro – ou pelo árbitro já atuante, conforme o caso – para garantir a lisura do procedimento.

A obra enfrenta com coragem questões que tocam diretamente a determinados segmentos, principalmente em jurisdições onde ainda é restrito o número de profissionais que atuam como advogados de parte e também como árbitros, muitas vezes com recíprocas indicações. Sem inquinar *a priori* esta ou aquela situação de irregular ou antiética, o autor as insere no contexto maior e mais nobre do dever de informar e do direito de ser informado, como garantia da paridade do pleno conhecimento das partes e, a partir dele, da equidistância do árbitro.

Se é certo que a ampla revelação permite o consentimento informado das partes quanto aos profissionais que atuarão na solução do litígio, não se deve desconsiderar os riscos que o excesso de informações de somenos importância pode representar ao eficiente e célere processamento da arbitragem. Pois o autor aborda com maestria a tênue linha que divide o uso do abuso, com respaldo jurídico e conhecimento prático.

O processo de apuração de fatos relevantes a serem revelados também é objeto de fundamentada reflexão. A responsabilidade das partes e de seus advogados de buscar informações que sejam públicas, de um lado, e a extensão da obrigação do árbitro ou do potencial árbitro de promover uma investigação, à luz do caso concreto, de todas e quaisquer circunstâncias que possam afetar a informação do consentimento das partes, de outro, constituem tópico de especial destaque na obra.

Por fim, mas não menos importante, o autor discorre sobre as consequências da violação do dever de revelação. Suas conclusões, longe de serem alarmistas, mostram ao leitor o cuidado e a atenção que devem ser dedicados ao dever de revelação por todos aqueles que atuam no procedimento.

Tem-se, assim, uma obra completa sobre um tema que, se não for bem manejado no procedimento específico, pode levar à sua invalidação. Em um plano maior, pode até mesmo comprometer a credibilidade da arbitragem como mecanismo isento e confiável.

Muito esforço e dedicação foram empenhados na consolidação da arbitragem no Brasil. A consolidação do instituto, porém, não autoriza que se descuide um milímetro sequer do rigoroso atendimento, por todos os envolvidos, de seus deveres e obrigações para garantir a idoneidade do procedimento arbitral.

Pelo contrário, a responsabilidade de todos só aumenta em prol do reconhecimento cada vez maior, por parte dos jurisdicionados, de que a arbitragem é eficiente e acima de tudo confiável. Nesse particular, são fundamentais o fiel cumprimento do dever de revelação e o responsável exercício do direito à revelação, dois lados que são da mesma moeda.

O Dever de Revelação do Árbitro, portanto, mostra-se uma obra atual, de grande utilidade para se compreender a natureza, extensão, finalidade e importância desse dever, que se projeta no universo do direito das partes de exercer seu consentimento informado, base da jurisdição arbitral.

Mostra-se, também, uma fonte de referência acadêmica e prática para auxiliar os profissionais que, não raras vezes, são tomados por dúvidas sobre o tema. Àqueles que forem indicados para atuar como árbitros, esta obra proporciona amparo para melhor compreensão daquilo que seu dever de revelação busca efetivamente atender e, muitas vezes, evitar.

Às partes e seus advogados, esta obra fornece o caminho das pedras para que o direito ao consentimento informado seja exercido em sua plenitude, mas com responsabilidade e lealdade, de modo a se evitar impugnações desnecessárias e, por vezes, maldosas.

Às instituições de arbitragem, cuja atuação cada vez mais se expande, à luz do princípio da colaboração, das tarefas de mera administração do procedimento àquelas de efetivo auxílio no cumprimento e preservação dos princípios da paridade de informações e da equidistância, a obra se põe como uma fonte de conhecimento e inspiração.

A todos, enfim, que apreciam uma boa leitura, *O Dever de Revelação do Árbitro* não decepcionará. Que desfrutem!

Gilberto Giusti
Advogado

Introdução
Revelar é, Sobretudo, Informar e Validar

O bom árbitro é aquele que impõe seus valores éticos na consciência de que nisso se funda seu prestígio e de que sua atuação será beneficiada por uma conduta conforme seus próprios critérios, e não eleita pelas exigências do caso concreto. (...) Estamos diante de um dever que se configura como princípio fundamental da arbitragem tanto doméstica como internacional e que é consequência direta do princípio da boa-fé.[1]

Esta obra tem como objeto o que é um dos temas causadores de maiores incertezas quando se aborda a indicação de árbitros e a constituição de tribunais em processos arbitrais domésticos e internacionais: o chamado dever de revelação do árbitro. Está-se referindo àquele, por vezes ignorado ou até menosprezado, dever do escolhido árbitro, devido logo após sua indicação e durante todo o processo arbitral, de revelar fatos que, provavelmente desconhecidos ou ocultos às partes, podem comprometer

---

[1] Tradução nossa. No original: *"El buen árbitro es el que impone sus valores éticos en la conciencia de que en ello va su prestigio y que su futura actuación va a verse favorecida por una conducta conforme con su criterio y no plegada a las exigencias de un caso concreto. (...) Nos hallamos ante una obligación que se configura como un auténtico principio fundamental del arbitraje tanto interno como internacional y que es una consecuencia directa del principio general de buena fe."* (FERNÁNDEZ ROZAS, José Carlos. Alcance del deber de revelación del árbitro (Sentencia de la Cour d'appel de París de 12 de febrero de 2009). **Revista de arbitraje comercial y de inversiones**, III (2), p. 597-606, 2010, p. 597).

sua atuação como julgador privado naquele caso. De um lado, o dever de revelar está previsto em praticamente todas as legislações e regulamentos arbitrais – e, onde não está, é tido como implícito à própria aceitação do encargo de árbitro –; porém, de outro, ainda não restam suficientemente claras a natureza jurídica, as causas, as finalidades e os efeitos principais desse dever que é tão caro à validade da constituição do árbitro e, como consequência, de todo o processo arbitral.

A alguém que não conhece o processo arbitral pode parecer estranho que se exija do julgador, antes de efetivamente aceitar o encargo e também durante o processo, que forneça informações sobre relações ou interesses pessoais, comerciais, financeiros ou políticos com outros sujeitos da arbitragem, existentes naquele momento ou no passado. Trata-se de um dever em alguma medida não usual, e até invasivo, que requer do proposto julgador uma atividade proativa e investigativa sem que sequer haja a certeza de que será confirmado como árbitro, e que deve ser cumprido por todo o decorrer do processo arbitral. Inexistente e sem paralelo exato na esfera judicial, o dever de revelação do árbitro também ganha contornos e peculiaridades próprios, o que demanda um estudo específico sobre o ambiente em que está inserido e os escopos e limites que a legislação aplicável lhe confere.

Para além de se repetir a importância desse dever de revelar, as maiores dúvidas que surgem a seu respeito não mais dizem respeito à sua existência em si, mas, notadamente, à extensão em que deve ser exercido e exigido, e às consequências que devem ser atribuídas em caso de sua violação. Em diversos países, e com destaque também no Brasil, a doutrina e a jurisprudência têm tentado delimitar esses dois aspectos do dever de revelar, mas têm enfrentado dificuldades para encontrar respostas contundentes por diversos motivos aparentes: além da mencionada inexistência de paralelo preciso no processo judicial, *primeiro*, a relação íntima entre o dever de revelar e os deveres de imparcialidade e independência, que são *standards* de equidistância do julgador de difícil determinação em qualquer país e cenário – porquanto dizem respeito a normas consideradas também de conduta (éticas) –; e, *segundo*, a regulamentação da matéria, que é propositalmente genérica, mediante o uso de cláusulas gerais e normas abertas de uma forma geral, em vez de regras casuísticas, o que pode dar azo a práticas e interpretações das mais diversas.

Por essas razões, para compreender o que significa, os contornos e as implicações do dever de revelar, ou da falta dele, deve-se, como *primeiro passo*, compreender a própria figura do árbitro; ou seja, vale entender quem é esse por alguns desconhecido, e até mal compreendido, e quais as suas funções e deveres mais relevantes, nos termos da Lei 9.307/96 e de outras leis, e também tratados e convenções internacionais. Pontuar-se-á que a inexistência de um juiz natural na arbitragem, onde as partes são autorizadas a escolher o julgador, faz surgir uma dinâmica distinta de seleção e validação do julgador, o que cria todo um mercado próprio (o "mercado da arbitragem"), afeta a natureza da relação estabelecida com as partes, e impacta, como consequência, também a extensão dos deveres e obrigações do árbitro.

A figura do árbitro é avaliada sob os pontos de vista sociológico, econômico e político para se aferir, como raciocínio inicial, quem são os árbitros e por que há algumas atribuições suas que são distintas e que vão além daquelas estabelecidas aos juízes togados, considerados os elementos apenas existentes na esfera arbitral e que permeiam a possibilidade de indicação do julgador por preferência, e não por regras de competência. As respostas, já se adianta como *segundo passo*, estão no caráter *sui generis* da figura do árbitro: jurisdicional nos seus fins, porém contratual na sua base, calcada que é na autonomia da vontade das partes. A natureza contratual da relação e a confiança na figura do árbitro, veremos, são os elementos base de seus deveres e obrigações.

Ato contínuo, como *terceiro passo*, faz-se mister compreender como se comunica o dever de revelar com os deveres de imparcialidade e independência, uma vez que um dos mais importantes – senão o maior – propósito do dever de revelar é assegurar a confiança das partes em uma equidistância mínima do julgador, na imparcialidade *lato sensu*, e também na capacidade do proposto árbitro de julgar com a tecnicidade e a especialidade esperadas. A instrumentalidade do dever de revelação aqui é o ponto a se destacar, na medida em que atua para diminuir ou fazer desaparecer a assimetria de informações entre o árbitro e as partes sobre as relações do julgador que podem causar dúvidas sobre sua capacidade de julgar de forma imparcial, justa, e também precisa.

Ainda nesse ponto, as causas, as finalidades e os efeitos do dever de revelação são abordados para se enfatizar que, em razão dessa sua relação próxima e especial com o pressuposto processual da imparcialidade do julgador, o dever de revelação é crucial para a validade e a legitimidade de todo o processo, pois possibilita não só que o árbitro seja imparcial, mas que assim também o pareça efetivamente. Revelar, pois, não consiste no mero preenchimento de declaração da instituição arbitral; é muito mais que isso. A revelação representa um dos atos mais significativos do processo arbitral, porquanto, se exercido adequadamente, mostra-se decisivo para certificar a validade da constituição daquele árbitro e também de todo o tribunal arbitral.

A partir dessas premissas, como *quarto passo*, restará cada vez mais clara e factível a possibilidade de se delimitar, mediante proposições objetivas e consistentes, a extensão que se espera do dever de revelar; isto é, estabelecer com elementos razoáveis o que deve, o que não deve, e o que não precisa ser revelado. A despeito das críticas de alguns, a opção legislativa por cláusulas gerais se mostra acertada e compatível com a evolução e a dinamicidade do sistema da arbitragem, e não significa que respostas objetivas não podem ser conferidas. Pelo contrário. Tal como o dever de informar no âmbito contratual, o dever de revelar é passível de concretização mediante técnicas adequadas de interpretação e aplicação dos *standards* com vistas aos vetores centrais do dever de revelar: o dever do árbitro de informar e a confiança das partes na equidistância do árbitro.

Analisa-se, assim, os critérios relevantes e se comprova que não há apenas espaço para subjetivismos no que toca à extensão do dever de revelar. Não obstante a discricionariedade que a regulamentação por *standards* concede ao árbitro, às partes, aos advogados, às instituições arbitrais e também ao juiz togado sobre como se interpretar e aplicar o objeto de revelação, há, sim, como se racionalizar o dever revelar sob o ponto de vista de todos esses sujeitos, e se estabelecer balizas bastante acentuadas sobre a sua extensão adequada – inclusive a partir de uma análise detida e criteriosa das *soft law* existentes sobre o tema.

Por fim, como *quinto* e *último passo*, serão avaliadas as possíveis consequências da violação do dever de revelação, que, dada a sua natureza heterogênea, poderão se verificar nos campos ético, material, e processual. Apontada uma alegada transgressão ao dever de revelação – por ter sido malfeita, a destempo ou sequer exercida –, árbitros, instituições arbitrais, entidades representativas, comitês *ad hoc* e juízes togados podem ser instados a determinar as implicações daquela violação para fins internos e externos do processo arbitral. Não obstante os requisitos variem, algumas sanções e implicações devem ser consideradas – o que pode envolver, das mais lenientes às mais severas, desde a redução dos honorários do árbitro e a sua exclusão do corpo de árbitros de uma instituição, até o seu afastamento do processo arbitral, a invalidação da sentença, a denegação da sua homologação, se estrangeira, ou mesmo a responsabilização civil e criminal do julgador. Todas essas possibilidades devem ser avaliadas com cuidado e profundidade, entretanto, para que se atinja um equilíbrio acertado entre o grau de relevância do descumprimento ocorrido e uma sanção ou decorrência compatível com a importância do dever violado para os fins do processo arbitral e do instituto como um todo.

A presente obra, com efeito, esmiúça o dever de revelação em sua natureza, propósitos, efeitos e implicações, principalmente com o intuito de propor soluções aos problemas que se tem verificado no tocante à extensão do seu exercício e às consequências da sua violação na arbitragem internacional e na arbitragem doméstica. E embora o foco seja o cenário brasileiro, tratando-se de arbitragem, há importantes elementos estrangeiros que devem ser analisados para que se considere (ou não) a sua transposição para o sistema jurídico pátrio; cuida-se de tema internacional por natureza e, por isso, referências a modelos internacionais e estrangeiros são constantes, seja para replicá-los ou mesmo para desconsiderá-los no ambiente nacional. Restará claro, nada obstante, que a teoria e a prática da arbitragem no Brasil são hoje avançadas a ponto de que a realidade pátria muitas vezes se confunde com ou é idêntica à internacional; por isso, versa-se aqui sobre temas que são, ao mesmo tempo, nacionais, estrangeiros e internacionais também em razão do desenvolvimento do nosso país, já há anos, como uma importante sede de arbitragens internacionais e domésticas.

Com destaque, defende-se que, seja no Brasil ou fora dele, o dever de revelação não pode e não deve ser tratado como um ato insignificante e irrelevante do processo arbitral; deve ele ser visto como importante instrumento de preservação da equidistância do árbitro, e, com muito mais ênfase, da confiança depositada pelas partes na figura do árbitro, naquele especificamente indicado, e também no instituto da arbitragem como um todo. Ver-se-á que, em muitas instâncias, o dever de revelação é, no sentido mais amplo, solução para muitas das crises éticas e de legitimidade que a arbitragem precisa enfrentar e ultrapassar.

E mesmo que não se concorde com as premissas aqui defendidas, entendemos que o aprofundamento do tema por árbitros, partes, advogados, instituições arbitrais e juízes togados já consistirá em louvável progresso e é um fim em si mesmo, ao (a) buscar a delimitação e a concretização das hipóteses do que deve, do que não deve e do que não precisa ser revelado, e (b) estabelecer consequências pela violação do dever de revelação que se mostrem compatíveis com a sua importância para o processo arbitral e para a legitimidade da arbitragem em geral. Esses dois passos já terão sido consideráveis no sentido de se difundir que, quando se "está" árbitro, revelar significa, sobretudo, *informar* e também *validar*.

1.
A Figura do Árbitro: Quem "São" os Árbitros, e o Que Significa Ser "(ou "Estar") Árbitro

> A arbitragem não é, com efeito, um ofício; é uma missão, uma função temporária, e não uma profissão. Todos os que são árbitros têm, em princípio, outro ofício, uma ocupação principal que lhes garante uma remuneração regular e lhes outorga um status social. (...) Então, à pergunta 'Quem são os árbitros?', poder-se-ia simplesmente responder que são 'intermitentes', mas 'intermitentes da justiça', o que é, de qualquer forma, uma bela missão.[2]

Não se pretende aqui fazer uma análise histórica da arbitragem, o que já foi feito em outros dedicados trabalhos;[3] porém, certas notas introdutórias são necessárias para se apontar, logo de início, que o exercício do dever de revelação tem sua origem e alguns de seus escopos na natureza *sui generis* – de origem contratual e fim jurisdicional – da arbitragem e da própria figura do árbitro. Deve-se analisar, como passo primeiro, o que significa ser (ou

---

[2] CLAY, Thomas. Quem são os árbitros internacionais. Abordagem sociológica. **Revista de Arbitragem e Mediação**, ano 2, n. 6, p. 107-125, 2005.

[3] Ver, por exemplo: CÂMARA, Alexandre Freitas. **Arbitragem – Lei no 9.307/96**. 5. ed. Rio de Janeiro: Lumen Juris, 2009; CARMONA, Carlos Alberto. **Arbitragem e processo: um comentário à Lei nº 9.307/96**. São Paulo: Atlas, 2009; e KARRER, Pierre R. **Introduction to international arbitration practice**. Kluwer Law International, p. 233-238, 2014.

"estar")[4] árbitro em um processo arbitral;[5] isto é, qual a roupagem jurídica, econômica, social e política dada à figura do árbitro. Afinal, não se pode analisar um agente jurídico que não se conhece ou não se compreende; há uma série de características do árbitro que devem ser abordadas para se entender, adiante, a natureza jurídica, a extensão e as consequências do dever de revelação.

Ao se falar na figura do juiz togado, imagina-se quase que automaticamente uma figura estatal, normalmente um generalista, com uma série de características determinadas por ser institucionalmente empossado e mantido no cargo, por meio de concurso competitivo[6] ou seleção política,[7]

---

[4] Explicar-se-á adiante o porquê desse termo, mesmo que em sentido coloquial.

[5] Adota-se, para os fins desta obra, o termo "processo arbitral" em razão da já praticamente pacífica jurisdicionalidade da arbitragem e também da aplicação, no sistema arbitral, dos princípios informativos da jurisdição: econômico, jurídico e político. Trata-se, como já delimitou a doutrina brasileira, de um processo distinto do processo judicial, com alguns pontos de contato e similaridades, mas também sujeito ao direito processual constitucional como integrante do devido processo legal. Ver, nesse sentido: PARENTE, Eduardo de Albuquerque. **Processo arbitral e sistema**. São Paulo: Atlas, 2012, p. 89-94. As diferenças e similitudes entre o processo arbitral e o processo judicial serão apontadas quando necessárias para as premissas e conclusões que serão expostas. Dentro do processo arbitral, há também "procedimentos", como aqueles de recusa e impugnação de árbitro, que serão aqui de maior importância; falar-se-á desses procedimentos, portanto, exatamente o sentido de "uma combinação de atos de efeitos jurídicos causalmente ligados entre si" dentro do processo arbitral. (CARNELUTTI, Francesco. **Teoria geral do direito** (tradução Antonio Carlos Ferreira). São Paulo: LEJUS, 1999, p. 505).

[6] Sobre críticas ao modelo brasileiro de seleção e de formação de magistrados, considerados "juízes jovens e ainda pouco experientes advindos de faculdades de Direito e de cursinhos preparatórios tecnicistas", sem tempo para se aperfeiçoarem após o ingresso na carreira, ver: SCHRITZMEYER, Ana Lúcia Pastore. Por uma mudança no tempo do Judiciário: percepções sobre seleção, formação e carreira de magistrados da justiça comum do Estado de São Paulo. **Revista Brasileira de Ciências Criminais**, v. 24, p. 257-268, 1998. Sobre as vantagens, Celso Agrícola Barbi destaca, décadas antes, que esse modelo permitiu o acesso de bacharéis originados de classes mais baixas, independentemente de proteção política – uma democratização dos juízes; enfatiza que, com sucesso, houve "predomínio apenas das qualidades intelectuais, independentemente da classe social de origem". (BARBI, Celso Agrícola. Formação, seleção e nomeação de juízes no Brasil sob o ponto de vista da humanização da justiça. **Revista de Processo**, v. 3, n. 11/12, p. 31-36, jul./dez. 1978).

[7] Como indica William Couto Gonçalves, existem basicamente quatro modelos de seleção de juízes: (a) a manifestação popular por votos, adotada em algum momento em Roma, na França, na Suíça, na Rússia e nos Estados Unidos, e também no Brasil colônia e império; (b) a escolha pelo Poder Executivo, seja sozinho (Inglaterra, no passado recente) ou mediante proposição

ambos estatais. Por mais que estereótipos diversos possam vir à mente, "todos nós sabemos o que um juiz é, e todos nós temos uma ideia do que um juiz faz. Apesar de as leis que regem o ato de julgar variarem de país para país, os elementos básicos são universais".[8] Nas palavras de Piero Calamandrei, "[o] juiz é o direito feito homem".[9]

Mas e o árbitro (e não se está falando, claro, daquele de partidas de futebol ou de outras modalidades esportivas)? Quem é esse por alguns desconhecido, e até mal compreendido, e quais as suas funções e seus deveres mais relevantes, nos termos da Lei 9.307/96[10] e de outras leis e até tratados e convenções internacionais mundo afora?[11] De que forma a sua escolha pelas partes, tópica e específica, influencia na imagem que dele é

(Espanha) ou aprovação (Brasil) do Poder Legislativo ou do Poder Judiciário; (c) a eleição pelo próprio Poder Judiciário; e, por último, (d) a seleção por um órgão especializado, como ocorre na França, na Itália e em Portugal. (GONÇALVES, William Couto. O juiz na história, critérios de sua escolha e a Escola de Magistratura. **Revista de Processo**, v. 60, 1990). Na Inglaterra, mais especificamente, por anos a indicação dos juízes da *High Court* era realizada por convites feitos pelo *Lord Chancellor*, um membro do governo britânico; apenas recentemente esse modelo foi alterado em razão de críticas sobre sua legitimidade, e, atualmente, indivíduos devem se candidatar aos cargos de juiz, e foram criados órgãos de apreciação dessas candidaturas (*appointing bodies*) para garantir diversidade de gênero e etnia. Ver, sobre o tema: ANDREWS, Neil. Civil justice's 'songs of innocence and experience': the gap between expectation and experience. **Revista de Processo**, v. 41, n. 252, p. 437-454, 2016.

[8] Tradução nossa. No original: "We all know what a judge is, and we all have an idea of what a judge does. While the laws of judging vary from state to state, the basics are universal." (LUTTRELL, Sam. **Bias challenges in international commercial arbitration: the need for a "real danger" test.** The Netherland: Kluwer Law International, 2009, p. 264).

[9] CALAMANDREI, Piero. **Eles, os juízes, vistos por um advogado.** 2. ed. São Paulo: Martins Fontes, 2015, p. 8.

[10] Como se introduziu acima, os estudos feitos nesta obra considerarão elementos de direito internacional e direito comparado, quando necessários, mas terão foco na legislação brasileira, e, por isso, a referência mais constante à Lei 9.307/96, de 23 de setembro de 1996, tal como alterada pela Lei 13.129/2015, que regula a arbitragem doméstica e internacional no Brasil.

[11] Dentre os tratados e convenções internacionais sobre arbitragem, destacam-se a Convenção de Nova Iorque sobre o Reconhecimento e a Execução de Sentenças Arbitrais Estrangeiras, de 1958 ("Convenção de Nova Iorque"), que foi ratificada e internalizada pelo ordenamento jurídico brasileiro em 2002 por meio do Decreto 4.311, de 23 de julho de 2002. Ver, sobre os tratados e convenções sobre arbitragem ratificados pelo Brasil: GIUSTI, Gilberto. DALMASO MARQUES, Ricardo. Arbitraje internacional comercial en Brasil: marco legal y jurisprudencial. *In*: **El arbitraje comercial internacional en Iberoamerica: marco legal y jurisprudencial.** Antonio Hierro; Cristian Conejero (Coords.). Madrid: La Ley, p. 177-212, 2012.

feita pelas partes e pela sociedade em geral?[12] Ver-se-á que o árbitro não é, em vários aspectos, um juiz togado, a despeito de lhe serem conferidos pela lei muitos – mas não todos – poderes desse último.[13] E as comparações com o juiz estatal, em sua grande maioria, não são necessariamente úteis – algumas apenas ilustrativas –, tendo em vista muitas relevantes diferenças entre suas atuações, deveres e obrigações, e, por isso, serão feitas somente quando estritamente necessárias.

A forma mais indicada de começar a analisar o tema é, pois, sob o ponto de vista sociológico. Tudo no processo[14] possui um aspecto sociológico, e não seria diferente com a figura do árbitro. Não há hoje dúvidas de que o processo deve ser estudado à luz de premissas sociológicas, "com o fim de obter, via legitimação de procedimento, igualdade de probabilidades e decisões satisfatórias", e com fulcro em elementos de teoria geral do direito.[15] Uma visão sociológica – que chega também a ser psicológica,

---

[12] Ver: CLAY, Thomas. Quem são os árbitros internacionais. Abordagem sociológica. Op. cit.

[13] Praticamente em todos os países onde a arbitragem existe, ao árbitro não é conferido o poder de império (*ius imperium*) ou poderes executórios (*executio* e *coertio*), mas apenas o *ius cognitio*; ou seja, o árbitro pode e conhece o direito, porém não pode adentrar a esfera de liberdade das partes e executar suas próprias decisões. "[O] árbitro apenas e tão somente não possui competência para coagir, mas tem jurisdição para conhecer, julgar e documentar". (COUTO, Jeanlise Velloso. ***Árbitro e Estado: interesses divergentes?*** São Paulo: Atlas, 2010, p. 13-14). Ver também PARENTE, Eduardo de Albuquerque. Op. cit., p. 93.

[14] Aqui, refere-se a "processo" *lato sensu*, abarcando tanto o processo judicial estatal quanto o processo arbitral, pois, como se apontou notas acima, arbitragem é processo e assim é considerada pela legislação brasileira, em especial. Há observações – como essa, portanto – que podem ser feitas com relação ao processo em geral, como gênero, tratando de ambos os modelos, mas há aspectos seus que não se comunicam com o processo judicial e, assim, devem ser analisados sempre separadamente. Ver-se-á que a indicação dos julgadores é um desses temas que ganha importantes disparidades entre os sistemas judicial e arbitral, o que significa que análises genéricas raramente serão úteis; nesse tema, as disparidades são mais evidentes e, mais que isso, embasam a maioria das conclusões a que chegaremos.

[15] Conforme expõe Eduardo Parente, citando Cândido Rangel Dinamarco e Niklas Luhmann, em que enfatiza estudos recentes que reconhecem a carga sociológica do processo e a imprescindibilidade de que se seja analisado como uma "ciência dinâmica dos direitos". (PARENTE, Eduardo de Albuquerque. Op. cit., p. 36-39). Também nesse sentido: "A relação processual deve ser vista no seu aspecto social e não só jurídico. A justiça, hoje, está sendo pensada e organizada, considerando os seus aspectos jurídico-formais, ficando em completo esquecimento seus aspectos jurídico-sociais". (MANCUSO, Sandra Regina. O processo como relação jurídica. **Revista dos Tribunais**, v. 81, n. 682, p. 56–61, ago. 1992).

lógica, econômica, para além de jurídica[16] – do árbitro, e também das críticas que têm sido feitas sobre a arbitragem e sobre ele, é fundamental para se compreender seus deveres e obrigações perante as partes e a sociedade.

Também serão considerados certos elementos históricos, porquanto – como a arbitragem é "prática antiga e constante, que, segundo certos autores, pouco tem mudado ao longo de quase quatro milênios"[17] – a figura do árbitro tal como entendida alhures e hoje é crucial para se decifrar os atributos de seus deveres e obrigações no mundo contemporâneo. Outrossim, além de se entender quem são os árbitros, mais adiante, vale compreender "qual a natureza das obrigações dos árbitros? Por que deveriam essas obrigações ser oponíveis (executáveis)? Em qual extensão deve o árbitro estar vinculado a essas suas obrigações?",[18] em especial a partir da natureza da relação – contratual em seu início e jurisdicional em seu fim – que é estabelecida com as partes.

Nessa mesma linha, pretende-se também examinar as particularidades políticas do tema da figura do árbitro e dos deveres e obrigações que assume. O processo deve também ser visto sob o prisma das políticas públicas, uma vez que se necessita avaliar – e até desaprovar, se for o caso – as opções legislativas feitas para regular a atuação dos sujeitos processuais[19] (nesse caso, o julgador privado, que também recebe relevância política ao lhe serem conferidos deveres de caráter jurisdicional). E lembremos que,

---

[16] Ver: CLAY, Thomas. Quem são os árbitros internacionais. Abordagem sociológica. Op. cit. Também nesse sentido, Francesco Carnelutti ensina que "a relação jurídica se decompõe (..) em três elementos: físico, econômico e psicológico". (CARNELUTTI, Francesco. Op. cit., p. 262).

[17] MIRANDA, Agostinho Pereira de. O estatuto deontológico do árbitro – passado, presente e futuro. **Revista de Arbitragem e Mediação**, São Paulo, v. 07, n. 26, p. 116-128, jul./set. 2010.

[18] Tradução nossa. No original: "[w]*hat is the nature of the arbitrator's obligations? Why should these obligations be enforceable? To what extent will the arbitrator be bound by his obligation?*". (ALESSI, Dario. Enforcing Arbitrator's Obligations: Rethinking International Commercial Arbitrator's Liability. **Journal of International Arbitration**, v. 31, Issue 6, p. 735-784, 2014, p. 737).

[19] "A consciência dos escopos sociais e políticos do processo valeu também como alavanca propulsora da visão crítica de suas estruturas e do seu efetivo modo de operar, além de levar as especulações dos processualistas a horizontes antes excluídos de suas preocupações". (DINAMARCO, Cândido Rangel. **Instituições de direito processual civil:** v. 1. São Paulo: Malheiros, 2016, p. 219-220). Ver, também sobre o processo e as políticas públicas: CHIARLONI, Sergio. Qualcosa di liberale: riflessioni minime sui rapporti tra politica e giustizia (e sul principio di legalità), **Giur. it**, 2002.

nesse aspecto, a regulamentação da arbitragem, os regulamentos arbitrais e outras normas advindas de instituições arbitrais se mostram de crucial análise, pois formam verdadeiras normas processuais do sistema, e, como tais, "constituem importante elemento integralizador do devido processo legal arbitral".[20] O caráter político do processo, na arbitragem, diz respeito não só à lei em si, mas também a determinadas normas infralegais que o legislador possibilitou, pela autonomia da vontade das partes, integrem o devido processo legal.

Sobretudo, como ensina Cândido Rangel Dinamarco, é tempo de uma nova visão do processo, que demanda uma análise de temas que são intimamente ligados a ele e que talvez não recebessem a necessária há algumas décadas, tais como "independência e responsabilidade do juiz, critérios para seu recrutamento, formas e graus de sua participação no processo", dentre outros.[21] É isso que se fará logo de início, porém com maior foco no julgador privado, o árbitro. E não se trata de estudo sem sentido; mais adiante, ver-se-á que essas conceituações iniciais são decisivas para se compreender e enfatizar como e por que o dever de revelação deve ser exercido com dedicação e prudência. Repita-se que não se pode avaliar os deveres e obrigações de uma figura ou um agente jurídico que não se conhece ou não se compreende no processo e na sociedade – e é isso que se pretende em um primeiro momento, mormente porque o árbitro não é uma figura fácil de se decifrar, quiçá de se definir e se situar no mundo moderno.

1.1. Quem são os árbitros. A regulamentação e a visão jurídica, histórica e social sobre os julgadores privados

Inicia-se lembrando que, diferentemente do juiz, tecnicamente, ninguém pode ser intitulado "árbitro" como uma profissão. Não se aplica, na arbitragem, o princípio do juiz natural[22] – que, muito embora, tampouco é

---

[20] "As regras dos regulamentos, ao passo que compõem a convenção, vão além. Ditam o procedimento arbitral sempre de forma pautada pela vontade das partes e pela atuação do árbitro. É por isso que os regulamentos têm papel de destaque no sistema na medida em que criam verdadeiros 'direitos processuais arbitrais'". (PARENTE, Eduardo de Albuquerque. Op. cit., p. 125-126).

[21] DINAMARCO, Cândido Rangel. **Instituições de direito processual civil**: v. 1. Op. cit., p. 220.

[22] No processo judicial, a rigor, há a pré-constituição dos juízes para toda e qualquer causa dentro de sua competência, e não para uma delas especificamente. Isso significa que o

considerado violado –,[23] uma vez que cabe às partes, ou a delegados delas, a eleição do julgador privado para o caso.[24] Ninguém, portanto, "é" ou "se torna" árbitro, mesmo quando passa a constar de lista ou de corpo de árbitros de uma instituição arbitral.[25] Atua-se como – ou, na linguagem coloquial, "está-se" – árbitro em uma determinada causa, quando investido pelas partes ou por autorização delas para atuar naquela condição em um caso específico. Trata-se de encargo provisório, temporário, e que se encerra com a prolação da sentença;[26] a despeito das infindáveis discussões a respeito da natureza jurídica da sua relação com as partes, como se verá, acima de tudo, "o árbitro é um prestador de serviços".[27]

---

princípio do juiz natural, em tese, impede que se opte ou escolha os julgadores em qualquer medida. "Costuma-se salientar que o princípio do juiz natural se traduz no seguinte conteúdo: a) exigência de determinabilidade, consistente na prévia individualização dos juízes por meio de leis gerais, isto é, a pré-constituição do direito italiano (CF (LGL\1988\3) italiana, art. 25); b) garantia de justiça material (independência e imparcialidade dos juízes); c) fixação da competência, vale dizer, o estabelecimento de critérios objetivos para a determinação da competência dos juízes; d) observância das determinações de procedimento referentes à divisão funcional interna, tal como ocorre com o *Geschäftsverteilungsplan* do direito alemão." (NERY JÚNIOR, Nelson. O juiz natural no direito processual civil comunitário europeu. **Revista de Processo**, v. 101, p. 949-984, jan./mar. 2001). A introdução do negócio jurídico processual ao processo civil brasileiro, porém, para alguns, significaria a possibilidade de se eleger o juiz também na esfera judicial, como se detalhará mais adiante. Ver, aventando essa última tese, ainda bastante novel: CARMONA, Carlos Alberto. A língua no processo estatal e no processo arbitral: um diálogo com Vincenzo Vigoriti. **20 anos da Lei de Arbitragem. Homenagem a Petrônio R. Muniz.** Coord. Carmona, Lemes e Martins. São Paulo: Atlas, 2017.

[23] "A escolha pelas partes de um árbitro para solucionar as lides existentes entre elas não ofende o princípio do juiz natural". (NERY JUNIOR, Nelson. **Princípios do processo na Constituição Federal**. 12. ed. São Paulo: Editora Revista dos Tribunais, 2016, p. 186).

[24] "O juiz togado já está investido antes do início do processo, ao passo que no processo arbitral só há processo se o árbitro aceita sua nomeação. Uma investidura volitiva". (PARENTE, Eduardo de Albuquerque. Op. cit., p. 154).

[25] Como exemplo, dentre inúmeros outros, pode-se mencionar o Corpo de Árbitros do Centro de Arbitragem e Mediação da Câmara de Comércio Brasil-Canadá (CAM-CCBC). Disponível em: <http://www.ccbc.org.br/BuscaSocio?AssociadoCategoriaId=2>.

[26] Ou com a decisão que julga os pedidos de esclarecimentos (ou "embargos arbitrais") das partes – decisão essa que emenda e faz parte da sentença arbitral propriamente dita. Na Lei 9.307/96, Art. 30.

[27] BAPTISTA, Luiz Olavo. **Arbitragem comercial e internacional**. São Paulo: Lex Editora, 2011, p. 175. Ver Capítulo II a seguir.

Não se trata de um tecnicismo irrelevante. A Lei 9.307/96 e diversas outras leis estrangeiras[28] são claras ao estabelecer, ainda que implicitamente, que o árbitro é um sujeito jurídico transitório, constituído *ad hoc*, e sua existência não configura profissão ou atividade contínua.[29] É o que se lê do artigo 13 da Lei 9.307/96 ao prever que "pode ser árbitro qualquer pessoa capaz e que tenha a confiança das partes". A escolha tópica do julgador é inquestionável; a relação entre a pessoa e a instituição arbitral até pode ser contínua e prolongada, mediante a inclusão daquela pessoa no corpo de árbitros do centro arbitral (nas instituições em que existe essa possibilidade), mas aquela entre o árbitro e as partes existe o quanto e enquanto existir o processo arbitral, e só. Alguém atua como ou "está" árbitro somente naquele processo,[30] a despeito da intenção – ou da ignorância – de alguns em tentar passar a impressão de que se estaria constituindo "juízes privados de profissão".[31]

---

[28] "*In most jurisdictions parties are left free to decide who to choose as an arbitrator, with no particular legal or formal requirements being imposed by the* lex arbitri." (COLE, Tony, *et al.* **Legal Instruments and Practice of Arbitration in the EU (Study, Annex, Questionnary, Answers to Questionnary)**. European Parliament. Directorate-General for Internal Policies – Policy Department. Citizen's Rights and Constitutional Affairs, 15 jan. 2015, p. 27. Disponível em: <http://www.europarl.europa.eu/thinktank/en/document.html?reference=IPOL_STU(2015)509988>.

[29] "Não existe a profissão do árbitro. O árbitro exerce uma missão específica e ocasional outorgada pelas partes". (LEMES, Selma Maria Ferreira. 1. Árbitro. Dever de Revelação. Inexistência de Conflito de Interesses. Princípios da Independência e da Imparcialidade do Árbitro. 2. Homologação de Sentença Arbitral Estrangeira no STJ. Inexistência de Violação à Ordem Pública (Processual). Artigo 39, II, da Lei de Arbitragem e Artigo V(II)(b) da Convenção de Nova Iorque. **Revista Brasileira de Arbitragem**, v. XI, v. 41, p. 7-41, 2014, p. 24).

[30] Ainda que se pretenda a indicação reiterada de uma mesma pessoa para processos arbitrais diversos advindos de uma mesma relação jurídica, tratar-se-ão de diferentes nomeações e, consequentemente, de distintas relações jurídicas entabuladas com aquele mesmo terceiro. A indicação reiterada é possível – com algumas ressalvas e limitações, como se verá –, mas não significa que passará aquela pessoa a desempenhar uma profissão de árbitro. Ver Capítulo 3 adiante.

[31] Em artigo que aborda o tema, Carlos Alberto Carmona aponta prática que alguns adotavam, com mais frequência na década passada, de se auto intitular "juiz arbitral" – muitos por desconhecimento, outros por má-fé para cometer fraudes contra pessoas que desconhecem o instituto: "Aqui e acolá aparecem também entidades que, por pura ignorância, causam dano ao incauto e arranham o instituto da arbitragem. De um lado e de outro, aparecem automóveis que estampam símbolos típicos das autoridades judiciárias; há entidades que expedem as inacreditáveis 'carteiras de árbitros' (emitidas sabe-se lá para que fim!); alguns inventaram os 'mandados de citação arbitral'; outros fazem constar em seus cartões de visita (ornados com o Brasão da

Não poderia ser diferente também porque, por lógica, considerando que uma das principais vantagens da arbitragem, senão a maior delas, é a especialidade do árbitro com relação ao processo e ao mérito da disputa, pode-se dizer que cada processo arbitral, pelo tema e pelas questões técnicas relevantes, exige a nomeação de um ou mais julgadores específicos, e muitas vezes díspares. Cada processo arbitral pode demandar conhecimentos técnicos, jurídicos ou mesmo culturais distintos. Idealmente, a figura do árbitro em abstrato já existe na mente dos contratantes quando da celebração da convenção de arbitragem,[32] mas o seu nome em concreto surge para aquele processo arbitral como o que se entende seja o melhor ou o mais indicado para aquele conflito, começando pela sua *expertise*, e passando também por outras qualidades, como sua reputação, personalidade e disponibilidade, por exemplo.

Não se trata de uma crítica ao juiz togado, vale pontuar. Faz-se, na realidade, uma constatação sociológica e também de mercado, uma vez que o juiz togado raramente possui incentivos econômicos mais substanciosos para se especializar, enquanto indivíduos que pretendem atuar como árbitros têm como um de seus maiores ativos a especialização em uma ou mais áreas em que atuem com maior frequência.[33] São simplesmente ambientes

---

República) que são 'juízes arbitrais' (sic), enfim, a imaginação não tem limites para engendrar algumas práticas surpreendentes, originadas, repito, de má-fé desenfreada ou de ignorância desassombrada." (CARMONA, Carlos Alberto. Utilização, por órgão arbitral institucional, do vocábulo "tribunal" em sua denominação social – Legalidade – Inexistência de proibição do emprego do vocábulo 'tribunal' para designar entidades privadas – Inexistência de impedimento, por conta da denominação social, de aceitar a filiação da instituição ao CONIMA – Abuso na utilização de símbolos nacionais – Recomendação. **CONIMA**, 4 out. 2006. Disponível em: <http://www.conima.org.br/arquivos/1297>).

[32] A não ser nas situações em que o nome do árbitro já se encontre previsto na própria convenção de arbitragem – hipótese pouco comum, mas possível. E mesmo nesse caso, verifica-se uma tentativa das partes, ainda no momento da celebração da convenção, de antecipar quem seria a pessoa mais indicada para julgar eventuais conflitos que surgirem daquela relação de direito material.

[33] "Assim, os julgadores não têm os mesmos incentivos mercadológicos para buscar qualificação, não por incompetência ou motivação, mas pela própria estrutura de incentivos do judiciário. Por mais que a magistratura consiga remunerar os juízes com salários nos níveis mais altos dos cargos públicos nacionais, não consegue oferecer, em linhas gerais, uma forma de remuneração que incentive a produção ou a especialização, como consegue o mercado da arbitragem. A arbitragem permite, portanto, a escolha de julgadores com a máxima qualificação e reputação". TIMM, Luciano Benetti; GUANDALINI, Bruno; RICHTER, Marcelo de Souza. Reflexões sobre

e incentivos diferentes a cada um deles; é já um primeiro exemplo de diferenças legítimas entre o sistema judicial e arbitral. O juiz togado pode até receber remunerações complementares em caso de títulos ou diplomas adicionais – no Brasil, o chamado "Adicional de Qualificação (AQ)";[34] não se trata, contudo, de requisitos indispensáveis à sua atuação em mais processos. Quem pretende atuar como árbitro, de outro lado, depende de sua especialização e de seu conhecimento técnico para que continue a ser considerado e indicado em novos processos arbitrais.

Quando se fala de arbitragem, com efeito, um dos maiores pilares consiste exatamente na autonomia da vontade das partes, que têm sua primeira e talvez a mais forte externalização quando da escolha do julgador.[35] E se há possibilidade de escolha, é natural que haja critérios e valorações para a sua seleção. Enquanto juízes são regularmente selecionados por meio de concursos públicos ou outros processos seletivos estatais estabelecidos para a carreira (que, em tese, deveriam ser isonômicos),[36] os árbitros são definidos no caso a caso, conforme a vontade das partes, o que fatalmente leva a

---

uma análise econômica da ideia de arbitragem no Brasil. **20 anos da Lei de Arbitragem. Homenagem a Petrônio R. Muniz.** Coord. Carmona, Lemes e Martins. São Paulo: Atlas, 2017

[34] Como exemplo, a Lei 11.416, de 15 de dezembro de 2016, que dispõe sobre as carreiras de servidores do Poder Judiciário da União Federal no Brasil, em seu Art. 14: "É instituído o Adicional de Qualificação – AQ destinado aos servidores das Carreiras dos Quadros de Pessoal do Poder Judiciário, em razão dos conhecimentos adicionais adquiridos em ações de treinamento, títulos, diplomas ou certificados de cursos de pós-graduação, em sentido amplo ou estrito, em áreas de interesse dos órgãos do Poder Judiciário a serem estabelecidas em regulamento."

[35] Ver: GIUSTI, Gilberto; DALMASO MARQUES, Ricardo. As partes na arbitragem internacional: direito brasileiro, UNIDROIT e CISG – Extensão dos efeitos da cláusula compromissória. *In*: **Arbitragem Internacional: UNIDROIT, CISG e Direito Brasileiro**. São Paulo: Quartier Latin, p. 247-264, 2010; e GIUSTI, Gilberto; DALMASO MARQUES, Ricardo. Sentenças arbitrais parciais: uma análise prática. **Revista de Arbitragem e Mediação**, ano 7, v. 26, p. 46-58, jul./set. 2010.

[36] Cândido Rangel Dinamarco aponta, como já se indicou em nota anterior, a existência de diferentes métodos de se recrutar juízes, desde a livre nomeação pelo Chefe do Executivo até os concursos públicos. No Brasil, para carreiras judiciárias estruturadas, a rigor, o ingresso nas carreiras judiciárias se dá por concurso público de provas e títulos; essa regra, porém, comporta exceções, como no caso dos cargos de ministros do Supremo Tribunal Federal e do Superior Tribunal de Justiça, que são indicados pelo Presidente da República mediante aprovação do Senado Federal, dentre outros procedimentos. Ver: DINAMARCO, Cândido Rangel. **Instituições de direito processual civil:** v. 1. Op. cit., p. 569-575.

resultados diferentes em termos de seleção e formação.[37] A possibilidade de escolha, portanto, cria toda uma nova sistemática, com importantes impactos na forma como o processo arbitral é conduzido e julgado.

Assim, tratando-se a arbitragem de um método heterocompositivo de resolução de disputas, a expressão da vontade pelas partes na indicação dos árbitros é sensível e delicada, porquanto se elegerá os julgadores que definirão, sem possibilidade de recurso, questões de mérito e também como o processo arbitral será guiado.[38] Trata-se de escolha que pode comprometer a qualidade e também a validade de todo o processo arbitral, seja no procedimento ou no julgamento, o que justifica, em alguns casos, as muitas horas gastas por partes e seus advogados[39] para buscar e avaliar os melhores nomes e os conhecimentos e experiências que se mostram marcantes para aquela determinada causa.[40]

---

[37] "*In a world of stubbornly heterogeneous legal cultures, each with its own divergent view of proper conduct, elaborating one common ethical plumb line for international arbitration poses special challenges. In contrast to national legal communities, which tend to adopt relatively formalized paths for appointing judges, the fragmented framework of international arbitration relies on more fluid processes for selecting decision makers and vetting their integrity. For instance, direct party-nomination of arbitrators coexists with arbitrator selection by institutional appointing authorities; national court decisions on arbitrator impartiality intersect with analogous rules and decisions of arbitral institutions; and guidelines issued by professional associations are interpreted by scholars and practitioners from disparate procedural traditions.*" (PARK, William W. Arbitrator Integrity: The Transient and the Permanent. **San Diego Law Review**, v. 46, p. 629-704, 2009, p. 644).

[38] FINIZIO, Steven P. SPELLER, Duncan. **A practical guide to international commercial arbitration: assessment, planning and strategy.** Thomson Reuters: London, 2010, p. 99.

[39] No decorrer desta obra, far-se-á referência a "advogados" das partes em razão de, na prática, ser mais comum que partes em processos arbitrais sejam representadas por causídicos. Não se trata, porém, de uma exigência legal ou regulamentar na maioria dos países; a rigor, as partes podem ser representadas no processo arbitral por não-advogados e até por elas próprias – embora sejam hipóteses mais raras. Nesse sentido, as *Guidelines on Party Representation in International Arbitration*, de 2013, da *International Bar Association* (IBA) adotam a denominação de "party representative" para se referir a qualquer um que represente partes em processos arbitrais, justamente para refletir essa flexibilidade: "*'Party Representative' or 'Representative' means any person, including a Party's employee, who appears in an arbitration on behalf of a Party and makes submissions, arguments or representations to the Arbitral Tribunal on behalf of such Party, other than in the capacity as a Witness or Expert, and whether or not legally qualified or admitted to a Domestic Bar*". Disponível em: <http://www.ibanet.org/Publications/publications_IBA_guides_and_free_materials.aspx>.

[40] "*(...) litigants spend a great deal of time and effort scrutinizing the backgrounds of arbitrators. The assessment may include the analysis of their ethical behavior, prior appointments, 'judicial' or decision--making philosophy, and potential scheduling conflicts, as well as the managerial style of the president of*

Isso demonstra que a pessoa do árbitro pode mudar, e de fato muda, a depender do conflito particular, e, mais, do cenário em que está inserido: primeiramente, se diante de um litígio meramente doméstico, internacional,[41] ou mesmo transnacional (para os que o admitem).[42] E sendo de uma questão de escolha, as pessoas mais indicadas para atuar em uma arbitragem internacional, seja comercial ou de investimentos,[43] não são necessariamente

---

the tribunal." (PUIG, Sergio. 2014. Social capital in the arbitration market. **European Journal of International Law**, v. 25, n. 2, p. 387–424, 2014, p. 400). Também por esse motivo, na arbitragem são admitidas entrevistas pelas partes com os possíveis árbitros, antes de sua efetiva indicação, não para discutir o mérito da disputa, mas para que as partes avaliem se determinada pessoa possui as qualidades esperadas para julgar aquele conflito. Ver: PARK, William W. Op. cit., p. 633. Também nesse sentido: *"The benefits of interviewing will be obvious to anyone who has participated in one. It can surface procedural issues that may be of special concern to a party, calibrate expectations as to how the proceeding should be conducted, and help build confidence in the selected chair. In short, interviewing can correlate with higher party satisfaction with the overall process and the tribunal."* (MCLLRATH, Michael. Getting to know you. **Kluwer Arbitration Blog**, 2 abr. 2013. Disponível em: <http://kluwerarbitrationblog.com/2013/04/02/getting-to-know-you/>).

[41] Embora não haja consenso sobre o tema, adota-se, para os fins desta obra, o conceito de "arbitragem comercial internacional" definido na Lei-Modelo da Uncitral, qual seja: aquela em que "i) as partes estiverem sediadas em países distintos; ii) se o local da arbitragem é determinado pela convenção arbitral em local diverso daquele em que as partes estão sediadas; iii) se as obrigações decorrentes da relação comercial tiverem de ser cumpridas em local diverso daquele em que as partes estão sediadas; ou, ainda, iv) se as partes acordaram que a matéria objeto da arbitragem é relacionada a mais de um país." (MANGE, Flavia Foz. Op. cit., p. 39). Apesar de a Lei 9.307/96 adotar o modelo monista – que não diferencia a arbitragem doméstica da internacional – há importantes diferenças entre ambas que devem ser ressaltadas. Ver CAIVANO, Roque J. **Arbitraje**. 2. ed. Buenos Aires. Ad-Hoc, 2008, p. 86-87.

[42] Conforme nota acima, a arbitragem internacional, para muitos, é considerada outro "animal" se comparada com a arbitragem doméstica; para alguns, certos elementos entre elas são sequer comparáveis. Ambas serão tratadas aqui, pois o dever de revelação ganha relevância nesses dois subsistemas, porém com observações distintas quanto a cada uma delas quando se entender que a abordagem não pode ser idêntica em algum aspecto. De todo modo, salienta-se que a arbitragem doméstica é tão ou mais importante que a arbitragem internacional, porquanto "[a]*fter all, national law is what makes arbitration binding*". LUTTRELL, Sam. Op. cit., p. 1. Ver também MANGE, Flavia Foz. **Processo Arbitral: Aspectos Transnacionais**. São Paulo: Quartier Latin, 2013.

[43] *"Arbitrating parties frequently choose arbitrators on the basis of their prior professional or business associations or commercial expertise. A person with a government background, for instance, might be more attuned to and possibly more sympathetic to arguments that suggest that a sovereign state enjoys broad prerogatives to regulate its own affairs. Someone with a commercial background might start from the position that an investor has legitimate rights and expectations that should not be interfered with."* (DAELE, Karel. **Challenge and Disqualification of Arbitrators in International Arbitration**. International

aquelas que atuariam em processos arbitrais domésticos;[44] pode ser o caso de um ou outro nome,[45] o que não significa que haja uma identidade de conceitos ou critérios para escolha dos julgadores que atuam nesses diferentes cenários. Por isso, a doutrina diferencia os chamados "árbitros domésticos" dos "árbitros internacionais",[46] e, na arbitragem internacional, há ainda aqueles mais indicados para conflitos de investimentos – subsistema que é também diverso.[47]

Além disso, os critérios também podem variar a depender do país, da região e da cultura jurídica relevantes. As diferenças de postura e de convicção entre um julgador advindo do sistema de *civil law* e um ligado ao do *common law*, por exemplo, são visíveis[48] – e lembrando que não há sequer o

---

Arbitration Law Library, Kluwer Law International, 2012, p. 12). Ver também: DALMASO MARQUES, Ricardo. Report on the Lunch Seminar Latin America: Hottest Issues, Country by Country? **Legitimacy: Myths: Realities, Challenges**. ICCA Congress Series. Kluwer Law International, v. 18, p. 913-931, 2015.

[44] Há os que defendem, como Emmanuel Gaillard, a existência de um sistema jurídico próprio para a arbitragem internacional ("*an arbitral legal order*"): "*The idea of an arbitral legal order is today increasingly accepted, both in arbitral case law – which reflects the arbitrators' growing perception of their role – and in the national legal orders*". (GAILLARD, Emmanuel. **Legal theory of international arbitration**. Martinus Nijhoff: Leiden, 2010, p. 52). Ver também: NUNES, Thiago Marinho. **Arbitragem e prescrição**. São Paulo: Atlas, 2014, p. 48-51; e BESSON, Sébastien. Is There a Real Need for Transcending National Legal Orders in International Arbitration? Some Reflections Concerning Abusive Interference from the Courts at the Seat of the Arbitration. *In*: **International Arbitration: The Coming of a New Age?** Albert Janvan den Berg (ed), ICCA Congress Series, v. 17, p. 378-388, p. 2013.

[45] "[U]ma pessoa regularmente nomeada para arbitragens internacionais será também frequentemente nomeada para arbitragens internas, embora o inverso não seja necessariamente verdadeiro". (CLAY, Thomas. Quem são os árbitros internacionais. Abordagem sociológica. Op. cit.).

[46] Ibid.

[47] Disputas envolvendo investimentos, matéria de direito internacional público, normalmente requerem conhecimento apurado em temas como contratos comerciais, transações internacionais e administração de investimentos. Ver: PUIG, Sergio. Op. cit., p. 402.

[48] "É preciso reconhecer que os diferentes sistemas processuais – de *Civil Law* e de *Common Law* – evocam diferentes comportamentos dos árbitros. Aqueles provenientes de ambientes anglo-saxões estão acostumados ao '*adversarial system*', de modo que esperam que as partes se esforcem para produzir as provas do que alegaram, controlando a batalha entre os advogados dos contendentes, mas sem participarem diretamente do confronto. Já os árbitros ligados aos sistemas de *Civil Law* estão afeiçoados à ideia de que precisam participar mais intensamente da experiência probatória ('inquisitorial system') o que possivelmente os tornará mais flexíveis na

requisito de formação jurídica para atuação como árbitro, que, na maioria dos países, inclusive no Brasil, pode se dar por profissionais de quaisquer áreas, e não só advogados.[49]

Tudo isso faz com que a análise de preferências, no caso a caso, seja realizada pelo próprio mercado; é realizada pelas partes, pelos advogados e pelas instituições arbitrais, conforme as necessidades do caso. Diz-se à exaustão na doutrina que "a arbitragem vale o que vale o árbitro";[50] por isso, os critérios e elementos que devem ser considerados são dos mais diversos a depender do contexto e das características das partes, dos seus advogados e do próprio litígio, como apontam João Bosco Lee e Maria Cláudia de Assis Procopiak:

> Ao escolher um árbitro, as partes ou seus advogados vão tentar escolher alguém com quem se identifiquem e que, ao mesmo tempo, possa se identificar com a parte, com a causa, ou com tudo o que envolve a arbitragem; uma pessoa que tenha as mesmas origens, que compreenda as tradições, os costumes e as ideias que estavam presentes no espírito dessa parte quando da elaboração do contrato e que continuarão a guiá-la durante o procedimento arbitral.[51]

Não existe, portanto, uma profissão de árbitro porque não há uma atividade rotineira, regulada, cujos membros reúnam as mesmas características. Cumpridos os requisitos legais,[52] qualquer um pode atuar como árbitro, na

---

produção e na avaliação das provas. Tudo isso é mera possibilidade, calcada nas grandes linhas dos ordenamentos jurídicos". (CARMONA, Carlos Alberto. Em torno do árbitro. **Revista de Arbitragem e Mediação**, v. 8, n. 28, p. 47-63, jan./mar. 2011).

[49] *"The arbitrator, for example, generally need not be a lawyer, or meet the requirements for election to a judicial post at national level. In practice, however, it remains relatively rare for a non-lawyer to be appointed as an arbitrator unless specific technical or commercial knowledge on the part of the arbitrator is desirable. However, unlike litigation in courts, where parties must accept the judge they have been assigned, the freedom granted to parties to select their own arbitrator means that if parties believe that commercial or technical knowledge will be more important for the correct resolution of their dispute than will legal expertise, they are free to appoint a non-lawyer who has this type of expertise."* (COLE, Tony, et al. Op. cit., p. 27).

[50] CLAY, Thomas. **L'arbitre**. Paris, Éditions Dalloz, 2001, p. 10. Ver também: BAPTISTA, Luiz Olavo. **Arbitragem comercial e internacional**. Op. cit., p. 143.

[51] LEE, João Bosco, PROCOPIAK, Maria Claudia de Assis. A obrigação da Revelação do Árbitro – Está Influenciada por Aspectos Culturais ou Existe um Verdadeiro Standard Universal? **Revista Brasileira de Arbitragem**, ano 4, v. 14, 2007, p. 16-17.

[52] No Brasil, a capacidade civil e a confiança das partes. Lei 9.307/96, Art. 13.

medida da vontade das partes, que podem até mesmo estabelecer requisitos mínimos sobre a pessoa que atuará nessa condição. Comparativamente, ocorre com a arbitragem o que reportam Richard Susskind e Daniel Susskind sobre consultores seniores em administração, que sequer consideram sua atividade uma profissão justamente porque "qualquer pessoa pode montar seu negócio e atuar como consultor".[53] De forma semelhante, a especificidade de cada processo arbitral exige um nome, uma personalidade, uma característica diferente, e, por isso, não haveria como se estabelecer unidade, e muito menos recorrência.[54]

Os referidos autores expõem que as condições para o reconhecimento de uma profissão no mundo moderno normalmente estão relacionadas (a) ao conhecimento específico, (b) à contratação pela qualificação, (c) à regulamentação da atividade, e (d) a um corpo comum de valores.[55] Também sob esse prisma, mesmo para aqueles que entendem que a arbitragem configuraria uma "comunidade epistêmica",[56] composta por atores reconhecidos pelo seu conhecimento e credibilidade, a atividade de árbitro não poderia ser considerada uma profissão, principalmente pela falta de regulamentação própria e também de regras gerais que pudessem ser impostas global, nacional ou regionalmente para sua atuação. Mais que isso, vale lembrar que, no cenário internacional, admite-se que também pessoas jurídicas – e não apenas pessoas físicas – atuem como árbitros,[57] o que encerraria qualquer possibilidade de se encarar a atuação do árbitro como se uma profissão fosse.

De todo modo, ainda que se argumentasse que ao menos uma regulamentação doméstica seria possível, tratar-se-ia certamente de iniciativa não recomendável, porquanto poderia levar ao engessamento da indicação

---

[53] SUSSKIND, Richard; SUSSKIND, Daniel. **The future of the professions: how technology will transform the work of human experts**. Oxford University Press, 2015.

[54] É interessante notar, nesse ponto, que a Classificação Brasileira de Ocupação (CBO), publicada pelo Ministério do Trabalho e do Emprego (TME) não lista profissões como "empresário" ou "consultor". Disponível em: <http://www.ocupacoes.com.br/tabela-completa-da-cbo>.

[55] SUSSKIND, Richard, Op. cit.

[56] "[A]n epistemic community is a network of professional with recognized experience and competence in a particular domain and an authoritative claim to policy-relevant knowledge within the domain or issue-area". (HAAS, Peter M. Introduction to epistemic communities and International Policy Coordination. **International Organization**, v. 46, n. 1, p. 1-35, 1992).

[57] CLAY, Thomas. Quem são os árbitros internacionais. Abordagem sociológica. Op. cit.

de árbitros, que tem como proposta exatamente o oposto: a liberdade das partes no momento da seleção – daí advém a oposição à ideia de se profissionalizar e até regular adiante a figura do árbitro. E foi também por esses motivos que, no Brasil, o Projeto de Lei 4891/2005, de iniciativa da Câmara dos Deputados, que pretendia regulamentar as "profissões de árbitro e mediador", não ganhou apelo e acabou rejeitado pela Comissão de Trabalho, de Administração e Serviço Público em 2013. Rejeitou-se, em especial, a ideia de que se poderia estatuir o árbitro como uma profissão, como salientou o relator à época, o Deputado Federal André Figueiredo:

> Não há como regulamentar as profissões de árbitro e mediador, que se constituem em profissionais especializados nas mais diversas áreas do conhecimento (contadores, advogados, médicos, engenheiros, arquitetos etc.) ou quaisquer outras pessoas que gozam da confiança e do respeito das partes que optarem pela solução de seus conflitos por meio da arbitragem e da mediação, em vez de se socorrerem do Judiciário.[58]

O que ocorre, destarte, é que a liberdade na indicação impede – ou pelo menos desestimula – qualquer tipo de regulamentação ou generalização quanto à figura do árbitro.[59] Na prática, em uma terminologia não técnica, até pode se falar em "renomados árbitros", como faz a doutrina, quando se pretende mencionar profissionais reconhecidos por sua competente atuação como tais, mas não se pode dizer que aqueles sejam "os árbitros" a que se referem a Lei 9.307/96 ou outras leis nacionais. Nessas referências, o que se está fazendo é uma análise de qualidade, e não de definição de classe ou profissão – até porque nada impede que as partes e a instituição arbitral em um processo específico fujam por completo dessas qualidades e busquem alguém com características totalmente inusitadas.

---

[58] Ver: "Comissão rejeita regulamentação de profissão de conciliador e árbitro", **Câmara dos Deputados**, 7 nov. 2013. Disponível em: <http://www2.camara.leg.br/camaranoticias/noticias/DIREITO-E-JUSTICA/456673-COMISSAO-REJEITA-REGULAMENTACAO-DE-PROFISSAO-DE-CONCILIADOR-E-ARBITRO.html>.

[59] A CBO do MTE acima referida traz "juiz de direito" e "juiz federal", dentre outros análogos, como profissões, mas os árbitros listados e limitam àqueles de atletismo, basquete, futebol e outras modalidades desportivas. Op. cit.

Alguns indivíduos podem se dedicar somente a essa função – e alguns de fato o fazem –, mas isso não significa que seria uma ocupação e muito menos um emprego, como se detalhará adiante.[60] O árbitro poderia ser equiparado, nesse tocante, à figura do empresário (o que até estaria em linha com a sua origem histórica). Dizer que alguém "é" árbitro consiste em uma falta de tecnicidade, que é tolerada apenas na prática – desde que não se pretenda iludir ou ludibriar incautos, como, repita-se, era o caso algumas instituições arbitrais e indivíduos que utilizavam os termos "tribunal" e "juízes" para criar comparações inexistentes e exercer pressões indevidas.[61] Não há como e não se deve, contudo, considerar "arbitrar" uma profissão, dada a volatilidade que o sistema arbitral propositalmente estabeleceu quanto a quem pode atuar como árbitro: qualquer um que seja capaz e tenha a confiança das partes para tanto.

Em resumo do que se expôs até aqui, a figura do árbitro compõe uma imagem ou uma representação abstrata, que encontra concretude apenas no caso específico, quando há a indicação de determinada pessoa no processo específico conforme a vontade das partes e as particularidades do conflito. O árbitro é definitivamente um sujeito jurídico, e também econômico, político e social, pelos efeitos que sua atividade – jurisdicional, como se detalhará adiante[62] – causam nessas searas, mas não há como atribuir ao árbitro somente uma face ou retrato, pois o próprio termo advém do livre arbítrio das partes em escolhê-lo.[63] Não há, por assim dizer, uma definição concreta de "quem são" os árbitros, e o que se viu também poderá variar de

---

[60] Ver Capítulo 2, item 2.1, *infra*.

[61] "Quer-me parecer, porém, que a precaução é recomendada não porque o órgão arbitral tenha em sua denominação o termo 'tribunal', mas sim porque, ao lado de tal terminologia, sejam detectados expedientes que revelam a intenção de homocromia com órgãos do Poder Judiciário. Dito de outro modo: o emprego do termo 'tribunal' só parece condenável quando tal denominação somar-se a outros meios usados pela entidade arbitral para confundir incautos e atrair clientes com os chamativos típicos dos órgãos estatais". (CARMONA, Carlos Alberto. Utilização, por órgão arbitral institucional... Op. cit.).

[62] Ver Capítulo 2, item 2.1, *infra*.

[63] "Define-se árbitro aquele terceiro que 'dirime questões por acordo das partes litigantes'. De origem semântica, proveniente do latim *arbitru*, 'é aquele que é chamado, como juiz, dirimir dúvidas, opinar em debates, julgar algum assunto, decidir sobre alguma coisa'. Compartilha da mesma origem da palavra arbítrio, ou seja, da ideia de resolução, de decisão que depende só da vontade dos envolvidos. O árbitro indica a natureza consensual, de confiança e de liberdade que permeia a arbitragem". (COUTO, Jeanlise Velloso. Op. cit., p. 17-18).

acordo com o cenário em que a arbitragem esteja inserida. *Árbitro é quem se indica para atuar como tal*, com algumas limitações que também serão abordadas mais em seguida.

Onde também se chega nesse início, com efeito, é que, sob o ponto de vista sociológico, a necessidade de escolha de um árbitro para o caso específico e o empossamento de juízes togados como uma carreira fazem com que as qualidades esperadas e as expectativas criadas para cada um desses sujeitos variem de modo bastante significante. Embora existam diferenças entre os modelos adotados por cada país, o juiz é, como regra, a personificação do Poder Judiciário, guardião das garantias constitucionais, aplicador da lei, e funcionário público que é, "incumbido de cuidar de um grande número de volumes de papéis que são os processos, mediante sua organização e a organização do pessoal e material de que dispõe".[64] A própria figura do juiz é ditada pela forma como é selecionado e pelas regras de organização judiciária aplicáveis.[65]

De outro lado, nenhuma dessas regras de seleção, formação e competência de juízes se aplica ao julgador privado, que tem suas funções precípuas definidas apenas caso a caso, conforme a vontade das partes. A possibilidade de escolha cria toda uma dicotomia e uma série de questionamentos que não se verificam onde e quando a escolha pontual não é permitida. A regulamentação dada a julgadores públicos e privados é díspar nesse sentido, e a opção legislativa é perfeitamente adequada, pois, repita-se: árbitro é quem se indica para atuar como tal, e a possibilidade de escolha, proposital e felizmente, põe em campos distintos árbitros e juízes, com apenas alguns pontos de interligação e semelhança.

Apenas como ressalva, não obstante as premissas acima, é importante indicar que alguns têm visto no negócio jurídico processual, recém trazido pelo novo Código de Processo Civil pátrio,[66] a possibilidade de escolha do julgador também no processo judicial, para aquelas causas que admitam

---

[64] BENETI, Sidnei Agostinho. O juiz e o serviço judiciário. **Revista de Processo**, v. 55, p. 127--151, jul./set.1989.

[65] Também por isso que se apontam diferenças relevantes entre juízes, desembargadores e ministros de países, esferas e também instâncias diferentes.

[66] Lei 13.105, de 16.3.2015 – Novo Código de Processo Civil Brasileiro, Art. 190: "Versando o processo sobre direitos que admitam autocomposição, é lícito às partes plenamente capazes estipular mudanças no procedimento para ajustá-lo às especificidades da causa e convencionar sobre os seus ônus, poderes, faculdades e deveres processuais, antes ou durante o processo".

a autocomposição e "desde que não haja violação às regras ligadas à competência absoluta".[67] Parece-nos, porém, posicionamento, além de novel, que ainda demandará maiores reflexões, em especial sobre sua provável incompatibilidade com o princípio do juiz natural tal como previsto na Constituição Federal de 1988, em especial no seu segundo aspecto, "que impede a criação de tribunais *ad hoc* e de exceção, para o julgamento de causas penais ou civis".[68]

De fato, a eventual possibilidade de se escolher o julgador também na esfera judicial aproximaria as figuras do juiz e do árbitro nos sentidos expostos nesse item.[69] Ainda se manteria, contudo, a diferença de que qualquer pessoa capaz e que possui a confiança das partes poderia ser indicada como árbitro, enquanto os juízes possivelmente elegíveis seriam apenas aqueles (ou um deles) detentores de competência absoluta para julgá-la. Mesmo nessa hipótese – com a qual não se concorda –, permaneceriam as principais disparidades de seleção e de formação que se pontuou. De toda forma, abre-se esses parênteses apenas para fins acadêmicos, por ora, porquanto não é essa hoje a teoria ou a prática no processo judicial brasileiro, em que regras de competência definem o juízo (e não sequer o juiz, pessoa física) que julgará a demanda.

---

[67] "Vou além: o negócio jurídico processual, na forma dimensionada no art. 190 do NCPC permite – é esse o meu entendimento – que as partes escolham o juiz (sim, o juiz, pessoa física, não apenas o juízo) a quem querem submeter sua eventual causa. Desde que não haja violação às regras ligadas à competência absoluta, não vejo qualquer impedimento para a validade de tal avença". (CARMONA, Carlos Alberto. A língua no processo estatal e no processo arbitral: um diálogo com Vincenzo Vigoriti. Op. cit.).

[68] CINTRA, Antônio Carlos de Araújo; GRINOVER, Ada Pellegrini; DINAMARCO, Cândido Rangel. **Teoria Geral do Processo**. 24. ed. São Paulo, Malheiros, 2008, p. 58.

[69] Ainda sobre o negócio jurídico processual, poder-se-ia argumentar que a base contratual que antes era exclusiva da arbitragem agora também existe no processo judicial. Antes do Novo Código de Processo Civil, a doutrina negava de uma forma geral o negócio jurídico processual como existente, mas já sinalizavam alguns que "[negócios jurídicos processuais] também poderiam ser fonte da norma processual, como na eleição do foro, na convenção sobre a distribuição do ônus da prova, na suspensão convencional do processo etc." (CINTRA, Antônio Carlos de Araújo, *et al*. Op. cit., p. 100). Lembremos, ainda, que a própria convenção de arbitragem é tida pela doutrina como um negócio jurídico processual. Ver: NERY JUNIOR, Nelson. **Princípios do processo na Constituição Federal**. Op. cit., p. 189.

1.2. Características e padrões (e não requisitos) para a atuação como árbitro. O que se busca em um proposto árbitro[70] – a escolha para vencer. E o porquê de se atuar como árbitro

Vendo sob outro prisma, não é porque não há uma determinação única e absolutamente concreta de "quem são os árbitros" que não existe uma visão jurídica, econômica, política e social feita sobre ele. De fato, a representação de um árbitro parece muito mais complexa que a de um juiz, considerando a sua possibilidade de escolha; isso não significa, entretanto, que não exista um padrão ou características fundamentais que se esperam do julgador privado. Precisamente pelo árbitro ser constituído para aquele caso específico, o que há é uma seleção minuciosa que é feita pelas partes, por advogados e por instituições arbitrais na busca por características que são tidas como desejáveis. Ao se escolher, está-se fazendo julgamentos, ponderações ou valorações com critérios objetivos e subjetivos que podem existir sobre aquele que poderá ser eleito como árbitro. Está-se, pois, valorando com vistas aos propósitos de cada parte e cada sujeito no processo arbitral. Como parece óbvio, ao se valorar uma decisão, tende-se por dar preferência a elementos que se considere positivos, favoráveis, em detrimento de outros que se entenda menos relevantes ou indesejáveis.

A indicação de árbitros não é uma ciência exata e não existem critérios objetivos para tanto,[71] mas não há dúvidas que existe todo um exercício de seleção feito pelas partes e pelas instituições arbitrais, e que, como regra, as indicações ocorrem e se repetem a partir de elementos qualitativos, objetivos e subjetivos, que são atribuídos a determinados indivíduos. A

---

[70] De forma mais técnica, fala-se em "proposto árbitro" ou "indicado árbitro", como se viu, pois ninguém é árbitro de forma permanente. Para facilidade de entendimento, contudo, por vezes se fará menção ao "árbitro" ou aos "árbitros" de forma fluida, sem que isso comprometa a premissa de que não se está referindo a uma profissão, e, sim, a um indivíduo que está atuando nessa condição em um caso específico.

[71] "*Selection of an arbitrator is one of the most critical phases of international arbitration, yet the selection process is plagued by inefficiencies. Most information about arbitrators is obtained through word-of-mouth enquiries. Such information may be unreliable and is likely, almost certainly, to be incomplete. It is also, by definition, subjective, as it is based on personal experiences and not objective criteria.*" (Gupta, Rishab; Limond, Katrina. Who is the most influential arbitrator in the world. **Global Arbitration Review**, 14 jan. 2016. Disponível em: <http://globalarbitrationreview.com/article/1035051/who-is-the-most-influential-arbitrator-in-the-world>).

experiência dita que conhecimento especializado, reputação, credibilidade, e disponibilidade, por exemplo, são requisitos que podem ser considerados praticamente unânimes por litigantes e instituições arbitrais em quaisquer das modalidades de arbitragem existentes.[72] Luiz Olavo Baptista, por exemplo, considera que os critérios para escolha dos árbitros devem ser "[p]rimeiro, o perfil do árbitro enquanto pessoa. Segundo, as qualificações do árbitro e a sua adequação àquele tipo específico de procedimento, e terceiro, a disponibilidade do árbitro".[73] O autor ainda enumera o que considera são "qualidades e atributos comuns aos árbitros", como integridade, reputação, temperamento, formação, *expertise* e disponibilidade.[74]

Justamente por essas virtudes, a função do árbitro já foi considerada sagrada no passado, embora tenha sido laicizada após a Revolução Francesa.[75] O árbitro, historicamente, é conhecido como o terceiro – não necessariamente jurista – de reputação ilibada e conhecimento técnico aprofundado a quem se recorria em caso de conflitos, muitos deles comerciais. Para alguns autores, a figura do árbitro tal como existente hoje teria inclusive surgido após a imagem do juiz, pois, embora não tivesse ainda despontado a imagem do Estado, o juiz estatal teria sido criado como um solucionador de conflitos que era imposto às partes, sem qualquer expressão de vontade nesse sentido; a figura do árbitro teria aparecido em momento posterior, "como alternativa capaz de melhorar a vida coletiva" e já como "pessoas

---

[72] Indicações podem ocorrer pelas partes diretamente, ou, indiretamente, por terceiros que elas determinem, a depender da lei e regras aplicáveis. Em arbitragens institucionais, o regulamento arbitral rege a forma de constituição do tribunal arbitral, o que pode ser alterado pelas partes. Em arbitragens *ad hoc*, as regras eleitas pelas partes definirão o formato de indicação, normalmente com uma *appointing authority*, função que pode ser exercida pelas instituições arbitrais, órgãos dentro da sua estrutura, ou mesmo pessoas físicas. "*In contrast to national legal communities, which tend to adopt relatively formalized paths for appointing judges, the fragmented framework of international arbitration relies on more fluid processes for selecting decision makers and vetting their integrity. For instance, direct party-nomination of arbitrators coexists with arbitrator selection by institutional appointing authorities; national court decisions on arbitrator impartiality intersect with analogous rules and decisions of arbitral institutions; and guidelines issued by professional associations are interpreted by scholars and practitioners from disparate procedural traditions.*" (PARK, William W. Op. cit., p. 633).

[73] BAPTISTA, Luiz Olavo. **Arbitragem comercial e internacional**. Op. cit., p. 154.

[74] Ibid., p. 154-158. Adiante, o autor também adiciona o conhecimento da língua da arbitragem e o conhecimento do direito aplicável como qualidades necessárias àqueles que atuam em arbitragens internacionais.

[75] Ibid., p. 175.

de confiança das partes, com atributos de personalidade e caráter capazes de fazê-las crer numa decisão justa"[76]

Desde então, o árbitro era *o homem de confiança*, eleito pelas partes, e o juiz o *pacificador imposto*, a despeito do que elas desejassem. Como indica Agostinho Pereira de Miranda, "[n]a Grécia Antiga o árbitro é um homem digno de confiança, um líder ou, simplesmente, um homem de mérito. O seu prestígio torna-o um árbitro natural. Em Roma é utilizada para o efeito a expressão homem bom".[77] Eram, de início, os sacerdotes e anciãos, cujas decisões eram seguidas pela comunidade sobretudo por deferência.[78] Não se tratava, assim, de uma submissão obrigatória, mas da eleição voluntária por um terceiro de quem se buscava uma decisão serena, garantidora da dignidade das partes a despeito do resultado; havia a impressão de que se poderia perder a discussão, desde que fosse em um julgamento justo.[79]

Mais adiante, modernamente, a figura do árbitro se centralizou nos chamados "importantes líderes de negócios", que não proferiam decisões de força vinculante – apenas davam suas sugestões informalmente em meio a reuniões que se indica envolviam cigarros e "cachimbos da paz".[80] Não sem motivo, reporta-se, que em meados do século XX comerciantes

---

[76] GONÇALVES, William Couto. Op. cit.

[77] "Como relata Bruno de Loynes de Fumichon, a expressão surge ligada, na Roma do século II a.C., ao que poderá constituir uma forma precoce de arbitragem comercial. Plauto, entre outros, descreve e parodia os litigantes romanos que tentam escolher árbitros que os favoreçam em razão de relações de amizade ou de compadrio". (MIRANDA, Agostinho Pereira de. Op. cit.).

[78] GONÇALVES, William Couto. Op. cit.

[79] PAULSSON, Jan. **The idea of arbitration**. Oxford, 2013, p. 6-7.

[80] *"The third phase, the time of the arbitration specialists who would engage in international commercial arbitration all through their professional lives, would come even later, some forty years ago, and continues to this day. Now international commercial arbitration has become far more intricate and complicated, some might say legalistic. Some romantically deplore these developments that favor large law firms over brilliant sole practitioners as Party Representatives. But this nostalgia, though popular, is misplaced. Many experienced arbitration specialists set up their own 'boutique' law firms, from which they practice mostly as arbitrators. Some are specialists of investment protection, or sport, transportation, pharmaceutical, or construction arbitration. Today, a fourth phase has been reached. International arbitration is now a mass phenomenon. Just to take the ICC: in the last 10 years alone it administered more arbitrations than in its first 80 years, and they were larger as well. In all systems taken together, well in excess of a thousand international commercial arbitral Awards are now issued every year. Future arbitration specialists are already getting involved in arbitration during their studies, when they participate in the VisMoot in Vienna or Hong Kong. They then work at Arbitral Institutions before joining large law firms and working in Party Representation teams."* (KARRER, Pierre R. Op. cit., p. 235).

que atuavam como árbitros eram conhecidos por julgar conflitos que envolviam fatos do comércio com mais qualidade e acerto se comparados a juízes e júris, que se dedicavam mais a outras matérias; desde lá, fazia todo o sentido que homens de negócio opinassem sobre (ou "julgassem") conflitos comerciais.[81] Nesse sentido, Pierre Karrer relata que foi apenas após a Segunda Guerra Mundial que a indicação de árbitro passou a recair em juristas, doutrinadores e professores, dando origem à era dos "grandes senhores" (*grand old men*), seguidas da terceira e quarta fases, representadas pela maior especialização na arbitragem internacional e, após, pelo foco em alguns setores industriais (*e.g.*, investimentos, esportes, transportes, e construção), respectivamente.[82]

Por essa breve digressão histórica, a conclusão a que se pode chegar é que, embora não haja uma figura única e concreta, existem certas peculiaridades que são comuns – porquanto mais desejadas – àqueles que são mais frequentemente indicados como julgadores privados. Nesse aspecto, a arbitragem não parece ter mudado nos últimos séculos, já que credibilidade e reputação continuam sendo alguns dos principais critérios para seleção de um um terceiro como julgador. O que parece ter mudado foi somente a figura do árbitro quanto ao que é e deve ser desejado para cada cenário social, político e econômico. E é natural que isso tenha ocorrido, na medida em que os desejos variam conforme o contexto – "desejamos sempre segundo as circunstâncias, os encontros, as oportunidades".[83]

Nesse sentido, já se pontuou que, pelas qualidades buscadas, indivíduos que atuam como árbitros em processos domésticos não são necessariamente os eleitos para arbitragens internacionais, sejam comerciais ou de investimento. Na prática, o que ocorre é que uma gama reduzida de árbitros que atuam no âmbito doméstico possa também ter destaque na esfera internacional. Uma singela análise de qualquer lista de árbitros, nacional

---

[81] MENTSCHIKOFF, Soia. Commercial arbitration. **Columbia Law Review**, 1961, p. 846.
[82] KARRER, Pierre R. Op. cit., p. 235-236. Ver também: "A arbitragem de alto nível, no plano Continental, esteve, a partir dos anos 80 do século XX, confiada a professores de prestígio a antigos magistrados, também reconhecidos. A partir de certa altura, ela veio a obter o interesse de advogados e dos grandes escritórios. Também nesse meio apareceram figuras de proa, com apetência para o cargo de árbitro". (CORDEIRO, António Menezes. **Tratado da arbitragem**. Almedina: Coimbra, 2015, p. 156). Ver-se-á, adiante, essa terceira e quarta fases têm sido objeto de importantes críticas interna e externamente do campo da arbitragem. Capítulo 1, item 1.3.
[83] CALLIGARIS, Contardo. **Todos os reis estão nus**. São Paulo: Três Estrelas, 2013, p. 162.

ou internacional, fechada ou aberta, e mesmo de relatórios de indicações recentes, mostra que há, sim, um padrão que se espera (credibilidade, reputação, disponibilidade, etc.), mas há também diferenças, sobretudo, no que toca à experiência e às áreas do direito relevantes.

O corpo de árbitros do Centro de Arbitragem e Mediação da Câmara de Brasil-Canadá (CAM-CCBC), por exemplo, uma instituição brasileira que tem adotado diversas iniciativas para internacionalização de sua prática, tem aproximadamente 100 nomes com uma série de pontos comuns, como os fatos de que são quase todos advogados, muitos são professores ou têm alguma experiência acadêmica, são sócios de escritórios de advocacia grandes e médios, ou têm escritórios próprios.[84] Em destaque, a grande maioria dos integrantes desse corpo de árbitros possui especialização em resolução de disputas, além de *expertise* em temas específicos de direito material (*e.g.*, direito empresarial, contratos, direito internacional público e privado, construção e energia). Essa listagem retrata bem o cenário brasileiro atual, destacado pela atuação de advogados e professores com experiência em contencioso judicial e arbitral, pelo crescente foco em determinadas áreas do direito e pelos atrativos para advogados estrangeiros interessados no mercado brasileiro.

Esse fenômeno é semelhante àquele também apontado por Thomas J. Stipanowich e Zachary P. Ulrich em estudo sobre a arbitragem doméstica e internacional nos Estados Unidos; eles apontaram que 81,9% dos "árbitros" entrevistados disseram possuir experiência como advogados de resolução de disputas, 28,3% advogados atuantes em negócios e contratos empresariais, 9,4% ex-juízes, e apenas 1,6% não tinham qualquer qualificação jurídica.[85] Os mesmos autores ainda indicaram que 82,7% dos consultados teriam atuado em arbitragens envolvendo disputas contratuais, 46,5% propriedade intelectual, e 45,7% temas do direito da construção.[86] Estudos relatam, logo, a predominância de (a) homens mais experientes (*older men*), com algumas

---

[84] Corpo de Árbitros do Centro de Arbitragem e Mediação da Câmara de Comércio Brasil-Canadá (CAM-CCBC). Disponível em: <http://www.ccbc.org.br/BuscaSocio?AssociadoCategoriaId=2>.

[85] STIPANOWICH, Thomas J.; ULRICH, Zachary P. **Arbitration in Evolution: Current Practices and Perspectives of International Arbitrators**. Legal Studies Research Paper Series. Paper Number 2014/30. Pepperdine University – School of Law, 2014, p. 10. Disponível em: <https://papers.ssrn.com/sol3/papers.cfm?abstract_id=2519196>.

[86] Ibid., p. 29.

mulheres se destacando aos poucos, e (b) advogados, muitos deles com anos de atuação em contencioso judicial e também arbitral.[87]

Na arbitragem de investimentos, um subsistema à parte da arbitragem comercial, também há diferenças relevantes que devem ser pontuadas. Primeiramente, como se indicou, disputas que envolvem investimentos, matéria de direito internacional público, requerem conhecimento apurado sobre contratos comerciais, transações internacionais e administração de investimentos – temas que são, em alguns aspectos, diferentes daqueles que surgem em outros subsistemas arbitrais.[88] E, em segundo plano, a publicidade dos nomes dos árbitros indicados e de uma parte das decisões e de outros atos processuais cria um elemento adicional para que as partes exerçam seu direito de indicar os árbitros: as partes conhecem com mais facilidade os posicionamentos doutrinários e também políticos e culturais de indivíduos que atuam com mais frequência como árbitros e advogados.

Nesse ponto da publicidade, é importante observar que, como regra, a avaliação de possíveis árbitros é ainda mais difícil em razão da confidencialidade que muitas leis e regulamentos arbitrais impõem ao processo arbitral e à sentença arbitral, principalmente na arbitragem comercial, o que dificulta uma análise profunda de qualidade. Por isso, diz-se que um crivo sobre atributos dos árbitros surge na maioria das vezes de comentários positivos ou negativos feitos extraoficialmente por advogados ou por partes que já tenham atuado com aquele indivíduo em outro processo, arbitral ou judicial.[89] Essas avaliações "boca a boca" são mais relevantes em processos internacionais do que nos domésticos,[90] uma vez que relacionamentos e reputação locais dos árbitros são normalmente desconhecidos por partes e advogados de outros países.[91] Também por isso que, tanto em arbitragens

---

[87] Ibid., p. 76-78.
[88] Ver PUIG, Sergio. Op. cit., p. 402.
[89] DRAETTA, Ugo. **Behind the Scenes in International Arbitration**. JurisNet, 2011, p. 53. Obra em que o autor, de forma até jocosa, pontua problemas e idiossincrasias da arbitragem que observou em sua experiência prática.
[90] VERÇOSA, Fabiane. A liberdade das partes na escolha e indicação de árbitros em arbitragens internacionais: limites e possibilidades. **Revista de Arbitragem e Mediação**, a. 1, n. 1, p. 332-350, jan. 2004.
[91] *"Indeed, international lawyers in the field of international commercial arbitration must constantly evaluate the statute and authority of potential arbitrators who come from different legal traditions and backgrounds. They must see who will have clout with other arbitrators and with the parties who must obey*

de investimento como comerciais, as partes e instituições regularmente preferem indicar como árbitros pessoas com perfis públicos em redes sociais profissionais e na *internet* em geral,[92] e instituições arbitrais publicam perfis dos indivíduos que compõem sua lista ou corpo de árbitros ou que já atuaram em processos sob a sua administração.[93]

Ainda assim, contudo, dada a insuficiência das avaliações "boca a boca" – que nem sempre são eficientes e precisas –, o mercado continua a insistir pela criação de listas que fizessem uma análise também qualitativa da atuação daqueles que mais atuam como árbitros, mas nenhuma delas parece ter ainda ganhado receptividade relevante nacional ou internacionalmente. É o caso, por exemplo, do projeto do site *"Arbitrator Intelligence"*, de autoria de Catherine Rogers, que busca receber *feedbacks* de partes e advogados sobre o processo decisivo de tribunais arbitrais quanto à condução do processo arbitral, à produção de provas e à sentença arbitral; para casos públicos, há também a possibilidade de disponibilizar decisões e sentenças no site.[94]

Outro exemplo nesse caminho é a iniciativa da Corte de Arbitragem da Câmara de Comércio da CCI, uma das principais instituições de arbitragem no mundo, de publicar nomes de pessoas que atuam como árbitros em processos sob seu regulamento. A transparência tem sido pleiteada por muitos, e concedida em alguns campos, precisamente para que sejam

---

the decision. Lawyers trying to select arbitrators must therefore determine who from France is equivalent to a retired justice of the House of Lords, or who in Sweden is equivalent to an elite professor of contracts and commercial law from the United States. What this means is that arbitration must create a market in symbolic capital—the social class, education, career, and expertise that is contained within a person." (DEZALAY, Yves; GARTH, Bryant G. **Dealing in virtue.** The University of Chicago Press, 1996, p. 18). Essa obra, como se indicará mais adiante, recebeu críticas à época de sua publicação, em especial por parte dos atores da arbitragem internacional, que a consideraram exagerada e que não traduziria muitas das características positivas da arbitragem.

[92] SHERMAN, Michelle. Why companies want arbitrators who have a public profile on LinkedIn and the internet. **Lexology**, 9 mar. 2011. Disponível em: <http://www.lexology.com/library/detail.aspx?g=4ef6687d-29e2-482a-8594-5dc112dd709f>.

[93] Há, inclusive, *websites* que se propõem a fornecer informações comparativas sobre possíveis árbitros, indicando dados como sua biografia, nacionalidade, línguas, e, claro, a sua experiência profissional e acadêmica. Alguns exemplos são os sites iaiparis.com, Arbitral Women e Energy's Arbitration List. Ver MCLLRATH, Michael. Op. cit.

[94] *Arbitrator Intelligence.* Disponível em: <http://www.arbitratorintelligence.org/>. Ver também: ROGERS, Catherine. Arbitrator Intelligence' is here. **Kluwer Arbitration Blog**, 21 set. 2014. Disponível em: <http://kluwerarbitrationblog.com/2014/09/21/arbitrator-intelligence-is-here/>.

feitos disponíveis elementos suficientes para a valoração pelas partes e seus advogados.[95] Um fato a ser ressaltado é que se desenvolveu a forma de buscar informações sobre os árbitros, cada dia mais acessíveis, mas ainda não é tarefa simples obter referências mais detalhadas sobre atuações pretéritas de possíveis árbitros.

Em linha com esses relatos, estudos têm demonstrado também que, principalmente na arbitragem internacional, um dos critérios mais usados – além da reputação e conhecimento técnico reconhecidos, que se mantiveram no decorrer das décadas – é o poder de influência na condução do processo e nas deliberações do tribunal. Para além de um árbitro com notório saber jurídico, tem-se buscado alguém com perfil e competência para atuar com influência no processo – poder esse que poderia ser medido a partir de uma combinação do número de citações feitas a suas decisões com o número de indicações por ele recebidas, por exemplo.[96]

O que parece ter mudado, com efeito, é que a indicação passou a ser feita – ou pelo menos apenas recentemente essa intenção foi exposta tão abertamente – não só com vistas a um julgamento sereno e digno, mas também como estratégia para a vitória no processo. Aqui, hoje, não mais há segredo algum: a escolha do árbitro tem provavelmente como primeiro e principal objetivo *o sucesso no mérito da arbitragem* – que tem o seu procedimento mais flexível, porém continua sendo processo, um contencioso, uma disputa.

Hipocrisias à parte, o que querem as partes, também na indicação do árbitro, é vencer. E, sendo assim, ao eleger um árbitro, partes e advogados normalmente têm como objetivo primeiro sagrarem-se vencedores no processo; normalmente, "uma parte pretenderá selecionar um tribunal que acredita mais provavelmente decidirá ao seu favor no mérito",[97] e apenas em seguida, como propósitos posteriores (mas não necessariamente menos

---

[95] "The Court will from now on publish on its website the names of the arbitrators sitting in ICC cases, their nationality, as well as whether the appointment was made by the Court or by the parties and which arbitrator is the tribunal chairperson. This new policy will apply to all cases registered as from January 1 2016." (ICC website: "ICC Court announces new policies to foster transparency and ensure greater efficiency", 5 jan. 2016. Disponível em: <http://www.iccwbo.org/News/Articles/2016/ICC-Court-announces-new-policies-to-foster-transparency-and-ensure-greater-efficiency/>).
[96] GUPTA, Rishab; LIMOND, Katrina. Op. cit.
[97] Tradução nossa. No original: "[A] *party will want to select a tribunal that it believes will be more likely to decide in its favor on the merits.*" (FINIZIO, Steven P. SPELLER, Duncan. Op. cit., p. 99-101).

relevantes), almejará (a) a constituição de um tribunal com experiência e conhecimentos suficientes sobre a prática e os procedimentos da arbitragem; (b) a prolação de uma sentença de mérito adequada e suficientemente fundamentada, e (c) a segurança de que o tribunal arbitral, por sua experiência, cumprirá os requisitos necessários e reduzirá as chances de que a sentença seja questionada *a posteriori*.[98]

Desta feita, seja em setor, cenário ou mercado específicos, é lógica a eleição da que se entende ser a pessoa mais conceituada, respeitada ou capacitada para decidir sobre um determinado tema, mas, principalmente, da que poderá levar quem o indique à vitória,[99] seja por dela se esperar determinada conduta ou por confiar que suas visões podem ser antecipadas ou previstas. Mais que isso, partes e advogados podem eleger um árbitro em virtude de outras habilidades que não o conhecimento técnico, como a sua influência sobre os outros árbitros,[100] e, nesse ponto, os atributos intelectuais são tradicionalmente os mais relevantes. Sobretudo, *escolhe-se para vencer*,[101] e muitas partes imaginam que conseguem antever ou precisar qual será o posicionamento de um determinado indivíduo, o que em alguns casos é de fato palpável; como disse o Ministro do Superior Tribuna de Justiça brasileiro, Og Fernandes, "não é difícil prever como um magistrado irá julgar; basta conhecer as suas crenças".[102]

---

[98] Ibid.

[99] "Ninguém vai designar um árbitro hostil ou, sequer, desconhecido: tais escolhas não se fazem pela lista telefônica, nem por tabelas disponíveis na Ordem dos Advogados ou em qualquer outro sítio. Noutros termos: a parte não escolhe o melhor ou o mais imparcial, mas, antes, o que dê mais hipóteses de vitória". (CORDEIRO, António Menezes. **Tratado da arbitragem**. Op. cit., p. 158).

[100] *"One should not expect a bold pro-diversity attitude from the parties, as they are merely interested in their specific case (i.e., they have a short-term objective in mind)."* (DALMASO MARQUES, Ricardo. To diversify or not to diversify' Report on the Session Who are the Arbitrators? **Legitimacy: Myths: Realities, Challenges**. ICCA Congress Series, v. 18, p. 579-588, 2015).

[101] *"Parties enter into arbitration wishing to prevail. It is thus a fact of professional life – indeed, of professional ethics – that they will appoint arbitrators who are believed to be receptive to their point of view."* (**Report of the ASIL-ICCA Joint Task Force on Issue Conflicts in Investor-State Arbitrator**. The ICCA Reports, n. 3, 17 mar. 2016, p. 20. Disponível em: <https://www.asil.org/asil-icca-joint-task-force>).

[102] **Informativo Migalhas**, 18 nov. 2016. Disponível em: <http://www.migalhas.com.br/informativo/3990>.

Nada obstante, a "escolha para vencer", de forma relevante, possui limitações legais e regulamentares, como se verá adiante.[103] Escolher, para a psicanálise, é o "desejo em ato", a vontade humana de escolher entre opções, dentre elas as proibidas (os primeiros objetos), e, por isso, sobre esse ato deve haver responsabilidade e limitações.[104] Não é admitida a indicação de alguém que se saiba ou se cogite pode agir parcialmente a favor de algum resultado ou de uma parte. Há importantes regras que devem ser observadas nesse jogo, como se verá mais a seguir. Nesse aspecto, a arbitragem tem um dos seus maiores alicerces: a confiança de que, embora exista a liberdade das partes na indicação de árbitros (por elas ou por terceiros), deve haver confiança de que os árbitros indicados exercerão sua função – que é também pública – sem riscos de parcialidade e sob pena de nulidade.

Como segundo elemento, com efeito, buscam as partes certa previsibilidade: não de resultado, mas de confiança no exercício dos deveres pelos árbitros indicados.[105] Nisso, a arbitragem moderna se assemelha àquela histórica, no sentido de que, a despeito de como ocorra a indicação, não há favorecimentos, desequilíbrios nem iniquidades; trata-se de busca por uma decisão que merece legitimidade, sobretudo, pela reputação de quem a profere e pela confiança que transmite às partes. A busca por previsibilidade, ainda que talvez em segundo plano, faz sentido também porque nada indica que a escolha para vencer produzirá os efeitos pretendidos, já que a indicação é feita sob a percepção de que o proposto árbitro poderia julgar ao seu favor, mas nem sempre isso ocorre.

Em outras palavras, há grandes chances de todo esse processo de seleção do "melhor árbitro" se tornar impraticável, tal como uma criança que tenta apontar um lápis da forma mais pontiaguda possível, com a chance de ele se quebrar antes disso.[106] A tentativa de indicar para vencer pode não surtir efeito, e a segurança na regularidade do processo arbitral não pode ser abalada pelo simples motivo de que os julgadores são escolhidos, e não impostos. É assim que o jogo funciona: não há como se garantir que a

---

[103] Ver capítulo 1, item 1.3, *infra*.
[104] LACAN, Jacques. **Livro 7: A ética da psicanálise**. Rio de Janeiro: Jorge Zahar, 1991.
[105] Como pontuam João Bosco Lee e Maria Cláudia de Assis Procopiak, "não se pode negligenciar as razões pelas quais um árbitro é escolhido pela parte, razões que semeiam na parte uma confiança necessária para submeter seu litígio a uma pessoa em particular". (LEE, João Bosco, PROCOPIAK, Maria Claudia de Assis. Op. cit.).
[106] PARK, William W. Op. cit., p. 646.

indicação surtirá os efeitos desejados, e aí surge a importância da previsibilidade no procedimento.[107] Indica-se com a expectativa de vencer e, ainda que isso não ocorra, no mínimo, de previsibilidade quanto à legitimidade do processo e do procedimento.

Destarte, nessa segunda análise introdutória, aponta-se que embora não haja uma profissão, um conceito concreto, nem mesmo uma definição absoluta, há arquétipos de árbitros, marcados por seus atributos positivos, como reputação, credibilidade, e conhecimento técnico.[108] Há uma busca com base em preferências pelas partes. Experiências práticas, conhecimentos acadêmicos, reputação profissional e também influência sobre os demais são alguns dos atributos tão buscados pelas partes. Aqui, a escolha para vencer é inevitável, porém com limites, e é nas características favoráveis do árbitro que está calcada a legitimidade da arbitragem, pois, repita-se a máxima: "a arbitragem vale o que vale o árbitro".[109] As partes têm esperança em um resultado favorável, e confiança de que, ainda que assim não seja, a decisão proferida será legítima e bem-intencionada. Nesse passo, como se verá adiante, diante de tanta complexidade no processo de escolha e indicação, é essa eleição por preferências, afinal, uma forma de confiar na pessoa do árbitro e no instituto da arbitragem.[110]

E já que se compreendeu as razões e os crivos que se usa para indicar alguém como árbitro, vale, como comentário final nesse segundo ponto,

---

[107] Um bom exemplo dessa constatação consiste nas partes que indicam um mesmo indivíduo como árbitro em diversas arbitragens, mesmo tendo ele julgado contra ela alguma ou todas as vezes – situação que se tem visto, em especial, em arbitragens de investimento.

[108] "*Once reputation and credibility is lost, it is usually never recovered. This fact is well known to all arbitrators, specially Chairpersons, of whom it is sometimes said that they take on too many commitments and are then unable to fulfill them*". (DRAETTA, Ugo. Op. cit., p. 53). "Mas se a arbitragem é um mundo discreto, os árbitros, em contrapartida, são bastante expansivos. Eles gostam de divulgar que eles são os felizes eleitos a quem se pede um julgamento. Poder-se-ia mesmo considerar que é o pequeno pecado dos árbitros anunciar que eles são árbitros, mesmo quando não o são realmente, ou não habitualmente." (CLAY, Thomas. Quem são os árbitros internacionais. Abordagem sociológica. Op. cit.).

[109] CLAY, Thomas. L'arbitre. Op. cit., p. 10. Ver também BAPTISTA, Luiz Olavo. **Arbitragem comercial e internacional**. Op. cit., p. 143. "*Se ha dicho ya que el árbitro, la persona escogida para resolver la contienda, es la parte esencial del arbitraje mismo. Todo el sistema gira en torno de él, desde que en su integridad moral y buen criterio descansa la confiabilidad y la eficacia del arbitraje como método de resolución de conflictos.*" (CAIVANO, Roque J. Op. cit., p. 172).

[110] Ver capítulo 2, item 2.4, *infra*.

pontuar que não parece difícil, de outro lado, perceber por que interessa tanto a muitos indivíduos a atuação como árbitro em processos domésticos e, principalmente, internacionais. Há muitas benesses na função, em especial a sua remuneração, que pode ser mais ou menos elevada a depender do contexto em que o conflito se insere. Arbitragens surgidas de conflitos empresariais, administradas por instituições de renome, ou mesmo *ad hoc*, domésticas e internacionais, por exemplo, são sabidamente bastante rentáveis,[111] e, no caso de arbitragens de investimento, os honorários dos árbitros podem atingir cifras de milhões de dólares.[112] Até por isso não há estudos sobre números de indicações declinadas, mas há indícios de que os números seriam inexpressivos.[113]

As motivações financeiras não são as únicas, todavia, apesar de serem as mais óbvias e talvez mais motivadoras. Há quem veja na atuação como árbitro uma função honrosa, uma satisfação pessoal, um reconhecimento profissional ou mesmo um *hobby*. Partindo mais uma vez par o aspecto psicológico, aqueles que buscam mais indicações podem ser os que desejam algum tipo de reconhecimento pelos seus pares, uma "satisfação do ego",

---

[111] No Brasil, atualmente há mais de uma centena de instituições arbitrais, como indica a **Enquete Inaugural de Instituições de Arbitragem na América Latina**, publicada pelo *Institute for Transnational Arbitration (ITA)* com o apoio do escritório de advocacia White & Case LLP, em 2011. Disponível em: <https://www.cailaw.org/media/files/ITA/Publications/arbitral-institutions-guide-dec.pdf>. Menos de uma dezena delas, contudo, estaria nessa gama de arbitragens em que os honorários atingem centenas de milhares ou até milhões de reais.

[112] Em estudo publicado sobre arbitragens ICSID – uma das principais instituições que administram arbitragens de investimento –, apontou-se que, de 40 arbitragens carreadas de 2011 a 2015, em 27 delas os honorários e os custos devidos ao tribunal arbitral (ou seja, aos três árbitros combinados) representaram menos de um milhão de dólares, em 12 delas entre um e dois milhões de dólares, e em uma delas entre três e quatro milhões de dólares. (COMMISSION, Jeffery P. How Much Does an ICSID Arbitration Cost? A Snapshot of the Last Five Years. **Kluwer Arbitration Blog**, 29 fev. 2016. Disponível em: <http://kluwerarbitrationblog.com/2016/02/29/how-much-does-an-icsid-arbitration-cost-a-snapshot-of-the-last-five-years/>). Algumas instituições arbitrais também disponibilizam tabelas ou calculadoras de custos de arbitragem, como a Corte de Arbitragem da CCI. (**Tabela de Custos da Corte CCI**. Disponível em: <http://www.iccwbo.org/products-and-services/arbitration-and-adr/arbitration/cost-and-payment/cost-calculator/>); nessa instituição, em uma arbitragem que envolva um conflito estimado em 10 milhões de dólares, por exemplo, os árbitros indicados poderiam receber a título de honorários, entre 39 e 190 mil dólares, com a possibilidade de acréscimos a depender do andamento do processo arbitral.

[113] PUIG, Sergio. Op. cit., p. 398.

embora criticada.[114] Há, para outros, uma busca por reconhecimento compatível com a excelência que se busca na função.[115] E uma forma de ganhar reputação é precisamente pela recorrente indicação em mais e mais casos; há a intenção do indivíduo de ser indicado repetitivas vezes para elevar seu reconhecimento, seu ego, e também sua condição financeira.

Trata-se a arbitragem, como se pode perceber, também de um mercado. De um lado, há uma busca das partes e das instituições arbitrais por pessoas que reúnam qualidades necessárias para atuar como julgador privado, e, de outro, há pessoas interessadas em fazê-lo pelos mais diversos motivos. E não são poucos esses motivos: o mercado da arbitragem é um dos mais atrativos nos dias de hoje, tanto para os advogados como para os árbitros, e não há mais dúvidas sobre os seus benefícios em diversas áreas de negócios, domésticas e internacionais. É ela um atrativo que chega até a incomodar alguns, como o Ministro Presidente dos Tribunais da Inglaterra e País de Gales, Lorde Thomas, que teria proposto iniciativas para aumentar os incentivos a advogados para se tornarem juízes, e não árbitros, ao reconhecer que a magistratura estaria perdendo seus melhores candidatos justamente para a prática da arbitragem.[116]

Como outra característica a ser destacada (novamente), sob o ponto de vista econômico, o árbitro tem incentivos para agir qualitativa e quantitativamente bem, e também para especializar-se, de modo a manter sua reputação e, consequentemente, mais indicações. A eleição das partes – seja

---

[114] "O comportamento é completamente reprovável e serve para distinguir os indivíduos vocacionados daqueles meramente interessados na fama e ribalta que o encargo de julgar pode trazer". (CARMONA, Carlos Alberto. Os sete pecados capitais do árbitro. **Revista de Arbitragem e Mediação**. São Paulo, v. 14, n. 52, p. 391-406, jan./mar. 2017).

[115] *"The important attractions of the job are therefore perhaps less tangible. Many lawyers like to judge— something like a busman's holiday—and believe they do it well. Appointment as arbitrator satisfies the ego in more or less admirable ways which would be pointless to deny; the fact that an arbitrator is gratified by a sense of peer recognition and accomplishment is not inconsistent with excellent performance in the role."* (PAULSSON, Jan. **The idea of arbitration**. Op. cit., p. 166). Ver também DRAETTA, Ugo. Op. cit., p. 114-115.

[116] ROSS, Alison. Arbitration hinders development of common law – Lord Chief Justice of England and Wales. **Global Arbitration Review**, 31 mar. 2016. Disponível em: <http://globalarbitrationreview.com/article/1035418/arbitration-hinders-development-of-common-law-%E2%80%93-lord-chief-justice-of-england-and-wales>. E sem falar nos juízes aposentados que, reporta-se na Inglaterra – mas ocorre também em outros países –, passam a atuar em arbitragens após sua aposentadoria dos tribunais, compulsória ou não. Ver ANDREWS, Neil. Op. cit.

ela feita diretamente ou por meio de um terceiro – é calcada fortemente também em uma perspectiva de qualidade; como enfatiza Carlos Alberto Carmona, "[a] expectativa acerca da qualidade do trabalho dos árbitros é alta, já que, sendo especialistas, espera-se sempre uma decisão de ótimo padrão."[117] Isso significa que há uma opção legislativa, social e econômica por decisões tecnicamente mais precisas em alguns setores – incentivos que não necessariamente existem na esfera judicial, como já apontamos salientam Luciano Benetti Timm, Bruno Guandalini e Marcelo de Souza Richter:

> Ainda, a arbitragem apresenta a vantagem de que o árbitro tem incentivos econômicos para proferir uma melhor decisão. Isso decorre principalmente de se tratar de um mercado profissional de serviços competitivo. Ora, o árbitro, como agente econômico, necessita de reputação a fim de continuar sendo nomeado em futuros tribunais arbitrais. Mas é sabido que a frequência da nominação, os valores em disputa e o consequente valor da remuneração será maior quanto maior a reputação do árbitro. O conhecimento pela comunidade arbitral e o mercado em geral de que o árbitro é ruim ou proferira uma decisão errada resultaria em um sério prejuízo à sua reputação e a futuras nomeações. A necessidade de manter sua reputação ilibada e preservar seu capital simbólico faz com que a arbitragem dê bons incentivos econômicos para que o árbitro não seja parcial e seja preciso. Quanto maior o incentivo no sentido de uma decisão acertada e sem parcialidade, menor a probabilidade do erro e menor o custo de transação.
>
> Um magistrado de carreira não tem esse mesmo incentivo, pois não é escolhido; sua atuação é fruto da distribuição forense (o que garantirá sua imparcialidade no âmbito da justiça pública). O controle reputacional se faria pelos recursos judiciais e a progressão da carreira (por merecimento) dependeria disso. Contudo, infelizmente, os tribunais de justiça no Brasil pouco têm utilizado a progressão por merecimento, preferindo a solução política mais cômoda da antiguidade.[118]

Em seu estado ideal e ótimo, portanto, a arbitragem atingiria os seus propósitos de reunir os mais indicados profissionais para atuarem nos

---

[117] CARMONA, Carlos Alberto. Em torno do árbitro. Op. cit.
[118] TIMM, Luciano Benetti; GUANDALINI, Bruno; RICHTER, Marcelo de Souza. Op. cit.

processos mais diversos. Não se está falando apenas de arbitragens internacionais multimilionárias que envolvem o comércio internacional e investimentos estrangeiros, em que advogados e *experts* mais qualificados – e, consequentemente, mais dispendiosos – são contratados para atuar. Arbitragens domésticas focadas em determinados setores industriais, como seguros, locações e franquias, ainda que em cifras e repercussão menores, também atingirão seus escopos se indivíduos capacitados forem indicados e exercerem adequadamente todos os seus deveres e obrigações. Esses são os árbitros a que se referem a Lei 9.307/96 e muitas outras: aqueles, normalmente com relações mais amplas e até substanciosas que os juízes togados, cuja nomeação o mercado incentiva a indicação de forma mais constante devido às suas qualidades. Esses são os propósitos tanto da arbitragem doméstica como da internacional e o estado ótimo que buscam: o estabelecimento de critérios razoáveis de seleção e um círculo virtuoso.

Seguiu-se, pois, de uma figura historicamente divina para homens de negócios e comerciantes respeitados, e, em seguida, para professores e advogados de reputação e conhecimento jurídico e geral reconhecidos – conhecimentos jurídicos e gerais esses que variam conforme o contexto. Para cada um dos subsistemas arbitrais, criam-se escolhas e preferências distintas, que devem ser analisadas no contexto em que estão inseridas, seja pelas diferenças de leis e regras aplicáveis, seja pela própria divergência de *players*. Em todos esses cenários, contudo, há elementos que se comunicam e que também serão devidamente considerados: a reputação, a credibilidade e a confiança necessárias para atuar como tal, a sua indicação pelas partes com o intuito de vitória, e o desejo – mais ou menos altruísta – de ser repetidamente indicado em mais e mais processos arbitrais. Mas são todos esses elementos que também criam algumas das principais complexidades que a arbitragem tem enfrentado mundo afora, como se verá no subcapítulo a seguir.

1.3. Algumas das complexidades. As críticas à figura do árbitro e à sua indicação por critérios de preferência. Os benefícios e os riscos da "comunidade arbitral" (ou "clube arbitral")

Para não se evitar os pontos mais sensíveis e até negativos, temos o dever de ressaltar que esse formato de indicações com base em experiências e referências não públicas e a busca por indivíduos bem reputados e influentes, ao mesmo tempo, têm também suscitado discussões complexas e até ríspidas sobre a figura do árbitro e sobre a própria arbitragem. Como um dos principais motivos, pela própria natureza do instituto, os cenários da arbitragem doméstica e da arbitragem internacional, historicamente, levaram à criação de um grupo mais reduzido, mais próximo e mais seleto de pessoas que atuam mais comumente em processos arbitrais – a chamada "comunidade arbitral", ou, mais cinicamente, o "clube arbitral" (ou *country club*), que estudos empíricos chegaram a concluir se resumiria a "homens, brancos e mais sêniores" ou "mulheres formidáveis".[119] Esse *pool* reduzido, embora compreensível em um sistema que possibilita a escolha do julgador, tem dado origem a certas dúvidas. Como pontua Carlos Alberto Carmona, esses clubes "podem existir tanto para o bem quanto para o mal da arbitragem".[120] Para os que defendem as qualidades, seria uma "comunidade epistêmica", uma rede de profissionais de competência e experiência reconhecidas em um determinado tema,[121] mas nem todos a têm visto dessa forma.

Sob o ponto de vista sociológico, há muitas explicações para o estabelecimento desse "clube" mais restrito. Tratando-se de um modelo de permite a escolha dos julgadores, é intuitivo que se atraia aqueles que se entende são os mais indicados para aquelas causas e se estreite relações com eles, como se viu. Em um mundo globalizado, considerados o sucesso da arbitragem internacional para a segurança do investimento estrangeiro, e da arbitragem doméstica para a resolução de conflitos que demandam especialidade, por exemplo, o que ocorre é que se confia em determinados indivíduos e há predileção por esses em detrimento dos tribunais estatais, considerados muitas vezes parciais.[122]

A crítica que se tem feito, nada obstante, é que a consequência desse sistema é que "muitos, senão a maioria, dos *players* são de alguma forma relacionados uns aos outros".[123] Sob um prisma bastante crítico, Yves Dezalay e Bryan G. Garth, em trabalho bastante reprochado à época de sua publicação (também por ter sido escrito por alguém que não fazia parte dessa

---

[119] Ver: Puig, Sergio. Op. cit., p. 407.
[120] Carmona, Carlos Alberto. Os sete pecados capitais do árbitro. Op. cit.
[121] Haas, Peter M. Op. cit.
[122] Luttrell, Sam. Op. cit., p. 6-7.
[123] Tradução nossa. No original: *"many, if not most, players are in some way acquainted with each other."* (El-Kosheri, M; Youssef, K. The Independence of International Arbitrators: An Arbitrator's Perspective. **ICC Bulletin 2007**, Special Supplement 48, 2007).

comunidade), descrevem o mundo da arbitragem da década de 1990 como uma competição entre os "homens sêniores europeus" (acadêmicos e juízes aposentados) e "tecnocratas americanos mais jovens" (sócios de grandes escritórios anglo-americanos). Seria, segundo eles, uma briga elitizada por espaço em um sistema requintado e rentável de resolução de conflitos, e que criaria uma verdadeira "máfia" entre os seus *players*.[124]

Sergio Puig também lista algumas dessas visões sobre a dinâmica social e sociológica da arbitragem internacional, tida por alguns como "uma nova forma de imperialismo", ou um mercado "caracterizado amplamente por assimetria de informações e barreiras de entrada para beneficiar seus membros".[125] Para esses críticos, a arbitragem consistiria em uma contenda pelo que se chama de "capital simbólico", uma forma de autoridade, prestígio e reputação social que se traduziria em ganhos econômicos para os que pretendem atuar como árbitros.[126] A suposta existência de um grupo reduzido, oligárquico, autorregulador e, para alguns, motivado por "trocas de favores", daria origem graves violações no tocante à imparcialidade e, consequentemente, à legitimidade da arbitragem.

Deve-se salientar também, assim, além das qualidades e êxitos da arbitragem nas últimas décadas, também as suas dificuldades e os seus fracassos. As principais alegações a que se refere têm sido de que haveria uma "promiscuidade" na indicação de árbitros, que auxiliaria na efetividade do sistema arbitral – porquanto o conhecimento entre os *players* facilitaria a busca por qualidade –, mas impactaria a validade e a legitimidade de suas decisões.[127] É fato que, na arbitragem doméstica ou internacional (principalmente na primeira), não é raro que advogados e árbitros se conheçam e até tenham atuado juntos no passado – seja como árbitros, como advogados, ou cada

---

[124] DEZALAY, Yves; GARTH, Bryant G. Op. cit.

[125] PUIG, Sergio. Op. cit., p. 389.

[126] Id., p. 388-389. Nesse sentido, António Manuel Menezes Cordeiro observa que muitos indivíduos, em Portugal e no mundo, buscam novas indicações como árbitro por meio de preferências à parte ou ao escritório que o indicou: "O recém-chegado à arbitragem pode querer mostrar serviço. Se a parte que o indica – ou o escritório de advocacia que o sugira – perder a causa, dificilmente haverá segunda nomeação. Com probabilidade, vai percorrer todos os degraus da parcialidade que acima apontamos. Esquecer essa realidade – particularmente em Portugal, mas, também, no estrangeiro – é singrar fora do Mundo existente". (CORDEIRO, António Menezes. **Tratado da arbitragem**. Op. cit., p. 155).

[127] LUTTRELL, Sam. Op. cit., p. 4-6.

um em uma dessas posições – e isso, para alguns, poderia causar algum desconforto nas partes envolvidas.[128]

E, nesse aspecto, está-se falando do ambiente internacional e também do Brasil, dentre muitos outros países; também por aqui a existência desse grupo limitado de indivíduos indicados como árbitros tem ocasionado dúvidas quanto à legitimidade da arbitragem como um método válido e justo de resolução de disputas. Em todos esses cenários, o desconhecimento sobre a figura do árbitro e as peculiaridades do instituto da arbitragem, e também as críticas bem fundadas sobre falhas cometidas pelos seus sujeitos, muitas vezes impactam a imagem que deles é feita. Como se verá adiante,[129] temas como a indicação recorrente das mesmas pessoas como árbitro pela mesma parte ou pelos mesmos advogados, indicações cruzadas de advogados e árbitros, e outras relações que advêm desse grupo diminuto de atores, têm sido objeto de escrutínio constante pela doutrina e pela jurisprudência nos mais diversos cenários.

Como importante exemplo dessa tendência, deve-se lembrar das severas críticas feitas pelo jornal *New York Times*, em reportagem de 2015, ao sinalizar que a arbitragem estaria sendo utilizada por empresas nos Estados Unidos para resolver litígios "a portas fechadas", com o intuito de evitar ações coletivas de consumidores, e por meio de julgadores que beneficiariam as grandes corporações em detrimento de indivíduos menos favorecidos.[130] O jornal publicou três matérias nesse sentido, acusando

---

[128] Ibid., p. 6. Especificamente quanto à arbitragem de esportes, também um subsistema próprio, William W. Park relata que o ciclista Floyr Landis impugnou, em ação de anulação movida perante as cortes federais da Califórnia, uma sentença arbitral que manteve a sua desqualificação por *doping* sob o argumento de que o círculo reduzido da arbitragem da *Court of Arbitration for Sport/Tribunal Arbitral du Sport* (CAS/TAS) existiria com base em uma "rotação" entre as funções de advogados e árbitros, com uma tendência para julgamentos que favoreceriam uns aos outros e em detrimento dos desportistas. (PARK, William W. Op. cit., p. 648-649). Ver também: "*The core of Landis' argument this time is that the three CAS arbitrators who heard his case come from a limited pool of candidates who often switch roles, sometimes serving as panelists, sometimes serving as lawyers representing clients in front of those panels –- thus giving them an incentive to rule favorably for each other.*" (FORD, Bonnie. In U.S. Federal Court motion, Landis claims arbitrators had conflicts of interest. ***ESPN.com***, 26 set. 2008. Disponível em: <http://www.espn.com/olympics/cycling/news/story?id=3611019>).

[129] Ver capítulo 4, item 4.3, *infra*.

[130] "*Thousands of cases brought by single plaintiffs over fraud, wrongful death and rape are now being decided behind closed doors. And the rules of arbitration largely favor companies, which can even steer cases*

empresas norte-americanas de criarem um sistema de justiça alternativo pelo qual "as regras favoreceriam os negócios, e os juízes e júris seriam substituídos por árbitros que normalmente consideram as empresas como se fossem seus clientes."[131]

Reprovações também enfáticas foram feitas em reportagem da *Le Monde Diplomatique*, com reprodução para o português, em que se indicou que a arbitragem – nesse caso, especificamente a arbitragem de investimentos – consistiria em um palco propício para conflitos de interesses[132] e julgamentos injustos,[133] em uma "[u]ma vontade tão ostensiva de esmagar os tribunais oficiais sob o martelo dos interesses privados":

to friendly arbitrators, interviews and records show." (SILVER-GREENBERG, Jessica; GEBELOFF, Robert. Beware the Fine Print: Part I – Arbitration Everywhere, Stacking the Deck of Justice. **New York Times**, 31 out. 2015. Disponível em: <http://www.nytimes.com/2015/11/01/business/dealbook/arbitration-everywhere-stacking-the-deck-of-justice.html>).

[131] "*Over the last 10 years, thousands of businesses across the country — from big corporations to storefront shops — have used arbitration to create an alternate system of justice. There, rules tend to favor businesses, and judges and juries have been replaced by arbitrators who commonly consider the companies their clients, The Times found.*" (SILVER-GREENBERG, Jessica; CORKERY, Michael. Beware the Fine Print: Part II – In Arbitration, a 'Privatization of the Justice System'. **New York Times**, 01 nov. 2015. Disponível em: <http://www.nytimes.com/2015/11/02/business/dealbook/in-arbitration-a-privatization-of-the-justice-system.html>).

[132] "Conflito de interesses", quando relativo ao tema de atuação de juízes e árbitros, consiste em termo advindo da expressão em inglês "*conflict of interest*", utilizado para expressar situações em que há violação a elementos que garantiriam a equidistância do julgador em relação às partes e à lide em si. "*Los 'conflictos de intereses' en el arbitraje surgen de las situaciones en las que un árbitro tiene un interés personal que influye o puede influir potencialmente en el desempeño imparcial y objetivo de la misión que se le confía.*" (FERNÁNDEZ ROZAS, José Carlos. Contenido ético del deber de revelación del árbitro y consecuencias de su transgresión. **Revista de Arbitraje Comercial y de Inversiones**, v. VI, n. 3, p. 799-839, 2013, p. 807). Na legislação brasileira, porém, a única referência a esse termo exatamente parece advir da Lei 12.183, de 16 de maio de 2013, que dispõe sobre o conflito de interesses no exercício de cargo ou emprego do Poder Executivo federal, e o conceitua, no Art. 3º, inciso I, como "*a situação gerada pelo confronto entre interesses públicos e privados, que possa comprometer o interesse coletivo ou influenciar, de maneira imprópria, o desempenho da função pública*". Utilizar-se-á o termo, para os fins desta obra, no primeiro sentido acima exposto, tendo em vista a sua ampla aceitação como tal.

[133] Também por esse motivo que, no âmbito internacional, o direito da parte à indicação de um árbitro vem sendo contestado em alguns fóruns, sob o pretexto de que seria uma das principais causas pelo descrédito que o instituto ainda recebe em alguns países e, em especial, na arbitragem de investimentos. Jan Paulsson, por exemplo, defende que o direito à indicação do árbitro deveria ser centralizado nas instituições arbitrais, que estariam mais interessadas

Segundo seus defensores, a arbitragem seria um procedimento independente, discreto, rápido, barato, vinculativo e definitivo. A proteção assim concedida aos investidores estimularia poderosamente a "atratividade" da economia. Mas esses benefícios não são assim tão evidentes. Em primeiro lugar, há fortes suspeitas de conflito de interesses que mancham as decisões: os árbitros não estão sujeitos a nenhum código de ética. Quanto à discrição do procedimento, melhor seria falar em opacidade, inclusive e sobretudo quando a questão afeta diretamente o interesse público. (...)

Ao contrário do mito de que essas instâncias costumam dar razão aos Estados, 60% dos casos julgados sobre o mérito (e não sobre a competência do tribunal) nos quadros de uma RDIE deram resultado favorável às empresas privadas. Como reconhecem muitos observadores, os Estados nunca vencem. Eles podem, na melhor das hipóteses, não perder. Apenas os investidores recebem indenizações por perdas e danos, enquanto os Estados recebem no máximo um reembolso dos custos.[134]

Não se pretende aprofundar a discussão acerca dos motivos de os campos da arbitragem doméstica e internacional se mostrarem reduzidos no mundo todo, e também no Brasil. Trata-se, porém, de um fato estatisticamente comprovado, e que deve ser considerado em qualquer estudo teórico e empírico sobre temas de arbitragem e, mais especificamente do tema de indicação de árbitros. Jan Paulsson, por exemplo, tem defendido que o risco moral (*moral hazard*) da arbitragem residiria em se conceder às partes o direito de indicação de ao menos um membro do tribunal arbitral,[135] culpando, pois, a existência do "indicar para vencer" a que se referiu. Essas indicações

---

na legitimidade do procedimento do que as partes, o que evitaria todos os problemas que a possibilidade de escolha do julgador pelas partes pode trazer. Esse posicionamento, por ora, parece não ter ganhado força o suficiente para alterar leis e regulamentos arbitrais; o direito à indicação do árbitro continua sendo um dos pilares em que se sustenta a arbitragem em qualquer de seus cenários. Ver PAULSSON, Jan. **Moral Hazard in International Dispute Resolution**. Inaugural Lecture as holder of Michael R. Klein Distinguished Scholar Chair, University of Miami School of Law, 29 abr. 2010.

[134] BARLOW, Maude; JENNAR, Raoul Marc. Grande Mercado Transatlântico – A praga da arbitragem internacional. **Le Monde Diplomatique Brasil**, jun./2016. Disponível em: <http://www.diplomatique.org.br/print.php?tipo=ar&id=2032>. A legitimidade da arbitragem de investimentos, aliás, em razão de seu grupo ainda mais reduzido de profissionais, tem sido atualmente talvez o maior objeto de críticas desse naipe.

[135] PAULSSON, Jan. **Moral Hazard in International Dispute Resolution**. Op. cit.

unilaterais, defende, fariam com que as partes deixassem de se preocupar em buscar nomes de confiança de ambas, cegas que estariam pela vontade de vencer; segundo o autor, a única solução seria que "qualquer árbitro, a despeito do tamanho do tribunal, deveria ser eleito em conjunto pelas partes ou selecionado por um órgão neutro".[136]

Outra proposta tem sido no sentido de ampliar a diversidade na escolha de árbitros, com vistas a assegurar que critérios adequados de eleição sejam utilizados.[137] *A um*, pois os mesmos indivíduos estariam concentrando a grande maioria dos casos e, assim, comprometendo a celeridade do processo arbitral; e, *a dois*, em verdadeira aplicação da lei econômica da oferta e da procura, a atuação desses mais desejados se tornaria cada vez mais cara, sem incentivos para uma otimização e redução dos custos.[138] Embora se compreenda que as partes indiquem sempre as mesmas pessoas por sua "aversão a risco" (ninguém gostaria de indicar como árbitro alguém que não conhecesse ou em quem não confiasse), tem-se cada vez mais defendido a entrada de indivíduos mais jovens mediante a divulgação pública de mais informações sobre eles, para que possam competir com aqueles que são indicados mais constantemente e já construíram sua reputação.[139]

Faz-se esses parênteses para se expor que, considerando que o sistema arbitral permite a escolha, e a escolha tende a levar a preferências com base em experiências, a arbitragem doméstica e internacional acaba se reduzindo a um número menor de atores mais ativos, inevitavelmente.

---

[136] Tradução nossa. No original: "*The only decent solution – heed this voice in the desert! – is thus that any arbitrator, no matter the size of the tribunal, should be chosen jointly or selected by a neutral body.*" (PAULSSON, Jan. **Moral Hazard in International Dispute Resolution**. Op. cit., p. 11).

[137] "*Is it accurate that international arbitrators are mostly male, senior, Western, and drawn from a limited pool of practitioners? If so, are there legitimate reasons for this non-inclusive selection of international arbitrators? Or is this lack of diversity rather a "syndrome" that needs to be cured to ensure the legitimacy of international arbitration? Further, should we just "sit and wait" for diversity to improve, for instance in respect of nationality/region, gender and age of the arbitrators?*" (DALMASO MARQUES, Ricardo. 'To diversify or not to diversify' Report on the Session Who are the Arbitrators? Op. cit.).

[138] NIEUWVELD, Lisa Bench. Choosing the Wheathered Veteran or the Young Buck. **Kluwer Arbitration Blog**, 8 jan. 2011. Disponível em: <http://kluwerarbitrationblog.com/2011/01/08/choosing-the-weathered-veteran-or-the-young-buck/>.

[139] GREENWOOD, Lucy; MCILWRATH, Michael; VIDAJ-GOJKOVIC, Ema. Puppies or Kittens. **Kluwer Arbitration Blog**, 28 abr. 2016. Disponível em: <http://kluwerarbitrationblog.com/2016/04/28/15144/>.

As pessoas que são indicadas mais vezes são as que acabam atraindo mais indicações.[140] Não é à toa, pois, que se diz que a rede de relações sociais da arbitragem denota automaticamente uma relação mais próxima entre árbitros e advogados, ou, para os mais críticos, uma "promiscuidade" que nem sempre restaria claras a todos.[141] Por isso, grande parte das recusas e impugnações a árbitros hoje tem como base alegações de relações profissionais, sociais ou acadêmicas prévias ou atuais existentes entre o árbitro e o advogado de uma das partes.[142] A figura do árbitro atualmente possui enfoques positivos e também negativos, e ambos devem ser consideradas para os fins da presente análise.

Ao se pensar em "quem são os árbitros", não há dúvidas de que a figura do árbitro deve ser – e tem sido – interpretada pela sociedade como um agente privado de função jurisdicional nas mais diversas searas e esferas. Não há uma figura fixa e única sobre "quem são os árbitros"; contudo, aliada que está à função jurisdicional, a imagem que é construída sobre o árbitro o coloca – ou deveria colocar – em uma posição de respeito, em especial pela reputação e pela credibilidade. Também serão consideradas, todavia, as facetas negativas; ou seja, as críticas que têm sido feitas à arbitragem doméstica e internacional em muitos foros, em especial no que toca a uma suposta "promiscuidade" que existiria entre os membros do "clube arbitral", hora eleitores, hora eleitos.

Algumas dessas críticas são claramente infundadas; contudo, também essas precisam ser enfrentadas, sob pena de se possibilitar que ganhem força. Para as críticas que são de fato devidas, a resposta deve ser construtiva e criativa; há, sim, falhas no sistema arbitral, e que devem ser compreendidas e corrigidas, sob o risco de se comprometer a legitimidade que foi construída nas últimas décadas. Deve-se atentar para a legitimidade pelo procedimento também na arbitragem,[143] e a forma pela qual são vistos os

---

[140] PUIG, Sergio. Op. cit., p. 423-424.
[141] Ibid.
[142] LUTTRELL, Sam. Op. cit., p. 6.
[143] LUHMAN, Niklas. **Legitimação pelo procedimento** (tradução de Maria da Conceição Côrte-Real). Brasília: UnB, 1980. A aplicação de Luhman no direito processual já é inconteste, uma vez que suas teorias serviram, em especial, para admitir que a legitimação não advém do mérito ou conteúdo da decisão, ao menos não necessariamente, mas, sim, da estrita observância do procedimento, do devido processo legal. Ver, nesse sentido, MARINONI, Luiz Guilherme. Da Teoria da Relação Jurídica Processual ao Processo Civil do Estado Constitucional.

árbitros tem se mostrado nevrálgica para a legitimidade da arbitragem atualmente.

Com efeito, pelas exposições que se fez sobre quem são os árbitros e como são feitas a sua seleção e a sua indicação, nota-se que há, de um lado, legítimos objetivos em se estabelecer um sistema que possibilita a escolha do julgador, mas, de outro, importantes críticas têm sido formuladas quanto à forma pela qual essa liberdade tem sido exercida pelos integrantes da "comunidade arbitral". A preocupação maior é aquela de Yves Dezalay e Bryan G Garth, para quem a arbitragem deveria ser um dever, e não uma carreira.[144] Trata-se, sim, de um mercado, mas em que algumas regras, que já existem, devem ser bem delimitadas e seguidas, sob pena levar todo o sistema à ruína.

Diferentemente das posições que explicitou acima, nada obstante, entendemos que as soluções não passam por se exigir (ou forçar) mais diversidade na indicação de julgadores ou se privar as partes de seu direito de indicar os julgadores. Essas são soluções, *primeiro*, incompatíveis com os pilares em que a arbitragem está fundada, na medida em que tentam impor limitações ao direito da parte de indicar o árbitro de sua escolha, e, *segundo*, que levarão fatalmente à queda da qualidade das arbitragens e das decisões nelas proferidas. Essas propostas nos parecem ineficazes e até contraindicadas, pois implicariam mudanças capazes de afetar (talvez negativamente) toda a prática da arbitragem da forma como existe hoje.

A solução mais aconselhada, a nosso ver, é aquela já dada pelo próprio sistema da arbitragem, mas que é por vezes ignorada: o adequado exercício, pelo árbitro, dos seus deveres e obrigações, conforme a relação *sui generis* que é mantida com as partes e com a sociedade. A resposta está em se exigir dos árbitros – e também dos demais atores do processo arbitral responsáveis por sua indicação – cumprimento fiel e adequado de seus deveres e obrigações, mormente aqueles relacionados à sua equidistância, todos que se originam tanto do contrato de investidura que estabelecem com as partes como da função jurisdicional que exercem por autorização

---

In: **A Constitucionalização do direito**. SOUZA NETO, Cláudio Pereira de; SARMENTO, Daniel (Coordenadores). Rio de Janeiro: Lumen Juris, 2007.

[144] Tradução nossa. No original: "*arbitration is a duty, not a career*". (DEZALAY, Yves; GARTH, Bryant G. Op. cit., p. 34).

legal. A digressão que se fez até aqui demonstra que o mundo da arbitragem é, sim, um mercado; entretanto, não se pode olvidar das regras que existem para balizar esse mercado – regras que advêm da natureza contratual e jurisdicional do encargo do árbitro e que servem precisamente para equilibrar, de um lado, o direito de se indicar o árbitro e, de outro, as imprescindíveis balizas do devido processo legal. Aí está, também, um dos maiores motivadores dessa análise do dever revelação do árbitro, como se verá nos capítulos adiante.

2.
A Relação do Árbitro com as Partes e com a Sociedade: Seus Deveres e Obrigações – A Natureza Contratual e a Confiança como Pedras de Toque

> A 'confiança das partes', expressão utilizada pela Lei de Arbitragem, precisa ser bem compreendida, pois se trata de via de mão dupla: de um lado, a parte nomeia efetivamente pessoa que merece sua confiança (ou que aparenta merecer tal atributo) para integrar o painel de julgadores (quando colegiado); de outro, aceita que participe do órgão julgador (quando colegiado) pessoa que mereça a confiança da parte oposta, e de quem não tenha razão para desconfiar.[145]

A partir do contexto apresentado, reitera-se que as respostas aos problemas ilustrados devem passar, a nosso ver, por uma análise detida de quais são os deveres e obrigações dos árbitros. E o fato é que não há como se cogitar de um sujeito jurídico que não possua deveres e obrigações (além de direitos) com quem se relaciona juridicamente – nesse caso, as partes e a sociedade; o mesmo vale para o árbitro, e de forma não necessariamente idêntica àquela do juiz togado, como se adiantou. Tem-se que o árbitro, como detentor também de função jurisdicional, e pelas circunstâncias sociais, econômicas

---

[145] Carlos Alberto Carmona em parecer apresentado no caso *Abengoa v Adriano Ometto*, explorado mais adiante. Superior Tribunal de Justiça. Corte Especial..."

e políticas em que está inserido, possui deveres e obrigações perante as partes e também perante a sociedade. É o que se passa a abordar.

2.1. A natureza jurídica da relação entre árbitros e partes. Como se comunicam a base contratual e o escopo jurisdicional da arbitragem

Tratando, como *primeiro elemento*, da relação com as partes, a natureza da relação jurídica não é unânime na doutrina e acaba por se relacionar com a definição da própria natureza da arbitragem – se contratual, jurisdicional, mista ou autônoma –, que tampouco ganhou unanimidade nas últimas décadas.[146] Não se abordará uma por uma as quatro principais teorias existentes sobre a natureza da arbitragem, o que já foi objeto de outros especializados trabalhos,[147] e também porque, já se reconhece, trata-se de discussão com "poucas ramificações práticas".[148] Apenas se ressalta que, a despeito da existência dos diferentes posicionamentos, "é amplamente reconhecido que a relação entre as partes e o árbitro é primeiramente baseada em um contrato".[149] A relação é, pois, contratual, ainda que em seus objetivos possam existir, elementos jurisdicionais, mistos ou autônomos.[150]

Assim, sem querer esgotar ou diminuir a importância do tema, mesmo para os que seguem um posicionamento puramente jurisdicional, é incontroverso que a arbitragem surge de um contrato, o que dá ao árbitro o caráter de um contratado das partes, com os deveres e obrigações daí advindos. Repita-se que os efeitos são, sem dúvida, jurisdicionais, mas a base é contratual.[151] Como ensina Luiz Olavo Baptista, a arbitragem envolve um contrato

---

[146] BAPTISTA, Luiz Olavo. **Arbitragem comercial e internacional**. Op. cit., p. 175. Ver também COUTO, Jeanlise Velloso. Op. cit., p. 11-34; e CAIVANO, Roque J. Op. cit., p. 91-104.

[147] Ver LEW, Julian D. M.; MISTELIS, Loukas A.; KROLL, Stephan M. **Comparative International Arbitration**. Kluwer Law International, 2003, p. 71-97; ALESSI, Dario. Op. cit., p. 741-742. Ver também CORREIA, Marcelo dos Santos Barradas. A responsabilidade civil do árbitro. ***Revista Brasileira de Arbitragem***, Ano X, v. 39, p. 7-24, 2013.

[148] LEW, Julian D. M., *et al*. M. Op. cit., p. 72-73.

[149] Ibid., p. 276.

[150] ALESSI, Dario. Op. cit., p. 741-742. Ver também CORREIA, Marcelo dos Santos Barradas. Op. cit.

[151] Nesse sentido: "*Despite its superficial similarity to a court action, however, an arbitration proceeding is more properly viewed as the product of a contract. The parties to a transaction contract to arbitrate their disputes, and the arbitrator – either at the time of contracting or, more likely, after the dispute arises – contacts*

sui generis, "um modelo especial de contrato de prestação de serviços cujo objeto é institucional".[152] Ainda que o árbitro não esteja vinculado a quem o indica – muito pelo contrário –, o "contrato de arbitragem" corresponde a um contrato sinalagmático, uma "empreitada de lavor", segundo o qual o terceiro eleito presta serviços de caráter intelectual e se compromete a uma série de deveres e obrigações, em especial aquela (uma obrigação) de proferir a sentença arbitral.[153]

Esse "contrato de árbitro" raramente será posto por escrito, saliente-se, porque terá sido formado por uma série de comunicações trocadas e ações praticadas pelas partes com base na legislação e no regulamento aplicáveis, por exemplo.[154] Será um contrato de prestação de serviços intelectuais, uma obrigação personalíssima,[155] que terá como contrapartida uma remuneração (os honorários).[156] Como ilustram Lew, Mistelis, e Kroll, esse contrato existe e pode ser notado tanto nas arbitragens *ad hoc* como nas institucionais, sempre surgindo da convenção de arbitragem (que é um contrato separado e que, de outro lado, a rigor, não envolve o árbitro diretamente):[157]

---

with these parties to resolve their dispute." (GUZMAN, Andrew T. Arbitrator Liability: Reconciling Arbitration and Mandatory Rules. **Duke Law Journal**, 49, 2000, p. 1316). Ver também: "*The contract existing between the parties and the arbitrator contains terms – both implicit and explicit – that are negotiated by the parties, but it also includes certain mandatory terms. For example, all contractual agreements include the obligation to perform in good faith. This duty exists even if it is not specified in the contact, and it cannot be waived. Failure to perform in good faith constitutes a breach of the contract.*" (MULLERAT, Ramón. The liability of arbitrators: a survey of current practice. **International Bar Association Commission on Arbitration**. Chicago, 2006, p. 2).

[152] BAPTISTA, Luiz Olavo. **Arbitragem comercial e internacional**. Op. cit., p. 172.

[153] Ibid., p. 177. Ressalte-se que, já em 2006, um comitê formado pela Câmara de Comércio Internacional – CCI com representantes de mais de 20 países reconhecia a visão de que árbitros e partes se vinculam por um "contrato especial". Ver: GEARING, Matthew. The relationship between arbitrator and parties: is the pure status theory dead and buried? **Kluwer Arbitration Blog**, 17 jun. 2011. Disponível em: <http://kluwerarbitrationblog.com/2011/06/17/the-relationship-between-arbitrators-and-parties-is-the-pure-status-theory-dead-and-buried/>.

[154] ALESSI, Dario. Op. cit., p. 750.

[155] MARTINS-COSTA, Judith. **A boa-fé no direito privado: critérios para a sua aplicação**. São Paulo: Marcial Pons, 2015, p. 337.

[156] ALESSI, Dario. Op. cit., p. 759-760.

[157] LEW, Julian D. M., *et al*. Op. cit., p. 277. Ver também: GEARING, Matthew. Op. cit.

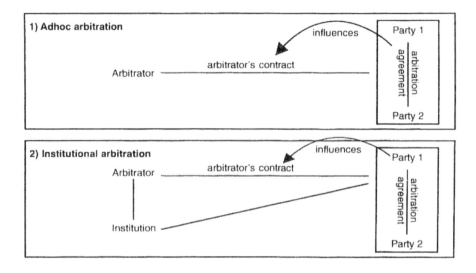

Esclareça-se, porém, que não se trata ele de um contrato de trabalho e nem de uma relação de emprego. Não há subordinação entre o árbitro e as partes, e muito menos continuidade na relação estabelecida. Foi o que decidiu a Suprema Corte da Inglaterra e do País de Gales no caso *Jivraj v Hashwani*,[158] ao reformar a decisão de uma Corte de Apelações inglesa que havia julgado que os árbitros seriam "empregados" das partes e, como tanto, aplicar-se-iam a eles leis antidiscriminatórias que impediam a sua escolha com base em critérios de nacionalidade e religião.[159] Tratou-se de caso com significativa repercussão no campo da arbitragem, tendo em vista

---

[158] *Jivraj v Hashwani* [2011] UKSC 40 – on appeal from the Court of Appeal [2010] EWCA Civ 712, 27 juk. 2011. Disponível em: <https://www.supremecourt.uk/decided-cases/docs/UKSC_2010_0158_Judgment.pdf>.

[159] "*The High Court judge had correctly concluded that an arbitrator was not employed within the scope of the Regulations. He or she fell outside the definition of a worker laid down by the case law of the European Court of Justice and was instead an independent provider of services who was not in a relationship of subordination with the person who received the services. The dominant purpose of the contract was not the sole test for determining employment, although it might be relevant in arriving at the correct conclusion on the facts of a particular case. An arbitrator was a quasi-judicial adjudicator whose duty was not to act in the particular interests of either party. The dominant purpose of the appointment, insofar as it was relevant, was the impartial resolution of the dispute. (...)*" (Ibid.). Ressalte-se, ainda, que essa decisão foi interpretada como um reconhecimento, ainda que implícito (pois os julgadores abertamente preferiram não tratar desse tema), de que havia um contrato vigente entre o árbitro e as partes. Ver: GEARING, Matthew. Op. cit.

que a escolha do árbitro com base em critérios dos mais diversos, inclusive nacionalidade, região e cultura fazem parte do coração da arbitragem, e é possibilidade respaldada por diversos regulamentos mundo afora, como se viu.[160]

Essa abordagem surgiu em consequência da divergência entre as partes (*Jivraj* e *Hashwani*) sobre a legalidade de se prever a limitação da indicação a árbitros a pessoas da religião ismaelita, um ramo do xiismo. Em conclusão, a Suprema Corte validou a circunscrição a uma só religião e se referiu a uma decisão de 1904 da *Reichsgericht*, a antiga Suprema Corte alemã, em que se reconhecera que a atuação do árbitro (a) deveria ser limitada pela convenção de arbitragem, (b) não poderia ser equivalente àquela de um empregado, e (c) deveria ser considerada "até mais livre do que a de um juiz comum".[161] Nesse caso, restou evidente e validada a característica da arbitragem de admitir que as partes estabeleçam limitações à indicação de árbitros, seja pela religião ou pela nacionalidade – o que é autorizado, de uma forma geral, na arbitragem internacional, em que a restrição de nacionalidade é utilizada primordialmente para se buscar (ou ao menos tentar atingir) algum tipo de neutralidade do árbitro.[162] Não se trataria de

---

[160] BLACKABY, Nigel; PARTASIDES, Constantine; REDFERN, Alan; and HUNTER, Martin. **Redfern and Hunter on International Arbitration.** Fifth Edition, Oxford University Press, 2010, p. 229-304.

[161] "*1904 (RGZ 59, 247), the German Reichsgericht identified the particular nature of an arbitral contract, in terms which I think have a relevance to arbitration generally, when it said (in translation): 'It does not seem permissible to treat the arbitrator as equivalent to a representative or an employee or an entrepreneur. His office has ... an entirely special character, which distinguishes him from other persons handling the affairs of third parties. He has to decide a legal dispute in the same way as and instead of a judge, identifying the law by matching the relevant facts to the relevant legal provisions. The performance expected from him is the award, which constitutes the goal and outcome of his activity. It is true that the extent of his powers depends on the arbitration agreement, which can to a greater or lesser extent prescribe the way to that goal for him. But, apart from this restriction, his position is entirely free, freer than that of an ordinary judge.'*" (*Jivraj v Hashwani*. Op. cit.).

[162] É o que estabelece o Art. 13(5) do Regulamento de Arbitragem da Câmara de Comércio Internacional – CCI, ao impossibilitar a indicação de árbitro único ou presidente da mesma nacionalidade das partes, a não ser que haja concordância prévia por elas: "O árbitro único, ou o presidente do tribunal arbitral, deverá ser de nacionalidade diferente das partes. Todavia, em circunstâncias adequadas e desde que nenhuma das partes faça objeção dentro do prazo fixado pela Corte, o árbitro único ou o presidente do tribunal arbitral poderá ser do país do qual uma das partes é nacional". Disponível em: <http://www.iccwbo.org/products-and-services/arbitration-and-adr/arbitration/icc-rules-of-arbitration/>.

discriminação, *a um*, porque não se trata de uma relação empregatícia, e, *a dois*, porquanto a escolha possui a sua razão de ser: a autonomia da vontade e a confiança das partes.

Como parênteses, porém, ressalva-se que opções inclusivas ou afirmativas (*e.g.*, somente atuar como árbitro pessoas de determinada religião), como a do caso *Jivraj*, parecem ser de legalidade mais evidente, já que se estaria autorizando a escolha apenas de árbitros dotados de determinada característica como exercício da vontade das partes e da confiança neles depositada – algo que está em linha também com modelos de arbitragem historicamente conhecidos por arbitragens religiosas.[163] Não resta claro, de outro lado, se seria considerada lícita uma convenção de arbitragem que, de forma exclusiva ou negativa, impedisse a atuação como árbitro de pessoas de determinada religião ou nacionalidade. No Brasil, essa opção em tese seria válida, porquanto se trataria de contratação em linha com a Lei 9.307/96 e sem qualquer direito indisponível envolvido;[164] não se descarta, porém, que se possa considerar uma violação a direitos fundamentais no âmbito de uma relação privada, na medida em que se estaria fazendo uma discriminação não necessariamente lógica e funcional.[165]

Como *segundo elemento*, agora abordando também os deveres e obrigações do árbitro perante a sociedade, ressalta-se que o fato de que a figura do

---

[163] Por exemplo, a *Beth Din of America* (BDA), uma corte rabínica com atuação nos Estados Unidos que, com o tempo, foi adaptada e alterada para ser reconhecida como um processo arbitral legítimo nos termos do *Federal Arbitration Act (FAA)*. Ver: BROYDE, Michael. Jewish Law Courts in America: Lessons Offered to Sharia Courts by the Beth Din of America Precedent. **New York Law School Law Review**, v. 57, 2012-2013, inclusive com um incentivo para que se crie também uma arbitragem muçulmana nos mesmos moldes.

[164] Na esfera judicial, aplicando-se o direito público, certamente se aplicaria o entendimento jurisprudencial formado pelo Superior Tribunal de Justiça no tocante a critérios discriminatórios em editais de concursos públicos: somente seriam admissíveis critérios feitos "precipuamente sob o prisma da lógica, bastando verificar se a diferenciação possui uma justificativa racional e necessária, ou se resulta de mera discriminação fortuita". (Superior Tribunal de Justiça, AgRg no Ag 110.559/DF, Rel. Ministro Edson Vidigal, Quinta Turma, julgado em 10/08/1999, DJ 13/09/1999, p. 86).

[165] Thiago Luís Santos Sombra expõe que uma teoria da eficácia dos direitos fundamentais entre particulares (ou *Drittwirkung*) ganhou robustos contornos na Europa, em especial na Alemanha e na Espanha, mas ainda dá seus primeiros passos no sentido de conceder guarida à eficácia dos direitos fundamentais nas relações entre particulares. SOMBRA, Thiago Luís Santos. **A eficácia dos direitos fundamentais nas relações privadas**. 2. ed. São Paulo: Atlas, 2011, p. 54-58.

árbitro advém de um contrato não significa que não há jurisdicionalidade na atividade do árbitro. Muito pelo contrário. Como a doutrina especializada aponta com abundância,[166] e os tribunais brasileiros já reconheceram algumas vezes: "[a] atividade desenvolvida no âmbito da arbitragem tem natureza jurisdicional."[167] Já se viu que Cândido Rangel Dinamarco, nesse sentido, hoje abriga a arbitragem sob o manto do direito processual constitucional e o inclui na teoria geral do processo, "a legítima condensação metodológica dos princípios e normas regentes do exercício do poder."[168] Para que se tenha mais uma vez claro: a arbitragem surge de um contrato, mas tem como fim a atividade jurisdicional, porquanto a lei confere ao árbitro o poder de dizer o direito e a lei – de jurisdição – em verdadeira paridade com a atuação do juiz togado.[169]

E daí advém o caráter *sui generis* que a doutrina atribui a essa contratação, uma vez que o árbitro não corresponde a um mandatário, delegatário, representante e muito menos um empregado; o árbitro é um julgador, sem vínculos com a parte que o indica[170] e com poderes de *jurisdictio*. A lei

---

[166] Já há quase três décadas, ver CARMONA, Carlos Alberto. Arbitragem e jurisdição. *In*: **Participação e processo**. DINAMARCO, Cândido Rangel; WATANABE, Kazuo; GRINOVER, Ada Pellegrini (Coord.). São Paulo: Revista dos Tribunais, 1988 ("[S]endo inegável o caráter jurisdicional da execução quando encarada do ponto de vista da substitutividade, não se afasta a jurisdicionalidade encontrável na arbitragem: vê-se apenas que o árbitro não tem, à diferença do juiz togado, competência funcional para executar suas próprias decisões)". Mais recentemente, ver CARMONA, Carlos Alberto. **Arbitragem e processo: um comentário à Lei nº 9.307/96**. Op. cit., p. 26-27; NERY JUNIOR, Nelson. **Princípios do processo na Constituição Federal**. Op. cit., p.190-199; e PARENTE, Eduardo de Albuquerque. Op. cit., p. 90-91 (esse último: "No atual estágio da ciência arbitral, entre nós a questão deveria estar consolidada. Não apenas a Lei de Arbitragem trouxe para a realidade jurídica a desnecessidade de homologação judicial da decisão arbitral e sua equiparação à sentença judicial como título executivo).''

[167] Superior Tribunal de Justiça, Conflito de Competência 111.230/DF, Rel. Ministra Nancy Andrighi, Segunda Seção, julgado em 08/05/2013, DJe 03/04/2014.

[168] DINAMARCO, Cândido Rangel. **Nova era do processo civil**. 4. ed. São Paulo: Malheiros, 2013, p. 38-39.

[169] *"El hecho de que los árbitros no se encuentren establecidos en forma permanente y que no sean funcionarios del Estado, no altera la naturaleza de sus funciones. La ley admite que determinadas contiendas sean sustraídas del conocimiento de los jueces ordinarios, a favor de particulares que gozan de confianza de los litigantes y para ello habilita un sistema alternativo, al que rodea de una serie de atribuciones que permiten en definitiva afirmar su naturaleza eminentemente jurisdiccional."* (CAIVANO, Roque J. Op. cit., p. 99).

[170] *"The obligations of an arbitrator are owed to both parties. This reflects that the arbitrator is appointed by the parties, and derives his or her authority from that appointment. Even where an arbitrator is nominated*

confere ao árbitro esse caráter especial e também uma função pública – a função que outrora era por alguns reconhecida somente aos juízes togados, como ensina Uadi Lânmego Bulos:

> A enunciação do preceito em estudo, segundo o qual pode ser árbitro quem for capaz e tiver a confiança das partes, revela-se pela manutenção do interesse público. Interesse público porque o juízo arbitral é veículo de distribuição de justiça, uma das funções primordiais do Estado. Em um primeiro momento, o compromisso reside na esfera do direito privado, onde a vontade das partes atua com vigor. Mas num segundo momento, o juízo arbitral transcende a esfera, exclusivamente privada, para atender ao valor supremo da justiça, neste ponto residindo o seu caráter público.[171]

Destarte, há deveres e obrigações dos árbitros também com relação aos escopos da jurisdição: jurídico, social e político.[172] Não podem eles ser interpretados como se produzindo efeitos apenas entre as partes. Há – e, tratando-se de processo e jurisdição sempre haverá – efeitos *extra partes* que devem ser considerados e sopesados. É por isso, por exemplo, que enfatiza Pedro Batista Martins, como se verá mais adiante, que ignorar o dever de revelação "é deletério; trespassa a esfera jurídica e particular da Consulente e atinge o interesse social".[173] E não há nenhuma incongruência nisso, considerando que contrato e processo podem e devem andar juntos quando a matéria é arbitragem,[174] como também enfatiza Thomas Clay:

---

by one party alone, his or her mandate relates to all parties, and thus the obligations of the arbitrator are typically owed to all parties." (FINIZIO, Steven P.; SPELLER, Duncan. Op. cit., p. 186).

[171] FURTADO, Paulo; BULOS, Uadi Lammêgo. **A Lei de Arbitragem comentada**. São Paulo: Saraiva, 1997, p. 61.

[172] DINAMARCO, Cândido Rangel. **A instrumentalidade do processo**. 6. edição: Malheiros, 1998, p. 149-219. Ver também: DINAMARCO, Cândido Rangel. **Instituições de direito processual civil**: v. 1. Op. cit., p. 218-239.

[173] MARTINS, Pedro A. Batista. Dever de revelar do árbitro. **Revista de Arbitragem e Mediação**, v. 36, p. 219-229, 2013.

[174] "Mas contratos e negócios jurídicos existem também no direito processual, razão por que alguns entendem ter o compromisso arbitral natureza mista, de direito material e processual". NERY JUNIOR, Nelson. **Princípios do processo na Constituição Federal**. Op. cit., p.188-189.

Um processo convencional se encontra, portanto, na origem do processo jurisdicional. É o sinal de que, como afirmou um autor, 'a relação obrigacional e a relação de justiça, longe de serem contraditórias, são, muitas vezes, complementares'. Loïc Cadiet demonstrou que: 'contrato e processo não devem se excluir, mas se combinar'. Há alguns anos, a doutrina vem, pois, se dedicando à análise da 'compenetração' do contrato e do processo. Esta é determinada tanto pelas cláusulas contratuais de efeito processual como pelos arranjos convencionais do processo. Assim, verifica-se que contrato e processo andam juntos e se atraem mutuamente; não se observando nesse aspecto qualquer "descompasso". Pode-se até mesmo entender que o fenômeno é anterior, visto que, na realidade, é o conjunto das regras de processo civil que é, antes de mais nada, concebido como um meio de evitar o processo, em vez de regulá-lo.[175]

Em síntese, embora empossado por meio de um contrato, o árbitro também desenvolve um múnus público, por meio da jurisdição, o que significa dizer que os escopos jurisdicionais também lhe atingem e lhe são imprescindíveis. Há, no *primeiro nível*, deveres e obrigações assumidos perante as partes, e, no *segundo nível*, aqueles deveres advindos do poder jurisdicional – alguns comuns aos do juiz togado –, relacionados principalmente ao aos escopos da jurisdição que exerce. Todas as análises sobre a figura e os deveres dos árbitros, logo, devem ter em vista esses dois prismas, em menor ou em maior extensão. Ver-se-á, em momento oportuno, que o dever de revelação surge justamente dessa natureza mista da relação árbitro-partes.

2.2. As diferenças entre os deveres e obrigações dos árbitros e dos juízes. Deontologias distintas (e obrigações exclusivas dos árbitros)

Como esclarecimento relevante, para fins de terminologia, explica-se por que, quanto aos árbitros, falamos em "deveres e obrigações": está-se referindo, em um *primeiro aspecto*, a deveres processuais, uma vez que a muitas das atribuições concedidas aos julgadores privados são de caráter processual. Menciona-se, nesse plano primeiro, os chamados "poderes--deveres" dos árbitros, similares aos do juiz togado, que representam a competência atribuída pela lei (o "poder") e a existência desse "dever",

---

[175] Ver: CLAY, Thomas. Quem são os árbitros internacionais. Abordagem sociológica. Op. cit.

e não de mera faculdade.[176] Aqui, a comparação com o juiz estatal é relevante, pois o cumprimento dos deveres é espelhado, e as consequências por violação também se assemelham; nesse aspecto, o árbitro é também "investido de poderes, assume deveres e tem responsabilidades de ordem disciplinar, civil e penal".[177]

De forma distinta, porém, deve-se aludir, em um *segundo aspecto*, também aos deveres e obrigações contratuais para se refletir adequadamente o caráter contratual da relação entre árbitro e partes; o juiz togado – diante de sua relação meramente processual,[178] seja ela garantista ou publicista[179] – não possui essas obrigações propriamente ditas perante as partes, mas o árbitro, sim.[180] A relação obrigacional que se estabelece com o árbitro é aquela complexa, dinâmica, que leva em conta não apenas a prestação principal, mas a satisfação de todos os interesses envolvidos na relação. Há,

---

[176] CARDOSO, Christiana Beyrodt; COELHO, Leonardo de Castro; e RODOVALHO, Thiago. Poderes, deveres e jurisdição de um tribunal arbitral. *In*: **Arbitragem comercial: princípios, instituições e procedimentos; a prática do CAM-CCBC**. Maristela Basso, Fabrício Bertini Pasquot Polido (Orgs.). 1. ed. São Paulo: Marcial Pons/CAM-CCBC – Centro de Arbitragem e Mediação/Câmara de Comércio Brasil-Canadá, 2013, p. 222-223.

[177] DELGADO, José Augusto. Poderes, deveres e responsabilidade do juiz. **Revista de Processo**, v. 11, n. 42, p. 37–57, abr./jun., 1986.

[178] "Do direito subjetivo nasce a pretensão que, manifestada, obriga o Estado, através de seus órgãos jurisdicionais, a se pronunciar na solução dos conflitos. Logo, concluímos: os direitos e deveres entre as partes da relação processual não são equivalentes. O juiz, como representante do Estado não pode deixar de solucionar o conflito, mas as partes, v.g., podem desistir da lide, transacionar, acordar, etc. Ao mesmo tempo, o juiz detém o poder de decidir, na conformidade da lei processual, com vistas à proteção dos bens jurídicos de cada um". (MANCUSO, Sandra Regina. Op. cit.).

[179] A adesão a posicionamentos garantistas ou publicistas não interfere nas premissas e conclusões que aqui se estabelece. Apenas se pontua que a opção por uma linha privatista reconhecerá uma relação processual somente entre as partes, em uma relação privada, e o posicionamento publicista defenderá uma relação triangular, que envolve também o juiz, já a enxergando no campo do direito público. Ver, sobre o tema, ROCHA, José de Moura. Notas sobre a fixação da natureza da relação processual. **Anuário do Mestrado em Direito**, n. 4, Recife: Universidade Federal de Pernambuco, jan./dez. 1988.

[180] O juiz possui apenas deveres (ou poderes-deveres). Não há, ao juiz togado, obrigações, ônus ou faculdades processuais, por exemplo. Embora alguns autores, como José Augusto Delgado, utilizem indiscriminadamente os termos "dever" e "obrigação" processuais, a doutrina majoritária não reconhece a existência de obrigações processuais, mas somente de deveres, todos derivados da lei. (DELGADO, José Augusto. Op. cit.).

para o árbitro, obrigações contratuais, mas também deveres intrínsecos à relação obrigacional complexa que se estabelece. Não só na prestação da obrigação principal – no caso, a sentença arbitral – encerra-se a atividade do árbitro. Por isso, para o árbitro, falamos em "deveres e obrigações", e não só deveres.

Nesse aspecto, a relação entre árbitros e partes, sob o ponto de vista interno, também é representada por um vínculo obrigacional "como uma totalidade", que envolve um complexo de direitos (de crédito e formativos), deveres (principais e secundários, laterais e instrumentais), sujeições, pretensões, obrigações, exceções, ônus jurídicos, legítimas expectativas, dentre outros.[181] Ao se falar em atribuições dadas aos árbitros, está-se abordando deveres e obrigações, sem dúvidas, mas de um vínculo contratual que também comporta deveres e obrigações advindos dessa característica, o contrato:

> Consequentemente, sendo o escopo da relação obrigacional a satisfação da totalidade dos interesses envolvidos, esta não concretiza, tão-somente, o 'direito a pretender uma prestação', mas engloba outros interesses, além dos interesses da prestação, apenas mediatamente ligados aos interesses de prestação. São deveres que instrumentalizam os deveres de prestação (sendo a ele imediatamente vinculados); direitos potestativos, ônus e expectativas legítimas que não se confundem com direitos adquiridos ou meras legitimações, todos estando orientados finalisticamente ao adimplemento que, para ser satisfatoriamente atingido, carece de uma conduta de cooperação.[182]

No tocante aos deveres e obrigações dos árbitros, a comparação com os do juiz togado é inevitável, como se viu, não só porque ambos exercem jurisdição, e, portanto, suas figuras ganham similitude em determinados aspectos, mas também porque a própria lei por vezes os compara ou atribui a mesma regulamentação. É o caso da Lei 9.307/96 quando (a) estabelece que as causas de impedimento ou suspeição de juízes se aplicam também aos árbitros (Art. 14), e (b) prevê a responsabilização civil e criminal, também equiparando o árbitro à figura do juiz togado (Art. 17). Essas comparações, contudo, devem ser bastante específicas e tópicas, uma vez que não é em

---

[181] Ibid., p. 218.
[182] MARTINS-COSTA, Judith. Op. cit., p. 215.

todos os aspectos que as atuações do juiz e do árbitro são verdadeiramente comparáveis, como também se abordou.[183] Não se pretende abordar em detalhes todas as diferenças entre as atuações do árbitro e do juiz togado, que, sabe-se, são paralelas, complementares[184] e, repita-se, em muitas instâncias sequer são comparáveis,[185] mas algumas referências são relevantes para se apontar o porquê de algumas atribuições dos árbitros merecerem tratamento distinto daqueles do juiz togado.

O fato é que, no aspecto de deveres e obrigações, há fundadas razões para que se imponham atribuições diversas – e algumas até mais amplas – aos árbitros, se comparadas às dos juízes. Como *primeiro ponto*, conforme já se indicou no passado,[186] a arbitragem é um sistema que, a despeito de possuir algumas conexões com o sistema judicial, rege-se por princípios autônomos; a arbitragem é um sistema próprio que permite alguns subsistemas, como os da arbitragem doméstica, internacional e de investimentos.[187] Especialmente no tocante à eleição do julgador, essa diferenciação ganha relevância, pois, como se indicou *supra*,[188] na arbitragem parte-se de premissa diametralmente oposta ao princípio do juiz natural tradicional, que, como ensina Gustavo Henrique Badaró, é uma garantia que também visa a assegurar a imparcialidade e a independência do juiz togado;[189] na arbitragem, há outros

---

[183] Ver capítulo 1, item 1.1.

[184] Sobre a relação de cooperação e complementaridade das atividades do juiz togado e do árbitro, ver BERMANN, George A. The 'Gateway' Problem in International Commercial Arbitration. **The Yale Journal of International Law**, v. 37, 2012.

[185] OPPETIT, Bruno. **Teoría del arbitraje**. Traducción autorizada al español de la obra **Théorie de l'arbitrage**, publicada en lengua francesa por la editorial Press Universitaries de France, 1998. Eduardo Silva Romero, Fabrio Matilla Espinosa y José Joaquín Caicedo Demoulin (traductores). Colombia: Legis Editores, 2006, p. 70-71.

[186] DALMASO MARQUES, Ricardo. Breves Apontamentos sobre a Extensão do Dever de Revelação do Árbitro. **Revista Brasileira de Arbitragem**, v. 31, p. 59-84, 2011.

[187] Ibid.

[188] Ver capítulo 1, item 1.1.

[189] BADARÓ, Gustavo Henrique. **Juiz natural no processo penal**. São Paulo: Editora Revista dos Tribunais, 2014, p. 23-44. Também nesse sentido: "O princípio do juiz natural, enquanto postulado constitucional adotado pela maioria dos países cultos, tem grande importância na garantia do Estado de Direito, bem como na manutenção dos preceitos básicos de imparcialidade do juiz na aplicação da atividade jurisdicional, atributo esse que se presta à defesa e proteção do interesse social e do interesse público geral. (...) É, por assim dizer, antes de caracterizar-se como privilégio, uma garantia assegurada à independência e imparcialidade da justiça,

instrumentos para se buscar esses mesmos objetivos (como o próprio dever de revelação, como ainda se verá).

E já se expôs que o próprio fundamento da investidura de árbitros e juízes é diferente, já que a investidura do árbitro decorre de um elemento que não existe na esfera judicial: a escolha do julgador com base na autonomia da vontade conferida às partes, e fundada na confiança que depositam elas sobre determinada pessoa. Assim, nas palavras de Bruno Oppetit, "enquanto o juiz público goza de uma investidura geral em razão de sua qualidade pessoal de magistrado, o árbitro, como juiz privado que é, apenas recebeu das partes uma missão de natureza jurisdicional para dirimir o litígio".[190] Precisamente na peculiaridade de a arbitragem ser formada pela autonomia da vontade das partes, portanto, os deveres do árbitro acabam destoando daqueles assumidos pelos juízes.

Como exemplos, pode-se mencionar eventuais características específicas de competência eleitas como indispensáveis pelas partes na escolha do árbitro, e também sua disponibilidade – elementos esses que, evidentemente, não existem na esfera judicial. Como se viu, os deveres e obrigações dos árbitros surgem, principalmente, da vontade das partes, que é expressada na convenção de arbitragem, no regulamento arbitral (se algum) e no "contrato de árbitro".[191] Para ilustrar essas diferenças, que serão aprofundadas

---

destinada a proteger o interesse público geral". (NERY JÚNIOR, Nelson. **O juiz natural no direito processual civil comunitário europeu.** Op. cit.).

[190] Tradução nossa. No original: *"mientras que el juez público goza de una investidura general en razón de su calidad personal de magistrado, el árbitro, como juez privado que es, sólo ha recibido de las partes una misión de naturaleza jurisdiccional para dirimir el litigio (...)."*. (OPPETIT, Bruno. Op. cit., p. 67).

[191] *"There are some similarities between the powers and duties of an arbitrator and those of a judge in a national court. Both an arbitrator and a judge perform an adjucative function in reaching a binding determination of a dispute between parties, and have powers and duties associated with that adjucative function. In international arbitration, arbitrators, like judges, typically owe a duty of impartiality and independence and a duty to give each party a reasonable opportunity to present the case. Nevertheless, there are also significant differences in character between the powers and duties of arbitrators and the powers and duties of a judge in a national court. A judge in a national court is an agent of the state, appointed by the state. The powers and duties of a judge are accordingly determined by the state that appointed him or her and owed to the state. In contrast, arbitrators are appointed by the parties. Arbitrators typically derive their authority from the parties' agreement to arbitrate and the parties' decision to appoint them. Thus, an arbitrator also operates in a legal framework defined by national arbitration laws and any arbitration laws opted into by the parties. As such, an arbitrator may be granted certain powers and also owe additional*

mais adiante,[192] basta lembrar que, na arbitragem, em tese, nada impede que as partes confirmem a investidura do árbitro mesmo diante de situações que são previstas na lei processual como impeditivas da atuação do julgador.[193] Na esfera judicial, de outro lado, o que há são "abstenções e recusas" por parte dos juízes;[194] ou seja, não há flexibilização nessa seara, pois o magistrado deve declarar-se suspeito ou impedido.[195] Mais que isso, na esfera judicial, em caso de meras dúvidas ou suspeita de parcialidade, há verdadeira defesa para que se exclua do caso juízes nessas circunstâncias e até posicionamentos no sentido de se expandir essas causas legais de impedimento e suspeição.[196]

E como *segundo ponto*, não se deve esquecer que o árbitro, conforme se expôs,[197] é um sujeito jurídico diverso do juiz também em termos de atuação social, econômica e política a depender do contexto em que se inserir. O árbitro é, em muitas medidas, um "cidadão do mundo" – comparado a um empresário ou consultor –, e não um funcionário público, o que lhe concede uma gama muito maior de oportunidades e também de relações. Não se discute que atualmente o juiz togado não mais é aquele arcaico, outrora considerado neutro[198] ou afastado do vínculo humano, como era retratado por Piero Calamandrei;[199] ainda assim, porém, a atuação de árbitros como

---

obligations beyond those expressly specified in the parties' agreement to arbitrate." (FINIZIO, Steven P.; SPELLER, Duncan. Op. cit., p. 175-176).

[192] Ver capítulo 3, item 3.1, *infra*.

[193] CARMONA, Carlos Alberto. **Arbitragem e processo: um comentário à Lei nº 9.307/96**. Op. cit., p. 240. Ver mais a respeito dessa possibilidade no capítulo 3 a seguir.

[194] BADARÓ, Gustavo Henrique. Op. cit., p. 34.

[195] DIDIER, Fredie. **Curso de Direito Processual Civil – Teoria Geral do Processo e Processo de Conhecimento**, v. 1, 12. ed. Salvador: JusPodium, 2011, p. 618.

[196] "É necessário, também, negativamente, excluir do caso o juiz que se encontre em situações que possam gerar dúvida ou suspeita de parcialidade". (BADARÓ, Gustavo Henrique. Op. cit., p. 34).

[197] Ver capítulo 1, item 1.2, *supra*.

[198] "Os juízes deixam de ser, como têm sido até agora, exclusivamente árbitros distantes e indiferentes de conflitos privados ou de litígios entre indivíduos e o Estado. Doravante, incumbe também à Justiça realizar no seu campo de atividade os grandes objetivos socioeconômicos da organização constitucional". (COMPARATO, Fábio Konder. Novas funções judiciais no Estado moderno. **Revista dos Tribunais**, n. 614, p. 14-22, dez. 1986).

[199] "O juiz deve ser afastado de todo vínculo humano, superior a qualquer simpatia e a qualquer amizade; e é bom que os réus o sintam distante e estranho, inacessível como uma divindade em seu empíreo". (CALAMANDREI, Piero. Op. cit., p. XXXVII).

advogados e julgadores em outras causas pode ser considerada mais complexa, uma vez que para ele, como não há emprego ou função perene, há menos limitações de atuação e, mais importante, muito mais incentivos a inter-relações; as relações e a proximidade fazem parte do seu negócio.[200]

Destarte, como também já se apontou no passado,[201] há alguns deveres que se mostram mais relevantes na esfera arbitral do que na esfera judicial, pelo fato, por exemplo, de (a) o juiz estatal gozar de legitimidade e confiança ditas "institucionais", já que se trata de um funcionário público, (b) o árbitro, de outro lado, ser indicado pelas partes – ou conforme método por elas escolhido – e delas gozar confiança de que exercerá sua função com competência, discrição, disponibilidade, dentre outros, e (c) a própria figura do árbitro ser bastante mais complexa e volátil. Basta notar, nesse ponto, que não se aplicam aos árbitros, por óbvio, as garantias e prerrogativas funcionais que são concedidas aos juízes estatais, como a vitaliciedade, a inamovibilidade, e a irredutibilidade de vencimentos.[202]

Repita-se que, para se atingir um julgamento justo, a arbitragem faz uso de instrumentos outros, como se verá em detalhes mais adiante. O caráter do árbitro de um sujeito jurídico mais complexo do que o julgador estatal torna os deveres e obrigações nesse tocante consequentemente mais complicados e amplos. Atualmente, de fato, já não existe sequer o "juiz asséptico" que um dia se entendeu ser o ideal, sem visões políticas, econômicas ou sociais, por exemplo;[203] na arbitragem, porém, as inter-relações mantidas pelo árbitro o tornam um cidadão, em teoria, ainda mais engendrado na sociedade e que é incentivado a buscar mais relações – há uma *impessoalidade* para o juiz que certamente não há para o árbitro. Também por esses motivos, como se se aprofundará, de forma diferente

---

[200] A exceção a essa regra se referiria aos juízes que tivessem praticado a advocacia, sendo admitidos apenas depois em concurso ou para cumprimento do "quinto constitucional", previsto no Artigo 94 da Constituição Federal Brasileira de 1988. Nesses últimos casos, pode-se dizer que são comparáveis as relações mantidas por alguém que é chamado para atuar como árbitro e um advogado que passa a integrar o Poder Judiciário; tratar-se-ia, contudo, de uma situação específica na esfera judicial, e de praxe no sistema arbitral. Ver DINAMARCO, Cândido Rangel. **Instituições de direito processual civil**: v. 1. Op. cit., p. 573-575.

[201] DALMASO MARQUES, Ricardo. Breves Apontamentos sobre a Extensão do Dever de Revelação do Árbitro. Op. cit.

[202] BADARÓ, Gustavo Henrique. Op. cit., p. 39.

[203] "O juiz não pode ser neutro e indiferente ao mundo dos valores". Ibid., p. 35-44.

do juiz, há deveres e obrigações do árbitro que surgem do contrato, e não apenas da lei ou das normas ético-disciplinares. Os deveres do juiz acabam derivando quase que exclusivamente da lei, em razão de sua atuação focada unicamente em suas funções institucionais.[204]

A premissa que se estabelece, com efeito, é que há características da arbitragem que fazem com que o tratamento da matéria deva ser diferente do sistema judicial – até porque, como assevera Bruno Oppetit, "(...) a função judicial não tem o mesmo sentido para o juiz público que tem para o árbitro."[205] E isso vale com profundidade para os deveres e obrigações, pois são mais amplos e complexos que os dos juízes e se originam de aspectos que não são próprios do sistema judicial: a eleição do julgador e a relação contratual entabulada.[206]

Para isso, tenha-se em mente, enquanto os deveres do juiz derivam precipuamente da lei, o árbitro está obrigado a uma série de outras fontes normativas além dela. Como enuncia Tercio Sampaio Ferraz Junior, "por tratar-se de uma 'jurisdição' voluntária, o *ethos(mos)* institucional do árbitro na arbitragem não se reduz ao do juiz togado no processo".[207] Há, repita-se, uma *impessoalização* do juiz togado que não há para o juiz privado, e isso faz toda a diferença quanto à sua regulamentação:

---

[204] *"While the procedural analogy between arbitrator and judge may have positive ethical results in that it encourages arbitrators to aspire to judicial neutrality, it has proven itself to be unworkable in practice. (...) Although international arbitral proceedings are being 'judicialized with aggressiveness', arbitrators are not judges; the role and power of the arbitrator is 'para-judicial' rather than formally (i.e., constitutionally) judicial. It is interesting that judges tend to accept this more than arbitrators."* (LUTTRELL, Sam. Op. cit., p. 264).

[205] Tradução nossa. No original: *"la función judicial no tiene el mismo sentido para el juez público que para el árbitro"*. (OPPETIT, Bruno. Op. cit., p. 67).

[206] Por isso, repita-se, não nos dedicaremos em detalhes aos deveres do juiz, mas, sim àqueles dos árbitros, naquilo que forem relevantes para analisar sua extensão e consequências de sua violação, por exemplo. *"While the procedural analogy between arbitrator and judge may have positive ethical results in that it encourages arbitrators to aspire to judicial neutrality, it has proven itself to be unworkable in practice. (...) Although international arbitral proceedings are being 'judicialized with aggressiveness', arbitrators are not judges; the role and power of the arbitrator is 'para-judicial' rather than formally (i.e., constitutionally) judicial. It is interesting that judges tend to accept this more than arbitrators."* (LUTTRELL, Sam. Op. cit., p. 264).

[207] FERRAZ JUNIOR, Tercio Sampaio. Suspeição e impedimento em arbitragem: sobre o dever de revelar na lei 9.307/1996. **Revista de Arbitragem e Mediação**, v. 8, n. 28, São Paulo, p. 65-82, jan./mar. 2011.

Um juiz é um terceiro institucionalizado mediante mecanismos de impessoalização próprios: concurso (como forma de acesso à condição de terceiro), carreira (como estabilização face ao tempo: promoção), independência (mediante neutralização política do cargo: função do princípio da divisão dos poderes), donde forte presunção de imparcialidade: função jurisdicional impessoalizada como presunção. Já o árbitro é também um terceiro, mas sua institucionalização exige outros requisitos éticos. A condição de imparcialidade do árbitro pressupõe exigências éticas próprias.[208]

E se a relação dos árbitros com as partes é primariamente contratual, nada mais correto do que se estabelecer deveres, obrigações e analisar consequências condizentes com essa natureza, mas também a função pública que desempenha. Como salienta Arnoldo Wald, não se pode deixar de ter em mente que ao árbitro é conferida competência "maior do que a do magistrado pertencente aos quadros da Justiça estatal, quando ela lhe é atribuída pelas partes, para encontrar e aplicar soluções equitativas ou inspiradas no pragmatismo ético".[209] O árbitro não é um juiz, e analisar os seus deveres como se o fosse pode conduzir o intérprete a ignorar alguns elementos que são cruciais e muito caros à arbitragem. A extensão e as consequências do dever de revelação devem ser vistas também sob esse importante prisma.

2.3. Os deveres e obrigações dos árbitros perante as partes. A natureza jurídica, a origem e a relevância de tais imposições

A pergunta seguinte que se coloca, pois, é "quais são esses deveres e obrigações dos árbitros e de onde se originam"? São eles deveres regidos nos campos do direito processual e até material, e também são de ordem ético-disciplinar? Tendo em vista o caráter *sui generis* da relação estabelecida com as partes, cada dever e obrigação do árbitro pode possuir uma natureza distinta, seja de direito material, de direito processual,[210] e também de caráter ético-disciplinar. São essas as fontes normativas dos deveres e

---

[208] Id. Regulamentação privada ou pública da ética: O juiz e o árbitro. **Revista de Arbitragem e Mediação**, v. 50, p. 391-404, 2016.
[209] WALD, Arnoldo. A ética e a imparcialidade na arbitragem. **Revista de Arbitragem e Mediação**, v. 39, p. 17-37, 2013.
[210] Sobre a natureza controversa dos efeitos da cláusula arbitral, ver: DALMASO MARQUES, Ricardo; ALMEIDA, Fernanda Dias de; DAL MAS, Fernanda Marques. Os grupos de empresas

obrigações dos árbitros, que podem ser devidos às partes diretamente, ou a toda a sociedade no exercício do seu múnus público do árbitro.

Abordando especificamente a lei brasileira, Carlos Alberto Carmona afirma que as regras "traçadas no Capítulo III da Lei [9.307/96], constituem-se, acima de tudo, num verdadeiro código de ética, estabelecendo os deveres e obrigações" dos árbitros.[211] Mais que isso, entendemos, alguns dos deveres e obrigações ali estabelecidos ultrapassam o campo da ética, e atingem, além da seara de deveres processuais, também o campo das obrigações contratuais pactuadas. E isso, principalmente, porque algumas delas têm a extensão ditada pela relação contratual e, se violadas, não importam consequências meramente ético-disciplinares ao árbitro; há impactos e sanções contratuais e processuais que também devem ser considerados.

Desta feita, os direitos e obrigações dos árbitros podem advir (a) diretamente da lei; (b) do quanto estipulado na convenção de arbitragem pelas partes; (c) tratando-se de uma arbitragem institucional, do regulamento e das demais normas da instituição arbitral eleita, e, por fim, e mais importante, (d) do contrato entre as partes e o árbitro. Tudo isso, lembremos, surge da vontade das partes de celebrar um "contrato de árbitro" (ou "contrato de investidura")[212] –, que cria um "feixe obrigações e direitos recíprocos, quer estes resultem de um contrato, quer diretamente da lei ou até, como alguns pretendem, do direito natural".[213]

A doutrina até cuida de listar o que considera sejam os deveres e obrigações dos árbitros, mas dificilmente os categoriza a partir da fonte normativa de origem – também porque nem sempre resta clara a sua procedência. Luiz Olavo Baptista, por exemplo, lista o que entende são "os deveres próprios" da função de árbitro: independência, transparência, diligência, e o dever de julgar;[214] e Christiana B. Cardoso, Leonardo de C. Coelho e Thiago Rodovalho preferem alçar esses deveres ao patamar de "poderes-deveres", sob o fundamento de que o árbitro gere "bens e interesses da comunidade", sem tampouco diferenciar sua origem:

---

e os seus reflexos quanto aos efeitos da convenção de arbitragem. *In*: **Processo Societário – Volume II**. São Paulo: Quartier Latin, p. 655-694, 2015.

[211] CARMONA, Carlos Alberto. **Arbitragem e processo: um comentário à Lei nº 9.307/96**. Op. cit., p. 22.

[212] MIRANDA, Agostinho Pereira de. Op. cit.

[213] Ibid. Ver também MARTINS-COSTA, Judith. Op. cit., p. 336-339.

[214] BAPTISTA, Luiz Olavo. **Arbitragem comercial e internacional**. Op. cit., p. 172.

O poder-dever é, assim, caracterizado por ser uma competência atribuída por lei (= poder), ao mesmo tempo em que essa atribuição não é uma mera faculdade, sendo uma obrigação (= dever), de tal sorte que não somente pode fazê-lo, como deve fazê-lo. Assim, os árbitros, quando no exercício de sua atividade jurisdicional, estão investidos de parcela de poder público para esta atribuição e respondem, como estes, já que detêm verdadeiro poder-dever de bem conduzir a arbitragem.[215]

Esse estudo é relevante para se indicar que, a despeito de eventuais previsões na legislação processual ou em regulamentos, ou em códigos de ética, há sempre nos deveres e obrigações do árbitro um elemento de "contratualidade". A atuação do árbitro naquele processo específico só existe pela vontade das partes, e os deveres e obrigações a que ele está sujeito também são moldados pelas escolhas que as partes fazem sobre a regulamentação a ser conferida a essa relação. Nesse sentido, Judith Martins-Costa aponta que há a obrigação principal de julgar, porém há também deveres outros, igualmente advindos da natureza contratual do vínculo com as partes, em especial os deveres de independência, de imparcialidade, de revelação e de recato, todos eles relacionados à confiança que lhe é investida.[216]

A relação entre árbitro e partes, da mesma forma, é raramente abordada pela legislação ou por regulamentos, que se limitam a tratar de temas de responsabilidade e dever de revelação, mesmo que de forma generalizada.[217] Uma separação conceitual por natureza normativa pode, sim, ser feita, entretanto, pois há alguns desses deveres e obrigações que encontram base apenas na lei, outros, apenas no regulamento de arbitragem, mas todos eles têm supedâneo no "contrato de árbitro" que se firma entre as partes e o julgador privado – o que possui consequências relevantes no momento de se avaliar a sua extensão e de se sopesar as eventuais sanções em caso de violação. A origem contratual de praticamente todos eles tem – e deve ter – extensão e consequências práticas relevantes.

Parece-nos fazer sentido, por exemplo, a categorização feita por Dario Alessi, que separa os deveres e obrigações dos árbitros em dois grupos principais: (a) aqueles de produzir efetivamente um resultado: dirimir a

---

[215] CARDOSO, Christiana Beyrodt, *et al*. Op. cit., p. 22-23.
[216] MARTINS-COSTA, Judith. Op. cit., p. 336-340.
[217] LEW, Julian D. M., *et al*. Op. cit., p. 275.

lide (*e.g.*, observar a convenção de arbitragem, proferir e entregar a sentença arbitral, corrigi-la quando necessário, e cumprir o seu mandato até o final) – seriam a obrigação de proferir a sentença arbitral e os deveres anexos a ela, que poderiam advir do liame legal ou contratual; e (b) aqueles que visam a assegurar um julgamento justo e imparcial (*e.g.*, disponibilidade, imparcialidade e independência, tratamento igualitário das partes, dentre outros) – todos deveres por natureza e também encontrados no campo contratual ou pré-contratual.[218] Veja-se:

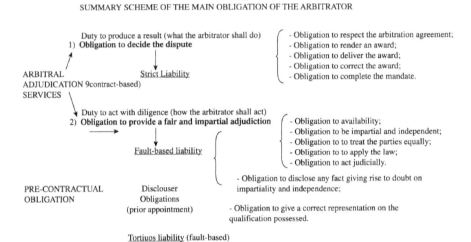

Veja-se que, para o autor, há verdadeira responsabilidade objetiva do árbitro se faltar com os deveres e obrigações de resultado, e subjetiva para os demais – e todos eles inseridos na seara contratual, exceto o dever de revelação, que se situaria na fase ainda pré-contratual.[219] A visão do autor

---

[218] Apenas não se concorda com a terminologia adotada pelo autor em utilizar os termos "dever" e "obrigação" como se sinônimos fossem. (ALESSI, Dario. Op. cit., p. 759-760). Entendemos que somente há a obrigação de proferir a sentença arbitral; todos os outros são meros deveres que se propõem a auxiliar no cumprimento dessa obrigação principal. Esses deveres podem advir da lei, do contrato, ou de ambos, como se viu, pois podem ter um caráter eminentemente processual, contratual ou mista.

[219] Ver: FERRO, Marcelo Roberto. Apontamentos sobre a independência dos árbitros. *In*: **Temas de Direito Societário e Empresarial Contemporâneos**, ADAMEK, Marcelo Vieira Von (coord.). São Paulo: Editora Malheiros, p. 849-886, 2011, p. 849-850.

de ignorar a fonte normativa, todavia, parece-nos extrema, notadamente porque seu maior propósito é retirar do árbitro qualquer tipo de imunidade quanto a eventuais falhas – tema que será abordado mais adiante.[220] De todo modo, o ponto de vista apresentado é útil para reiterar que em praticamente todos os deveres e obrigações dos árbitros há um aspecto de "contratualidade", que pode ser maior ou menor.

Também nesse passo, sobre as consequências de violações pelos árbitros aos seus deveres e obrigações, aponta-se que também podem ser de naturezas diversas. São elas: (a) a processual: afastamento do árbitro, invalidação da sentença arbitral, ou denegação de homologação da sentença estrangeira; (b) a material: responsabilização civil do árbitro ou redução dos seus honorários; e (c) a ético-disciplinar: exclusão de lista de árbitros, suspensão de atividade ou outras sanções regulamentares.[221] Não se adentrará cada uma dessas possibilidades em minúcias agora, o que já foi realizado por alguns autores;[222] o que se salienta é que em todas elas há um elemento de "contratualidade", no sentido de que, diferentemente do que ocorre com o juiz togado, em cada uma delas, está-se avaliando deveres e obrigações que constam do "contrato de árbitro" – isto é, não são violações apenas relacionada à função jurisdicional, mas também ao caráter contratual da atuação do árbitro. Repete-se que "a responsabilidade do árbitro deve ser determinada pelos princípios tradicionais do direito contratual, baseado na isonomia de trocas, justiça comutativa, e justiça".[223]

Não se contesta que, dada a função jurisdicional do árbitro, consequências processuais se verifiquem no processo arbitral, como o afastamento de árbitro que não reúna as condições para tanto, e também a invalidação de decisões que a lei estabeleça não merecem produzir efeitos por vícios de forma ou conteúdo. Contudo, mesmo nessas circunstâncias, o caráter contratual desempenha uma função relevante, pois, enquanto o juiz togado somente poderia ser afastado ou ter sua sentença invalidada em casos previstos em lei, na arbitragem, essas hipóteses são claramente mais amplas,

---

[220] Ver capítulo 5, *infra*.
[221] FINIZIO, Steven P.; SPELLER, Duncan. Op. cit., p. 198-203.
[222] Ver, por exemplo, ALESSI, Dario. Op. cit.; e FINIZIO, Steven P.; SPELLER, Duncan. Op. cit., p. 198-203.
[223] Tradução nossa. No original: *"arbitrator's liability must be determined by the traditional principles of contract law as based on the ideas of equality of exchange, commutative justice, and fairness."* (ALESSI, Dario. Op. cit., p. 739-740).

mormente quando se fala em imparcialidade e independência do julgador, como também se abordará adiante.[224] Ou seja, para que sejam analisadas adequadamente, as consequências à violação de deveres e obrigações pelos árbitros, tal como ocorre com a conceituação e definição dessas atribuições, devem ganhar um enfoque também contratual.

O afastamento do árbitro, por exemplo, poderia facilmente corresponder ou se comparar à rescisão do contrato de árbitro pela violação de um dever ou obrigação fundamentais, nos termos do artigo 475 do Código Civil Brasileiro;[225] um inadimplemento definitivo e absoluto.[226] Em caso de omissão dolosa de elementos essenciais, ainda, o afastamento do árbitro e até a invalidação da sentença arbitral poderiam ser comparados à decretação de nulidade do negócio jurídico, mediante o chamado "dolo por omissão", conforme o artigo 147 do mesmo Código Civil Brasileiro.[227] Essa assertiva não surpreende, *primeiro*, porque, embora o sistema de invalidades do direito civil seja diferente daquele das invalidades processuais, aplicam-se todas as noções da teoria geral do direito sobre o plano de validade dos atos jurídicos;[228] *segundo*, porquanto, desde o século XIX, admite-se a anulação de negócios jurídicos por má-fé na celebração.[229]

E mesmo se se considerar que, antes da aceitação do encargo somente haveria uma relação pré-contratual, também nessa etapa surge um "vínculo jurídico particular", do qual emanam deveres como a "dação de informação correta e adequada tendo em vista os fins da negociação em curso" e "vedação ao escamoteamento de informações essenciais para a formação do consentimento da outra parte".[230] O afastamento do árbitro e a invalidação da sentença arbitral, desta feita, para além de sanções processuais, podem da mesma forma ser consequências contratuais em razão de uma

---

[224] Capítulo 3, item 3.1, mais adiante.
[225] Lei 10.406/2002, Art. 475. "A parte lesada pelo inadimplemento pode pedir a resolução do contrato, se não preferir exigir-lhe o cumprimento, cabendo, em qualquer dos casos, indenização por perdas e danos".
[226] MARTINS-COSTA, Judith. Op. cit., p. 673.
[227] Lei 10.406/2002. Art. 147. "Art. 147. Nos negócios jurídicos bilaterais, o silêncio intencional de uma das partes a respeito de fato ou qualidade que a outra parte haja ignorado, constitui omissão dolosa, provando-se que sem ela o negócio não se teria celebrado".
[228] DIDIER, Fredie. Op. cit., p. 272.
[229] REINHARD, Zimmermman; WHITAKER, Simon; REINHARD. Op. cit., p. 43.
[230] MARTINS-COSTA, Judith. Op. cit., p. 411-412.

violação do contrato de árbitro, em prejuízo também à confiança que é depositada pelas partes.

Como também ocorre na esfera contratual, não obstante, a aferição da gravidade da violação seria imprescindível para se avaliar se a rescisão ou a anulação seriam sanções cabíveis e proporcionais no caso concreto. Em se tratando de violação específica às legítimas expectativas de uma das partes, a confiança, esta também é tutelada pelo Direito mediante diversos remédios possíveis, como ensina Judith Martins-Costa:

> Explica-se, assim, que, quando do exercício jurídico, o Direito não tolere condutas deslealmente contraditórias e proteja o legítimo 'investimento de confiança', exemplificativamente: (i) invalidando, ou limitando a eficácia de atos fraudadores da legítima confiança investida, para tanto, atuando via figuras específicas (e.g.: os vícios redibitórios, Código Civil, artigos 441-446; a invalidade e/ou a indenizabilidade, no caso de dolo por omissão informativa, CC, art. 147; (ii) por meio de uma cláusula geral de ilicitude no modo de exercício, assim cominando o exercício manifestamente divorciado dos ditames da boa-fé (Código Civil art. 187; (iii) no campo da responsabilidade pré-contratual, quando os danos derivados da infração aos deveres pré-contratuais de conduta estão ligados numa 'relação etiológica' à confiança, ocorrendo, por força da boa-fé objetiva em sua conexão com 'situações de confiança', faz nascer deveres tendentes a evitar nos parceiros pré-negociais representações injustificadas – e injustificadas em razão da especial posição assumida pelos sujeitos – bem como a prevenir danos ocasionáveis pela especial aproximação que os interessados mantiveram; (iv) na hipótese de responsabilidade por declarações não-negociais; acordos de fato; emissão de prospectos e mensagens publicitárias; recomendações, opiniões e conselhos; (v) nos casos apanhados pela Teoria da Aparência, como a responsabilidade do falso procurador, bem como (vi) a responsabilidade dos experts frente a terceiros.[231]

Por óbvio, são comparações meramente exemplificativas, até porque há alguns elementos advêm da jurisdicionalidade de atuação do árbitro (os elementos de imparcialidade e independência), mas o caráter também contratual dessas consequências é inquestionável.[232] No que diz respeito à

---

[231] MARTINS-COSTA, Judith. Op. cit., p. 232.
[232] Para críticas sobre uma visão puramente contratual do tema, ver GEARING, Matthew. Op. cit.

responsabilização civil do julgador privado, a premissa exposta também se mantém, com uma importante ressalva: a despeito de não haver previsão expressa em todas as legislações mundo afora, entende-se majoritariamente que o árbitro possui imunidade relativa[233] por *atos jurisdicionais* que pratique no âmbito da arbitragem, de forma que somente poderia ser responsabilizado em caso de violação cometida mediante dolo ou culpa grave,[234] fora da boa-fé,[235] tal como ocorre com o juiz togado.[236]

Nesse ponto, a doutrina majoritária defende ainda que a responsabilidade, a rigor, existiria apenas no tocante a *errores in procedendo*, e não aqueles *in judicando*, uma vez que uma decisão de mérito abaixo da qualidade esperada não configuraria *per se* uma falha contratual.[237] Não parece questionável, como *primeira premissa*, que se está tratando de responsabilidade contratual, já que o árbitro não estaria sendo demandado por um ato ilegal cometido fora de qualquer relação com as partes; está-se "[n]esse aspecto, a responsabilidade encontra base no descumprimento de suas obrigações ou no exercício irregular de suas faculdades."[238]

Como *segunda premissa*, a imunidade conferida ao árbitro tampouco afasta o caráter contratual, na medida em que se trata de uma imunidade

---

[233] Ilustrando – porém criticando – a imunidade concedida em muitos países à atuação do árbitro, ver: ALESSI, Dario. Op. cit. Ver também: CORREIA, Marcelo dos Santos Barradas. Op. cit.

[234] "*A efectos civiles, la doctrina admite la posibilidad de responsabilidad por daños y perjuicios de los árbitros que falten a sus deberes y funciones. A pesar de no haber previsión expresa de inmunidad conferida a los árbitros, se admite ampliamente que su responsabilidad se limitará a los casos en los que proceda con dolo o culpa grave.*" (GIUSTI, Gilberto. DALMASO MARQUES, Ricardo. Arbitraje internacional comercial en Brasil: marco legal y jurisprudencial. Op. cit., p. 192). No mesmo sentido, ver CARMONA, Carlos Alberto. **Arbitragem e processo**. Op. cit., p. 265. Em sentido oposto, afirmando que não há necessidade de dolo, mas apenas culpa, ver: CAIVANO, Roque J. Op. cit., p. 177.

[235] "Ao lado da culpa e do dolo, e como termo oposto a este, deve colocar-se a boa-fé, conceito que igualmente se elaborou, mas não foi exatamente enquadrado". CARNELUTTI, Francesco. Op. cit., p. 431.

[236] No Brasil, conforme a Lei Orgânica da Magistratura Nacional ("LOMAN"), Lei Complementar n. 35, de 14 de março de 1979, Art. 49: "Responderá por perdas e danos o magistrado, quando: I – no exercício de suas funções, proceder com dolo ou fraude".

[237] CARMONA, Carlos Alberto. **Arbitragem e processo: um comentário à Lei nº 9.307/96**. Op. cit., p. 264. Ver também CAIVANO, Roque J. Op. cit., p. 177; e CORREIA, Marcelo dos Santos Barradas. Op. cit., p. 18.

[238] Tradução nossa. No original: [e]*n este supuesto, la responsabilidad encuentra base en el incumplimiento de sus obligaciones o en el ejercicio irregular de sus facultades*". CAIVANO, Roque J. Op. cit., p. 176-177.

pactuada com as partes, em semelhança a uma cláusula de limitação de responsabilidade, que somente seria afastada em circunstâncias de dolo ou culpa grave, por exemplo.[239] Há quem conteste, inclusive, essa imunidade legal ou regulamentar,[240] sob o argumento de que deveria ser atribuída somente ao juiz togado, e não ao árbitro.[241] De todo modo, concordando-se que a responsabilização é medida extrema e que só tem lugar em situações excepcionais, vê-se que, também sob esse prisma, está-se aliando a natureza contratual da relação entre o árbitro e as partes com as consequências da violação de deveres e obrigações pelo julgador eleito.

O mesmo ainda vale para o pleito de redução dos honorários dos árbitros, previsto em algumas leis e regulamentos arbitrais.[242] Também aqui o elemento contratual é nítido, uma vez que se permite às partes algo semelhante a um abatimento do preço por violação de deveres que tornem a prestação jurisdicional arbitral menos valiosa, conforme o artigo 442 do Código Civil.[243] Para os casos em que o árbitro sequer chega a receber seus honorários, normalmente após o seu afastamento por impugnação, as hipóteses de anulação e rescisão mencionadas acima também parecem aplicáveis como comparações.

E, por fim, sem prejuízo das consequências indicadas, estão sujeitos os árbitros a sanções ético-disciplinares e regulamentares, definidas em códigos de ética instituídos pela instituição arbitral, por outras entidades de interesse na arbitragem, ou mesmo por órgãos que regulamentem a

---

[239] "A cláusula de não indenizar nada mais é que a estipulação inserta nos contratos por meio da qual se convenciona que não haverá responsabilidade por danos em virtude de inexecução ou execução inadequada". (SCAVONI JÚNIOR, Luiz Antonio. Causas e cláusulas de exclusão de responsabilidade civil. **Revista de Direito Privado – DPriv**, v. 2, n. 8, São Paulo, p. 53-119, out./dez. 2001).

[240] LEW, Julian D. M., *et al*. Op. cit., p. 290-291.

[241] "(...) *the arbitrator does not enjoy any status because she is not analogous to a judge. (...) The power of the arbitrator is founded on the arbitrator's contract and not on the status.*" (ALESSI, Dario. Op. cit., p. 748-749).

[242] Por exemplo, o Art. 24(4) do *English Arbitration Act* de 1996. Ver: FINIZIO, Steven P.; SPELLER, Duncan. Op. cit., p. 203. Ver, também, iniciativa recente da Corte de Arbitragem da Câmara de Comércio Internacional CCI nesse sentido, com redução dos honorários em até mais de 20% em caso de atraso na prolação da sentença arbitral: **ICC website**. Op. cit.

[243] Lei 10.406/2002. Art. 442. "Em vez de rejeitar a coisa, redibindo o contrato (art. 441), pode o adquirente reclamar abatimento no preço".

profissão exercida pelo árbitro[244] Tal como ocorre com os juízes, os árbitros também estão sujeitos a normas de conduta.[245] Não se trata, lembremos, de normas que regulamentem a profissão de árbitro, e, sim, de preceitos éticos criados para reger a atividade do árbitro em determinado centro de arbitragem, ou de regras profissionais do indivíduo, que pode ser advogado, engenheiro, contador, dentre outros. Aprofundar-se-á essas possibilidades mais adiante;[246] por ora, apenas ressalta-se que, nessas, excepcionalmente, a contratualidade não parece presente, e nem precisaria, uma vez que Ética e Direito não necessariamente se confundem e tampouco se excluem.[247] A Ética – termo cunhado pelo filósofo inglês Jeremias Bentham para designar a "ciência dos deveres"[248] – rege o comportamento e tenta moldá-lo a condutas que se considera esperadas, mas nem sempre de forma impositiva.[249] São análises distintas, que não podem induzir o intérprete ao erro

---

[244] "*As many arbitrators have learned to their discomfort, they are not beyond the reach of sanctions edited by courts, bar associations, and indeed arbitral institutions anxious not to be contaminated with rotten apples.*" (PAULSSON, Jan. **The idea of arbitration**. Op. cit., p. 148).

[245] Sobre o tema da ética aplicável aos juízes togados, o Ministro do Superior Tribunal de Justiça, Herman Benjamin, afirmou recentemente em entrevista à imprensa: "Nos juízes precisamos entender que o discurso da ética não é apenas para terceiros; o que vale para as outras instituições, vale pra nós também". SCOCUGLIA, Livia. Herman Benjamin: Juízes devem entender que ética não é só para terceiros. **Jota**, 16 nov. 2016. Disponível em: <http://jota.info/herman-benjamin-juizes-devem-entender-que-etica-nao-e-para-terceiros?utm_source=Newsletter&utm_campaign=Acesso%20Newsletter%2016-11>).

[246] Ver capítulo 5, item 5.2, *infra*.

[247] "É de se reconhecer, portanto, aqui a existência de normas que vigoram em uma dada sociedade: normas éticas e normas jurídicas. A Moral está circunscrita ao íntimo das pessoas ou, se se preferir, à intenção das pessoas. Já o Direito rege o comportamento exterior. É, pois, uma ordem mais sofisticada porque dispõe de um instrumental para a sua aplicação, que é a coercibilidade, que a Moral não tem a sua disposição. Mas isto não significa dizer que a sanção moral seja inócua. Ela se revela, muitas vezes, na reprovação social. É verdade que esta sanção é menos severa do que a aplicada pelo Direito. E é este o ponto que distingue basicamente o Direito da Moral: a coercibilidade presente no primeiro e ausente no segundo. O que a Ética almeja é procurar normas que tornem mais harmoniosa a convivência entre os homens. Um homem ético não é apenas aquele que obedece a normas. (...)". (BASTOS, Celso Ribeiro. Ética no Direito. **Cadernos de Direito Constitucional e Ciência Política**, n. 29, Revista dos Tribunais, 1999).

[248] SUANNES, Adauto. Provas eticamente inadmissíveis no processo penal. **Revista Brasileira de Ciências Criminais**, n. 31, p. 75-101, jul./set. 2000.

[249] "A ética, do ponto de vista formal, é um conjunto de postulados vazios e indeterminados; vale dizer: é abstrata. Sua efetividade, sua concretude, provém do mundo exterior, objetivando-se

de que poderiam ser consideradas contraditórias entre si, como se verá em detalhes mais adiante.[250]

Os exercícios feitos acima não tratam, reitere-se, de uma correspondência exata e idêntica entre as consequências processuais e aquelas do direito contratual. Muitas das consequências surgem também do caráter jurisdicional da atividade do árbitro e do simples fato de ele ter aceitado o encargo, como define a doutrina do *status* do árbitro.[251] De todo modo, ao se analisar a extensão e as consequências dos deveres e obrigações dos árbitros, repise-se que se deve necessariamente analisá-los também sob o ponto de vista contratual, em complemento ao jurisdicional.

Especificamente no tocante aos deveres listados pela Lei 9.307/96 – "imparcialidade, independência, competência, diligência e discrição", previstos no artigo 13, §6º, complementados pelo artigo 14, os princípios advindos do princípio do devido processo legal, conforme o artigo 21, §2º, e também ao dever de revelação, referenciado no artigo 14, §1º – verifica-se que são eles de natureza tanto processual como contratual, uma vez que o "contrato de árbitro" também os compreende. Não se pode interpretá-los como limitados ao campo processual e ético. A despeito dos efeitos e consequências conferidos pela lei à atuação do julgador privado, há sempre deveres e obrigações contratuais que devem ser também analisadas caso a caso. É louvável que a Lei 9.307/96 e muitas outras leis tenham listado o que se entende sejam alguns deveres mínimos do árbitro perante as partes e a sociedade, mas o fato é que praticamente todos eles já encontram respaldo na relação contratual estabelecida no "contrato de árbitro".

---

nos comportamentos que determinado grupo social entenda devam ser adotados diante da realidade". (GRAU, Eros Roberto. **Por que tenho medo dos juízes (a interpretação/aplicação do direito e os princípios**. 7. ed. São Paulo: Malheiros, 2016, p. 20).

[250] Tal como ocorreria, no Brasil, com o juiz togado, que está sujeito às penas disciplinares previstas no Art. 42 da Lei Orgânica da Magistratura Nacional (a "LOMAN"), Lei Complementar n. 35, de 14 de março de 1979 (advertência, censura, remoção compulsória, disponibilidade, aposentadoria compulsória e demissão), sem prejuízo, se aplicável, também da sua responsabilização civil nos termos do Art. 49 já mencionado. Ver: LENZ, Carlos Eduardo Thompson Flores. O Conselho Nacional de Justiça e a administração do poder Judiciário. **Revista de Direito Administrativo e Constitucional**, v. 6, n. 23, jan. 2006. Esse controle da justiça e da magistratura é feito também pelo Conselho Nacional de Justiça (CNJ) e pelas Ouvidorias de Justiça. Ver DINAMARCO, Cândido Rangel. **Instituições de direito processual civil**: v. 1. Op. cit., p. 590-593.

[251] Para críticas sobre uma visão puramente contratual do tema, ver: GEARING, Matthew. Op. cit.

O que se busca estabelecer é que os deveres e obrigações dos árbitros podem encontrar base, natureza e até consequências distintas em caso de violação, mas a base será quase sempre contratual, pois "não há razão convincente para se excluir a natureza das funções do árbitro (...), a natureza da relação entre as partes e os árbitros é pura e exclusivamente contratual."[252] Pela própria natureza da arbitragem, não há somente sanções processuais ou éticas para casos de violação; há também sanções contratuais com repercussão na esfera jurisdicional. Não se pode ignorar o campo contratual para os fins de observância de todos esses deveres e obrigações,[253] até porque, como Thomas Clay observa, "contrato e processo andam juntos e se atraem mutuamente; não se observando nesse aspecto qualquer 'descompasso'".[254]

Isso significa, já se pode perceber, que não é à toa que a "confiança das partes" encabeça o Artigo 13 da Lei 9.307; é esse elemento – também contratual – que embasa a extensão o cumprimento de todos os deveres e obrigações do árbitro. Como já se explanou, no juiz, confia-se abstratamente pelo que se conhece da instituição; no árbitro se confia pelo que se dá a conhecer e pelo que dele se espera no momento da escolha, em linha com os princípios norteadores de qualquer relação contratual. Como ressalva Marcelo dos Santos Correia Barradas, "[o] caráter jurisdicional da arbitragem não afasta da relação árbitro-parte elementos intrínsecos das relações contratuais, tais como a força obrigatória dos contratos, a função social do contrato e a boa-fé-contratual".[255] É o que se passa a aprofundar.

2.4. As pedras de toque da figura do árbitro: a natureza contratual da relação e a confiança no árbitro como elementos base de seus deveres e obrigações

As pedras de toque aqui, como se pode notar, são a *relação contratual* e, como consequência dela, a *confiança* que se deposita na pessoa do árbitro.

---

[252] Tradução nossa. No original: *"no persuasive reason exists to exclude the contractual nature of the arbitrator's functions (...), the nature of the relationship between the parties and the arbitrators is purely and exclusively contractual."* (ALESSI, Dario. Op. cit., p. 738-739).

[253] *"Igualmente, el carácter contractual del arbitraje afecta el régimen de la responsabilidad del árbitro, muy distinto del que regula la responsabilidad del juez público, pues el contrato celebrado con el árbitro tiene una naturaleza muy específica: sin hacer del árbitro un mandatario, le asigna una misión cuyo incumplimiento acarrea su responsabilidad."* (OPPETIT, Bruno. Op. cit., p. 70).

[254] Ver: CLAY, Thomas. Quem são os árbitros internacionais. Abordagem sociológica. Op. cit.

[255] CORREIA, Marcelo dos Santos Barradas. Op. cit., p. 18.

São esses os componentes que não existem ao juiz togado e que fazem toda a diferença ao se impor ao árbitro deveres e obrigações e dele se exigir o seu cumprimento. A função jurisdicional do julgador privado não está focada apenas na prolação da sentença arbitral; essa é apenas a obrigação principal, uma das atribuições dele exigida, e há ainda diversos deveres que devem ser exercidos a contento. No vínculo obrigacional moderno, não basta o cumprimento da obrigação final, mas também "as várias fases que surgem no desenvolvimento da relação obrigacional e que entre si se ligam com interdependência, o conjunto de atividades necessárias para a satisfação do credor".[256]

Pela própria natureza da relação estabelecida com as partes, pois, o árbitro assume, dentre os diversos deveres e obrigações mencionados, e além daqueles todos que são já aliados à sua função jurisdicional, deveres e obrigações de caráter contratual. Devem ser levados em conta, assim, os princípios reitores das relações negociais do Direito Privado, em especial a autonomia privada, a responsabilidade, a confiança, e a boa-fé.[257] Os dois primeiros com o fim de garantir que se assuma a responsabilidade pelos atos privados e também a proteção de expectativas legitimamente suscitadas no destinatário da declaração negocial;[258] "o dever que promana da concreção do princípio da boa-fé é dever se consideração para com o *alter*."[259]

E é a partir da confiança e também da boa-fé que a relação contratual entre árbitro e partes merece maior destaque. A confiança atua em conjunto com o princípio reitor da boa-fé porque, enquanto a confiança assegura as legítimas expectativas que são criadas, a boa-fé direciona as condutas dos contratantes para diminuir a probabilidade de que algumas delas se perpetuem ou repitam no futuro.[260] Em um primeiro momento, como ensina

---

[256] MARTINS-COSTA, Judith. Op. cit., p. 214-215.

[257] Ibid., p. 228.

[258] Ibid., p. 229.

[259] SILVA, Clóvis do Couto e. **A obrigação como processo**. Rio de Janeiro: Editora FGV, 2006, p. 33.

[260] Nesse ponto, tratando do direito inglês, apontam Simon Whitaker e Reinhard Zimmermann, citando Lorde Steyn, que sequer há diferenças tão grandes entre o requisito objetivo da boa-fé e as legítimas expectativas criadas às partes. "*Indeed, for Lord Steyn, writing extrajudicially, 'there is not a world of difference between the objective requirement of good faith and the reasonable expectations of the parties*". (WHITTAKER, Simon; ZIMMERMANN, Reinhard. **Good faith in European contract law**. Cambridge studies in international and comparative law. Cambridge: England, 2000, p. 46).

Judith Martins-Costa, "[t]oda declaração negocial, como ato de autonomia, desde que emanado por pessoa responsável, é, de per se, fato gerador de confiança no *alter*."[261] Na arbitragem, em especial, ao se considerar que a própria indicação supõe a geração de confiança nas partes de que o julgador privado, para além de seus deveres e obrigações jurisdicionais, atuará nos conformes de seus deveres e obrigações também contratuais – algo que, como se viu, é histórico no instituto.[262] Nas palavras de Pedro A. Batista Martins, "(...) a arbitragem, de seus primórdios aos dias de hoje, sustenta-se em dois pilares: liberdade e confiança".[263]

Analisando a terminologia, verifica-se que "confiança" é palavra polissêmica, que pode indicar confiabilidade, credibilidade, crença legítima e previsibilidade, de forma que cabe à boa-fé direcionar os contratantes a condutas em consonância com as legítimas expectativas que o ato de vontade cria.[264] A extensão dos deveres e obrigações do árbitro deve estar em linha com a relação contratual (e, assim, de confiança) que entabula com as partes. É o que expõe Judith Martins-Costa, nesse momento tratando especificamente do contrato de investidura do árbitro, da boa-fé e dos deveres a ele anexos:

> Nessa figura contratual, há superposição entre a confiança e boa-fé que, amalgamada, estão no núcleo do contrato. Assim determina o Art. 13 da Lei 9.307/1996. O árbitro é a pessoa que conta com a confiança das partes, tratando-se de uma confiança fiducial que estrutura o contrato e imanta toda a relação.[265]

Como se indicou no passado,[266] Tercio Sampaio Ferraz Junior aponta que todos os mecanismos sociais modernos se desenvolvem por meio do que denomina "mecanismos de estabilização", o que na arbitragem pode ser apontado precisamente na confiança. Nos ensinamentos do autor, "a confiança (...) aparece como uma curiosa combinatória de conhecimento e

---

[261] MARTINS-COSTA, Judith. Op. cit., p. 229.
[262] Ver capítulo 1, item 1.2, *supra*.
[263] MARTINS, Pedro A. Batista. Dever de revelar do árbitro. Op. cit.
[264] Op. cit., p. 230-236.
[265] Ibid., p. 339.
[266] DALMASO MARQUES, Ricardo. Breves Apontamentos sobre a Extensão do Dever de Revelação do Árbitro. Op. cit.

ignorância: confiamos pelo que conhecemos e apesar do que ignoramos".[267] Em outras palavras, de forma a assegurar a legitimidade do processo arbitral, a confiança no cumprimento dos deveres pelos árbitros está arraigada na intenção das partes de se submeterem à arbitragem. Trata-se, *primeiro*, de um elemento intrínseco de probidade – a chamada "probidade arbitral" (da qual já se falou) – e, *segundo*, de um elemento extrínseco, a capacidade de julgar com independência e imparcialidade, como se verá.[268]

Em termos práticos, no processo arbitral – que, como já se disse, é um contencioso, um litígio[269] –, essa confiança a que se refere, por óbvio, não poderia significar uma dependência incondicional ou uma fidúcia cega no árbitro indicado, pois "não há dever de ser ingênuo na relação negocial".[270] Isso não seria possível, até porque, em termos objetivos, as partes raramente indicam todos os árbitros do processo arbitral, delegando tal atividade ao menos quanto a um dos árbitros a uma instituição arbitral ou a uma *appointing authority*. Não tendo as partes o poder de escolha direto sobre todos os árbitros, alguns poderiam dizer, já se encontraria comprometida a confiança que tanto se enfatizou. Não é esse o caso, porém, pois a confiança a que a Lei 9.307/96 se refere – e que já existia nos textos normativos pátrios anteriores[271] – nada mais é do que a garantia às partes, pelo que conhecem e pelo que lhes é dado a conhecer sobre o árbitro, de que não possuem motivos fundados ou justificáveis para desconfiar que aquele proposto julgador não cumprirá seus deveres e obrigações de origem jurisdicional e contratual.

Não se trata de uma fidúcia incondicionada, portanto, e, sim, decorrente do que se conhece pelas informações públicas e pelas fornecidas pelo próprio indicado. Para o árbitro que se conhece previamente, a confiança provavelmente é a mais ampla e extensa; todavia, se por qualquer motivo,

---

[267] FERRAZ JUNIOR, Tercio Sampaio. Suspeição e impedimento em arbitragem: sobre o dever de revelar na lei 9.307/1996. Op. cit.

[268] Ver: HENRY, Marc. Les Obligations d'Independence et d'information de l'arbitre à la lumière de la jurisprudence récente. **Revue de l'Arbitrage**, 1999, p. 206; e NUNES PINTO, José Emilio. O árbitro deve decidir. **Revista Just Vigilantibus**, 3 ago. 2013.

[269] Ver capítulo 1, item 1.2, *supra*.

[270] Ibid., p. 524.

[271] Art. 1.043 do Código Civil de 1916: "pode ser árbitro, não lhe vedando a lei, quem quer que tenha a confiança das partes"; e Art. 1.079 do Código de Processo Civil de 1973: "pode ser árbitro quem quer que tenha a confiança das partes" – ambos revogados pela Lei 9.307/96.

não se o conheça – ou o árbitro não se dê a conhecer –, não haveria como exigir uma fidúcia absoluta. Esse último é o caso de uma lista de árbitros cujos membros as partes e os advogados não conhecem, ou, em caso de listas abertas, a indicação de um indivíduo sobre quem pouco ou nada se sabe. Quanto a esses, a confiança reside em não existirem motivos que comprometam a segurança e a legítima expectativa das partes de ter o conflito julgado por aquela pessoa de forma justa, a despeito de dúvidas quanto à sua imparcialidade e independência: o "não desconfiar", como explana Carlos Alberto Carmona em parecer apresentado nos autos de processo judicial que foi julgado pelo Superior Tribunal de Justiça recentemente e que será detalhado mais adiante:[272]

> A 'confiança das partes', expressão utilizada pela Lei de Arbitragem, precisa ser bem compreendida, pois se trata de via de mão dupla: de um lado, a parte nomeia efetivamente pessoa que merece sua confiança (ou que aparenta merecer tal atributo) para integrar o painel de julgadores (quando colegiado); de outro, aceita que participe do órgão julgador (quando colegiado) pessoa que mereça a confiança da parte oposta, e de quem não tenha razão para desconfiar. Esta 'via de mão dupla' que qualifica a confiança fica ainda mais clara quando se trata de nomear o presidente de um painel de árbitros: normalmente nenhuma das duas partes o escolhe (é comum que os árbitros nomeados pelas partes escolham o presidente do painel, ou que ele seja indicado por um órgão administrativo da câmara arbitral). Nesse caso, as partes não indicaram uma pessoa em quem confiam (eventualmente nem conhecem o presidente indicado), mas toleram a indicação de uma pessoa que apresente os atributos para bem julgar e que não provoque a desconfiança dos litigantes. A pedra de toque neste jogo de confiança-desconfiança é o dever de revelação.[273]

Também por isso, aliás, o próprio processo de constituição do tribunal arbitral foi criado para ocorrer de forma democrática. Não à toa que a prática se desenvolveu para que, mais comumente (mas não como regra absoluta), tribunais arbitrais sejam compostos por três árbitros, sendo os coárbitros indicados cada um por um polo e o terceiro pelos primeiros ou

---

[272] Ver capítulo 4, item 4.3, *infra*.
[273] Superior Tribunal de Justiça. Corte Especial. Sentença Estrangeira Contestada 9412/US (2013/0278872-5). Ministro Relator Felix Fischer, fls. 1226-1257.

pela instituição arbitral.[274] A rigor, nesse formato, é o presidente quem "tem a confiança dos coárbitros e das partes";[275] sabe-se que a confiança não será necessariamente a mesma para todos os integrantes do tribunal, e a possibilidade de indicação de um deles surge com o propósito de garantir ao menos que aquele poderá monitorar a integridade da arbitragem.[276]

Confiar no árbitro – e no instituto da arbitragem, em última análise – significa, com efeito, estabelecer um verdadeiro laço de fidúcia, que é contratual, de que aquele julgador privado não só proferirá uma sentença para resolver o litígio. Espera-se dele mais que isso, e esse é um dos motivos da contratação da arbitragem pelas partes, em vez de se socorrerem do Poder Judiciário: a confiança somente é alcançada pelas partes no momento em que a elas é dada a oportunidade de conhecer o que há de relevante sobre o árbitro, independentemente de quem o indique, para que confiem (ou não) que exercerá seus deveres e obrigações à altura do quanto se busca contratar. Por isso, tem-se dado, com razão, elevada importância ao cumprimento de cada um desses elementos por parte dos árbitros; trata-se de tema caro à legitimidade da arbitragem em si, seja ela doméstica ou internacional.[277] Aqui, está se falando também dos deveres contratuais de cooperação e lealdade, uma vez que "o dever de cooperação, fulcrado

---

[274] "[It is a] *unique principle of international arbitration that a party is entitled to appoint, as one of the three decision makers, a person of its own choosing, who brings to the task the biases and instincts inherent in his or her particular worldly experience*." (Brower, Charles N. The Ethics of Arbitration: Notes from a Practicing International Arbitrator. **Berkeley Journal of International Law (BJIL) Publicist**, 5, 1, 2010. Disponível em: <http://bjil.typepad.com/brower_final.pdf>).

[275] Referência a artigo de Claude Reymond feito Selma Maria Ferreira Lemes. (Lemes, Selma Maria Ferreira. 1. Árbitro. Dever de Revelação.... Op. cit., p. 29).

[276] "*In such circumstances, the job of constructing a mutually acceptable arbitral tribunal would normally be facilitated by allowing each side to appoint an arbitrator, and having the two party-nominated arbitrators choose the third member of the tribunal. Such party participation democratizes the process, serving to foster trust that at least one person on the tribunal (the party's nominee) will monitor the procedural integrity of the arbitration. Party participation in the constitution of a tribunal means that each side will want to be sure that its nominee (and the presiding arbitrator if possible) will be free of doctrinal predispositions that would adversely affect its case. A company whose assets have just been expropriated will not be keen on a tribunal dominated by a professor who has written a book supporting uncompensated nationalization. Likewise, the host state will not want someone who has taken the position that national welfare must take a back seat to profit maximization for the foreign investor.*" (Park, William W. Op. cit., p. 645-646).

[277] Ver, por exemplo: Estavillo-Castro, Fernando. Ethics in Arbitration. *In*: Fernández-Ballesteros, M. Á.; Arias, David (Ed.). **Liber Amicorum Bernardo Cremades**, La Ley, p. 387-411, 2010.

na boa-fé, implica uma colaboração informada pelos valores próprios da ordem jurídico-econômica considerada".[278]

Ver-se-á mais a seguir que, fosse permitida implicitamente a atuação de um terceiro que dê motivos para que as partes dele desconfiem (ou, *contrario sensu*, nele não confiem), estar-se-ia, como consequência, mitigando indevidamente o que consiste em um dos principais benefícios – históricos, econômicos e sociológicos – do instituto da arbitragem. Evidente que não apenas a confiança deverá nortear essa análise, vez que há outras circunstâncias que devem ser sopesadas; contudo, analisar os deveres e obrigações dos árbitros sem considerar os aspectos contratuais e o elemento da confiança é tornar sem efeito tudo o que a arbitragem já construiu em termos de legitimidade. É o que afirma Thomas Clay quando afirma que "uma parte deve escolher um árbitro em quem tenha confiança, ainda que o árbitro tenha um nexo com a contraparte. Mas sob a condição decisiva: de que seja informada a existência desse nexo".[279] Quando a indicação é feita pela contraparte e pela instituição arbitral, em especial, não podem haver motivos (legítimos) para a desconfiança, e é aí que entra o dever de revelação.

Está-se versando, assim, também sobre um verdadeiro "dever de informar". Embora em alguns contratos a informação possa consistir na obrigação principal, no contrato de árbitro e em muitos outros, a informação tem caráter instrumental; "[d]eve-se a informação para obter-se o consentimento esclarecido a determinada proposta".[280] Como se verá, nesse aspecto, surge o dever de informar e esclarecer circunstâncias que podem ser ignoradas pela outra parte ou conhecidas de forma imperfeita ou incompleta,[281] sob pena de se privar o *alter* de informações que poderiam impedir a própria celebração do contrato ou ao menos alterar os seus contornos. Há

---

[278] MARTINS-COSTA, Judith. Op. cit., p. 524.

[279] Tradução nossa. No original: *"una parte debe escoger un árbitro en quien tenga confianza, aunque el árbitro tena un nexo con la otra parte. Pero bajo la condición decisiva: que sea informada la existencia de dicho nexo."* (CLAY, Thomas. El árbitro. 1. ed. Colección Cátedra Bancolombia de derecho económico, financiero y del mercado de valores. Serie Arbitraje Internacional, n. 2. Bogotá: Pontificia Universidad Javeriana, Facultad de Ciencias Jurídicas, Grupo Bancolombia, Grupo Editorial Ibáñez, 2012, p. 58).

[280] MARTINS-COSTA, Judith. Op. cit., p. 529.

[281] Ibid., p. 532.

informações que, se omitidas, prejudicam a extensão, a continuação e, sobretudo, a validade do negócio.[282]

Deve-se compreender, nesse passo, que a principal premissa em que se calca a arbitragem – notadamente no momento de indicação daquele que conhecerá e julgará a causa – consiste na confiança das partes na pessoa desse julgador. Não se trata de uma confiança ingênua, mas de confiança de que ele, independentemente de quem o indique, exercerá seus deveres e obrigações mínimos como deve e conforme as legítimas expectativas criadas nas partes e também na instituição arbitral. É o que menciona o Ministro João Otávio de Noronha, no caso *Abengoa* v *Adriano Ometto*, que será ainda detalhado adiante, quando afirma que o termo "confiança" expresso na Lei 9.307/96 denota "a aceitação de indicado pela parte adversa e de quem não tenha razão para desconfiar" uma vez que, "[d]ada sua origem contratual, a arbitragem põe em relevo a confiança fiducial, que, na estrutura jurisdicional, mostra-se presumida."[283]

E ainda que existam graus diferentes de confiança, na medida em que se conhece ou não sobre determinado árbitro, a confiança no árbitro deve ser reconhecida por todas as partes na demanda "e, nunca, por apenas aquela que o indicou."[284] Enquanto o juiz togado é investido de "confiança institucional", fundada na sua investidura em agente estatal, e dali surgem os seus deveres, o árbitro, indicado para atuar na causa única, de forma mais importante, deve demonstrar às partes que é mesmo confiável (e que não há do que dele desconfiar); nas palavras do Ministro Herman Benjamin, "[s]e o juiz que julgará um caso deve ser escolhido de forma absolutamente impessoal, com base em critérios previamente escolhidos, o árbitro é indicado pelas partes, que devem ter especial confiança em sua competência e

---

[282] Tratando do direito europeu: "*All the legal systems take as their starting point that a party who has been induced by the fraud of the other party to enter a contract may rescind it (or seek rescission of it from a court). Disagreement then arises as to what qualifications apply to this right.*" (WHITTAKER, Simon; ZIMMERMANN, Reinhard. Op. cit., p. 377).

[283] Superior Tribunal de Justiça. Corte Especial. Sentença Estrangeira Contestada 9412/US (2013/0278872-5). Ministro Relator Felix Fischer. Acórdão publicado em 30 de maio de 2017, com acórdão de embargos de declaração julgados em acórdão de 13 de novembro de 2017, p. 34. Atualmente, aguarda-se apreciação do agravo em recurso extraordinário interposto pelas partes empresas do grupo Abengoa (que tentaram, sem sucesso, a homologação).

[284] MARTINS, Pedro A. Batista. Dever de revelar do árbitro. Op. cit.

imparcialidade."[285] Em linha com o que se indicou até aqui, não há certeza das partes da vitória (talvez uma esperança ou uma tentativa de antevê-la), mas *deve* haver confiança, no mínimo, na legitimidade do processo arbitral no tocante à indicação dos árbitros, independentemente de como tenha sido estabelecida.

---

[285] Superior Tribunal de Justiça. Corte Especial. Sentença Estrangeira Contestada 9412/US (2013/0278872-5). Ministro Relator Felix Fischer. Acórdão publicado em 30 de maio de 2017, p. 76.

3.
O Dever de Revelação do Árbitro: Sua Natureza Jurídica, Causas, Finalidades e Efeitos

> A confiança, por isso, permeia o instituto da arbitragem, notadamente na relação árbitro/partes, pois é ela o principal vetor que viabiliza a resolução dos conflitos fora da égide estatal. E a confiança, por seu turno, somente pode ser avaliada pelas partes em razão do dever legal de informação. Sem maiores delongas, não houvesse o *duty of disclosure*, a arbitragem estaria fadada ao insucesso. Ao fracasso. Ela não sobreviveria; sequer existiria.[286]

Chega-se, a partir das premissas expostas nos capítulos anteriores, ao tema principal desta obra, que é hoje um dos causadores de maiores incertezas quando se aborda a indicação de árbitros e a constituição de tribunais arbitrais em processos domésticos e internacionais: o chamado dever de revelação do árbitro. Está-se referindo àquele, por vezes ignorado ou até menosprezado, dever do escolhido árbitro, devido logo após sua indicação e durante todo o processo, de revelar fatos que, provavelmente desconhecidos ou mesmo ocultos às partes, podem comprometer sua atuação como julgador privado naquele específico caso. Parece simples, mas não é, tendo em vista os diversos elementos subjetivos que podem ser considerados nesse singelo, porém crucial, ato processual.

---

[286] MARTINS, Pedro A. Batista. Dever de revelar do árbitro. Op. cit.

No contexto exposto dos deveres e obrigações do árbitro, em especial da relação tão próxima, na arbitragem, entre *processo* e *contrato*, indagar-se-ia onde se insere o chamado dever de revelação do árbitro, um dever que não encontra paralelo – ao menos não com a mesma importância – na esfera judicial. A alguém que não conhece o processo arbitral poderia parecer estranho que se exija do julgador, antes de efetivamente aceitar o encargo e durante o processo, que forneça informações sobre relações ou interesses pessoais, comerciais, financeiros ou políticos existentes naquele momento ou no passado. Trata-se de um dever em alguma medida não usual e até invasivo, que requer do terceiro uma atividade proativa e investigativa sem que sequer haja a certeza de que será confirmado como árbitro e que deve ser cumprido por todo o decorrer do processo arbitral. É desse dever singular que se passa a tratar.

De um lado, o dever de revelação está previsto em praticamente todas as legislações e regulamentos arbitrais, e é considerado nos dias atuais, "um indiscutível princípio da arbitragem";[287] não há dúvidas de que é conhecido e reconhecido tanto para arbitragens domésticas como para internacionais, seja por previsão legal, previsão regulamentar,[288] ou mesmo por atribuição implícita à própria aceitação do encargo.[289] Porém, de outro lado, isso não significa que já restam suficientemente claras a natureza jurídica, as causas, as finalidades e os efeitos principais desse dever do árbitro dentro do contexto explanado acima.

---

[287] Tradução nossa. No original: *"The duty to disclose all facts which might lead to a challenge as provided for by several laws and arbitration rules is an undisputed principle of international arbitration"*. POUDRET, Jean François; BESSON, Sébastien. **Comparative law on international arbitration**. Thomson-Sweet & Maxwell, 2007, p. 361. Ver também CLAY, Thomas. **El árbitro**. Op. cit., p. 59-64.

[288] Sam Luttrell enfatiza que, embora o dever de revelação possa ser considerado *lex mercatoria* ou até usos e costumes da arbitragem comercial, na Inglaterra, como exceção, há quem defenda a inaplicabilidade do dever de revelação; lá, seria ele uma mera sugestão aos árbitros para assegurar a imparcialidade e a independência. (LUTTRELL, Sam. Op. cit., p. 43-45). Essa não é, porém, a prática usual da arbitragem doméstica e internacional, em que o dever de revelação é considerado indispensável e elemento nevrálgico de todo o sistema.

[289] Em países em que o dever de revelação não está previsto expressamente na lei, a jurisprudência acabou por impô-lo voluntariamente. (LEW, Julian D. M., *et al*. Op. cit., p. 265). Ver também: CLAY, Thomas. **El árbitro**. Op. cit., p. 59-60.

E não são à toa essas dúvidas; há muitos motivos razoáveis para elas. Dentre alguns que serão tratados, podem ser apontadas a complexidade e as divergências inerentes aos deveres de imparcialidade e independência (e neutralidade, mais no passado) atribuídos aos árbitros por algumas legislações e regulamentos, e também a forma como esses elementos devem ser provados em cada caso concreto. Os elementos de equidistância do juiz togado são de difícil delimitação, e não é diferente com o julgador privado. Além disso, como já se apontou, trata-se o dever de revelação de componente que inexiste na esfera judicial e que torna impraticáveis maiores comparações; ou seja, é inovação para aqueles que nunca atuaram em processos arbitrais, em que a deontologia é também distinta.[290]

Com efeito, as principais questões que se colocam nesse momento dizem respeito a: (a) como se comunica esse dever do árbitro com os deveres de imparcialidade, independência e neutralidade do juiz e dele próprio, (b) quais são as causas, as finalidades e os efeitos de sua existência, (c) como se conceitua e se categoriza: se é ele um dever ou obrigação processual, material ou meramente ético, (d) qual a relevância jurídica e social do seu adequado exercício, e (e) quais as possíveis consequências de uma revelação omitida ou malfeita. São todas questões que merecem ser analisadas para além de se apenas repetir, sem maiores reflexões, que cabe ao árbitro revelar fatos que possam impactar sua atuação.

Pelo que se verá, revelar não consiste no mero preenchimento de declaração ou questionário de instituição arbitral para fins formais; é muito mais que isso nos termos e consequências da lei, e em todos os cenários a que se referiu. A revelação consiste em um dos atos mais significantes do processo arbitral, pois, se exercido de forma adequada e mediante razoável reflexão, mostra-se decisivo para certificar a validade da constituição daquele árbitro e de todo o tribunal arbitral. Trata-se de um dos maiores "seguros de vida" da arbitragem,[291] como instrumento crucial para se confirmar e assegurar a legitimidade de todo o processo arbitral, e, para isso, devem ser cumpridos os propósitos que lhe são essenciais. É ele, sobretudo, uma das principais soluções para as críticas que têm sido feitas e que se apresentou acima.[292]

---

[290] Ver capítulo 2, item 2.3 acima.
[291] FERNÁNDEZ ROZAS, José Carlos. Alcance del deber de revelación del árbitro... Op. cit., p. 597.
[292] Ver capítulo 1, item 1.3.

3.1. A "equidistância mínima" exigida do árbitro. A relação entre os deveres de imparcialidade, de independência, de neutralidade e o dever de revelação

Para responder às perguntas introduzidas, insta, primeiro, traçar um paralelo entre o dever de revelação e os deveres de imparcialidade, independência e neutralidade[293] – todos eles, hoje ou outrora, ligados à premissa básica da jurisdição de que o julgamento, seja de um juiz ou de um árbitro, dê-se de forma válida, justa e imparcial.[294] Inicia-se por essa análise porque o vínculo entre o dever de revelação e esses outros deveres é manifesto, a começar pela redação da maioria das leis nacionais,[295] como a Lei 9.307/96, de que os fatos que devem ser revelados são aqueles que denotem dúvidas quanto à "imparcialidade e independência" do julgador.[296] No raciocínio de Tom Phillippe Heintz e Gustavo Vieira da Costa Cerqueira, "[o] dever de revelação nada mais é que a consagração material da obrigação moral de independência, o parâmetro de avaliação de independência e da imparcialidade do árbitro."[297]

---

[293] Esclareça-se que não se está referindo à independência política do Poder Judiciário, que se manifesta no autogoverno da magistratura, no exercício das garantias de vitaliciedade, na inamovibilidade e irredutibilidade de vencimentos e na vedação do exercício de determinadas atividades. Ver, nesse sentido: CINTRA, Antônio Carlos de Araújo, *et al*. Op. cit., p. 180-184. Na independência política, pretende-se, sobretudo, resguardar o Poder Judiciário da influência de outros poderes, algo que não se mostra necessário na arbitragem, que conta com mecanismos distintos para se assegurar a ausência de influências internas e externas sobre o árbitro.

[294] LEITE, Antônio Pinto. Independência, imparcialidade e suspeição de árbitro. **Revista Brasileira de Arbitragem**, v. 6, n. 25, p. 104-118, jan./mar. 2010.

[295] Também conforme a Lei-Modelo da Uncitral, que já foi adotada em mais de 100 países: Art. 12(1): "*Article 12. Grounds for challenge (1) When a person is approached in connection with his possible appointment as an arbitrator, he shall disclose any circumstances likely to give rise to justifiable doubts as to his impartiality or independence. An arbitrator, from the time of his appointment and throughout the arbitral proceedings, shall without delay disclose any such circumstances to the parties unless they have already been informed of them by him.*" O Brasil não adotou a Lei-Modelo da UNCITRAL integralmente, mas o legislador pátrio a tomou por base no momento da elaboração e aprovação da Lei 9.307/96. Para a listagem completa dos países que aderiram à Lei-Modelo da Uncitral, ver <http://www.uncitral.org/uncitral/en/uncitral_texts/arbitration/1985Model_arbitration_status.html>).

[296] Art. 14, §1º, Lei 9.307/96.

[297] HEINTZ, Tom Philippe; CERQUEIRA, Gustavo Vieira da Costa. Racionalização do dever de revelação no direito francês de arbitragem. **Revista de Arbitragem e Mediação**, v. 36, p. 411-431, 2013.

Imparcialidade, independência e neutralidade, na realidade, não são os únicos elementos relevantes para fins do dever de revelação. Também são e devem ser objeto do dever de revelação outros fatores relativos às qualidades do árbitro, como sua competência e disponibilidade, que também devem ser informados às partes e por elas confirmados. A doutrina costuma se dedicar mais aos primeiros – relacionados que são à equidistância mínima que é esperada dos julgadores –, porém, provavelmente em razão das reiteradas dificuldades em sua delimitação e aplicação prática.

3.1.1. A imparcialidade, a independência e/ou a neutralidade do árbitro – elementos possíveis da almejada "equidistância mínima"

De forma mais ampla, o direito a um tribunal imparcial *lato sensu* se insere dentre os direitos fundamentais reconhecidos a todos os indivíduos pela Declaração Universal dos Direitos do Homem, pelo Pacto Universal dos Direitos do Homem e pela Convenção Europeia dos Direitos do Homem.[298] O direito a um julgamento válido, imparcial e justo é inerente à ideia de jurisdição, que é exercida tanto pelo juiz como pelo árbitro, ainda que em contextos e funções diversas. Em países de *civil law*, esse fim é buscado geralmente por meio de uma previsão no código processual que exige tratamento isonômico às partes e estabelece causas para remoção do julgador; nos de *common law*, aplicam-se os conceitos de *procedural fairness* (ou *natural justice*) para possibilitar a impugnação do julgador que viole o que os norte-americanos chamam de *due process*.[299]

E uma das máximas advindas dessa *procedural fairness* da *common law* é precisamente a previsão de que todo cidadão tem o direito a um julgador imparcial, como corolário do princípio de que ninguém pode ser juiz da sua própria causa (*nemo debet esse judex in propria causa*).[300] Em versões mais modernas, "ninguém com um cão na briga deveria julgar a competição" ou "ninguém deveria atuar como juiz em uma partida após já ter decidido qual time vencerá",[301] mas todas para se lembrar que nem todo terceiro poderá ser juiz da causa – até para que possa ele ser mantido na condição de terceiro; um julgador que não é minimamente equidistante pode ser

---

[298] LEITE, Antônio Pinto. Op. cit.
[299] LUTTRELL, Sam. Op. cit., p. 1.
[300] Id., p. 2.
[301] PARK, William W. Op. cit., p. 632.

considerado, no limite, até integrante de um dos polos litigantes, sequer existindo ou persistindo uma condição de "terceiro".

No Brasil, um país primariamente de tradição de *civil law*, a alteridade do julgador com relação às partes é também requisito do legítimo exercício da jurisdição em um Estado Democrático de Direito e encontra supedâneo na igualdade de tratamento das partes do processo e, em última análise, no devido processo legal.[302] Em ambas as esferas, judicial e arbitral, não se pode, em qualquer medida, abrir mão desse elemento, pois, se assim se o fizer, tratar-se-á de processo nulo por falta do pressuposto processual da imparcialidade.[303] Em teoria, somente poderia atuar como julgador – privado ou público – uma pessoa sem interesse no resultado do processo e sem preferência pelas partes.[304] Não há devido processo legal sem imparcialidade *lato sensu*[305] e, sem qualquer deles, não há justiça.[306]

Assim, o que se busca em ambos os sistemas é atingir o que se denomina de "equidistância mínima", que é indispensável entre o julgador, os litigantes e o conflito. A despeito de divergências conceituais que possam existir,[307] essa equidistância, em linha com a natureza também jurisdicional

---

[302] GAJARDONI, Fernando da Fonseca. A relativização da hipótese de impedimento do art. 144, IX. **Jota**, 28 nov. 2016. Disponível em: <http://jota.info/colunas/novo-cpc/relativizacao-da-hipotese-de-impedimento-art-144-ix-28112016>.

[303] Como expôs a Ministra Nancy Andrighi no julgamento do caso *Abengoa v Adriano Ometto*: "De início, convém ressaltar que a imparcialidade do julgador não é matéria de mérito, mas pressuposto processual subjetivo de validade de toda relação processual que se desenvolva num Estado Democrático de Direito. Em outras palavras, em qualquer ordenamento onde vigorem os princípios da isonomia e do devido processo legal, a imparcialidade do julgador é pressuposto que deve estar presente para que o mérito de qualquer processo seja validamente por ele julgado. (...) Com efeito, expressiva doutrina processual, tanto antiga, como mais atual, classifica a imparcialidade do julgador na categoria dos pressupostos processuais de validade do processo." Superior Tribunal de Justiça. Corte Especial. Sentença Estrangeira Contestada 9412/US (2013/0278872-5). Ministro Relator Felix Fischer. Acórdão publicado em 30 de maio de 2017, p. 4-42.

[304] LUTTRELL, Sam. Op. cit., p. 2.

[305] "*A relative measure of distance from troubling connections to litigants, along with a willingness to listen carefully to both sides of a dispute, constitutes essential elements of basic due process.*" (PARK, William W. Op. cit., p. 632).

[306] CARMONA, Carlos Alberto. **Arbitragem e processo: um comentário à Lei nº 9.307/96**. Op. cit., p. 254.

[307] Carlos Eduardo Stefen Elias critica a parte da doutrina que se baseia no conceito de uma "equidistância" entre o julgador e as partes sob o argumento de que, tal como ocorre com a neutralidade, ninguém seria capaz de pensar de forma completamente equidistante. (ELIAS,

da arbitragem, pode ser considerada sinônimo da imparcialidade *lato sensu*, a distância mínima que deve ser mantida entre o julgador, as partes e o conflito em si: um julgador sem preferências por partes ou por resultados.[308] A imparcialidade *strictu sensu*, a independência e a neutralidade (hoje, mais comumente apenas os dois primeiros, como se verá) são conceitos ou instrumentos adotados por cada lei nacional ou por regulamentos arbitrais com vistas a atingir o que se entende é essa equidistância mínima desejada em cada sistema e país.[309]

A dificuldade advém, todavia, de que estão longe de unanimidade os elementos que devem ser utilizados para o fim de se obter essa equidistância. Hoje, imparcialidade,[310] independência e neutralidade consistem em elementos que legisladores adotam mundo afora com o propósito de que, em cenários específicos, busque-se atingir o que se considera essa equidistância mínima indispensável ao poder jurisdicional.[311] Esses critérios

---

Carlos Eduardo Stefen. **Imparcialidade dos árbitros**. 2014. Tese (Doutorado em Direito Processual) – Faculdade de Direito, Universidade de São Paulo, São Paulo, 2014, p. 66). Entendemos, de forma diversa, que a equidistância a que se refere a doutrina não corresponde a uma dissociação por completo e tampouco a uma relação de idêntica distância perante ambas as partes. A equidistância consiste, ao menos, à inexistência de preferências por um resultado ou por uma parte, implícita ou expressamente; ainda que se tenha relações mais próximas com uma ou outra parte (algo o que estaria apenas no campo da independência), o importante é que exista uma equidistância mínima entre o julgador, as partes e o conflito – uma distância segura minimamente exigida, que pode variar conforme a lei aplicável, como se verá mais adiante.

[308] DINAMARCO, Cândido Rangel. **A arbitragem na teoria geral do processo**. São Paulo: Malheiros, 2013, p. 27.

[309] Deve-se, portanto, falar em imparcialidade *strictu sensu*, independência e neutralidade quando a lei aplicável as exigir; ao se referir genericamente à distância que deve ser mantida entre o julgador, o conflito e as partes como requisito ao atendimento do devido processo legal, está-se falando dessa equidistância mínima, esse distanciamento mínimo que deve haver entre o julgador, as partes e o conflito. Ver: CARMONA, Carlos Alberto. **Arbitragem e processo: um comentário à Lei nº 9.307/96**. Op. cit., p. 239; e ALVES, Rafael Alves. A imparcialidade do árbitro no direito brasileiro: autonomia privada ou devido processo legal? **Revista de Direito Bancário do Mercado de Capitais e da Arbitragem**, v. 7, p. 109-126, 2005.

[310] Para facilidade de leitura, não se explicitará a todo momento que essa consiste na imparcialidade *strictu sensu*; o contexto é suficiente para se compreender quando se está tratando do elemento específico (imparcialidade *strictu sensu*), e quando se refere à equidistância por completo (a imparcialidade *lato sensu*).

[311] O termo "*bias*", em inglês, pode ser relacionado à parcialidade *lato sensu* – equidistância mínima a que se refere, pois diz respeito a um julgador que, verdadeira ou aparentemente,

mudam de país para país, assim como os métodos pelos quais são vistos e provados no processo judicial e arbitral.[312] Mesmo se tratando apenas do processo judicial, aliás, há hipóteses de relações entre juiz e partes que são admitidas pela legislação processual de um país, mas não o são em outro, e a mesma discrepância pode se dar também entre as jurisdições estatal e arbitral, que são também sistemas diferentes.[313] A equidistância exigida varia conforme a legislação processual aplicável, e também conforme o sistema em que se está se atuando, mas o fato é que ela existe e é indispensável à ideia de jurisdição.

Nesse ponto, como já se mencionou, uma importante diferença entre as duas jurisdições (estatal e privada), em teoria, consistiria na possibilidade de as partes confirmarem a investidura de um proposto árbitro mesmo diante de situações impeditivas previstas na lei processual: no Brasil, as causas de impedimento e suspeição.[314] Segundo essa doutrina, como regra, deveria prevalecer na arbitragem a autonomia da vontade das partes, podendo as partes aceitar o árbitro a despeito de alguns motivos que na esfera judicial importariam o afastamento.[315] Alguns autores, porém, defendem que essas limitações da legislação processual – que, na esfera judicial, atuam como antídotos de uma decisão que poderia se mostrar parcial[316] – seriam de ordem pública e não poderiam ser ultrapassadas tampouco na esfera arbitral.[317]

---

não seja imparcial com relação às partes ou à disputa. Ver: LUTTRELL, Sam. Op. cit., p. 14.

[312] Ver: GUERRERO, Luis Fernando. Reflexão sobre a relação entre árbitros e partes: natureza jurídica e necessário afastamento de propostas de regulamentação no Direito brasileiro. **Revista Brasileira de Arbitragem**, n. 15, p. 43-53, jul./set. 2007.

[313] A despeito de não se concordar em conferir à arbitragem o caráter de uma ordem jurídica autônoma (ver: GAILLARD, Emmanuel. Op. cit.; e NUNES, Thiago Marinho. Op. cit., p. 48-51), o fato é que, como se apontou anteriormente, trata-se de um sistema diferente, em que se aplicam não necessariamente as mesmas regras do processo judicial. Ver: PARENTE, Eduardo de Albuquerque. Op. cit.

[314] CARMONA, Carlos Alberto. **Arbitragem e processo: um comentário à Lei nº 9.307/96**. Op. cit., p. 240.

[315] LEMES, Selma Maria Ferreira. **Árbitro: princípios da independência e imparcialidade**. São Paulo: LTr, 2001, p. 144.

[316] GAJARDONI, Fernando da Fonseca. Op. cit.

[317] Posicionamento defendido por Pedro Batista Martins, para quem a grande maioria das situações listadas pela lei processual impediriam também a atuação do árbitro, sem a possibilidade de renúncia pelas partes. Ver, sobre esse ponto: CAVALIERI, Thamar. Imparcialidade na Arbitragem. **Revista de Arbitragem e Mediação**, ano 11, v. 41, p. 117-172, abr./jun. 2014.

Nesse ponto, para se resumir a discussão (que é bastante complexa e aqui é paralela), debate a doutrina a respeito dos elementos ditadores da equidistância que poderiam ser renunciáveis ou disponíveis pelas partes na arbitragem; ou seja, se as partes podem confirmar um julgador que abertamente possui alguma relação ou interesse que se cogita poderia favorecer uma das partes. Rafael Francisco Alves já defendeu no passado, por exemplo, que a imparcialidade sequer integraria o devido processo legal na arbitragem regida pelo direito brasileiro, e, assim, não configuraria questão de ordem pública e poderia ser renunciada pelas partes em um processo arbitral.[318] De forma semelhante, para Carlos Eduardo Stefen Elias, essa renúncia teria extensão bastante ampla e somente não deveria surtir efeitos nos casos em que houvesse "identidade total entre árbitro e parte", na medida em que "o julgador-parte acaba por desnaturar a própria estrutura concebida para o método heterocompositivo – que, por definição, envolve a distinção pessoal entre julgador e parte".[319] Segundo esse proposto entendimento, pois, poderiam as partes indicar e confirmar um árbitro mesmo nos casos impeditivos listados no Código de Processo Civil brasileiro, como estabeleceu o Enunciado 489 da Carta de Curitiba.[320] Tratar-se-ia de visão compatível com a natureza privada do processo arbitral e, segundo alguns, também uma visão moderna do processo como um todo, inclusive o judicial, em que alguns defenderiam essas causas impeditivas, em tese, poderiam também ser afastadas.[321]

---

[318] Ver: ALVES, Rafael Francisco. Op. cit. Defende o autor que "[p]resente o binômio ciência-anuência, as partes tudo podem em termos de indicação de árbitros" e que "até mesmo um parente de uma das partes seja árbitro do conflito existente entre elas, desde que presente o binômio ciência-anuência (ambas as partes conhecem o vínculo e mesmo assim concordam expressamente com a nomeação).".

[319] ELIAS, Carlos Eduardo Stefen. Op. cit., p. 204.

[320] "Observado o dever de revelação, as partes celebrantes de convenção de arbitragem podem afastar, de comum acordo, de forma expressa e por escrito, hipótese de impedimento ou suspeição do árbitro". Enunciado 489 do VI Fórum Permanente de Processualistas Civis, aprovado em Curitiba, de 23 a 25 out. 2015. Disponível em: <http://direitosumularbrasileiro.blogspot.com.br/2016/03/enunciados-do-vi-forum-permanente-de.html>.

[321] Trazendo novamente a atenção para o negócio jurídico processual, para quem adota um posicionamento menos garantista, poder-se-ia argumentar que, também no processo judicial brasileiro, existiria hoje a possibilidade de se aceitar um juiz togado que se enquadre nas causas de impedimento ou suspeição; não seria, em tese, portanto, possibilidade existente apenas na esfera arbitral. Como se verá, porém, entendemos que, mesmo nesse caso, somente as causas

Nada obstante, esse posicionamento tão mais flexível não parece ser hoje unânime ou prevalente. Tem-se majoritariamente entendido que podem as partes, de comum acordo, aceitar a atuação do árbitro na grande maioria das situações previstas na lei processual judicial como impeditivas, excetuadas aquelas em que haja uma situação extrema de que o julgador estaria praticamente julgando a própria causa, e que normas de ordem pública seriam flagrantemente violadas.[322] Nesse ponto, somos também da opinião de que "convenções de arbitragem que pretendem excluir por completo as regras fundamentais de justiça processual serão consideradas ineficazes pela maioria dos tribunais judiciais por violação à ordem pública."[323] É o que de certa forma estabelecem também as Diretrizes da IBA relativas a Conflitos de Interesses em Arbitragem Internacional, que enunciam situações em que não poderia haver renúncia das partes porque, nessas, haveria inevitavelmente violação à imparcialidade *lato sensu* e, consequentemente, uma concordância inválida por parte delas.[324]

---

de suspeição poderiam ser aceitas pelas partes, tanto na esfera judicial como na arbitral; as causas de impedimento, no sistema processual constitucional brasileiro, são de ordem pública e, portanto, irrenunciáveis e indisponíveis pelas partes. Nesse sentido, o Enunciado 20 do Fórum Permanente de Processualistas Civis: "Não são admissíveis os seguintes negócios bilaterais, dentre outros: acordo para modificação da competência absoluta, acordo para supressão da primeira instância, acordo para afastar motivos de impedimento do juiz, acordo para criação de novas espécies recursais, acordo para ampliação das hipóteses de cabimento de recursos". Há, sim, limites ao negócio jurídico processual, pois "[n]ão raramente, as partes praticam nos autos atos e negócios jurídicos nulos". (NERY, Rosa Maria de Andrade. Fatos processuais. Atos jurídicos processuais simples. Negócio jurídico processual (unilateral e bilateral). Transação. **Revista de Direito Privado**, v. 64, p. 261-274, out./dez. 2015).

[322] "*In general, many potential conflicts of interest may be waived if the circumstances that may give rise to a conflict are disclosed to all parties and no party challenges the appointment. However, the IBA Guidelines specify some circumstances on a 'non-waivable red list' that will continue to give rise to a conflict of interest even if disclosed to the parties. The 'non-waivable red list' includes circumstances where an arbitrator has a significant interest in one of the parties or the outcome of the case and where the arbitrator is a manager, director or has a significant controlling interest in one of the parties*". (FINIZIO, Steven P.; SPELLER, Duncan. Op. cit., p. 189).

[323] Tradução nossa. No original: [a]*rbitration agreements that purport to totally exclude these fundamental rules of procedural fairness will be treated as unenforceable by most national courts on the basis of offense to public policy.*" (LUTTRELL, Sam. Op. cit., p. 9).

[324] "*2. The Red List consists of two parts: 'a Non-Waivable Red List' (see General Standards 2(d) and 4(b)); and 'a Waivable Red List' (see General Standard 4(c)). These lists are non-exhaustive and detail specific situations that, depending on the facts of a given case, give rise to justifiable doubts as to the arbitrator's*

Trazendo essa análise para a realidade nacional, parece-nos mais acertado que apenas as situações de impedimento, mais objetivas e graves, seriam hipóteses de parcialidade presumida, de ordem pública, e, portanto, não poderiam jamais ser afastadas pelas partes na arbitragem – ou mesmo no próprio processo judicial, para os que defendem que o negócio jurídico processual possibilitaria a renúncia voluntária a essas limitações também ali. Somente seriam renunciáveis e disponíveis às partes as causas de suspeição,[325] que a própria lei processual estatal considera que não dão origem a nulidade absoluta, uma vez que apenas as causas de impedimento poderiam dar azo à rescisão de uma sentença judicial.[326] Isso apenas nas arbitragens regidas pelo direito brasileiro, evidentemente.

Filiamo-nos, assim, à corrente de que há situações que o processo constitucional brasileiro, em linha com o que fazem outros países, não permite o julgamento de algumas causas por alguns que não se consegue assegurar poderia agir com imparcialidade, como quando é parte no processo o julgador, "seu cônjuge ou companheiro, ou parente, consanguíneo ou afim (...)"[327] ou "sócio ou membro de direção ou de administração de pessoa jurídica parte no processo".[328] Não se pode desconsiderar que, ainda que os litigantes concordem com sua atuação, uma mãe dificilmente será imparcial ao julgar uma briga entre seu filho e um colega de escola dele, da

---

impartiality and independence. That is, in these circumstances, an objective conflict of interest exists from the point of view of a reasonable third person having knowledge of the relevant facts and circumstances (see General Standard 2(b)). The Non-Waivable Red List includes situations deriving from the overriding principle that no person can be his or her own judge. Therefore, acceptance of such a situation cannot cure the conflict. The Waivable Red List covers situations that are serious but not as severe. Because of their seriousness, unlike circumstances described in the Orange List, these situations should be considered waivable, but only if and when the parties, being aware of the conflict of interest situation, expressly state their willingness to have such a person act as arbitrator, as set forth in General Standard 4(c)." (Diretrizes da IBA relativas a Conflitos de Interesses em Arbitragem Internacional, versão de 2014, item 2, p. 17). Essas *soft law* serão abordadas em mais detalhes adiante no momento se expor a sua força e importância normativas para a arbitragem internacional e doméstica. Ver capítulo 4, item 4,5, *infra*.

[325] Não nos parece adequada a visão de Rafael Francisco Alves de que "a imparcialidade do árbitro, ao contrário do que ocorre no processo judicial, não integra o devido processo legal no direito brasileiro e não é, por conseguinte, questão de ordem pública, estando restrita realmente ao campo da autonomia privada". (ALVES, Rafael Francisco. Op. cit.).

[326] Ver CAVALIERI, Thamar. Op. cit.

[327] Lei 13.105, de 16.3.2015 – Novo Código de Processo Civil Brasileiro, Artigo 144, inciso IV.

[328] Lei 13.105, de 16.3.2015 – Novo Código de Processo Civil Brasileiro, Artigo 144, inciso V.

mesma forma que não seria razoável que se admita como árbitro alguém que detém o controle acionário de uma das partes; por mais que tentassem, esses indivíduos não conseguiriam atuar imparcialmente.[329] São situações – as de impedimento[330] – que entendemos não poderiam ser aceitas seja no processo judicial seja no arbitral, ambos sujeitos às balizas do processo constitucional,[331] pois entendeu o legislador que não conseguirá o terceiro agir de forma imparcial, ainda que assim desejasse.

Analisando essa premissa sob o ponto de vista dos elementos ditadores da imparcialidade *lato sensu* pelos regulamentos arbitrais e pela doutrina, parece-nos claro que seria, sim, dado às partes renunciar ao direito de determinados inseridos no campo da independência, que é instrumental e serve precípua e unicamente a evitar situações de parcialidade difíceis de se apurar no caso concreto.[332] Por isso, as partes podem concordar com a atuação de algum julgador que possui ou parece possuir algum tipo de dependência profissional, pessoal, acadêmica ou financeira (fora aquelas que são causas de impedimento), sob a premissa de que, informadas essas relações às partes envolvidas, entendesse-se que poderia ele ser imparcial a despeito de todas elas. A dependência, por ser mais simples de se aferir, estaria no campo da disponibilidade das partes na arbitragem.

A imparcialidade em si, de outro lado, não se entende como disponível conforme o devido processo legal brasileiro, e tampouco em razão do que estabelece a Convenção de Nova Iorque sobre o tema; se fosse aceita a renúncia ao elemento da imparcialidade, parece-nos que sequer se poderia

---

[329] *"Although a mother might well referee games among her children, deciding a quarrel between her son and his schoolmate would be a different matter. Likewise, it would be impermissible for an arbitrator to own a majority interest in one of the parties, no matter how much he or she might try to be fair."* (PARK, William W. Op. cit., p. 639).

[330] Entendemos como infeliz a (novel) previsão do artigo 144, VIII, de que seria impedido o julgador quando figura "como parte cliente do escritório de advocacia de seu cônjuge, companheiro ou parente, consanguíneo, ou afim, até o terceiro grau, inclusive, mesmo que patrocinado por advogado de outro escritório"; trata-se, entretanto, de opção do legislador em estabelecer essa vedação em caráter de ordem pública. Idealmente, seria hipótese prevista como causa de suspeição (e, portanto, renunciável); não foi essa a previsão legal, contudo, e deve ser respeitada até que formalmente revogada.

[331] Ver: DINAMARCO, Cândido Rangel. **Nova era do processo civil**. Op. cit., p. 38-39.

[332] *"One intriguing question relates to the extent that either independence or impartiality may be waived by fully informed litigants. In some circles the answer seems to be a conditional 'yes' at least with respect to independence, even if not necessarily so for impartiality."* (PARK, William W. Op. cit., p. 639).

se falar que se trata de arbitragem e de processo.[333] Concordamos com William W. Park quando afirma que "a falta de independência pode criar uma arbitragem imperfeita, mas o pré-julgamento [parcialidade] torna o processo uma formalidade falsa, um custo social desnecessário."[334] O devido processo legal e as normas de ordem pública dele advindas impedem uma renúncia (aberta ou presumida) das partes a um julgador imparcial.[335] Essa é a "equidistância mínima" a que se refere: aquela delimitada pela lei aplicável, em normas de ordem pública, e que pode até ser ampliada pela vontade das partes,[336] mas não diminuída em alguns extremos.

E mesmo para as situações que permitiriam algum tipo de renúncia no campo da independência, não há dúvidas de que tal decisão das partes somente poderia se dar de forma informada, um *consentimento informado*. Não se concorda com a afirmação de que poderia haver um *trade-off* implícito entre a especialidade que se espera do julgador e a independência do árbitro, por exemplo.[337] É verdade, como se apontou,[338] que as relações

---

[333] "*Nothing prevents enforcement of an arbitrator's decision simply as a matter of contract. However, actors in cross-border commerce seek something more than just a contractual framework for arbitration. The New York Convention and its antecedents (the Geneva Convention and Geneva Protocol of 1927 and 1923, respectively) grew from dissatisfaction with contract law alone as a remedy for failure to respect arbitration commitments. The commercial community sought to facilitate enforcement of arbitrators' decisions as awards, not simple contracts. The legal matrix for such enforcement presumes a minimum level of impartiality in the arbitrator's respect for the parties' right to be heard. Not all agree, however, with such a balance between freedom of contract and arbitral integrity. One of the most thoughtful scholarly commentators argues that ethical questions should resolve themselves into issues of contract interpretation. Even if this perspective might prevail in certain jurisdictions, it does not necessarily commend itself as the better view as a policy matter. One remembers words attributed to Talleyrand to the effect that the excessive becomes meaningless: Tout ce qui est excessif devient insignifiant.*" Id., p. 639-640.

[334] Tradução nossa. No original: "[t]*he lack of independence may create an imperfect arbitration, but prejudgment renders the process a sham formality, an unnecessary social cost.*" Ibid.

[335] "(...) *these basic rules are essential to arbitration and it is rational to treat them as mandatory. And even if their exclusion was permissible, it would, practically speaking, be very difficult to achieve.*" (LUTTRELL, Op. cit., p. 7).

[336] Como se indicou, é de praxe em arbitragens domésticas e internacionais que as partes estabeleçam limitações quanto às habilidades e características do árbitro, o que inclui idiomas em que atua, especialidade em determinadas áreas, nacionalidade, dentre outros. Quando o tema é imparcialidade, porém, entendemos que há limitações de ordem pública trazidas pela lei aplicável, como se apontou.

[337] ELIAS, Carlos Eduardo Stefen. Op. cit., p. 8.

[338] Capítulo 1, item 1.3.

entre os sujeitos que atuam em arbitragens são mais próximas – mormente em processos arbitrais domésticos –, mas isso não significa que há uma tolerância implícita por menos independência em comparação com a esfera judicial.[339] Eventuais flexibilizações de quaisquer elementos somente podem se dar de modo específico e bem informado – e desde que se esteja no campo de disponibilidade das partes –, sob pena de nulidade do processo. O julgamento no processo arbitral *não deve ser* ou *parecer ser* menos ou mais imparcial do que aquele que ocorre no processo judicial.

Há, sim, portanto, uma "equidistância mínima" que deve ser observada, e à qual as partes não podem renunciar, e que encontra respaldo na vontade das partes com limites na ordem pública. Eventuais contatos e relações que pudessem importar uma dependência devem ser avaliadas no caso a caso, pois podem afetar a imparcialidade do julgador. Não será toda e qualquer relação que será permitida na arbitragem. Tanto é assim que a própria Lei 9.307/96 estabelece, em seu Art. 21, § 2º, que a autonomia da vontade das partes encontra limites nos "princípios do contraditório, da igualdade das partes, da imparcialidade do árbitro e de seu livre convencimento"; ou seja, a convenção das partes arbitral encontra limites no devido processo legal, na ordem pública e nas disposições processuais cogentes da Lei 9.307/96.[340]

3.1.2. *Standards* de equidistância díspares dos aplicados ao juiz togado, e que variam também dentro do próprio sistema e subsistemas arbitrais

De todo modo, independentemente da corrente a que se filie, outra premissa que estabelecemos é que não se aplicam à arbitragem *ipsis litteris*

---

[339] Ibid.

[340] "O limite para as partes e para os árbitros no momento de definir o direito processual aplicável e o procedimento a ser seguido são os direitos e garantias fundamentais previstos na Constituição da República, a ordem pública processual e as disposições processuais cogentes da lei de arbitragem aplicável". (FICHTNER, José Antonio; MANNHEIMER, Sergio Nelson; e MONTEIRO, André Luís. Cinco pontos sobre a arbitragem no projeto do novo código de processo civil. **Revista de Processo**, 205/309, set. 2012). "Restaram fortalecidos os princípios básicos do devido processo legal, ao mesmo tempo em que a autonomia da vontade foi prestigiada, na medida em que fica a critério das partes a disciplina procedimental da arbitragem. A regra preconizada é a seguinte: as partes podem adotar o procedimento que bem entenderem desde que respeitem os princípios do contraditório, da igualdade das partes, da imparcialidade do árbitro e do seu convencimento racional". (CARMONA, Carlos Alberto. **Arbitragem e processo: um comentário à Lei nº 9.307/96**. Op. cit., p. 23).

e categoricamente as mesmas regras de equidistância exigidas do juiz togado. Já resta claro que, a despeito das discussões existentes, os casos de impedimento e suspeição do juiz não se aplicam automaticamente e por completo ao árbitro, e que tampouco compõem um rol taxativo de limitações de atuação do julgador privado.[341] Exemplo disso são as previsões de alguns regulamentos arbitrais que regem a recusa ou o afastamento[342] de árbitros de forma mais ou menos ampla do que aquela prevista na legislação processual brasileira.[343] As partes podem, na convenção de arbitragem, impor limitações e permissões adicionais à atuação do julgador, inclusive no que toca à equidistância (com alguns limites, como se apontou), e também quanto a elementos como os de competência e disponibilidade, se assim desejarem – algo que não encontra similitude na esfera judicial.[344]

Isso significa que as limitações do árbitro são outras, diferentes e até mais escassas que as do juiz togado, razão pela qual a lei processual não é capaz de trazer nada mais do que um rol exemplificativo.[345] A "equidistância mínima" aplicável na arbitragem é aquela trazida pela lei aplicável – com destaque à ordem pública – combinada com a vontade das partes, que pode adicionar elementos que consideram relevantes. O que se aponta é que nem todas essas limitações existem na esfera arbitral; já se comprovou

---

[341] Ver: BAPTISTA, Luiz Olavo. Dever de revelação do árbitro: extensão e conteúdo. Inexistência de infração. Impossibilidade de anulação da sentença arbitral. **Revista de Arbitragem e Mediação**, v. 36, p. 199-218, 2013. Aliás, nem a própria doutrina processual judicial já sedimentou que os róis de impedimento e suspeição seriam fechados e taxativos, como salienta Gustavo Henrique Badaró: "(...) não se pode concordar com a posição prevalecente na doutrina nacional, no sentido de que as hipóteses de impedimento e suspeição caracterizam um rol fechado, não admitindo analogia ou interpretação ampliativa". (BADARÓ, Gustavo Henrique. Op. cit., p. 34).

[342] Ver-se-á, mais adiante, que há diferenças importantes entre "recusa" e "afastamento" de árbitros.

[343] Conforme o Regulamento do Centro de Arbitragem e Mediação da Câmara de Comércio Brasil-Canadá (CAM-CCBC), de 2012, em suas Cláusulas 5.2(k) e 5.2(l), impedindo a atuação de árbitro que tenha "atuado como mediador ou conciliador, na controvérsia, antes da instituição da arbitragem, salvo expressa concordância das partes", ou "tenha interesse econômico relacionado com qualquer das partes ou seus advogados, salvo por expressa concordância das mesmas".

[344] Salvo para os que entendem que o negócio jurídico processual permitiria às partes que convencionassem também sobre qualidades do juiz togado, como a equidistância, a competência e a disponibilidade. Ver notas anteriores sobre o tema no item 3.1.

[345] Ver sobre a lei francesa, que, nesse aspecto, é semelhante à brasileira: SALGUEIRO, Sophie. A independência e a imparcialidade do árbitro à luz da jurisprudência da Corte de Apelação de Paris confrontada à prática brasileira. **Revista de Arbitragem e Mediação**, v. 32, p. 373-387, 2012.

que o *ethos* da arbitragem e do processo judicial não são necessariamente iguais, como também enfatizou a Ministra Nancy Andrighi, do Superior Tribunal de Justiça:

> Quanto à imparcialidade do árbitro, o § 1.o do art. 14 da Lei de Arbitragem brasileira estabelece que "As pessoas indicadas para funcionar como árbitro têm o dever de revelar, antes da aceitação da função, qualquer fato que denote dúvida justificada quanto à sua imparcialidade e independência." Notem que a Lei de Arbitragem brasileira, portanto, ao usar a expressão "qualquer fato que denote dúvida justificada quanto à sua imparcialidade", não tratou a questão da imparcialidade do árbitro de forma taxativa, como o fez o nosso Código de Processo Civil, nos arts. 134 e 135.[346]

Estabelecida a premissa de diferenciação entre as causas de equidistância do julgador estatal e do privado, pontua-se que, mesmo apenas no sistema arbitral, há diferenças substanciais entre o que leis e regulamentos consideram imprescindível para fins de verificação da equidistância mínima exigida do árbitro perante as partes e a lide. Há diversas opções legislativas e regulamentares a respeito da necessidade dos três elementos – imparcialidade, independência e neutralidade – ou de apenas alguns deles, para assegurar a equidistância do julgador. Tampouco há unanimidade, ademais, sobre o ônus da prova (ou teste de parcialidade)[347] – que deveria ser utilizado para se aferir eventual violação a esses elementos em cada cenário. Trata-se de questão da lei e do regulamento aplicáveis no processo arbitral, tendo em vista os diferentes modelos que existem para se regulamentar a imparcialidade do árbitro, como explica Carlos Eduardo Stefen Elias:

---

[346] Superior Tribunal de Justiça. Corte Especial. Sentença Estrangeira Contestada 9412/US (2013/0278872-5). Ministro Relator Felix Fischer. Acórdão publicado em 30 de maio de 2017, p. 45.

[347] A doutrina mais especializada sobre o tema – a grande maioria de tradição de *common law* – adota o termo "teste de parcialidade" (*test of bias*) para se referir à apreciação que deve ser feita pelos órgãos julgadores de impugnações a árbitros e a sentenças. Fazendo a transposição desse instrumento para o processo brasileiro, na medida do possível e necessário, entendemos que se está referindo a uma modalidade semelhante aos "ônus da prova" ou mesmo às "cargas da prova", em que se pode exigir mais ou menos provas para se concluir pela ocorrência de uma parcialidade verdadeira ou aparente, como se abordará mais adiante. Ver capítulo 5, item 5.4, *infra*.

1. Experiências jurídicas nacionais utilizaram-se de modelos distintos para a padronização da imparcialidade do árbitro, segundo três técnicas principais: (i) tipificação legal dos casos de recusa ou impugnação; (ii) equiparação às causas de impedimento ou suspeição de juízes; e (iii) estabelecimento de um estado de coisas ou uma cláusula geral. Todas as técnicas apresentam alguma desvantagem, compreendendo, para a técnica (i) acima, a dificuldade ou impossibilidade de enquadramento de grande variedade de hipóteses passíveis de ocorrer nos casos concretos; para a técnica (ii) acima, a dificuldade de se adequar o regramento concebido para funcionário estatal (escolhido para julgar uma causa segundo as regras de distribuição de competência) ao árbitro (escolhido direta ou indiretamente pelas próprias partes); e para a técnica (iii) acima, a dificuldade de preenchimento do suporte fático da norma a ser aplicada, prejudicando a previsibilidade da conduta desejada e a harmonia das decisões. Instituições arbitrais (tais como a AAA, a IBA ou as câmaras e centros que administram processos arbitrais) também buscaram orientar a conduta dos profissionais envolvidos com a prática da arbitragem, no sentido de privilegiar a imparcialidade do árbitro, com a edição de regulamentos, códigos de ética ou guias de melhores práticas que, entretanto, esbarram nas mesmas dificuldades encontradas pelos modelos nacionais.[348]

Os requisitos de imparcialidade, independência e neutralidade, destarte, não são sequer uniformes nas diversas legislações e regulamentos arbitrais, o que os faz variar em termos de cenário e aplicação em cada processo arbitral especificamente.[349] Entre os conceitos de imparcialidade e independência do árbitro, por exemplo, embora possam ser encontradas teorias diversas, a doutrina costuma estabelecer diferenças sutis, ou tratá-los quase sob o mesmo mérito conceitual,[350] apenas reiterando que o primeiro consistiria em um elemento subjetivo (um estado de mente

---

[348] ELIAS, Carlos Eduardo Stefen. Op. cit., p. 217.
[349] DALMASO MARQUES, Ricardo. Breves Apontamentos sobre a Extensão do Dever de Revelação do Árbitro. Op. cit.
[350] Ver: LEMES, Selma Maria Ferreira. **Árbitro: princípios da independência e imparcialidade**. Op. cit., p. 55, que defende que a independência seria um pré-requisito da imparcialidade; e também DERAINS, Yves; SCHWARTZ, Eric. **A guide to the ICC Rules of Arbitration**. 2. ed. Kluwer Law International, 2005, p. 120, que reconhecem que não há um conceito aceito em âmbito universal para o termo "independência".

de equidistância) e o segundo objetivo (a própria ausência de relações inapropriadas com as partes e com o objeto do litígio).[351] A neutralidade, aí com mais segurança, consistiria na condição do julgador de se distanciar de suas culturas jurídica, política e religiosa.[352]

Sem pretender esgotar o tema, que é ainda bastante controvertido, enfatiza-se que, a partir da maioria das fontes normativas, tem-se pela imprescindibilidade ao menos dos elementos de independência e imparcialidade, que são considerados medidas imperiosas de garantia à justiça do julgamento (embora a independência possa ser renunciada, como se apontou).[353] Essa visão nos parece a mais adequada especialmente porque reconhece que a dupla exigência de independência e imparcialidade seria inerente à função de julgar,[354] sem a necessidade de neutralidade, praticamente inatingível a qualquer ser humano;[355] não é possível a ninguém

---

[351] "A independência e a imparcialidade representam *standards* de comportamento. A independência é definida como a manutenção pelo árbitro, num plano de objetividade tal, que no cumprimento de seu mister não ceda a pressões de terceiros nem das partes. A independência do árbitro está vinculada a critérios objetivos de verificação. Já a imparcialidade vincula-se a critérios subjetivos e de difícil aferição, pois externa um estado de espírito (*state of mind*).". (LEMES, Selma Maria Ferreira. O dever de revelação do árbitro, o conceito de dúvida justificada quanto à sua independência e imparcialidade (Art. 14, § 1o, da Lei 9.307/1996) e a ação de anulação da sentença arbitral (Art. 32, II, da Lei 9.307/1996). **Revista de Arbitragem e Mediação**, v. 36, p. 231-251, 2013). Ver também: LUCON, Paulo Henrique dos Santos. Imparcialidade na arbitragem e impugnação aos árbitros. **Revista de Arbitragem e Mediação**, v. 39, p. 39-51, 2013; e LUTTRELL, Sam. Op. cit., p. 24-25.

[352] LUTTRELL, Sam. Op. cit., p. 24.

[353] "*In common usage, independence refers to the absence of improper connections, while impartiality addresses matters related to prejudgment. The common assumption is that an arbitrator in international disputes must be both impartial and independent.*" (PARK, William W. Op. cit., p. 635-636). "*Impartiality refers to the absence of bias or predisposition towards a party. Independence is characterized by the absence of external control. Independence and impartiality both 'protect parties against arbitrators being influenced by factors other than those related to the merits of the case.*'" (Abaclat and Others v. Argentina Republic, ICSID Case No. ARB/07/5. Disponível em: <http://www.italaw.com/cases/35>).

[354] LEE, João Bosco; PROCOPIAK, Maria Claudia de Assis. Op. cit.

[355] "*Se alude, por un lado, a la condición natural —y por ello imposible de erradicar—del ser humano, que lo conduce inevitablemente a formarse juicios previos de valor de las personas, situaciones o cosas, que lo hace permeable a sentimientos tales como simpatía o antipatía, consideración o pena, etcétera. Se dice, bajo este enfoque, que nadie es verdaderamente neutral (en el sentido de no poder evitar tener esos sentimientos) y que, precisamente por eso, debe reforzarse la idea de imparcialidad, concebida como la capacidad de evitar que esos sentimientos influyan en su proceso de decisión.*" (CAIVANO, Roque J. Op. cit., p. 174-175).

manter-se neutro em um determinado tema, nem que se esforçasse para fazê-lo.[356]

Como regra, a equidistância mínima do árbitro seria, assim, o objetivo a ser buscado, por meio dos elementos de imparcialidade (a inexistência de preferências por um resultado ou por uma das partes, como um estado mental)[357] e a independência (critério objetivo sobre as relações existentes para tentar se aferir se há ou não parcialidade). Reitere-se que tanto a independência como a neutralidade consistem em meros elementos objetivos para se tentar verificar a existência (ou não) de imparcialidade – essa, sim, com função estrutural na relação processual.[358] Nesse sentido, Karel Daele lembra que o Regulamento da CCI fazia referência apenas ao elemento da independência exatamente com o intuito de evitar maiores discussões sobre a imparcialidade, que dificilmente seria aferida em absoluto no caso concreto; na prática, porém, a instituição arbitral já fazia uma análise do que poderia afetar a imparcialidade do julgador, o que foi refletido na versão das regras de 2012.[359]

---

[356] *"In the arbitral context, the core components of integrity are independence and impartiality. They overlap. Indeed, it may be said that the concept of impartiality entirely subsumes that of independence, since an arbitrator whose interests lie with a party, or with the outcome of a case, is unlikely to be perceived as impartial. If impartiality—the absence of bias, positive or negative, actual or apparent, with regard to a party or an issue in dispute—is thus more compendious, it is also more subjective. Independence may be tested by criteria unrelated to a state of mind, providing an objective baseline that should curtail debate and attempts at self-certification. The subjective requirement of impartiality, on the other hand, must still be confronted and properly resolved, since it is possible for someone to be entirely independent yet biased."* (PAULSSON, Jan. *The idea of arbitration.* Op. cit., p. 149).

[357] Dentre as possíveis classificações da parcialidade *strictu sensu*, pode-se mencionar a parcialidade por uma das partes, com foco nos interesses pessoais (em função de características, familiaridade, nacionalidade, etnia ou posição política), e aquela por um resultado, quando há preferência por um desfecho no processo (em função de uma opinião jurídica já formada ou de familiaridade em relações profissionais e pessoais). (CAVALIERI, Thamar. Op. cit.).

[358] ELIAS, Carlos Eduardo Stefen. Op. cit., p. 221.

[359] *"The only reason why the disclosure standard only referred to independence was that independence is generally a function of prior or existing relationships that can be catalogued and verified, whereas impartiality is a state of mind, which it may be impossible for anyone but the arbitrator to check or know when the arbitrator is appointed. It was therefore easier for the ICC Court to determine, when confirming or appointing an arbitrator, whether that person is independent rather than to assess the extent of his/her impartiality. Nevertheless, the former ICC disclosure requirement served the broader goal of permitting the ICC Court, from the outset, to exclude potential arbitrator whose impartiality may be reasonable doubted. The new 2012 Rules have been modified to reflect that practice."* (DAELE, Karel. Op. cit., p. 35).

3.1.3. Na prática: as cargas ou testes de prova exigidos para se aferir os elementos de equidistância mínima (ou a falta deles)

Partindo para a prática, é inquestionável que aferir a equidistância mínima, em concreto, não se mostra simples. Uma imparcialidade completa é praticamente impossível de se atingir em qualquer cenário, na medida em que há uma série de preferências – conscientes ou inconscientes – que podem impactar as decisões que serão tomadas; e podem elas ser veladas ou não.[360] A preferência por um resultado ou por uma das partes, por exemplo, é de difícil percepção, e muitas vezes exige provas mínimas no âmbito do processo para ser sancionada. Para isso, algumas legislações e doutrina estrangeiras estabeleceram diferenciações entre as causas de "verdadeira parcialidade" (*real* ou *actual bias*) – aquelas, sempre sancionáveis, em que há aberta inclinação do julgador em favor de uma das partes, como seria o caso de corrupção –, e as causas de "parcialidade aparente" (*apparent bias*), uma ficção jurídica estabelecida para se tentar verificar o risco de parcialidade (*risk of real bias*) no caso.

Em uma síntese desses *standards*, enquanto a parcialidade verdadeira deveria levar indiscutivelmente ao afastamento do árbitro ou à invalidação da sentença arbitral em qualquer país – consequência considerada, por alguns, como matéria de *lex mercatoria* –,[361] impugnações com base em uma parcialidade aparente seriam julgadas conforme os ônus, cargas ou testes de prova, e seu peso para o afastamento do árbitro ou para a invalidação da sentença arbitral variariam conforme o ordenamento jurídico:

> A imparcialidade, conforme já visto, por configurar a vedação psíquica do árbitro à influência dos argumentos de uma das partes, não pode ser mensurada ou auferida *in natura*, tendo que ser revelada de acordo com a aparência.

---

[360] PEER, Michael. The independence and impartiality of arbitrators: How much disclosure is enough. **Arbitration News**, International Bar Association Legal Practice Division, v. 20, n. 1, mar. 2015, p. 79-81.

[361] "*Actual bias will always be actionable: an award made by an arbitrator who was actually biased against a party will be null and void in every jurisdiction that has an arbitration law. The author has found no exceptions*". (LUTTRELL, Sam. Op. cit., p. 7). Como se verá, a existência de uma relação de dependência e a violação ao dever de revelação, por exemplo, para alguns, poderiam ao menos significar uma parcialidade aparente, que teria o condão, conforme o modelo adotado, de levar ao afastamento do árbitro, a invalidação da sentença e outras medidas ético-disciplinares. Ver: CAVALIERI, Thamar. Op. cit.

E a aparência é o fruto da percepção de um sujeito frente ao qual as circunstâncias fáticas se desenrolam, ou seja, é fruto da percepção de um observador.[362]

Esse é apenas um exemplo. São diversos os ônus ou testes de prova utilizados mundo afora que buscam avaliar, quando impugnada, a imparcialidade de determinado indivíduo como árbitro – a maioria deles com o propósito de se aferir se há aparência de parcialidade no caso; havendo parcialidade verdadeira, parece claro que a impossibilidade de atuação é de rigor, embora seja rara a sua ocorrência. Nessa segunda, situam-se possíveis parcialidades do julgador quanto a determinada raça, nacionalidade ou religião, como foi o caso de um árbitro que foi afastado por uma corte inglesa por ter feito afirmações pejorativas sobre a confiabilidade de cidadãos italianos e portugueses, e admitido apenas a prova produzida pelos noruegueses, que seriam as únicas "pessoas fidedignas" no processo.[363] Não há dúvidas, nada obstante, de que situações de parcialidade evidente como essa, conquanto claras, são bastante mais raras.

Como Thamar Cavalieri relata em detalhes, a depender dessas modalidades de testes, legislações podem exigir ainda que (a) a análise da prova seja feita pela perspectiva do tribunal, de um terceiro interessado, razoável e informado ou também das próprias partes, e (b) o parâmetro do teste para a aferição da parcialidade se debruce sobre elementos como receio ou aparência de parcialidade (*appearance of bias*), risco de parcialidade (*risk of bias*), probabilidade de parcialidade (*probability of bias*) ou prova manifesta (*manifest proof*).[364] São todos testes com os mesmos objetivos, porém com critérios – mais ou menos – díspares. E o que é mais curioso: esses parâmetros distintos existem mesmo entre países que adotam semelhantes previsões legais e até aqueles que adotam a Lei-Modelo da Uncitral; ou seja, a despeito da tentativa de se uniformizar a aplicação dessas normas,

---

[362] ELIAS, Carlos Eduardo Stefen. Op. cit., p. 74-75.
[363] Tradução nossa. No original: "*Italians are all liars in these cases and will say anything to suit their book. The same thing applies to the Portuguese. But the other side here are Norwegians and in my experience the Norwegians generally are a truthful people. In this case I entirely accept the evidence of the master of the [the Norwegian vessel].*" The Owners of the Steamship Catalina & The Owners of the Motor Vessel Norma. 61 Lloyd's Rep. 360, 1938. (PARK, William W. Op. cit., p. 636).
[364] CAVALIERI, Thamar. Op. cit.

importantes diferenças podem ser encontradas pelo mundo sem um motivo claro para tanto.[365]

Em obra dedicada ao tema, Sam Luttrell indica que existiriam três modelos principais de testes para se aferir a aparência de parcialidade: (i) o de "apreensão razoável" (*reasonable apprehension*), advindo do caso inglês *Sussex Justices*, pelo qual caberia a um terceiro justo e informado avaliar se há uma razoável possibilidade de o julgador ser parcial; (ii) o de "real possibilidade" (*real possibility*), aplicado em *Porter v. Magill*, também inglês, em que o terceiro justo e informado deveria avaliar se há uma real possibilidade de parcialidade – teste esse que é adotado por muitos países advindos da tradição de *common law*; e (iii) o de "real risco" (*danger risk*), aplicado pela *House of Lords* inglesa no caso *Gough*, em que não se exigiria a apreciação de qualquer terceiro, e a parcialidade somente deveria ser verificada quando as provas existentes apontassem para um real risco de que tivesse ocorrido uma preferência do julgador.[366] Como se pode notar, cada um desses testes admite riscos de parcialidade em níveis diferentes e, para o autor, os dois últimos deveriam ser preferíveis a qualquer outro na arbitragem internacional, de modo a evitar e até desestimular que existam excessos na remoção de árbitros e na anulação de sentenças por parcialidade.[367]

E mais, por fim: impugnações a árbitros durante o processo arbitral, por exemplo, podem ser dirigidas aos próprios árbitros, a um colegiado indicado no âmbito da instituição arbitral ou mesmo a um tribunal judicial, a depender da lei e do regulamento arbitral aplicável. Isso significa que esses órgãos, instituições arbitrais e tribunais, expressa ou implicitamente, podem adotar posicionamentos mais ou menos rígidos quanto ao teste da prova conforme o momento processual em que se encontre: se no início da arbitragem, no seu decorrer ou após a prolação da sentença arbitral (em sede de uma ação de anulação ou de uma impugnação a pedido de homologação de sentença arbitral estrangeira). Como exemplo, Sarah Grimmer indica que impugnações a árbitros submetidas à Secretaria Geral da *Permanent*

---

[365] LUTTRELL, Sam. Op. cit., p. 7-8.
[366] Id., p. 7.
[367] "*This makes the arbitral process more effective and the award stronger at the all-important enforcement stage. Given that there is a transnational public policy strongly in favor of the use of arbitration as a means of settling international commercial disputes, and accepting that a process is only as good as its product.*" (LUTTRELL, Sam. Id., p. 7).

Court of Arbitration (PCA), em Haia, (a) costumam ser julgadas conforme a perspectiva de um terceiro objetivo, razoável e informado, e (b) para serem julgadas procedentes, não se exige a prova de parcialidade verdadeira, pois, em alguns casos, a aparência de parcialidade já será suficiente para tanto.[368] Esse modelo de *apparent bias* como causa para remoção do julgador, como se verá mais a seguir, é aplicado em especial nos países que se baseiam na Lei-Modelo da Uncitral.[369]

3.1.4. O dever de revelação como instrumento de preservação da equidistância mínima do julgador privado

Do que se explicitou, compreende-se que todos os elementos ditadores da equidistância do árbitro – imparcialidade, independência e/ou neutralidade – foram definidos e adotados por leis e regulamentos para estabelecer uma equidistância mínima que se deseja exista entre árbitros e partes. E isso porque, também no caso da arbitragem (doméstica ou internacional), a máxima que se busca atingir é aquela expressada por Lew, Mistelis, e Kroll, de que "todo árbitro está sob a obrigação de assegurar uma válida e justa resolução da disputa".[370] Não se está na arbitragem, enfatize-se, buscando um julgamento menos imparcial do que aquele que se obteria na esfera judicial.[371] A dependência pode, de alguma forma, ser renunciada, como se viu, mas desde que mediante informações precisas fornecidas às partes; a imparcialidade, todavia, nunca pode ser afastada ou renunciada. E atualmente, com poucas exceções específicas de arbitragens domésticas

---

[368] GRIMMER, Sarah. Chapter 3: The Determination of Arbitration Challenges by the Secretary-General of the Permanent Court of Arbitration. *In*: **Challenges and recusals of judges and arbitrators in international courts and tribunals.** Chiara Giorgetti (ed.). The Netherlands: Brill Nijhoff, p. 80-114, 2016, p. 97.

[369] LUTTRELL, Sam. Op. cit., p. 14.

[370] Tradução nossa. No original: "*each arbitrator is under an obligation to ensure a valid and fair resolution of a given dispute*". LEW, Julian D. M., *et al*. Op. cit., p. 265.

[371] Como se adiantou acima, no âmbito internacional, o direito da parte à indicação de um árbitro vem sendo contestado em alguns fóruns, sob o pretexto de que seria um dos principais motivos pelo descrédito que o instituto ainda recebe em alguns países. À parte disso, sendo o árbitro indicado pela parte, pela parte contrária ou pela instituição, é ainda inequívoco o direito da parte a um tribunal arbitral imparcial. Ver, a esse respeito: NAÓN, Horacio A. Grigera. Party-appointed arbitrators: a Latin American perspective? **Revista de Arbitragem e Mediação**, v. 1, n. 3, p. 75-79, set./dez. 2004; e PAULSSON, Jan. **Moral Hazard in International Dispute Resolution**. Op. cit.

nos Estados Unidos,[372] todos os árbitros – sejam eles indicados por uma das partes apenas, por ambas, ou pela instituição arbitral, na condição de coárbitros, árbitros únicos ou presidente – estão *todos* obrigados a proferir uma sentença de forma imparcial, conforme os requisitos que a lei e o regulamento imponham.[373]

No passado mais recente, em algumas modalidades específicas de arbitragem até se considerava a possibilidade dos chamados "árbitros de parte" (*partisan* ou *non-neutral arbitrators*), aqueles abertamente parciais em relação à parte que os tivesse indicado;[374] esse fenômeno, porém, está praticamente extinto nos dias de hoje e não pode mais ser considerado a regra.[375] No cenário atual, é condição *sine qua non* da arbitragem que todos os árbitros, independentemente de quem os indique e em que condição, sejam ao menos imparciais, sob pena de invalidade da sentença que vier a ser proferida.[376] Ainda que alguns possam dizer que se está possibilitando parcialidades veladas, que são difíceis de se atacar em qualquer cenário,[377]

---

[372] *"In some types of arbitration, such as those involving states and those that arise in US industrial relations, partisan arbitrators are tolerated."* (PAULSSON, Jan. **The idea of arbitration**. Op. cit., p. 153-154). No passado, falava-se, nos Estados Unidos, em árbitros "neutros" e "não-neutros" para refletir esse fenômeno, e a maioria deles era abertamente "não-neutros". (PARK, William W. Op. cit., p. 637 e 647).

[373] CAIVANO, Roque J. Op. cit., p. 175-176. Paulo Henrique dos Santos Lucon lembra que já no direito romano, no Corpus Juris Civilis de Justiniano, "decisões arbitrais tomadas em circunstâncias de corrupção ou propensão óbvia eram inexequíveis, em um corolário do brocardo nemo debet esse judex in propria causa." (LUCON, Paulo Henrique dos Santos. Op. cit.)

[374] LUCON, Paulo Henrique dos Santos. Op. cit.

[375] *"In past international proceedings, arbitrators sometimes functioned as advocates for the positions of the parties appointing them, leaving the power of decision to be exercised by the presiding umpire. This is no longer seen as acceptable in international proceedings. As the sponsors of the ABA-AAA Code of Ethics for Arbitrators concluded 'it is preferable for all arbitrators – including any party-appointed arbitrators – to be neutral, that is, independent and impartial, and to comply with the same ethical standards. This expectation generally is essential in arbitrations where the parties, the nature of the dispute, or the enforcement of any resulting award may have international aspects.'"* (**Report of the ASIL-ICCA Joint Task Force on Issue Conflicts in Investor-State Arbitrator**. Op. cit., p. 21).

[376] Reitera-se que Jan Paulsson constata que essa é a realidade moderna, mas afirma que muitos árbitros indicados por partes acabam favorecendo quem os indica, seja por ignorância ou por hipocrisia. Para ele, indicações de árbitros pelas partes seriam hoje a maior fraqueza da arbitragem internacional. (PAULSSON, Jan. **The idea of arbitration**. Op. cit., p. 153-173).

[377] *"La práctica del árbitro parcial es corrosiva. Aunque excepcional, sucede que árbitros conciben su deber de imparcialidad en forma relativa: son más imparciales cuando son presidentes de tribunales, que cuando*

o modelo existente é de se proibir parcialidades em geral e tentar atacá-las por meio de diversos instrumentos.

Mais que isso, há quem defenda que hoje *as regras de imparcialidade devam ser até mais relevantes na arbitragem do que na esfera judicial*, uma vez que não há, na via arbitral, possibilidade de recurso no mérito contra a sentença, além do fato já pontuado de os profissionais que atuam como árbitros terem como característica uma gama maior de relações que podem interferir na sua atuação.[378] É o que decidiu o Ministro Felix Fischer ao asseverar que "o princípio da impessoalidade deve ser exigível até com maior intensidade em relação ao árbitro, como forma de compensar a não aplicação na arbitragem do princípio do juiz natural".[379] Para esses – com quem concordamos –, não só não deve haver um *trade-off* de especialidade em detrimento da equidistância, como, em sentido oposto, *deve-se exigir ainda mais transparência quanto à imparcialidade do julgador no cenário da arbitragem*.

A relação próxima entre todos esses deveres – imparcialidade, independência e neutralidade – e o dever de revelação, portanto, advém do fato de que será somente mediante o fornecimento de informações suficientes às partes que se poderá confiar que o árbitro se manterá equidistante, considerando-se os elementos que a lei aplicável preveja como indispensáveis à justa resolução do litígio. Nas palavras de Selma M. Ferreira Lemes, "[o] dever de revelação constitui o termômetro para se aferir a independência e a imparcialidade do árbitro".[380] Ver-se-á que os crivos para o exercício do dever de revelação e o julgamento de uma impugnação são distintos, mas devem ser minimamente compatíveis e coerentes entre si. O propósito é evidente de fornecer informações às partes para que avaliem, se necessário,

---

son árbitros de parte. Y lo anterior es la exposición optimista: existen casos de sesgo notorio—inclusive parcialidad flagrante." (Cossío, Francisco González de. Imparcialidad. **Revista del Club Español del Arbitraje**, n. 17, p. 17-41, 2013, p. 21).

[378] Ver, nesse sentido, o caso *Commonwealth Coatings Corp v Continental Casualty Co.* 393 US 145 (1968): "*It is true that arbitrators cannot sever all their ties with the business world, since they are not expected to get all their income from their work deciding cases, but we should, if anything, be even more scrupulous to safeguard the impartiality of arbitrators than judges, since the former have completely free rein to decide the law as well as the facts and are not subject to appellate review*".

[379] Superior Tribunal de Justiça. Corte Especial. Sentença Estrangeira Contestada 9412/US (2013/0278872-5). Ministro Relator Felix Fischer. Acórdão publicado em 30 de maio de 2017.

[380] LEMES, Selma Maria Ferreira. 1. Árbitro. Dever de Revelação... Op. cit., p. 28.

se há violação à independência, à imparcialidade e à neutralidade (se e conforme aplicáveis) que mereça algum tipo de consideração ou mesmo consequência no âmbito do processo arbitral, como enfatiza Fabiane Verçosa:[381]

> [A] fim de se compatibilizar, de um lado, a liberdade das partes no que tange à indicação dos árbitros que escolherem com, de outro lado, os deveres de independência, imparcialidade e neutralidade do árbitro nomeado, deve-se lançar mão de outro – não menos importante – dever que permeia toda a atividade do árbitro: o dever de revelação, de informação (*disclosure*).[382]

É recorrente, na doutrina, a menção ao exemplo da mulher de César, que não somente deveria ser honesta, mas, sobretudo, parecer sê-lo.[383] O exercício do dever de revelação pelo árbitro nada mais é que uma forma de demonstração de honestidade, de que os deveres de imparcialidade e independência existem e estão sendo fielmente cumpridos e, mais que isso, se há alguma renúncia no campo da independência, trata-se de uma decisão deliberada, um *consentimento informado*. Mais que ser equidistante, o árbitro deve parecer sê-lo,[384] em linha com a máxima de que "a justiça não deve apenas feita; deve parecer ter sido feita".[385] Para alguns, o dever de revelação é um corolário do dever dos árbitros de agir com imparcialidade e independência[386]; porém, na realidade, mais que isso, o dever de revelação consiste em um corolário de quaisquer deveres que se entenda aplicáveis para fins de assegurar a equidistância do julgador privado e também a qualidade da sentença arbitral.

Sejam aplicáveis a imparcialidade, a independência ou a neutralidade, e qualquer que seja o teste de parcialidade utilizado no contexto específico, o dever de revelação é um dos instrumentos que se estabeleceu na arbitragem para assegurar que essas condições se mantenham quando da

---

[381] VERÇOSA, Fabiane. Op. cit.
[382] Ibid.
[383] CLAY, Thomas. **L'arbitre**. Op. cit., p. 334-335.
[384] VERÇOSA, Fabiane. Op. cit.
[385] Tradução nossa. No original: *"justice must not only be done, but must be seen to be done."* (R v. Sussex Justices, ex parte McCarthy, [1924] 1 KB 256. Disponível em: < http://pages.rediff.com/r-v-sussex-justices--ex-parte-mccarthy/1287219>).
[386] ALESSI, Dario. Op. cit., p. 772.

indicação do árbitro e também durante todo o processo arbitral.[387] Sem essas informações não poderão as partes se assegurar de que os elementos eleitos como aplicáveis (incluídos aqueles contratuais trazidos na convenção de arbitragem e no regulamento arbitral não necessariamente relacionados à equidistância do julgador)[388] estejam de fato assegurados – aí surge o dever de revelação, como instrumento de ordem jurisdicional e também contratual. Como se apontou, se haverá a alguma renúncia no campo da independência, por exemplo, isso somente poderá ser feito mediante a ciência e a autorização das partes.

Nem todo terceiro pode ser julgador da causa, seja ele um juiz ou um árbitro. Na arbitragem, há limites legais, regulamentares e até contratuais para essa atuação, e, por isso, devem as partes ser munidas de informações que viabilizem essa análise desde o início. Se não se admite que alguém seja juiz da própria causa ou da causa com possível interesse por uma parte ou por um resultado, como exemplos, tampouco se pode admitir que a falta de informações disponíveis possa levar a essa situação ilegal ou a situações de insegurança ou igualmente inadmissíveis no contexto. E na arbitragem, em especial, onde não há um juiz natural, a assimetria de informações que é característica da relação julgador-parte não pode ser um pretexto para que sejam praticadas iniquidades ou ilegalidades processuais. Aqui estão alguns dos limites ao "indicar para vencer" a que se referiu.[389] E é aí que entra o dever de revelação como ato indispensável, como se explicitará a seguir.

3.2. O exercício do dever de revelação. As suas causas, finalidades e efeitos. O "seguro de vida", o "efeito purificador", e o binômio "ciência-anuência"

No contexto exposto, o dever de revelação surge, então, como instrumento criado na jurisdição arbitral que exige que o proposto árbitro, assim que

---

[387] DALMASO MARQUES, Ricardo. Breves Apontamentos sobre a Extensão do Dever de Revelação do Árbitro. Op. cit.

[388] Como seriam, por exemplo, a competência e a disponibilidade do julgador. Reitere-se que o dever de revelação é usualmente lembrado com relação aos elementos de imparcialidade e independência, mas pode também haver casos em que falta de informação quanto a outras qualidades, como competência para julgar em determinado idioma, a experiência prévia em determinado setor industrial, e a disponibilidade para conduzir o processo com eficiência, pode também significar uma violação ao dever de revelar.

[389] Capítulo 1, item 1.2, *supra*.

indicado e antes de sua aceitação, revele às partes fatos que possam impactar a equidistância mínima buscada perante elas e a causa e também validem outros elementos – de disponibilidade e competência, por exemplo – que tenham sido expressos pelas partes. Somente após essa fase de revelação – tenha ou não o proposto árbitro revelado algo – é que o procedimento de indicação terá prosseguimento, seja pela aceitação ou pela recusa (motivada) do pretendido árbitro pelas partes ou pela instituição arbitral. Tenha a indicação sido feita por uma das partes, por ambas, ou pela instituição arbitral, esse procedimento é de praxe em praticamente todas as legislações e regulamentos arbitrais, "sem exceção, pois é ponto nevrálgico de sua espinha dorsal."[390]

Na prática, caso se trate de uma arbitragem institucional, é enviado ao árbitro um questionário da câmara ou centro arbitral, cujo propósito é dirigi-lo às respostas que mais interessariam às partes e à própria instituição para fins de confirmação como árbitro. É nesse momento que se deve fazer uma declaração fiel de imparcialidade e independência, além também de disponibilidade e competência, com a revelação (ou *disclosure*).[391] Instaura-se uma fase prévia à instituição da arbitragem[392] apenas com o fim de que se extraiam do proposto árbitro, em especial, informações sobre fatos que poderiam comprometer a equidistância de sua atuação.[393]

Após a revelação, e mesmo que nada seja dito, costuma-se dar às partes oportunidade para que se manifestem a respeito, inclusive formulando questionamentos e até requisitando revelações adicionais ao proposto árbitro,

---

[390] MARTINS, Pedro A. Batista. Dever de revelar do árbitro. Op. cit. Sam Luttrell, talvez exageradamente, alça o dever de revelação ao campo da *lex mercatoria*; segundo o autor, o dever de revelação e a possibilidade de recusa do árbitro deixaram de ser uma prática arbitral para se tornar usos e costumes já há tempos. (LUTTRELL, Sam. Op. cit., p. 188-190).

[391] Ver: CLAY, Thomas. **El árbitro**. Op. cit., p. 59.

[392] Conforme o Art. 19 da Lei 9.307/96, a arbitragem somente será considerada instaurada com a aceitação do árbitro, ou do último deles. "Art. 19. Considera-se instituída a arbitragem quando aceita a nomeação pelo árbitro, se for único, ou por todos, se forem vários".

[393] Em arbitragens ICSID, por exemplo, a instituição arbitral – como muitas outras domésticas e internacionais – fornece uma declaração que deve ser firmada pelos propostos árbitros em que revelam *"any professional or other circumstance that might cause their reliability for independent or impartial judgment to be challenged"*. (KINNEAR, Meg; NITSCHKE, Frauke. Disqualification of Arbitrators under the ICSID Convention and Rules. *In*: **Challenges and recusals of judges and arbitrators in international courts and tribunals**. Chiara Giorgetti (ed.). The Netherlands: Brill Nijhoff, p. 34-79, 2016, p. 39-40).

se necessária uma análise mais aprofundada de determinados fatos.[394] Nas arbitragens de investimento, esse requerimento de informações adicionais é recorrente e ocorre não só no início da arbitragem, mas também no seu decorrer, em razão do caráter contínuo do dever de revelação.[395] Aliás, além de comum que as partes façam esses questionamentos, essa possibilidade até facilita ao pretendido julgador que anteveja as informações que mais interessam às partes.[396] São muitos os casos em que esses pedidos são feitos, no início e durante a arbitragem, facilitando sobremaneira a decisão das partes em impugnar ou não o árbitro naquele momento e por aqueles fatos.[397]

E não obstante toda essa fase inicial, o dever de revelação não é estático, pois perdura durante todo o processo arbitral, como também a maioria das leis e regulamentos arbitrais estabelece.[398] Caso surjam fatos novos que demandem revelação, caberá ao árbitro fazê-lo, independentemente da fase processual em que o feito se encontre até o encerramento da jurisdição arbitral.[399] Assim como o árbitro deve ser equidistante durante todo o processo arbitral, nada mais razoável que o direito das partes a informações

---

[394] Essa possibilidade de se pedir esclarecimentos está prevista em alguns regulamentos e leis nacionais, mas é entendida como uma praxe processual mesmo para os processos regidos sob regras que não a preveem. Ver: SALGUEIRO, Sophie. Op. cit.; FERNÁNDEZ ROZAS, José Carlos. Alcance del deber de revelación del árbitro... Op. cit., p. 597; e MALINTOPPI, Loretta; CARLEVARIS, Andrea. Chapter 5: Challenges of Arbitrators, Lessons from the ICC. In: **Challenges and recusals of judges and arbitrators in international courts and tribunals**. Chiara Giorgetti (ed.). The Netherlands: Brill Nijhoff, p. 140-163, 2016, p. 141-143.

[395] Ver: LOEWESTEIN, Andrew B. Chapter 12: The Approach of Counsel to Challenges in International Disputes". In: **Challenges and recusals of judges and arbitrators in international courts and tribunals**. Chiara Giorgetti (ed.). The Netherlands: Brill Nijhoff, p. 337-362, 2016, p. 346-347.

[396] Como se verá no capítulo posterior, algumas leis, regulamentos e também diretrizes (*soft law*) preveem precisamente que os fatos que poderiam impactar a equidistância deveriam ser analisados "sob os olhos das partes". Quando há questionamentos das partes, resta mais fácil e palpável ao proposto árbitro compreender o que veem os "olhos das partes" quanto às preocupações sobre sua imparcialidade e independência. Capítulo 4, item 4.1.

[397] Ver: LOEWESTEIN, Andrew B. Op. cit., p. 346-347.

[398] Como exemplo, a Lei-Modelo da Uncitral, Art. 12(1): "*Article 12. Grounds for challenge (1) (...) An arbitrator, from the time of his appointment and throughout the arbitral proceedings, shall without delay disclose any such circumstances to the parties unless they have already been informed of them by him.*"

[399] CARMONA, Carlos Alberto. **Arbitragem e processo: um comentário à Lei nº 9.307/96**. Op. cit., p. 254.

também seja continuamente assegurado.[400] É o que prevê a Lei 9.307/96 quando diz que o árbitro pode ser impugnado quando "o motivo para a recusa do árbitro for conhecido posteriormente à sua nomeação".[401]

Se não houver nada a revelar, o proposto árbitro assegurará que não há informações que possam comprometer a sua indicação como alguém que se confia exercerá todos os seus deveres e obrigações a contento; reconhecerá que não há uma assimetria de informações que possa interferir na sua atuação. Se algo for revelado, caberá às partes analisar o que foi informado e decidir por recusar[402] ou não o proposto julgador, desde que motivadamente, caso entenda que não cumpre os elementos tidos como indispensáveis para um julgamento equidistante da lide, nos termos do Art. 15 da Lei 9.307/96, por exemplo.

Trata-se de momento sensível para toda a arbitragem, uma vez que, caso decidam as partes não impugnar o proposto árbitro, estarão validando a atuação daquele terceiro, confirmando a confiança na sua pessoa, a despeito de eventuais fatos que poderiam importar algum tipo de relação ou interesse em favor de uma das partes. Essa validação se dá a todos os fatos conhecidos e aqueles revelados, os quais, em tese, não poderão mais ser suscitados por quaisquer das partes para o fim de imputar falta de equidistância a partir daqueles fatores. Assim, estar-se-á afastando – ou pelo menos enfraquecendo – quaisquer alegações de falta de equidistância do julgador com base naqueles fatos já conhecidos e revelados.[403]

---

[400] *"If the scope of disclosure does not depend on the stage of the arbitration, i.e. in the course of the arbitration the arbitrator is required to disclose the same facts or circumstances than the ones that he/she would be required to disclose at the outset of the arbitration, it is reasonable to assume that also the scope of investigation will not depend on the stage of the arbitration."* (DAELE, Karel. Op. cit., p. 64).

[401] Nada obstante, parece inadequada a previsão do Art. 14, § 2.º, a, da Lei, uma vez que não importa se o árbitro foi indicado pela própria parte ou pela parte contrária; como salienta Rafael Francisco Alves, "o critério deve ser sempre a ciência da parte e não o fato de ter ela nomeado o árbitro. Assim, mesmo que a parte não o tenha nomeado diretamente não poderá recusá-lo por motivo anterior à sua nomeação se conhecia o fato que prejudicava a sua imparcialidade e aceitou-o expressamente". (ALVES, Rafael Francisco, Op. cit.).

[402] A Lei 9.307/96 denomina "recusa" o exercício da impugnação ao árbitro. Na doutrina e nos regulamentos arbitrais, porém, fala-se em recusa apenas no momento da indicação do árbitro; após a constituição do tribunal, o julgador apenas poderá ser impugnado, e não recusado.

[403] *"If an arbitrator discloses all the facts which could conceivably be considered as grounds for disqualification and if no objection is made in a timely manner, any subsequent challenge during or after the arbitration*

Vale pontuar que também a instituição arbitral pode decidir – algumas delas, sem qualquer motivação (diferentemente das partes) – por não confirmar o proposto árbitro a partir das informações que são conhecidas ou foram reveladas sobre aquela pessoa. A instituição também estabelece com as partes e com o árbitro uma relação contratual – distinta daquela do contrato de árbitro, que se dá somente entre partes e árbitro, como se viu[404] –, e pode ela, como autorizam alguns regulamentos, preferir não contratar com quem não confie ou não forneça elementos suficientes para que se confie.[405] A administração do processo arbitral é tida, com razões, como uma qualidade, o que se mostra verdadeiro também com relação aos deveres de imparcialidade e revelação.[406]

Relacionando essa fase processual com o elemento contratual e a confiança, abordados nos capítulos anteriores, é fácil notar que, precipuamente, o dever de revelar nada mais é do que um dever contratual de informação às partes e à instituição arbitral, que devem ser municiadas de informações suficientes para decidir se querem ou não entabular uma relação contratual com aquele proposto árbitro. Trata-se de questão que deve ser avaliada também sob o direito contratual, dada a natureza da relação mista entre árbitro e as partes, como ensina Selma Maria Ferreira Lemes:

---

proceeding will be unsuccessful. The right to propose the disqualification because of facts contained in the disclosure is then deemed to have been waived." (DAELE, Karel. Op. cit., p. 2).

[404] Ver capítulo 2, item 2.1, *supra*.

[405] Sobre a prática da Corte de Arbitragem da CCI de não comunicar as razões para suas decisões, por exemplo, ver: WHITESELL, Anne Marie. Independence in ICC Arbitration: ICC Court Practice Concerning the Appointment, Confirmation, Challenge and Replacement of Arbitrators. **International Chamber of Commerce Bulletin, Independence of Arbitrators**, Special Supplement 2007, p. 38-39, 2007.

[406] *"La verdad es que la obligación que estamos examinando tiene plena efectividad en el arbitraje administrado por la existencia de un centro de arbitraje que puede intervenir ejerciendo una labor de control al contar con competencia para pronunciarse sobre una eventual recusación de los árbitros por existir conflictos de intereses de carácter comercial, profesional, financiero o familiar. Incluso se afirma que ese control es, precisamente, una de las virtudes esenciales del arbitraje administrado. Junto al objetivo de preservar el prestigio de la institución administradora, semejante control pretende evitar, en la medida de lo posible, eventuales consecuencias indemnizatorias derivadas de acciones de responsabilidad civil que podrían resultar de una actuación negligente de los árbitros, sobre todo en determinados sistemas de arbitraje, cada más sensible a estas cuestiones."* (FERNÁNDEZ ROZAS, José Carlos. Contenido ético del deber de revelación... Op. cit., p. 812).

A confiança da parte depositada na pessoa do árbitro representa a certeza que este terá independência para julgar com imparcialidade, posto que a independência é um pré-requisito da imparcialidade. Aquele indicado a atuar como árbitro tem o dever, antes de aceitar a nomeação, de efetuar verificação da existência de fatos que possam comprometer a sua independência e imparcialidade. Esse dever se mantém durante todo o procedimento arbitral. Assim, uma pessoa indicada a funcionar como árbitro deve perquirir sobre quem são as partes, seus vínculos societários, relações comerciais ou empresariais que possam denotar dependência funcional ou econômica. O dever de revelação se presta a demonstrar a inexistência de liames de natureza social (amigo íntimo ou inimigo figadal), financeira, comercial e de parentesco entre os árbitros e as partes.[407]

Será mediante as informações fornecidas sobre determinados fatos (ou a falta delas) que as partes e a instituição arbitral poderão decidir pela recusa ou pela impugnação do árbitro indicado, desde que motivada, ou pela sua confirmação como árbitro. Sequer se pode cogitar da omissão de informações, diante da sua relevância para a decisão que será tomada em seguida pelas partes e pela instituição. E por isso, enfatize-se, trata-se de um *dever*, e não de uma faculdade, como expõe Pedro A. Batista Martins:

> Trata-se, de um lado, de obrigação legal que o árbitro não pode se furtar e, de outro, de direito potestativo da parte de aceitá-lo ou recusá-lo. Havendo a recusa, não pode o árbitro funcionar no processo arbitral. Nessas situações de exceção à regra geral, não tem o árbitro a faculdade de informar, mas sim a obrigação, pois inexiste qualquer álea de discricionariedade que o autorize a omitir o fato, sob pena violar preceito dos mais caros ao instituto da arbitragem e, consequentemente, viciar o procedimento arbitral; e, por suposto, a decisão que vier a ser proferida. Isso porque, faltando ao dever de revelação, torna-se o árbitro *judex inhabilis* para o julgamento da demanda.[408]

Sob esse prisma, note-se que as partes já fizeram uma primeira expressão de confiança ao indicar o árbitro ou delegar a um terceiro a função de fazê-lo; o exercício do dever de revelação permitirá que essa confiança seja

---

[407] LEMES, Selma Maria Ferreira. O dever de revelação do árbitro... Op. cit.
[408] MARTINS, Pedro A. Batista. Dever de revelar do árbitro. Op. cit.

mantida, preservada, mediante um ato compatível com a fidúcia que se pretende estabelecer com aquele julgador privado. É nesse contexto que está inserido o dever de revelação, pois é a partir da informação fornecida que as partes *constroem* ou *mantêm* sua confiança em determinado proposto julgador.[409] Considerado o conceito de confiança exposto acima, para os árbitros que não se conhece, a revelação surge como elemento crucial para que o proposto julgador confirme que não há razões para que nele não se confie (ou dele se desconfie).

Como uma importante ressalva, porém, a revelação *não* indica que o fato a ser revelado deva ser considerado impeditivo da atuação daquele terceiro.[410] Abordar-se-á a extensão do dever de revelação mais adiante, mas deve-se adiantar que os crivos daquilo que deve ser revelado e daquilo que impediria a atuação do julgador (ou seja, as causas de recusa ou afastamento) são, sim, distintos, o que significa que nem sempre a revelação em si ou falta dela levarão ao afastamento do julgador ou à invalidação da sentença arbitral;[411] não é uma consequência automática. Trata-se de avaliações diferentes, que devem ser feitas caso a caso, como também enunciam as Diretrizes da IBA relativas a Conflitos de Interesses em Arbitragem Internacional, em sua versão de 2014.[412]

Destarte, iniciando-se por suas *causas*,[413] na peculiaridade de a arbitragem ser formada estruturalmente pela autonomia da vontade das partes é que

---

[409] LEITE, Antônio Pinto. Op. cit., p. 104-118.

[410] CARMONA, Carlos Alberto. **Arbitragem e processo: um comentário à Lei nº 9.307/96**. Op. cit., p. 255.

[411] Ver capítulo 5, item 5.1, mais adiante.

[412] "*4. Disclosure does not imply the existence of a conflict of interest; nor should it by itself result either in a disqualification of the arbitrator, or in a presumption regarding disqualification. The purpose of the disclosure is to inform the parties of a situation that they may wish to explore further in order to determine whether objectively – that is, from the point of view of a reasonable third person having knowledge of the relevant facts and circumstances – there are justifiable doubts as to the arbitrator's impartiality or independence. If the conclusion is that there are no justifiable doubts, the arbitrator can act. Apart from the situations covered by the Non-Waivable Red List, he or she can also act if there is no timely objection by the parties or, in situations covered by the Waivable Red List, if there is a specific acceptance by the parties in accordance with General Standard 4(c). If a party challenges the arbitrator, he or she can nevertheless act, if the authority that rules on the challenge decides that the challenge does not meet the objective test for disqualification.*" (Op. cit., ítem 4, p. 18).

[413] DALMASO MARQUES, Ricardo. Breves Apontamentos sobre a Extensão do Dever de Revelação do Árbitro. Op. cit.

o dever de revelação imposto aos árbitros encontra suas principais bases. Ao passo que o juiz togado, como regra, somente pode atuar em processos em que não se verifiquem situações de impedimento ou suspeição, ao árbitro é permitido aceitar o encargo a despeito de algumas limitações da lei processual, a depender (a) dos elementos que a lei e o regulamento estabeleceram como aplicáveis à sua atuação, e (b) da vontade das partes de aceitar aquele terceiro como árbitro a despeito de alguma relação ou interesse que possa parecer favorável a alguma das partes.

Basta notar que ao juiz togado não se impõe – ao menos de forma expressa – um dever de revelar quaisquer fatos. As únicas hipóteses que o Código de Processo Civil brasileiro, por exemplo, estabelece em caso de alguma alegação de impedimento ou suspeição do juiz togado são (a) o reconhecimento do impedimento ou da suspeição pelo juiz, que imediatamente remeterá o processo ao seu substituto legal, ou (b) a discordância do juiz sobre as alegações da parte, com a apresentação de razões para que sejam as alegações rejeitadas pelo tribunal hierarquicamente superior.[414] Não há, a rigor, qualquer hipótese em que o juiz revele informações adicionais à parte, que poderia, então, concordar com sua atuação.[415] É um modelo binário:[416] ou se admite, ou não se admite a atuação do juiz togado, por se verificar (ou não) uma causa que impeça sua atuação.[417] A única revelação possível pelo magistrado seria para motivar e acusar seu impedimento ou

---

[414] Lei 13.105, de 16.3.2015 – Novo Código de Processo Civil Brasileiro, Artigo 146, §1º.

[415] Ressalva feita à já mencionada tese de que o negócio jurídico processual possibilitaria renúncias a esses casos também na esfera judicial. Capítulo 1, item 1.1.

[416] Em termos práticos, até pode se cogitar de uma parte que, após a apresentação pelo juiz de resposta às alegações de impedimento ou suspeição com maiores informações sobre os fatos relevantes, desista da impugnação, dando-se por satisfeita com as revelações feitas pelo juiz. Mesmo nessa hipótese, porém, não se tratará do exercício de um dever de revelação do juiz nem de uma confirmação de sua atuação, mas de uma hipótese específica e excepcional de desistência da impugnação mediante a resposta dada pelo magistrado. Não seria, ali, uma validação da confiança no julgador.

[417] "Para os magistrados essas regras impõem uma conduta que os obriga a buscar evitar, na medida do razoável, colocar-se em situações de que possam nascer causas de impedimento ou suspeição durante todo o tempo em que exercerem a magistratura, além de serem obrigados a se recusar a julgar quando impedidos". (BAPTISTA, Luiz Olavo. Dever de revelação do árbitro: extensão e conteúdo. Inexistência de infração. Impossibilidade de anulação da sentença arbitral. Op. cit.).

suspeição: uma revelação apenas para fins de se afastar pessoalmente da causa; uma revelação "para sair".[418]

O que nas duas jurisdições pode ser comparado, no limite, é a condição imposta a candidatos ingressos na magistratura que apresentem certidões de distribuidores criminais e outras para comprovar a sua idoneidade, mas nada na esfera judicial é fornecido para um caso específico, previamente à confirmação do julgador.[419] Nessa hipótese, pode-se mencionar, como exemplo, a decisão do Ministro Edson Fachin de se declarar suspeito para julgar ações que versam sobre perdas causadas a poupadores por planos econômicos durante os mandatos dos ex-presidentes José Sarney e Fernando Collor – questão jurídica sobre a qual ele defendeu em juízo alguns clientes em processos distintos.[420] Essa decisão, criticada por alguns,[421] reflete precisamente o caráter binário das regras de imparcialidade na esfera judicial, uma vez que a revelação foi feita pelo ministro para motivar a invocada causa de suspeição e para que se recusasse a julgar, e não para nela se manter; se a mesma situação se desse na arbitragem, em tese, as partes poderiam confirmar a atuação do julgador ainda assim, desde que munidas das informações relevantes. Em termos coloquiais, como regra, a

---

[418] Enrico Tullio Liebman descreve que, na Itália, o juiz precisaria pedir autorização ao superior hierárquico para se abster de julgar por motivo íntimo. Cândido Rangel Dinamarco salienta que "o juiz brasileiro não pede autorização para abster-se, mas comunica a abstenção ao presidente do tribunal a que estiver subordinado". (LIEBMAN, Enrico Tullio. **Manual de direito processual civil, 1;** tradução e notas de Cândido Rangel Dinamarco. Rio de Janeiro: Ed. Forense, 1984, p. 83).

[419] Isso mesmo para os magistrados que advêm de uma prática como advogados, na hipótese mais extrema que se apontou no capítulo anterior. Ver MARTINS, Pedro A. Batista. Dever de revelar do árbitro. Op. cit.

[420] Fundamentou o Ministro Fachin: "Não me parece razoável que venha a participar do julgamento de uma causa cuja solução, num ou noutro sentido, pode significar reflexo econômico a interesses de partes que se assentam em teses favoráveis ou contrárias àquelas que defendi em juízo, as quais podem, ainda que mediatamente, implicar em eventuais honorários de sucesso decorrentes das causas múltiplas que defendi." (Supremo Tribunal Federal (STF). ADPF – Arguição de Descumprimento de Preceito Fundamental n. 165, ofício de 1 set. 2015).

[421] O rotativo Migalhas, por exemplo, considerou que o Ministro não levou em conta a relevância do tema para milhares de poupadores e que, para não causar um impasse (não se atingiu o quórum mínimo para julgamento naquele momento), deveria ter renunciado ao direito dos honorários de sucesso em eventuais causas em que teria advogado. (**Informativo Migalhas**, 19 out. 2015. Disponível em: <http://www.migalhas.com.br/Pilulas/228644>).

revelação pelo juiz togado é feita "para sair", e a do árbitro "para ficar" no processo.

Assim, as situações de impossibilidade de atuação do árbitro, sendo diferentes – e até mais escassas – do que aquelas relativas aos juízes togados, demonstram a importância e a utilidade do instrumento que é o dever de revelação. O árbitro, um "cidadão do mundo" ou um "homem do comércio",[422] possui uma gama mais elevada de situações que poderiam impactar sua equidistância. Não sendo o árbitro um julgador permanente e exclusivo, não se poderia assegurar um julgamento equidistante sem que se tivesse, por exemplo, mecanismos para que se conhecesse as informações relevantes a seu respeito. Nas palavras de João Bosco Lee e Maria Claudia de Assis Procopiak: "[n]ão são as relações do árbitro com outras pessoas que são proibidas. Se um indivíduo não é bem relacionado, ele jamais será árbitro. O que se espera é a revelação de certas relações."[423]

As causas do dever de revelação, com efeito, dizem respeito à necessidade de se revelar fatos que podem ser entendidos pelas partes como comprometedores da capacidade do julgador de obter uma decisão objetiva quanto ao mérito da lide, o que abarca a necessidade de equidistância (e também de competência e disponibilidade).[424] A dificuldade de que todos os envolvidos tenham conhecimento de informações relevantes sobre a pessoa do árbitro torna necessário o exercício do dever de revelação de forma a conferir às partes elementos para que construam e mantenham a confiança de que todo e qualquer meio de resolução de conflitos deve estar investido, em maior grau a arbitragem, como expõe Tercio Sampaio Ferraz Junior:

> Enquanto o Estado julgador goza de uma presunção forte de ser um terceiro neutro, independente e imparcial em face de interesses em conflito e da mesma presunção goze uma arbitragem, a voluntariedade nessa presente, quer pela opção pelo procedimento, quer pela escolha dos julgadores pelos que vão ser julgados, parece repousar numa expectativa de que a personalização da instituição (função jurisdicional personalíssima), conquanto menos apta a agasalhar os atributos do agente estatal, é conduzida por mecanismos

---

[422] Capítulo 1, item 1.2.
[423] LEE, João Bosco; PROCOPIAK, Maria Claudia de Assis. Op. cit., p. 10.
[424] FINIZIO, Steven P.; SPELLER, Duncan. Op. cit., p. 188.

do ethos social que, justamente ao contrário, garantem até mais fortemente aqueles atributos.[425]

Já tratando das *finalidades* do dever de revelação, é utilizado como instrumento que previne que fatos ligados à pessoa do árbitro comprometam a regularidade e a validade da arbitragem, na medida em que possibilita às partes que, conhecedoras dos fatos relevantes relacionados ao árbitro, pugnem por sua substituição, quando devida, ou estejam impedidas suscitar tal questão novamente. Nesse aspecto, o dever de revelação colaborará para facilitar o maior desafio quando se trata de indicar árbitros: equilibrar, de um lado, o direito das partes à livre indicação de árbitros de sua escolha, e, de outro, a imprescindível fidúcia de todas as partes de que não há relações desconhecidas do árbitro com qualquer dos sujeitos envolvidos que possa impactar sua atuação no processo. Em outras palavras, o dever de revelação busca também assegurar que as partes confiem na (ou não tenham razões para desconfiar da) equidistância do árbitro indicado;[426] e isso independente de a indicação ser feita por uma das partes, por ambas, pela instituição, ou por uma *appointing authority*.[427]

E os objetivos do dever de revelação se voltam a certificar não só a equidistância, a competência e a disponibilidade esperadas, mas também que

---

[425] FERRAZ JUNIOR, Tercio Sampaio. Suspeição e impedimento em arbitragem: sobre o dever de revelar na lei 9.307/1996. Op. cit.

[426] "A finalidade social do dever de revelação estabelecido pela Lei de Arbitragem é evidente. Esta ecoa as regras impostas aos juízes, visando garantir às partes a independência e a imparcialidade, e facultar a quem se vale da arbitragem assegurar-se de que não há causas que afetem a independência e a imparcialidade do árbitro escolhido para decidir determinada controvérsia a ele submetida. Trata-se de garantia de ordem pública relacionada ao direito de um julgamento sob o devido processo legal (Art. 5.º, LIV), assegurado a todos pela Constituição". (BAPTISTA, Luiz Olavo. Dever de revelação do árbitro: extensão e conteúdo. Inexistência de infração. Impossibilidade de anulação da sentença arbitral. Op. cit.).

[427] "*The competing goals of party choice, desired expertise and impartiality must be balanced by giving the non-appointing party access to all information which might reasonably affect the arbitrator's independence and impartiality. This information will allow the non-appointing party to evaluate the arbitrator's suitability to serve on the Tribunal and to challenge the arbitrator if it disagrees with his/her appointment to the Tribunal or continued service on the Tribunal on account of the disclosed information. In an international arbitration, the duty of disclosure is especially important since a party may not have an easy access to information regarding the reputation and relationships of an arbitrator domiciled in a foreign country.*" (DAELE, Karel. Op. cit., p. 2).

haja, com razão, confiança das partes de que elas existem e serão atendidas. Tem-se como escopo maior aprofundar, logo de início e durante todo o processo arbitral, a análise da equidistância do árbitro, que geralmente possui relações mais numerosas e complexas que o juiz togado. Nesse primeiro aspecto, o dever de revelação serve fulcralmente para afiançar que todos os temas relevantes relativos à imparcialidade e à independência sejam postos para apreciação no momento inicial da arbitragem (e também no decorrer dela, em caso de fatos supervenientes). Há uma escolha legislativa por esse aprofundamento logo no princípio, uma vez que é estabelecido um *prazo preclusivo* para o exercício do direito processual das partes de impugnarem o julgador pelo fato que lhes foi dado a conhecer, a depender da natureza do fato.[428]

Consequentemente, no que toca aos seus *efeitos*, o dever de revelação, se devidamente exercido, concede à parte a opção de recusar ou impugnar o árbitro, com razões para tanto, ou renunciar ao direito de fazê-lo posteriormente. Trata-se de verdadeiro momento preclusivo e de "estabilização" da constituição do tribunal arbitral[429] – o que Tom Phillippe Heintz e Gustavo Vieira da Costa Cerqueira chamam de "purga do sistema".[430] E exatamente por esse importante motivo que o dever de revelar tem sido descrito como a "apólice de seguro de vida" da arbitragem, ou possuindo um "efeito purificador",[431] na medida em que, enquanto seu cumprimento leva à estabilização do processo arbitral, sua violação pode levar a três consequências – de uma forma geral e dependendo do ordenamento jurídico:

---

[428] "*Su finalidad es doble: de un lado, asegura a las partes y a las instituciones arbitrales la información necesaria para evaluar la idoneidad del árbitro en un determinado asunto; de otro lado, estimula la transparencia y la confianza en el proceso al asegurar que todos sus participantes (árbitros, abogados, partes e instituciones arbitrales) sean conocedoras de las circunstancias que concurren el árbitro que puedan dar lugar a una eventual toma de decisiones de carácter parcial.*" (FERNÁNDEZ ROZAS, José Carlos. Contenido ético del deber de revelación del árbitro y consecuencias de su transgresión. Op. cit., p. 820).

[429] FERRAZ JUNIOR, Tercio Sampaio. Suspeição e impedimento em arbitragem: sobre o dever de revelar na lei 9.307/1996. Op. cit.

[430] "Lembremos que o dever de revelação e, consequentemente, o princípio de independência, refletem essencialmente no exercício, pelas partes, do direito de recusa do árbitro. A recusa potencial do árbitro opera-se com base nas revelações feitas na declaração de independência e de imparcialidade que ele preenche. Esta ferramenta de 'purga do sistema' intervém anteriormente à nomeação dos árbitros e deve, em princípio, permitir uma apreciação adequada de sua independência". (HEINTZ, Tom Philippe; CERQUEIRA, Gustavo Vieira da Costa. Op. cit.).

[431] LUTTRELL, Sam. Op. cit., p. 43.

(i) a impugnação tardia do árbitro, (ii) a invalidação ou não homologação da sentença arbitral; e (iii) a responsabilização civil do árbitro.[432]

Evidentemente, a primeira opção é a mais indicada, uma vez que, quando o árbitro se declara equidistante com relação às partes e ao litígio, as circunstâncias reveladas e que poderiam ser vistas pelas partes como motivos de preocupação são impossibilitadas de causar vício no processo arbitral (salvo em caso de violação a ordem pública); é efetivado o binômio da "ciência-anuência" pelas partes.[433] O direito de recusa, aliás, é reconhecido como um direito indispensável às partes, em especial pela jurisprudência francesa.[434] Como expõe Karel Daele, "a revelação evita, ou pelo menos reduz, o risco de que o processo arbitral seja frustrado e interrompido por impugnações tardias."[435] Muito melhor que se cumpra esse "dever inafastável do árbitro, sob pena de nulidade da decisão arbitral."[436]

É nesse momento inicial da indicação do árbitro, portanto, que as partes, quando munidas de informação apropriada, podem confirmar, em um primeiro nível, que a atuação do árbitro se dará na equidistância mínima ou que dele é esperada com relação aos sujeitos envolvidos no processo. Por vezes, há fatos que as partes não conhecem – e não se poderia delas exigir mesmo conhecimento prévio – com relação à vida pessoal ou profissional do indicado árbitro, e, quanto a esses, se relevantes para a sua atuação na causa, surge o dever inescapável do árbitro de revelá-los. Já se pode notar que há, sim, um dever do árbitro de investigar fatos que possam impactar sua atuação, como se detalhará no momento oportuno.[437]

Se a equidistância mínima é mais importante na arbitragem do que na esfera judicial, como se defende, a *aparência* e a *transparência* dessa equidistância são igualmente determinantes, o que somente pode ocorrer mediante adequado exercício do dever de revelação. Não é sempre que uma revelação é necessária, porquanto, muitas vezes, os fatos relevantes já estão

---

[432] FERNÁNDEZ ROZAS, José Carlos. Clearer Ethics Guidelines and Comparative Standards for Arbitrators. In: FERNÁNDEZ-BALLESTEROS, M. Á.; ARIAS, David (ed.). **Liber Amicorum Bernardo Cremades**, La Ley, 2010, p. 414-415. Ver capítulo 5, mais adiante, para mais detalhes.
[433] Ver ALVES, Rafael Francisco, Op. cit.
[434] CLAY, Thomas. **El árbitro**. Op. cit., p. 60-61.
[435] Tradução nossa. No original: *"disclosure avoids, or at least it reduces, the risk that the arbitration proceeding is frustrated and interrupted by late challenges"*. (DAELE, Karel. Op. cit., p. 2).
[436] MARTINS, Pedro A. Batista. Dever de revelar do árbitro. Op. cit.
[437] Capítulo 4, item 4.3.

todos postos, mas, quando a situação for outra, não basta uma declaração ou afirmação genérica de que o árbitro se considera apto a julgar aquela controvérsia. Deve-se revelar; ou melhor, informar.

3.3. A natureza e os elementos essenciais do dever de revelação. A redução da assimetria de informações entre o árbitro e os demais sujeitos, o dever de revelar como um "dever de informar", e a batalha contra oportunismos

Pelo que se expôs, o dever de revelação está umbilicalmente relacionado ao princípio jurisdicional de que todo cidadão tem direito a um julgamento válido, imparcial e justo. Entretanto, também em função das diferenças em relação à equidistância que é buscada do juiz togado (e até da inexistência de dever idêntico na esfera judicial), o dever de revelação tem uma natureza precipuamente contratual,[438] assim como todos os demais deveres e obrigações que surgem do "contrato de árbitro", como se viu.[439] E a relação estabelecida entre o árbitro e as partes, sendo diferente daquela que se estabeleceria com o juiz, demanda mecanismos adicionais que assegurem a confiança no instituto e no julgador, e o maior deles é precisamente o dever de revelação. Nas palavras de Tercio Sampaio Ferraz Junior, "o fato de, ao contrário do juiz togado, árbitros serem indicados pelas partes, o mecanismo da confiança tem uma relevância diferente no processo judicial e no processo arbitral".[440]

A principal premissa em que se calca a arbitragem – notadamente no momento de indicação daquele que conhecerá e julgará a causa – consiste na confiança das partes na pessoa do árbitro e na confiança de que atuará com equidistância. Não se trata de fidúcia inocente ou ilimitada, como se

---

[438] "A anterioridade do dever de revelação é tamanha frente à instauração do processo que pode recair em profissionais com quem o contrato de arbitragem não chegue sequer a ser firmado. A qualificação de pré-contratual parece mais exata: o dever existe por conta de um contrato a ser celebrado (o contrato de arbitragem), mas é eficaz antes da sua celebração, assim permanecendo durante todo o curso da relação contratual".(ELIAS, Carlos Eduardo Stefen. Op. cit., p. 194).

[439] Dario Alessi prefere categorizar o dever de revelação no campo pré-contratual pelo fato de que ser exercido antes da aceitação do encargo, mas concorda que há um caráter contratual *lato sensu* no dever, na sua extensão e nas consequências de sua violação. (ALESSI, Dario. Op. cit., p. 738-739).

[440] FERRAZ JUNIOR, Tercio Sampaio. Suspeição e impedimento em arbitragem: sobre o dever de revelar na lei 9.307/1996. Op. cit.

demonstrou.[441] A confiança é a base e é o que assegura que fatos atinentes à pessoa do árbitro não comprometam a intenção das partes de se submeterem a um julgador privado, ao invés do juiz estatal; para os árbitros que não se conhece, a segurança de que não haja assimetria de informações que dê origem a motivos para se desconfiar naquele julgador. Conforme assevera Selma M. Ferreira Lemes, "é do conceito de confiança que deriva o dever de transparência do árbitro, o dever de revelar fatos ou circunstâncias que possam abalar a confiança gerada nas partes":[442]

> A confiança da parte no árbitro, na dicção da lei, tem duas ópticas de análise. A primeira, intrínseca, significa que o árbitro deve ser pessoa do bem, honesta e proba. É o que se denomina de probidade arbitral. A honorabilidade de uma pessoa para ser indicada como árbitro representa a sua idoneidade legal para o exercício da função. A segunda, extrínseca, representa a certeza de ser pessoa capaz de exarar decisão sem se deixar influenciar por elementos estranhos e que não tenham interesse no litígio. O árbitro deve ser independente e imparcial.[443]

Nesse aspecto contratual, garante-se o direito das partes à informação, diminuindo – ou até fazendo desaparecer – eventual *assimetria de informações* que poderia fazer com que as partes celebrassem um negócio jurídico com quem jamais contratariam. "Revelar" significa precisamente "informar", e não se discute que o dever de informar é uma inafastável atribuição de qualquer contratante no mundo moderno. O dever de revelação está – e deve ser compreendido como – "consentâneo com as obrigações contemporâneas de informação prévia e de transparência, pois a natureza da relação jurídica do árbitro com a parte é de um contrato de investidura (contratual na fonte e jurisdicional no objeto)".[444] Consiste, mais uma vez, em elemento que advém da contratualidade que marca a relação porque importa dever de informar as partes de fatos que possam comprometer sua atuação, e estabelecer a fidúcia que se deve manter, também em linha com seus deveres de boa-fé e lealdade contratuais.

---

[441] Ver capítulo 2, item 2.4, acima.

[442] LEMES, Selma Maria Ferreira. A independência e a imparcialidade do árbitro e o dever de revelação. **Revista Brasileira de Arbitragem**, 26/22. Porto Alegre: Síntese, 2010.

[443] Id. O dever de revelação do árbitro... Op. cit.

[444] LEMES, Selma Maria Ferreira. A independência e a imparcialidade do árbitro e o dever de revelação. Op. cit.

Trata-se visivelmente, logo, de um dever em sua *natureza e essência*, porquanto não corresponde à obrigação principal de prolação da sentença,[445] e, sim, a um dever informativo, anexo, que é tão crucial quanto a obrigação final pactuada.[446] *Não é jurisdicional em si*, pois não está prestando a tutela jurisdicional, mas é a ela anexo e fundamental, ainda que de origem e natureza contratuais. Por essa razão, Judith Martins-Costa caracteriza o dever de revelar como integrante da gama dos deveres informativos do contrato, com o propósito de assegurar a informação de circunstâncias que possam afetar a independência e a imparcialidade do árbitro e prejudicar a "relação de qualificada confiança que une os figurantes desse contrato".[447]

De forma crucial, "revelar" é também evitar a assimetria de informações que não pode existir entre os contratantes – ao menos não a ponto de privar alguma das partes de informação que a impediria de contratar com aquela contraparte naqueles moldes. E isso, como se expôs, em razão do complexo cenário social, econômico e até político em que se insere a figura do árbitro,[448] que caracteriza a relação árbitro-parte como uma daquelas relações contratuais, em que se observa "acentuada assimetria informativa, que afeta a capacidade de uma das partes de exercitar adequadamente os mecanismos de autotutela dos interesses próprios."[449] Para essas, o Direito impõe a uma das partes deveres de conduta compatíveis com sua experiência e atuação naquela área de negócios e com sua condição de detentor privilegiado das informações relevantes; aqui, o dever de transparência faz dissipar a opacidade por meio de informação adequada (qualificada).[450]

---

[445] Tendo em vista que "obrigação é conceito finalístico; dirige-se, sempre, ao adimplemento ou à satisfação do credor". (SILVA, Clóvis do Couto e. Op. cit., p. 168).

[446] Para Marcelo Ferro, o dever de revelar é um corolário do dever maior de proferir uma sentença justa, imparcial e válida; ou seja, é uma obrigação de resultado do árbitro: "uma sentença que solucione o litígio de forma valida (...) que possa ser executada no local desejado pelas partes, blindada de qualquer impugnação eventualmente direcionada pela parte sucumbente". (FERRO, Marcelo Roberto. Op. cit., p. 853).

[447] MARTINS-COSTA, Judith. Op. cit., p. 340.

[448] Capítulo 1, item 1.1.

[449] RIBEIRO, Joaquim de Souza. O Princípio da Transparência no Direito Europeu dos Contratos. **Estudos do Direito do Consumidor**, v. IV. Coimbra: Centro de Direito do Consumo da Faculdade de Direito da Universidade de Coimbra, 2002, p. 138.

[450] MARTINS-COSTA, Judith. Op. cit., p. 305-306.

Nessa linha, como se apontou,[451] no momento de indicação do árbitro, quando ainda não houve sua aceitação, estar-se-ia ainda em fase pré-contratual, em que o bem jurídico visado é o de um "consentimento informado" – um dever de proteção pré-contratual. Está-se tratando de dever de informação sobre o que seria o conteúdo e a extensão da própria relação contratual; em caso de infração a esse dever de informar, mediante o fornecimento de informações inverídicas ou da omissão de informações cruciais para a concretização do negócio, pode-se cogitar desde a anulação (se houver dolo por omissão informativa) até a responsabilidade civil (se configurado o dolo acidental).[452] Como aponta António Manuel Menezes Cordeiro, os deveres informativos "[t]anto podem ser violados por acção, portanto com indicações inexatas, como por omissão, ou seja, pelo silêncio face a elementos que a contraparte tinha interesse objectivo em conhecer."[453] Não se trata, aliás, de característica exclusiva dos sistemas brasileiro e português: as legislações alemã, francesa, belga e holandesa, por exemplo, também têm a boa-fé como a base para o dever de informação tanto na fase contratual como na pré-contratual.[454]

Parece-nos, destarte, que umas das características mais relevantes – e pouco salientadas na doutrina – é precisamente a de se buscar *diminuir a assimetria de informações* entre as partes e os árbitros sobre temas de equidistância. Essa assimetria de informações, como qualquer outro elemento da arbitragem, também deve ser avaliada sob o viés contratual, na medida em que o dever de revelação nada mais é do que uma concretização, no processo arbitral, do dever de transparência e do dever de informar. A assimetria de informações deve ser mitigada tanto quanto possível, mediante o cumprimento dos deveres de boa-fé e transparência, até porque, sem eles, há verdadeiro desincentivo psicológico ao fornecimento de informações pelo árbitro, que dificilmente está inclinado a informar mais e possibilitar sua impugnação:

---

[451] Ver capítulo 2, item 2.3, *supra*.
[452] Id., p. 538-539.
[453] CORDEIRO, António Menezes. **Da Boa-Fé no Direito Civil**.Almedina: Coimbra, 1984, p. 583.
[454] WHITTAKER, Simon; ZIMMERMANN, Reinhard. Op. cit., p. 204-205. Já os países advindos da tradição do *common law*, como a Inglaterra, a Irlanda, e a Escócia, têm como característica geral basear-se em condições implícitas dos contratos (*implied terms*), que, nesse caso, residiriam nas expectativas razoáveis das partes por informação sobre o que se está contratando.

Apesar de constituir um mecanismo eficiente em teoria, fato é que, na prática, o exercício do dever de revelação enseja uma série de problemas, a começar pela inexistência de incentivo direto para que o árbitro o exerça. Efetivamente, o árbitro enfrenta um dilema no que diz respeito ao tema: revelar informações pode significar a perda do posto de árbitro (e a consequente perda de remuneração), ao passo que não revelar significa, à primeira vista, a obtenção desse posto. Porém, a possível descoberta da informação não revelada ensejará, em um segundo momento, um procedimento de impugnação do árbitro movido ou ação de anulação da sentença arbitral instauradas por uma das partes, com a consequente perda relevante do capital simbólico do profissional.[455]

E a assimetria de informações, sob o ponto de vista econômico, como assevera Oliver E. Williamson, é uma característica de relações contratuais que deve ser analisada e solucionada *ex ante*, de forma a impedir que o contrato possibilite incentivo a oportunismos – que são característicos do chamado "homem contratual".[456] O oportunismo consiste no fornecimento incompleto ou distorcido de informações com o intuito de esconder, ofuscar ou confundir a outra parte, o que fatalmente leva a reais ou aparentes situações de assimetria de informações, todas bastante nocivas a qualquer organização econômica (incluindo os sistemas judicial e arbitral).[457] O oportunismo aqui, como se pode perceber, corresponderia às práticas de partes, advogados e árbitros de fazerem uso de critérios subjetivos para o exercício de seus deveres como forma de atingir objetivos meramente próprios, em detrimento de todo o processo arbitral.

Não se questiona que a relação contratual, como uma relação também econômica, leva necessariamente a oportunismos concedidos às partes a partir das informações que cada uma delas detém, e que há custos associados à sua revelação para a outra parte. Não se pode defender que fossem estabelecidas oportunidades no exato mesmo nível e grau a ambas as

---

[455] ELIAS, Carlos Eduardo Stefen. Op. cit., p. 192.
[456] WILLIAMSON, Oliver E. **The economic institutions of capitalism**. Free Press, New York, 1985, p. 47-49.
[457] "*More generally, opportunism refer to the incomplete or distorted disclosure of information, especially to calculated efforts to mislead, distort, disguise, obfuscate, or otherwise confuse. It is responsible for real or contrived conditions of information asymmetry, which vastly complicate problems of economic organization. Both principals and third parties (arbitrators, courts, and the like) confront much more ex post inference problems as a consequence.*" Id., p. 47-49.

partes; trata-se de um ideal que nunca seria atingido na prática. A solução, todavia, seria precisamente estabelecer, com antecedência, regras gerais de comportamento que desestimulem oportunismos exagerados pelos agentes.[458] "Informação é poder" e assim deve ser considerada também no campo do dever de revelação.[459] Além disso, o fornecimento de informações pressupõe custos de transação que não podem ser ignorados.[460]

Nesse passo, a confiança na figura do árbitro, e também no árbitro indicado no caso concreto, exige sobretudo que as partes se sintam confortáveis e satisfeitas com as informações disponíveis acerca da equidistância do árbitro com relação às partes e aos seus advogados. O dever de revelação se mostra especialmente relevante também para mitigar a insegurança das partes com relação ao julgador privado que decidirá o conflito entre elas surgido. Se as partes elegeram um mecanismo extrajudicial de resolução de conflitos, supostamente especializado e (normalmente) mais custoso, nada mais razoável que essa sua escolha não tenha consequências nocivas:

12. Com efeito, se o magistrado é um servidor público com a função de ministrar a justiça, o árbitro é alguém que aceita – contratualmente – a missão de julgar determinada demanda, a pedido dos litigantes.

13. A finalidade social do dever de revelação estabelecido pela Lei de Arbitragem é evidente. Esta ecoa as regras impostas aos juízes, visando garantir às partes a independência e a imparcialidade, e facultar a quem se vale da

---

[458] "*Plainly, were it is not for opportunism, all behavior could be rule governed. This need not, moreover, require comprehensive preplanning. Unanticipated events could be dealt with by general rules, whereby parties agree to be bound by actions of a joint profit-maximizing kind. (...) The more important lesson, for the purposes of studying economic organization, is this: Transactions that are subject to ex post opportunism will benefit if appropriate safeguards can be devised ex ante. Rather than reply to opportunism in kind, therefore, the wise prince is one who weeks both to give and to receive 'credible commitments'. Incentives may be realigned, and/or superior governance structures within which to organize transactions may be devised.*" Ibid.

[459] STIGLER, George. The Economics of Information. **Journal of Political Economy**, v. 69, 1961, p. 203.

[460] Lembremos que os custos de transação podem envolver (i) custos de busca e informação que antecedem a realização do negócio; (ii) custos de negociação e da tomada de decisões; e (iii) custos de monitoramento e execução do negócio. Os primeiros são os relevantes para esse estudo. Ver: TIMM, Luciano Benetti; GUANDALINI, Bruno; RICHTER, Marcelo de Souza. Op. cit., citando Carl Dahlman, no original: "*search and information costs, bargaining and decision costs, policing and enforcement costs.*" (DAHLMAN, Carl. J. The Problem of Externality. **The Journal of Law and Economics**, vol. 22, n. 1, 1979, p. 148).

arbitragem assegurar-se de que não há causas que afetem a independência e a imparcialidade do árbitro escolhido para decidir determinada controvérsia a ele submetida. Trata-se de garantia de ordem pública relacionada ao direito a um julgamento sob o devido processo legal (art. 5.º, LIV), assegurado a todos pela Constituição.[461]

Repise-se que não há, no momento de eleger a arbitragem, uma renúncia ou mitigação tácita e desenfreada aos requisitos de imparcialidade e independência do julgador. A eleição por um método mais adequado para a resolução de determinado conflito não pode significar a mitigação implícita da equidistância do julgador. Na linha de Pedro Batista Martins, "[a] confiança no árbitro, por sua expressão ética e moral, há de ser expressa ou tacitamente reconhecida por todas as partes na demanda e, nunca, por apenas aquela que o nomeou".[462] Está-se, com razão, construindo uma doutrina de se conferir maior relevância à confiança depositada no árbitro e na arbitragem em si; do contrário, se fosse para abrandar tacitamente requisitos de equidistância, muito provavelmente as partes permaneceriam na esfera judicial, onde essa possibilidade é bastante menos clara.

Aqui, basta ter-se em mente que a revelação, quando necessária, atua como verdadeira "vacina de validade" do processo arbitral, uma vez que a constatação de que o dever de revelar foi adequadamente exercido torna desnecessária qualquer outra análise posterior, em devida aplicação do binômio "ciência-anuência".[463] Trata-se do "seguro de vida" do processo arbitral, na medida em que o árbitro demonstra toda a sua probidade às partes,[464] além de impossibilitar alegações posteriores de invalidade por aqueles motivos, em proteção da confiança e vedação à contraditoriedade desleal – o *estoppel*, no direito processual; no Brasil, estabelecido como corolário do princípio da boa-fé objetiva e baseado na tutela da confiança.[465]

---

[461] BAPTISTA, Luiz Olavo. Dever de revelação do árbitro: extensão e conteúdo. Inexistência de infração. Impossibilidade de anulação da sentença arbitral. Op. cit.
[462] MARTINS, Pedro A. Batista. Dever de revelar do árbitro. Op. cit.
[463] Ver: ALVES, Rafael Francisco, Op. cit.
[464] CLAY, Thomas. **El árbitro**. Op. cit., p. 60.
[465] Judith Martins-Costa ensina que a vedação à não contraditoriedade desleal transparece nos mais diversos sistemas, porém com denominações e matizes próprios: no Direito inglês, o *estoppel*, com aplicação no processo, que veda que se alegue e se prove fatos contraditórios com a aparência que aquela parte havia criado anteriormente; no Direito italiano, os deveres

Está-se diante de um dever "que se configura como um autêntico princípio fundamental da arbitragem tanto interna como internacional, e que é uma consequência direta do princípio da boa-fé".[466] Os elementos da contratualidade e da confiança, que baseiam o dever de revelação, não podem ser ignorados tanto em termos de extensão como de consequências de violação. Não se pode dar ao dever de revelação uma extensão aquém do que exigem esses elementos, e tampouco consequências por violação que podem se mostrar inefetivas, sob pena de se prejudicar a legitimidade do instituto da arbitragem. O dever de revelação é, sim, um dever – e não uma obrigação ou um ônus –, e é contratual, de modo que considerá-lo uma mera faculdade é não só incompatível com os princípios da arbitragem, mas também coloca em perigo o seu adequado uso.

3.4. A relevância do adequado exercício do dever de revelação. As consequências mediatas e imediatas de uma revelação omitida ou falha. O dever de revelação como solução a muitas das crises de legitimidade da arbitragem

Embora já esteja claro, abre-se breves parênteses para se enfatizar que o adequado exercício do dever de revelação – em extensão e momento devidos, que são objeto do capítulo a seguir – não se mostra relevante apenas para o processo arbitral específico em que é inserido. Em razão do poder jurisdicional concedido ao árbitro – e, assim, do múnus e das consequências públicas que sua atuação importam –,[467] falhas no exercício do dever de revelação impactam a confiança no árbitro especificamente indicado, mas também afetam a figura do árbitro e o instituto da arbitragem em geral. Nesse ponto, o cenário de incertezas e ceticismos que se apontou nos capítulos introdutórios é ainda mais relevante.[468]

---

de boa-fé objetiva e de *correttezza*, que reza que a parte deve se abster de adotar condutas prejudiciais às demais; e, no Direito francês, o princípio de coerência, que impede um "voltar atrás inopinado (*revirement inopiné)*". (MARTINS-COSTA, Judith. Op. cit., p. 538-539; e p. 614-616).

[466] Tradução nossa. No original: "*Nos hallamos ante una obligación que se configura como un auténtico principio fundamental del arbitraje tanto interno como internacional y que es una consecuencia directa del principio general de buena fe*". (FERNÁNDEZ ROZAS, José Carlos. Contenido ético del deber de revelación del árbitro y consecuencias de su transgresión. Op. cit., p. 810).

[467] Capítulo 2, item 2.1.

[468] Capítulo 1, item 1.3.

De forma *direta* e *imediata*, no processo arbitral específico, violações ao dever de revelação comprometem a eficiência e alongam a definitiva resolução do conflito, esteja ele em curso ou já encerrado. Algumas das possíveis consequências de uma revelação omitida ou malfeita são incidentes tardios de impugnação ao árbitro, invalidação da sentença arbitral e denegação da homologação em outros países. E trazendo novamente à baila o seu caráter contratual, como se viu,[469] não pode sequer haver surpresa em se dizer que violações ao dever de informar podem importar a invalidação contratual, uma vez que muitas legislações de ambas as tradições de *civil law* e *common law*, de uma forma geral, reconhecem o dolo por omissão como causa para desfazimento do negócio (*rescission for deception*), quando se puder provar que a omissão do fato poderia não ter levado à celebração do contrato.[470]

Mas o que é pior, muitos agentes passam a desacreditar na arbitragem, na medida em que perdem a razão muitos dos seus alardeados benefícios, e irregularidades processuais acabam impedindo um julgamento célere e justo da disputa. No plano *indireto* ou *mediato*, o desapreço pelo dever de revelação tem efeitos ainda mais devastadores, porquanto impede que a arbitragem realize seu maior escopo jurisdicional: o julgamento justo, adequado e imparcial. Esse prejuízo mediato – e mais relevante – é o impacto que se causa na confiança das partes na arbitragem como um método legítimo e eficaz de resolução de conflitos. Aqui se está dando azo para aqueles que argumentam que existiria uma "promiscuidade" na indicação de árbitros;[471] a falta de informação pelos árbitros tem também esse impacto.

A dúvida pode levar à ruína de todo instituto, e por essa razão "[n]ão deve existir qualquer dúvida a respeito dessas qualidades, haja vista que o aspecto confiança é o traço caracterizador da arbitragem".[472] Não se pode considerar o dever de revelação como um ato processual qualquer; deve-se tratá-lo como o significativo e crucial ato que pode corroborar – ou simplesmente destruir – a validade de todo o processo arbitral:

---

[469] Capítulo 2, item 2.3.
[470] Países como França, Espanha, Itália, Bélgica e Alemanha estabelecem que o dolo por omissão (*deception by omission*) constitui causa para invalidação do negócio jurídico e deve ser analisado sob o contexto do dever das partes de informar. WHITTAKER, Simon; ZIMMERMANN, Reinhard. Op. cit., p. 233-235. Capítulo 2, item 2.3.
[471] Capítulo 1, item 1.3.
[472] FURTADO, Paulo; BULOS, Uadi Lammêgo. Op. cit., p. 61.

Aí está a mácula que permeia a decisão arbitral, haja vista ter sido proferida por painel de árbitros onde um de seus membros, o Árbitro, dele não poderia participar, pois, ao atentar contra preceito básico e de interesse público, os atos por ele praticados no curso do procedimento estão marcados pelo vício. (...). Ao não revelar, feriu o Árbitro o princípio da transparência, descumpriu dever dos mais caros ao instituto da arbitragem e impossibilitou à Consulente o exercício de um direito essencial – o de recusa – que objetiva, ao fim e ao cabo, proporcionar que a arbitragem cumpra o seu mais importante mister: realizar a justiça, de modo justo, adequado e imparcial.[473]

Está-se tratando de tema que toca, em especial, a conduta de advogados, árbitros e partes, e a forma pela qual eventuais violações e trespasses por esses agentes deve ser tratada em prol do instituto. É um tema também de ética na arbitragem, e, como acentua Eduardo Grebler, "[o] tema da ética está presente nas preocupações de todos os protagonistas da arbitragem no Brasil: os árbitros, as partes e os seus advogados e as instituições arbitrais".[474] Trata-se de um tema processual, mas focado também nas condutas de advogados, árbitros, partes e instituições arbitrais.[475]

Para fugir de falsos problemas, como já se afirmou, não se discute que uma parte e/ou um advogado indique um árbitro com a intenção de se sagrar vencedor ao final do processo; não há nada a se esconder. Arbitragem é, afinal, contencioso, uma disputa, um conflito.[476] Esse legítimo propósito, porém, não pode se confundir com medidas desleais ou antiéticas com vistas a criar iniquidades ou desequilíbrios no processo. Muito pelo contrário: há, sim, regras e balizas que devem ser seguidas quando o tema é a indicação de árbitros e a equidistância e confiança que se espera esse julgador mantenha perante todos os envolvidos naquela disputa. A arbitragem não pode ser palco para o acobertamento de julgamentos ilegais e ímprobos, e o dever de revelação é uma das melhores "vacinas" para esse fim. E para as relações que são legítimas, que sejam feitas transparentes e evitem eventuais alegações de nulidade.

---

[473] MARTINS, Pedro A. Batista. Dever de revelar do árbitro. Op. cit.
[474] GREBLER, Eduardo. A Ética dos Árbitros. **Revista Brasileira de Arbitragem**, Vol. X, Issue 40, p. 72-77, 2013, p. 72.
[475] *"Confidence in the ethical standards of arbitrators and arbitral institutions is the Alpha and Omega of the legitimacy of the process."* (PAULSSON, Jan. **The idea of arbitration**. Op. cit., p. 147).
[476] Capítulo 1, item 1.2.

Dentre algumas fragilidades que têm sido atribuídas à arbitragem nos mais diversos países, precisamente os temas de indicação e revelação de árbitros têm merecido atenção em função do seu relevante impacto na instituição e também na conclusão do processo arbitral. Embora a indicação do árbitro e a formação do tribunal arbitral ocorram logo no início do processo, a forma e as circunstâncias como esses atos processuais – incluído o exercício do dever de revelação – se desenvolvem possuem consequências no decorrer e mesmo após o encerramento da arbitragem. Isso, como se apontou, até como consequência das alegações de "promiscuidade" nas indicações de árbitros, falhas cometidas na constituição do tribunal arbitral podem levar à ruína todo o processo arbitral, mesmo anos depois quando da (tentativa de) execução da sentença judicialmente.

Deve-se ter em mente, portanto, que as questões aqui postas e discutidas são consideradas atuais e controvertidas em muitos países onde a arbitragem é estudada e praticada há décadas, com repercussões relevantes também no cenário nacional. Como expôs Sundaresh Menon em impactante discurso na abertura do Congresso do ICCA em 2012, temas de indicação de árbitros e sua equidistância são hoje uma preocupação global, com notáveis efeitos sobre cada país individualmente.[477] Tem-se dito em diversos foros que algumas das maiores preocupações para o desenvolvimento da arbitragem residem exatamente (i) na adequada observância, pelos árbitros, de seus deveres de independência, imparcialidade e revelação, dentre outros, (ii) no consciente e apropriado exercício, pelos advogados ou representantes de partes do seu direito de impugnação de árbitros e da sentença arbitral, conforme o caso, e (iii) no julgamento ponderado de impugnações pelas

---

[477] *"As we contemplate these problems of moral hazard, ethics, inadequate supply and conflicts of interests associated with international arbitrators, it seems surprising that there are no controls or regulations to maintain the quality, standards and legitimacy of the industry. This has much to do with how modern arbitration developed from an initially small and close-knit group of honorable practitioners who saw arbitration as the discharge of a duty to help resolve the disputes of people of commerce in a fair, even-handed and commercially sensible manner rather than as a business proposition. We look back at this in-built informal mechanism of peer-group controls with nostalgia; but this "age of innocence" as it has been famously described has very much come to an end. Is it time then for us to give up our cherished notions of autonomy and subscribe to an international regulatory regime?"* (MENON, Sundaresh. Keynote address, *in* Albert Jan van den Berg (ed), International Arbitration: The Coming of a New Age?, **ICCA Congress Series**, Volume 17, Kluwer Law International, p. 6-27, 2013, p. 17).

instituições arbitrais, pelos árbitros e pelos tribunais judiciais, também conforme o caso.[478]

Tem sido esse, como já disse Jan Paulsson, por exemplo, o calcanhar de Aquiles da arbitragem, também porque para é onde as partes e advogados têm olhado para atacar.[479] "Há muitas formas de arruinar processos arbitrais, mas alegar parcialidade é certamente um dos melhores."[480] Mais que isso, dada a forma como são vistos os árbitros, explanada acima,[481] a possibilidade de escolha concentra a atenção da sociedade e das autoridades na pessoa do árbitro – uma "pessoalização" –, enquanto, na esfera judicial, a imagem do juiz togado é diluída pelo princípio do juiz natural e também pela delegabilidade da função, como se introduziu acima.[482] O foco está, sem dúvidas, no árbitro e na imagem que é feita sobre ele.

Fazendo referência ao discurso de Sundaresh Menon mencionado, Jan Paulsson enfatiza as críticas feitas pelo atual *Chief Justice* de Singapura de que a arbitragem hoje é integrada por homens e mulheres que são "em sua essência pessoas de negócios em busca de oportunidades", o que cria "uma tensão entre os interesses pessoais e comerciais dos árbitros e o seu dever público de fazer justiça".[483] A indicação dos julgadores, que deveria ser uma das maiores virtudes da arbitragem – considerando o seu fulcro na autonomia da vontade –, tem sido vista por alguns como um relevante ponto de risco e debilidade. Embora basilar, o direito das partes de indicação de um especialista que goze de confiança tem sido posto em xeque em consequência de revelações malfeitas ou sequer feitas e também de impugnações indevidas.[484] Para alguns, está havendo uma inversão de valores em muitas instâncias, pois, nas palavras de Arnoldo Wald, deveria "a função do árbitro ser considerada como uma magistratura, e não como um negócio mercantil".[485]

---

[478] BAKER, C. Mark; GREENWOOD, Lucy. Are Challenges Overused in International Arbitration? **Journal of International Arbitration**, v. 30, issue 2, p. 101112, 2013, p. 108-109.

[479] PAULSSON, Jan. **The idea of arbitration**. Op. cit., p. 147.

[480] Tradução nossa. No original: "*There are a number of ways to derail arbitral proceedings, but crying bias is certainly one of the best.*" (LUTTRELL, Sam. Op. cit., p. 249).

[481] Capítulo 1, item 1.3.

[482] Ver capítulo 2, item 2.2, *supra*.

[483] Id., p. 148.

[484] PARK, William W. Op. cit., p. 483.

[485] WALD, Arnoldo. A ética e a imparcialidade na arbitragem. Op. cit.

Sem menosprezar a importância de muitos temas para o progresso da arbitragem, a preocupação com a indicação de árbitros e com o dever de revelação em processos arbitrais merece reflexão especial no presente momento. E isso, principalmente, porque se trata de problemática que pode afetar a legitimidade da arbitragem como método adequado e eficiente de resolução de disputas internacionais e nacionais.[486] Nesse sentido, Sarah Grimmer reporta que, de todas as impugnações a árbitros submetidas à Secretaria Geral da *Permanent Court of Arbitration* (PCA), em Haia, em mais da metade o dever de revelação exercido por algum dos árbitros foi abordado, e em um terço delas a impugnação se baseou em alegadas falhas no dever de revelação.[487]

A má condução do problema pode comprometer a evolução do instituto ao abalar a confiança que se construiu sobre a figura do árbitro e sobre os benefícios que advêm da eleição dessa solução heterocompositiva extrajudicial de disputas. Não se pode mais, por exemplo, como ocorria na década de 90, deixar apenas ao árbitro, sem maiores critérios, que decida quais informações devem ser reveladas ou não, em especial quando se sabe que há um incentivo pessoal (ou econômico) para a não revelação.[488] Está-se criando um verdadeiro *trading* ou *moral hazard*, que já levou outros mercados à falência no passado exatamente por esse motivo: *por não saber lidar com o fato de que alguma das partes da transação possui informações mais completas que a outra*.[489]

Já não há dúvidas, aliás, que muitas das práticas desleais surgem precisamente da falta de previsões e instruções claras a respeito dos padrões que devem ser aplicados para a realização da revelação.[490] Deve-se lutar pela diminuição das impugnações frívolas e também das fundadas. Não

---

[486] "*Even if speed and economy prove illusory, arbitration can still serve to enhance the perception as well as the reality of procedural fairness, thus promoting respect for the parties' shared ex ante expectations at the time of the contract or investment.*" (PARK, William W. Op. cit., p. 632).

[487] GRIMMER, Sarah. Op. cit., p. 93.

[488] ROGERS, Catherine. What if the Ghost of Christmas Present Visited the International Arbitration Community of 1995. **Kluwer Arbitration Blog**, 26 dez. 2015. Disponível em: <http://kluwerarbitrationblog.com/2015/12/26/what-if-the-ghost-of-christmas-present-visited--the-international-arbitration-community-of-1995>.

[489] WILLIAMSON, Oliver E. Op. cit., p. 212.

[490] "(...) *Black Art of bias challenge is further aided by the 'lack of clear guidance on the standards to apply in making disclosure*". (LUTTRELL, Sam. Op. cit., p. 4).

podem prosperar estratégias e oportunismos, seja por parte de advogados que guardam e, se derrotados, suscitam supostas nulidades para reavivar o litígio, seja por parte de árbitros que omitem informações cruciais com o único fito de ser repetidamente indicado em novos casos. Não se pode dar motivos para desconfiar da figura do árbitro e muito menos da arbitragem em si. Trata-se de um tema de legitimidade, e também de economia:

> Todavia, há que não ser ingénuo: o dever de revelação funciona, numa lógica de contenda processual, como uma arma ao dispor das partes e, particularmente, das astuciosas: permite fragilizar os espíritos e, no limite, empatar gravemente a formação do tribunal e o desenrolar dos seus trabalhos. Cabe, na interpretação e na aplicação das competentes normas, ter em permanente consideração este possível desvio de função.[491]

Defendemos que a solução a essas crises de legitimidade passa, com efeito, pelo adequado dever de revelação,[492] pois a falta (ou assimetria) de informação parece ser hoje a maior causa de problemas entre os atores da arbitragem doméstica e internacional. Como evidência, aponta-se o resultado de pesquisa empírica feita com mais de 140 praticantes da arbitragem internacionalmente sobre quais seriam as informações sobre pretensos árbitros que mais lhes interessaria conhecer para fins de indicação. Quase 90% dos participantes (119 deles) enfatizaram a importância de se conhecer como age o árbitro frente ao seu dever de revelar:[493]

---

[491] CORDEIRO, António Menezes. **Tratado da arbitragem**. Op. cit., p. 152.
[492] *"Challenges due to arbitrators' comments, comportment, or conflicts might be best avoided if arbitrators perform thorough conflict checks and make full and ongoing disclosures, allowing the parties to consider their options in moving forward."* (LEVINE, Judith. Chapter 9: Late-in-the-Day Arbitrator Challenges and Resignations: Anecdotes and Antidotes. *In*: **Challenges and recusals of judges and arbitrators in international courts and tribunals**. Chiara Giorgetti (ed.). The Netherlands: Brill Nijhoff, p. 247-292, 2016, p. 292).
[493] VIDAJ-GOJKOVIC, Ema. Puppies or Kittens – How to Better Match Arbitrators to Party Expectations. **Kluwer Arbitration Blog**, 8 ago. 2016. Disponível em: <http://kluwerarbitrationblog.com/2016/08/08/puppies-kittens-better-match-arbitrators-party-expectations-results/>.

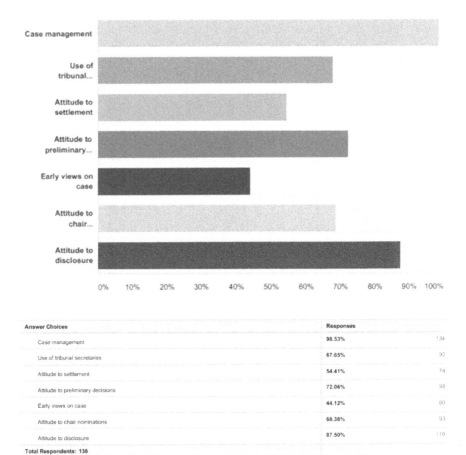

E para os fins da lei brasileira, o enfrentamento de algumas questões é de peculiar rigor no momento em que o país se encontra em matéria de contencioso judicial e arbitral. Sob o argumento de que a "comunidade arbitral" seria ainda diminuta no país, relações existentes entre árbitros, advogados, partes e outros sujeitos do procedimento arbitral também podem ser questionadas. Para além de demonstrar que já se discutem no Brasil temas bastante aprofundados, a problemática surgida do dever de revelação traz à tona temas que afetam sobretudo a aparição do Brasil como uma confiável sede e fonte de partes e de profissionais atuantes em processos de arbitragem (internacional e doméstica).

Não se esconde, ademais, que a visão internacional que se construiu do Brasil não é das mais positivas no passado recente, considerado o complexo cenário político advindo das descobertas de atividades históricas de corrupção nos setores público e privado. Assim, tratar de legalidade e ética no processo arbitral contribui também para que se enfatize – ou se resgate – a legitimidade das instituições brasileiras perante toda a sociedade internacional. Especificamente na arbitragem, não se pode dar a impressão de que é campo em que se tem dado margem para atrocidades na indicação de árbitros, ou de que estejam as partes renunciando à esperada equidistância ou a informações mínimas sobre a pessoa do julgador. O "jeitinho" brasileiro não pode dar a impressão de que violações legais e éticas sejam cometidas quando da indicação do árbitro e quando das suas revelações às partes, em especial.

Destarte, para que o dever de revelação surta os efeitos desejados, deve ele ser exercido em extensão que transmita às partes a confiança necessária, para mais ou para menos. Não nos parece que o alegado número reduzido de possíveis árbitros represente argumento válido para mitigar os deveres de equidistância do julgador privado; pelo contrário, se são fatos que se concentram no campo da independência, devem ser dados a conhecer, no mínimo. E não se trata de dar peso a impugnações frívolas, mas, sim, de assegurar o máximo possível que a confiança depositada pelas partes no árbitro seja também resguardada por meio do exercício adequado do dever de revelação.

Mais uma vez, está-se falando de ética e da importância da legitimação da arbitragem pelo procedimento, que somente é atingida mediante o adequado exercício dos deveres e também do adequado exercício das impugnações.[494] Sobretudo, o dever de revelação funciona "como um esquema de legitimação processual, destinado a, perante o grande público, dar um apoio significativo-ideológico à arbitragem".[495] Está se falando da constituição – e preservação – dos árbitros como base para o desenvolvi-

---

[494] "*Judicious use of the proposal to disqualify is one of the built-in checks and balances in investment arbitration and helps to ensure its overall legitimacy.*" (KINNEAR, Meg; NITSCHKE, Frauke. Op. cit., p. 60).
[495] CORDEIRO, António Menezes. **Tratado da arbitragem**. Op. cit., p. 154-155.

mento do instituto. Nesse ponto, "o dever de revelação não protege apenas as partes, mas também, e muito especialmente, os árbitros".[496]

É precisa a lição de Agostinho Pereira de Miranda, para quem "[n]o campo da deontologia, o futuro da arbitragem estará ineluctavelmente marcado pelo reforço da responsabilização (*accountability*) e da transparência".[497] E, em termos econômicos, "estruturas de governança que atenuam o oportunismo e introduzem confiança são obviamente necessárias."[498] São esses, pois, os maiores objetivos do presente estudo: (a) comprovar as causas, as finalidades e os efeitos do dever de revelação, (b) assegurar a importância da responsabilização por eventuais falhas processuais, materiais e éticas – cometidas tanto pelas partes e advogados, como pelos árbitros e pelas instituições arbitrais – e, (c) como consequência, desestimular oportunismos de ambos os lados mediante o delineamento concreto e o realce do adequado exercício do dever de revelação.

A solução a muitos dos problemas que se descreveu acima nos parece deve passar muito mais pelo exercício dos seus deveres por árbitros, partes, advogados e instituições arbitrais, em especial o dever de revelação, que é capaz de fazer desaparecer muitas das desconfianças que existem sobre a forma pela qual árbitros são indicados. As respostas, repita-se, não passam por retirar ou reduzir das partes o direito à indicação do árbitro de sua escolha, mas por impor limites adequados a essa liberdade e fazer com que restem claras e transparentes as regras que se cria e estabelece para esse fim. Se as relações são legítimas, devem ser feitas transparentes. Não há mais espaço para *falta de transparência* no tocante à forma pela qual o processo arbitral – que é processo – é conduzido e julgado. Não se pode esquecer a lição de Rui Barbosa na Conferência de Haia em 1907, de que "a instituição arbitral vive da confiança; a instituição judiciária da obediência".[499]

---

[496] Tradução nossa. No original: "*el deber de revelación no sólo protege a las partes sino que también y muy especialmente a los árbitros.*" (FERNÁNDEZ ROZAS, José Carlos. Contenido ético del deber de revelación del árbitro y consecuencias de su transgresión. Op. cit., p. 839).

[497] MIRANDA, Agostinho Pereira de. Op. cit.

[498] Tradução nossa. No original: "*Governance structures that attenuate opportunism and otherwise infuse confidence are evidently needed*". (WILLIAMSON, Oliver E. Op. cit., p. 63).

[499] Relato feito por Claude Reymond, citado por Selma Maria Ferreira Lemes. (LEMES, Selma Maria Ferreira. 1. Árbitro. Dever de Revelação... Op. cit., p. 32).

4.
A Extensão do Dever de Revelação do Árbitro: o Que Deve, o Que Não Deve, e o Que Não Precisa Ser Revelado

Nada obstante, o direito da arbitragem tem uma particularidade, que, se fosse melhor empregada, seria sem dúvidas uma solução geral a todas as questões da independência: a revelação. Em um momento em que as sociedades exigem cada dia mais transparência, uma melhor delimitação da obrigação de revelar do árbitro se insere perfeitamente dentro dessa corrente.[500]

O dever de revelação, como vimos, é "questão central no que diz respeito à independência e à imparcialidade dos árbitros"[501] porque é garantia da equidistância do julgador, com o propósito maior de assegurar que se estabeleça e se mantenha a confiança das partes, instrumento de estabilização do processo arbitral. Não obstante, para que o dever de revelação atinja as

---

[500] Tradução nossa. No original: *"Ahora bien, el Derecho del arbitraje tiene una particularidad, que, si fuera mejor empleada, sería sin duda la solución general a todas las cuestiones de la independencia: la revelación. En un momento en que las sociedades demandan cada día mayor transparencia, una mejor delimitación de la obligación de revelar del árbitro se inscribe perfectamente dentro de esta corriente."* (CLAY, Thomas. El árbitro. Op. cit., p. 58).

[501] LEE, João Bosco; PROCOPIAK, Maria Claudia de Assis. Op. cit., p. 10.

finalidades e produza os efeitos almejados, o conteúdo da revelação deve estar em consonância com o que as partes – o seu *alter*[502] – esperam que seja informado.[503] Por óbvio, não basta apenas "revelar"; deve-se revelar na extensão necessária, sob pena de ser o mesmo que sequer ter revelado. Informar mal ou aquém do necessário é o mesmo que não informar e tem o mesmo efeito. É esse, atualmente, o tema que mais causa dúvidas nos cenários apresentados; "a verdadeira questão não concerne a existência do dever de revelar, mas sim o seu perímetro".[504]

Contudo, como já se defendeu no passado,[505] os aspectos subjetivos desse dever parecem tornar complexa uma análise direta do que deve, do que não deve, e do que não precisa ser revelado pelo proposto árbitro. Não se trata de uma análise simplória também em razão do modelo de normatização adotado e da própria natureza do dever de revelação, que se viu é um dever que possui contornos jurisdicionais, contratuais e éticos. Algumas dúvidas que podem surgir quanto à extensão desse dever são:

---

[502] Como se indicou, duas relações distintas podem ser estabelecidas pelo árbitro, uma com a instituição arbitral (se em uma arbitragem institucional), e outra com as partes. O *alter* que mais importa para fins do dever de revelação, ver-se-á, é o desse segundo contrato, o "contrato de investidura". Embora a instituição arbitral também deva ser informada dos fatos que podem comprometer a validade da sentença arbitral, uma vez que os centros de arbitragem possuem responsabilidade de zelar pela regularidade e exequibilidade das decisões proferidas nos processos sob sua condução, trata-se de uma preocupação secundária do dever de revelação. Mais importante é que as partes conheçam os fatos que possam impactar a imparcialidade e a independência do julgador, e por isso são os seus olhos – e não os "olhos da instituição arbitral" – que mais importam nesse primeiro momento (antes de uma eventual recusa ou impugnação).

[503] "*Interesa detenerse en el contenido de la declaración. Ésta debe ser lo suficiente precisa para que las partes estimen a través de su particular punto de vista si puede servir de base para proceder a la descalificación del árbitro, incluso aunque los hechos o circunstancias no revelados, no justifiquen por sí mismos, dicha descalificación.*" (FERNÁNDEZ ROZAS, José Carlos. Alcance del deber de revelación del árbitro... Op. cit., p. 600). É somente mediante informação que é possível "controlar a independência e a imparcialidade dos árbitros". (CORDEIRO, António Menezes. **Tratado da arbitragem**. Op. cit., p. 152). Como se apontou, há outras qualidades que são também objeto do dever de revelação, como a disponibilidade e a competência do julgador, mas que ganham menos atenção da doutrina por serem de mais fácil verificação no caso concreto em comparação com a equidistância do árbitro; são, porém, igualmente importantes para os fins aqui destacados.

[504] CLAY, Thomas. **El árbitro**. Op. cit., p. 65.

[505] DALMASO MARQUES, Ricardo. Breves Apontamentos sobre a Extensão do Dever de Revelação do Árbitro. Op. cit.

a) Quais são os fatos efetivamente relevantes e que devem ser revelados às partes? Quais os critérios para se aferir o que deve, o que não deve, e o que não precisa ser revelado?
b) Quem deve aferir o que é relevante a ponto de ser revelado? As partes ou o árbitro? Há ou podem haver critérios objetivos que devem ser considerados?
c) A revelação deve compreender também posicionamentos doutrinários, políticos ou pessoais do indicado árbitro? Deve o árbitro expor todas as suas possíveis pré-disposições quanto a temas e aspectos que podem se mostrar palpitantes no processo? A vida toda do árbitro é, então, relevante às partes?
d) Deve-se revelar também fatos que são notórios ou públicos? Ou, ao revés, caberia às próprias partes investigar esses fatos?
e) O árbitro tem o dever de investigar todo o seu passado para buscar fatos que as partes poderiam considerar relevantes?

Trata-se de perguntas legítimas e que tocam um principal ponto: a ciência das partes mediante o fornecimento de informações pelo proposto julgador. Elas indicam que o dever de revelar, em sua face contratual, é verdadeiro *dever de informar* pactuado entre as partes e o proposto árbitro. A ciência das partes, efetiva ou presumida, consiste no maior objetivo do dever de revelação. E essa preocupação quanto à extensão faz todo o sentido também sob o ponto de vista psicológico, pois as decisões humanas na maioria das vezes são tomadas somente com base no que se está vendo, e sem considerar aquilo que foi omitido.[506] Porém, tal como ocorre com o dever contratual de informar, não é tarefa fácil, no caso concreto, sopesar o que desconhecem ou deveriam conhecer as partes sobre aquela pessoa – seja ela indicada por uma parte, por ambas ou por um terceiro.

Nesse passo, ainda que o dever de revelação seja aceito como princípio garantidor da arbitragem, a regulamentação aplicável é ainda propositalmente genérica, pela opção legislativa por cláusulas gerais e normas

---

[506] No conceito WYSIATI, que significa *"what you see is all there is"*, o autor designa situações em que as pessoas tomam decisões apenas com base nas informações que lhes estão disponíveis (ou seja, um lado só dos fatos lhe é apresentado), desconsiderando outras omitidas, ainda que fossem essas últimas relevantes para a decisão que se tomaria: *"Different ways of presenting the same information often evoke different emotions"*. (KAHNEMAN, Daniel. **Thinking, Fast and Slow**. Penguin: London, 2012, p. 88).

abertas em geral – o que, por sua vez, dá origem a importantes dúvidas sobre a extensão e o modo como deve ser exercido. Legislações e regulamentos no Brasil e fora dele conferem certa discricionariedade aos árbitros, o que tem razão de ser sob uma perspectiva de busca por evolutividade e volubilidade do sistema arbitral, mas pode dar azo a práticas das mais diversas, inclusive aquelas ilegais ou antiéticas – por árbitros, partes e advogados. Em meio à regulamentação por cláusulas gerais – e não por regras casuísticas –, e em linha com o que expôs acima sobre o "mercado" da arbitragem e a dinâmica de indicação de árbitros, conferem também um tom ainda mais intricado à problemática da extensão do dever de revelação os seguintes elementos:

a) A assimetria de informações entre árbitros, advogados e partes, que podem também ter visões diferentes quanto ao que pode e ao que deve ser revelado;
b) Os desejos e intentos particulares e próprios desses sujeitos quando o assunto é sua atuação em mais e mais processos arbitrais (árbitros que omitem propositalmente fatos relevantes para evitar impugnações, ou advogados que conhecem uma invalidade e não a invocam logo para tentar atacar a sentença arbitral em caso de derrota); e
c) As práticas desleais de advogados e partes (impugnações frívolas,[507] táticas de guerrilha,[508] *black art challenges*,[509] dentre outras medidas

---

[507] "Frivolidade" (*frivolity*) é o termo utilizado pela doutrina para descrever fatos irrelevantes (frívolos), que não precisariam sequer ser revelados, e que, ainda assim, algumas partes e advogados utilizam para impugnar o árbitro e/ou a sentença arbitral. Costuma dar-se um sentido pejorativo ao termo para refletir os fatos que não precisariam ser revelados e são usados por partes e advogados para atrasar ou invalidar o processo arbitral.

[508] Táticas de guerrilha (ou *guerrila tactics*) consiste no termo que se costuma atribuir, mais genericamente, a condutas ilegais ou antiéticas com o propósito de criar embaraços no processo. Para os fins do dever de revelação, os casos mais comuns são os das impugnações com vistas a retardar o processo ou atacar decisões desfavoráveis. Ver: HORVATH, Gunther J.; LEINWATHER, Niamh; NETTLAU, Harry; WILSKE, Stephan. Chapter 1, §1.02: Categories of Guerrilla Tactics. *In:* Stephan Wilske and Günther J. Horvath (eds), **Guerrilla Tactics in International Arbitration**, v. 28, Kluwer Law International, 2013, p. 3-16.

[509] Em uma mera variação de denominação, as impugnações de *black art* seriam aquelas suscitadas com o intuito também de protelar a arbitragem e, no caso da indicação de árbitros especificamente, de privar a parte contrária de seu direito de escolher um ou mais árbitros. Ver: CAVALIERI, Thamar. Op. cit.

antiéticas ou fora dos padrões de conduta) que buscam atrasar ou eivar de invalidade o processo arbitral.

A questão fulcral é que se optou – na Lei 9.307/96, e em diversas outras leis nacionais, e nos regulamentos arbitrais – por cláusulas gerais processuais para assegurar a compatibilidade da evolução das normas com a dinamicidade da prática da arbitragem, em vez de se impor regras rígidas de casuística que pudessem se mostrar antiquadas em poucos anos, ou que se mostrassem inapropriadas para outros cenários que não aqueles para os quais foram criadas. Isso não é um problema insuperável, porém. O objetivo deve ser o de fazer adequado uso desses *standards*, dessa discricionariedade que é concedida; e há, sim, formas de se estabelecer limites e acompanhar os resultados para evitar decisões assistemáticas e iniquidades processuais. Deve-se buscar interpretar e estabelecer, por meio de grupos de precedentes, de doutrina e também de *soft law*,[510] quais são, em cada cenário, (a) as situações que devem, (b) as que não devem, e (c) as que sequer precisam ser reveladas. Há vetores centrais que devem ser avaliados como balizas de quaisquer cláusulas gerais, e não é diferente para o dever de revelação.

Já se demonstrou que a relação entre árbitros e partes é também uma relação contratual, de modo que se impõem aos árbitros, logo na fase inicial, (a) o dever de informação, a fim de diminuir a assimetria de informação entre os litigantes e o julgador na medida do possível, e (b) os deveres de boa-fé, lealdade e cooperação, como corolários da confiança (legítima

---

[510] Para quem desconhece o termo, trata-se de normas e padrões de aplicação não vinculante, criadas no campo do direito internacional público, principalmente em função da globalização e das dificuldades de se estabelecer *hard law* (leis rígidas e vinculantes) em resposta a esses temas globais. Não há unanimidade quanto à utilização do termo *soft law*, que possui mais de uma acepção, mas, para os fins da presente obra, está-se utilizando-o para abordar "o corpo de atos não obrigatórios como diretrizes, protocolos, guias, regras, standards, práticas, códigos de conduta e recomendações, elaboradas por órgãos não estatais como associações profissionais, câmaras de comércio e organismos supranacionais, destinados a regular questões atinentes ao processo arbitral internacional, desde que e na medida em que as partes e os árbitros assim queiram." (Abbud, André de Albuquerque Cavalcanti. **Soft law e produção de provas na arbitragem internacional**. São Paulo: Atlas, 2014, p. 10-17). Na arbitragem, são *hard* law as leis, os regulamentos, e os códigos de ética das instituição arbitral eleita, e *soft* law todas essas normas não vinculantes editadas por órgãos não estatais ou não escolhidos pelas partes. Ver também, sobre as *soft law*, mais genericamente: Galbraith, Jean; Zaring, David. Soft Law as Foreign Relations Law. **Cornell Law Review**, 99, 735, 2014.

expectativa),[511] para que nenhuma conduta do árbitro possa ser tomada de forma individual e dissociada do interesse das partes na resolução do conflito. Esses deveres existem, pois, precisamente para nortear a aplicação das cláusulas gerais existentes; são esses os vetores da aplicação desses *standards*. É também com base neles – *o dever do árbitro de informar e a confiança das partes na pessoa do árbitro* – que se poderão estabelecer as situações concretas de necessidade ou não de revelação.

Defende-se, assim, que a extensão do dever de revelar é comparável à do dever de informar no âmbito contratual. Há diversos elementos e variáveis que devem ser concretizados conforme o caso, que devem ser analisados adequadamente para que não haja – ou haja pouca – margem para arbitrariedades e oportunismos. Contra elas, existem importantes balizas que devem ser consideradas e aplicadas, e é aí que entram o dever de informar e a confiança como formas de mitigar a assimetria de informações e o potencial poder de uma parte sobre a outra. Concordamos com José Carlos Fernández Rozas, para quem "o árbitro conta em cada caso concreto com elementos suficientes para determinar quais aspectos deve revelar às partes (...) e em quais casos deve declinar da indicação".[512] É assim que esse sistema deve funcionar, porquanto também no tocante à extensão do dever de revelação, "[é] fundamental, para que se possa adimplir, a determinação do que se deva prestar".[513]

Busca-se, como fim último, portanto, racionalizar a interpretação do dever de revelação conforme o escopo da jurisdição arbitral estabelecida pela Lei 9.307/96 e pelas demais leis mundo afora. Estamos de acordo com Phillippe Heintz e Gustavo Vieira da Costa Cerqueira no sentido de que se deve buscar uma "racionalização do dever de revelação que incumbe ao árbitro".[514] A nosso ver, racionalizar é, quanto à extensão desse dever, interpretá-lo em linha com o dever contratual de informar e com a confiança que deve ser mantida no árbitro, distribuindo os indispensáveis deveres entre árbitro e partes conforme uma razoabilidade compatível com

---

[511] "A confiança (...) é o principal vetor que viabiliza a resolução dos conflitos fora da égide estatal". (MARTINS, Pedro A. Batista. Dever de revelar do árbitro. Op. cit.).

[512] No original: "*El árbitro cuenta en cada caso concreto con suficientes elementos para determinar qué aspectos debe revelar a las partes (...) y en qué casos debe proceder a la abstención.*" (FERNÁNDEZ ROZAS, José Carlos. Alcance del deber de revelación del árbitro... Op. cit., p. 597).

[513] SILVA, Clóvis do Couto e. Op. cit., p. 168.

[514] HEINTZ, Tom Philippe; CERQUEIRA, Gustavo Vieira da Costa. Op. cit.

esses vetores. Racionalizar significa não impor a qualquer desses sujeitos – árbitro e partes – deveres em extensão exacerbada ou irrazoável a ponto de impedir que tais deveres sejam factível e efetivamente cumpridos. Em última análise, racionalizar significa exigir do intérprete, como fez a *Cour de Cassation* francesa no caso *Tecso v Neoelectra*, para demandar a revelação, que demonstre como os fatos podem "causar nas partes uma dúvida razoável quanto à imparcialidade e independência do árbitro em causa".[515]

Não se trata de defesa de um *full disclosure*, destaca-se de antemão, mas de *disclosure* racional, de acordo com os critérios de (a) desconhecimento, (b) relevância, (c) especificidade, (d) legítimas expectativas, e (d) consentimento. Ver-se-á que, enquanto o árbitro tem o dever de investigar – no passado, no presente e durante o processo – suas relações com as partes e seus advogados, incluindo eventuais contatos indiretos, às partes cabe fornecer dados suficientes para que essa estabilização se dê da forma mais completa possível. O árbitro, de um lado, deverá cuidar para que informações razoáveis sobre sua equidistância estejam claras às partes e à instituição arbitral, seja por revelação ou por publicidade e fácil acesso (ciência efetiva ou presumida); as partes, de outro, deverão atuar de boa-fé, fornecendo as informações mínimas para as checagens de conflitos, e assegurando que suas eventuais dúvidas sejam postas dentro do prazo legal e regulamentar para tanto.

Ademais, sustentamos que o receio de impugnações não é um motivo razoável para se reduzir o conteúdo do dever de revelação, voluntária ou implicitamente. Medidas indevidas e antiéticas poderão ser reprimidas e sancionadas pelas vias cabíveis, e uma delas *não* é uma extensão menor do dever de revelação. Não se pode olvidar que somente mediante a transparência serão desenvolvidas jurisprudência e doutrina adequadas sobre o tema do dever de revelação e também sobre a equidistância do julgador. É assim que se deve trabalhar com *standards* como as cláusulas gerais; o ocultamento nenhum bem fará e apenas contribuirá para as críticas que alguns têm feito ao instituto. Somente mediante o adequado exercício do dever de revelação haverá também a evolução da legislação, dos regulamentos e dos códigos de ética. Repita-se que, se as relações do proposto julgador com a parte ou seus advogados são legítimas, não há motivo para que sejam omitidas.

---

[515] Ibid.

Por fim, sustentamos que, na busca pela concretização do dever de revelação, em adição à jurisprudência e à doutrina, dever-se-á considerar a aplicabilidade – tanto quanto possível, e ainda que com ressalvas – de *soft law*. Para alguns, pode não ser a regulamentação ideal, mas é um método legítimo de se trabalhar com normas abertas. Não se está falando só de umas ou outras diretrizes internacionais, e, sim, também de possíveis, futuras, diretrizes locais, baseadas em precedentes que norteiem o adequado exercício do dever de revelação no cenário nacional. Se elas são a única forma de se atingir, em menor prazo, os vetores principais e reduzir os casos de arbitrariedades na indicação e revelação, devem ser consideradas e aplicadas com as cautelas que forem necessárias – ao menos até que se desenvolvam outras ou elas mesmas de forma mais condizente com cada cenário específico.

No cenário de incertezas que se retratou nos capítulos acima, o debate democrático de quais devem ser as limitações do "indicar para vencer" deve ser o maior objetivo. Não se vê melhor forma, aliás, de se lidar com a subjetividade do tema, que está intrinsecamente relacionado a condutas dos sujeitos processuais da arbitragem. Acima de tudo, busca-se enfatizar que a utilização de conceitos amplos e abertos pela lei e pelo regulamento aplicáveis não pode ser interpretada como uma "carta em branco" para que advogados, árbitros e instituições arbitrais interpretem as regras de atuação como bem desejarem.

4.1. A regulamentação. As cláusulas gerais processuais sobre o dever de revelação e as impugnações a árbitros

Antes de adentrar a regulamentação dada à matéria, já se indica que a questão é, pela sua própria natureza, bastante complexa. Em razão dos diversos fatores indicados nos capítulos anteriores, pode-se notar que não é simples estabelecer quais são os fatos que podem ser considerados relevantes, a quem quer que seja, para fins de delimitação de eventuais dúvidas sobre a imparcialidade e a independência do árbitro em cada um dos possíveis cenários. Há muitos sujeitos envolvidos em um processo arbitral, ainda mais se internacional, que podem advir de culturas sociais e jurídicas distintas e que podem ter visões díspares do que se deveria conhecer sobre o proposto árbitro antes de sua confirmação. Conforme introduzem as Diretrizes da IBA relativas a Conflitos de Interesses em Arbitragem Internacional, em sua versão de 2004, há visível tensão entre, de um lado, os direitos das partes de ver reveladas situações que podem colocar em xeque a imparcialidade ou a independência do árbitro e a um julgamento justo, e, de outro, o direito das partes de escolher os árbitros conforme suas preferências.[516]

E isso se mostra difícil também porque o árbitro raramente é, conforme se expôs, um cidadão completamente desprovido de relacionamentos ou interesses – como em tese, aconteceria com o juiz togado tradicional (mas não o moderno); se o fosse, dificilmente seria indicado como julgador privado, que é uma figura historicamente conhecida por sua credibilidade, reputação, e, em especial, por elementos sociais e técnicos que indicam uma vida profissional, acadêmica e social mais atuantes.[517] Não é segredo – e é até salutar – que indicações para árbitro mais comumente recaiam sobre advogados renomados (muitas vezes sócios, ex-sócios ou consultores de grandes escritórios de advocacia, nacionais e internacionais), professores, especialistas em uma determinada área jurídica ou técnica e indivíduos que já atuaram como árbitros no passado e podem atuar em outros processos também no presente.

Nesse passo, a dificuldade maior surge do preceito de que a equidistância do árbitro deve ser avaliada tomando-se em conta todas as diversas relações no mundo em que vive (e nem todas elas abertas ao público), tais como a relação com seus sócios, com os clientes de seus sócios, colegas de profissão, partes e advogados de arbitragens ou processos judiciais anteriores ou em curso, dentre outras.[518] Relações de amizade, relações sociais, familiares, acadêmicas e profissionais dão ensejo a inesgotáveis debates a respeito das informações que deveriam ser reveladas, e quais delas seriam meras frivolidades para o processo arbitral.[519] Além disso, há

---

[516] No original: *"the parties' right to disclosure of situations that may reasonably call into question an arbitrator's impartiality or independence and their right to a fair hearing and, on the other hand, the parties' right to select arbitrators of their choosing."* (Diretrizes da IBA relativas a Conflitos de Interesses em Arbitragem Internacional, versão de 2004, Introdução, item 3).
[517] Capítulo 1, item 1.2.
[518] VERÇOSA, Fabiane, Op. cit., p. 346.
[519] *"Dicho queda que el nominado debe revelar cualquier vínculo económico, comercial, profesional, familiar o social, presente o pasado, que pudiera afectar su imparcialidad o crear razonablemente la apariencia de parcialidad o perjuicio; y esos vínculos se extienden no sólo a las partes y con sus abogados, sino a cualquier persona que presumiblemente deberá declarar como testigo; asimismo debe develar cualquier vínculo de ese tipo que exista con algún miembro de sus familias o con sus actuales empleados, asociados o socios*

importantes dificuldades práticas em se identificar quem seriam as partes envolvidas e também eventuais outros interessados no processo arbitral, como pode ser o caso de sócios das partes, empresas *holdings* e afiliadas, e também os chamados "*third-party funders*".[520] Trata-se de análise que é imperiosa no caso a caso, quando nem sempre todos esses *stakeholders* e possíveis conflitos de interesse estão evidentes a todos, e, por vezes, nem mesmo ao próprio árbitro.

De mais a mais, para o árbitro, como pondera Thomas Clay, essa análise do que deve e do que não deve ser revelado, de tão intrusiva, representa uma "autocensura", um "exame de consciência",[521] e, como se viu, há até um desincentivo psicológico e econômico a essa divulgação, que possui contraindicações e um preço econômico bastante considerável.[522] Se pudesse, o árbitro não revelaria nada para não ser impugnado e continuar a ser indicado em mais processos arbitrais.[523] É situação em que, conforme Francisco Carnelutti, "[a] limitação dos bens em comparação com as necessidades põe (...) o dilema de saber qual, de dentre duas necessidades, deve ser satisfeita e qual deve ser sacrificada. Assim se delineia o conflito entre dois interesses da mesma pessoa".[524]

A delicadeza desse crivo interno e externo, com efeito, advém especialmente de que nem todas as relações e interesses dos sujeitos envolvidos são públicas ou aparentes, e de que há incentivos distintos a cada parte, próprios da relação contratual, para que a revelação se dê em menor ou

---

comerciales." (FERNÁNDEZ ROZAS, José Carlos. Alcance del deber de revelación del árbitro... Op. cit., p. 599). Também nesse sentido: "Assim é que uma pessoa indicada a funcionar como árbitro deve perquirir sobre quem são as partes, seus vínculos societários, relações comerciais ou empresariais que possam denotar dependência funcional ou econômica. O dever de revelação se presta a demonstrar a inexistência de liames de natureza social (amigo íntimo ou inimigo figadal), financeira, comercial e de parentesco entre os árbitros e as partes". (LEMES, Selma Maria Ferreira. O dever de revelação do árbitro... Op. cit.

[520] Ver: PEER, Michael. Op. cit., p. 79-81. Também nesse sentido: "Ainda que algumas empresas de 'funding' admitam revelar sua relação se assim se fizer necessário para a garantia da imparcialidade dos árbitros, sua colocação é de que essa revelação seja feita apenas ao tribunal arbitral. Isso, no entanto, impossibilitaria a parte adversa de realizar a checagem das relações do árbitro e, conforme o caso, recusá-lo ou impugná-lo". (ELIAS, Carlos Op. cit., p. 211).

[521] CLAY, Thomas. **El árbitro**. Op. cit., p. 64.

[522] ELIAS, Carlos Eduardo Stefen. Op. cit., p. 192.

[523] Capítulo 3, item 3.3, *supra*.

[524] CARNELUTTI, Francesco. **Teoria geral do direito**. Op. cit., p. 93.

maior extensão. O árbitro – para quem as indicações podem ser uma "massagem para o ego" e também uma forma de remuneração – é marcado por uma pletora de elementos que podem se mostrar relevantes para as partes, mas ele próprio pode não concordar ou até preferir – inadequadamente ou por falha própria – omitir alguns desses fatos. O dever de revelação passa, também, por uma questão de conduta desses sujeitos, que pode se dar de várias formas, legítimas ou ilegítimas, bem-intencionadas ou não.[525]

As dúvidas que se colocam nesse contexto, pois, dizem respeito a (i) quais desses fatos e relações poderiam ter impacto ou suscitar dúvidas sobre a imparcialidade e a independência do árbitro, fazendo necessária a revelação, e (ii) quais deles impactariam de vez esses elementos, e deveriam, assim, exigir do árbitro que sequer aceitasse a indicação.[526] Conforme se adiantou acima, os crivos para revelação e para impugnação são distintos, já que nem todo fato revelado deverá levar ao afastamento do proposto árbitro; são análises distintas, feitas para fins distintos.[527] Essa diferenciação, que é importantíssima, também fica clara a partir das práticas de diversos regulamentos, como o da Corte de Arbitragem da Câmara de Comércio Internacional – CCI, em que "a revelação nem sequer cria uma presunção a favor do afastamento do árbitro".[528] No da *Permanent Court of Arbitration* – PCA, são reveláveis as circunstâncias que "possivelmente – mais do que menos – dariam ensejo a uma impugnação".[529]

---

[525] "*The most recurrent difficulty lies with subjective attitudes toward the participants in the arbitration. Elements perceived as possibly leading to bias include: friendship or professional relations with a party, a lawyer, or a witness whom the arbitrator may therefore wish to see succeed; animosity having the opposite effect; desire to please the appointing lawyer or party in hopes of deriving some future benefits, such as more appointments from the lawyer (or reciprocal partisanship when the roles are reversed) or professional assignments from the party. These are things arbitrants are keen to know, but they are not readily apparent.*" (PAULSSON, Jan. *The idea of arbitration*. Op. cit., p. 151).

[526] Tradução nossa. No original: "*The duty of impartiality gives rise to arbitrators' obligations to decline certain appointments and to disclose certain matters*". (**Report of the ASIL-ICCA Joint Task Force on Issue Conflicts in Investor-State Arbitrator**. Op. cit., p. 22).

[527] Capítulo 3, item 3.2, *supra*.

[528] "[D]*isclosure does not even create a presumption in favor of disqualification.*" MALINTOPPI, Loretta; CARLEVARIS, Andrea. Op. cit., p. 141-143.

[529] CARON, David D. CAPLAN, Lee M. **The UNCITRAL Arbitration Rules: A commentary**. 2. ed., 2013, p. 196. Também nesse sentido: "*The standard for disclosure differs from the standard for the determination of challenges in that the former refers to circumstances 'likely' to give rise to justifiable doubts as to an arbitrator's independence and impartiality whereas the latter concerns circumstances that 'give' rise*

De todo modo, já se pode notar como pode ser difícil que todas os possíveis indivíduos (os propostos árbitros), além das partes e de seus advogados, tenham exatamente a mesma visão sobre os deveres de imparcialidade, de independência e sobre o dever de revelação. São todos eles deveres que podem comportar entendimentos e posições jurídicas diferentes, e que dificilmente atingem conclusões firmes e unânimes. É fato que "o dever de revelação tem uma dimensão deontológica, que dificilmente será marginada pelo Direito".[530] Ao se falar em equidistância e deveres éticos do julgador, dos advogados e das partes, além da dificuldade de se aferir a lei aplicável,[531] a definição de noções concretas e fechadas raramente é simples. Como lembra Jan Paulsson, "a infinita variedade de circunstâncias que podem ensejar alguma preocupação significa que há grande espaço para disparidades sobre como se interpretar o dever de revelar".[532]

E isso se dá, além da própria subjetividade que é, em tese, peculiar ao tema, por um motivo em especial: o uso, nesses campos (tanto no da revelação como no da impugnação), das chamadas cláusulas gerais. Para regular essas limitações, há uma escolha legislativa por, ao invés de róis taxativos de hipóteses, esses *standards* com o propósito de deixar ao exegeta, diante do cenário concreto e específico, as melhores, mais indicadas e dinâmicas interpretações das normas. Trata-se de uma opção que, ao contrário da previsão de "normas ou regras casuísticas" (e.g., a listagem de hipóteses taxativas e fechadas), visa a "auxiliar a abertura e a mobilidade do sistema jurídico, propiciando o seu progresso mesmo se ausente a inovação legislativa".[533]

---

to such doubts." (GRIMMER, Sarah. Op. cit., p. 92). No âmbito de arbitragens do International Centre for Settlement of Investment Disputes – ICSID: "*Making a disclosure under the ICSID Rules is not an admission of the existence of a conflict of interest.*" (DAELE, Karel. Op. cit., p. 5).

[530] CORDEIRO, António Menezes. **Tratado da arbitragem**. Op. cit., p. 154.

[531] Sobre as dificuldades de se aferir a lei aplicável na arbitragem, ver: DALMASO MARQUES, Ricardo. A lei aplicável à cláusula arbitral na arbitragem comercial internacional. **Revista Brasileira de Arbitragem**. Ano 12, Volume 47, 2015, p. 7-37.

[532] Tradução nossa. No original: "*the infinite variety of circumstances which may be said to give risk to apprehension means that there is great scope for differences in interpreting the duty to disclose.*" (PAULSSON, Jan. **The idea of arbitration**. Op. cit., p. 151).

[533] Trata-se de uma evolução legislativa, na realidade. Judith Martins-Costa explica que, a partir do século XX, mediante modificações na técnica e na linguagem legislativas, passou-se a fazer uso de "normas abertas", fugindo do padrão anterior focado na definição mais perfeita possível de cada situação e na tentativa pormenorizada de estabelecer suas consequências. (MARTINS-COSTA, Judith. Op. cit., p. 119 e 158).

Esclarece a doutrina que a expressão "cláusula geral" advém do termo alemão *Generalklauseln*, e indica uma normativa cuja prescrição é vaga nas hipóteses, sem conteúdo já especificado; ou seja, nela existe "uma dupla indeterminação, tanto na hipótese legal quanto nas consequências correlatas".[534] Não são poucos os exemplos de cláusulas gerais no Direito Civil, onde são empregados diversos termos de abertura semântica para fins valorativos (*e.g.*, "bons costumes", "boa-fé", "justa causa", etc.). Como explica Judith Martins-Costa, "[e]m todos esses casos, o texto normativo apresenta, ao invés de descrição na hipótese normativa (fato tipo, *facti species*), termos e expressões carecidas de determinação ('conceitos vagos')".[535] Para além de uma simples hermenêutica jurídica lógico-sistemática, não basta, para as cláusulas gerais, a mera subsunção do fato à norma; é necessária uma concretização, uma construção, a partir de todos os elementos peculiares do caso a ser decidido.

A doutrina ainda sinaliza a existência de algumas diferenças, nos planos funcional e estrutural, entre as "cláusulas gerais" e os "conceitos indeterminados". Esses últimos, que em algumas situações poderiam advir de estruturas normativas completas, já contêm hipótese legal e consequência pré-determinadas (e.g., "animais de pequeno porte", "força natural violenta", "despesas ordinárias"); a cláusula geral, de outro lado, "deverá ser completada pelo intérprete".[536] Na análise e aplicação do conceito indeterminado, caberia ao exegeta apenas reportar o elemento vago ao fato concreto indicado na *fattispecie* (previsão legal),[537] enquanto, na cláusula geral, a operação seria mais complexa, de averiguar a possibilidade de subsunção de uma série de possíveis casos-limites, aferir a individuação das regras sociais aplicáveis e, por fim, determinar as consequências incidentes no caso concreto, inclusive sua graduação.[538]

A despeito de eventuais diferenças conceituais entre ambas, a cláusula geral e o conceito indeterminado, como espécies de normas abertas, derivam

---

[534] Id., p. 121.
[535] Id., p. 130. DIDIER, Fredie. Op. cit., p. 34.
[536] MARTINS-COSTA, Judith. Op. cit., p. 141-146.
[537] No conceito indeterminado, haveria falta de clareza apenas quanto ao conteúdo, seja por polissemia, vaguidade, ambiguidade, porosidade ou esvaziamento. (CORDEIRO, António Menezes. **Da Boa-Fé no Direito Civil**. Op. cit., p. 1176-177).
[538] Tratam-se as cláusulas gerais, assim, de conceitos muito gerais ou muito abstratos. Id., p. 1182-1184.

de método legislativo que é optado setorialmente para reger algumas questões sociais de forma específica, quando uma regulamentação mais rígida não atenderia à dinamicidade dos elementos envolvidos e poderia emperrar o desenvolvimento de normas com eles compatíveis. Um clássico caso desse modelo é o conceito de *"bonus pater familias"*, que não encontra definição legal, e tampouco consequências pré-determinadas, que devem ser todas apuradas e concretizadas pelo aplicador-intérprete de modo a estabelecer diretivas sobre a prudência e a cautela nas relações civis. Não seria possível ou recomendado que a legislação catalogasse todas as situações em que se poderia enquadrar a figura desse "homem médio"; cabe, assim, à jurisprudência e à doutrina fazê-lo, e o que pode se alterar conforme a prática, o tempo e o cenário.

Os riscos e vantagens de cada modelo são de fácil intuição: a determinação ou tipicidade próprias à casuística costumam produzir segurança momentânea, porém carregam consigo rudimentos de rigidez e imutabilidade, que não são úteis em alguns setores mais instáveis. No caso das cláusulas gerais, o aplicador tem a possibilidade de amoldar a decisão a fatos novos e a novas valorações, o que pode proporcionar soluções contraditórias, antinômicas ou díspares sobre uma mesma situação fática. Nessa última opção, como resta claro, os problemas surgem justamente dos riscos de que a discricionariedade possa levar ao preenchimento inadequado dos *standards*, quando o exegeta não se atenta aos seus princípios vetores, "gerando insegurança e o arbítrio judicial".[539] A doutrina, diante desse impasse, recomenda uma combinação prudente, um equilíbrio, entre ambas as técnicas, tal como ocorre no Código Civil brasileiro, em especial quando trata do direito das obrigações, buscando certeza e segurança – que é fim precípuo de codificações –, mas mantendo as cláusulas gerais como "válvulas de abertura do sistema".[540]

Outrossim, embora se trate de fenômeno jurídico que surgiu e se desenvolveu no âmbito do direito privado, as cláusulas gerais passaram a ser utilizadas também no direito processual, que, por evidente, também necessita de normas flexíveis que possam ser aplicadas às especificidades do caso concreto e a partir dele progridam.[541] São alguns exemplos de

---

[539] MARTINS-COSTA, Judith. Op. cit., p. 174.
[540] Id., p. 178. Ver também: DIDIER, Fredie. Op. cit., p. 34.
[541] DIDIER, Fredie. Op. cit., p. 35.

cláusulas gerais processuais o "devido processo legal", o "poder geral de cautela", a "boa-fé processual", dentre outros que não encontram fechamento semântico, deliberadamente, na legislação processual em si. Também no processo há a preocupação sobre como essas cláusulas serão aplicadas sem incitar um arbítrio judicial exacerbado; são ferramentas notáveis, mas que devem ser bem utilizadas para se assegurar que sejam "aplicadas de forma dogmaticamente aceitável e, de modo a que se [possa] controlar as decisões judiciais que nelas se [baseiam]".[542] Mais uma vez ganha relevância a opção legislativa – a política pública – para se reger os deveres dos árbitros.[543]

Deve-se ressaltar de pronto, por oportuno, que a opção por cláusulas gerais processuais não implica – e não pode implicar – utilização arbitrária e desregrada. Para evitá-la, os *standards* têm sempre como crucial norte os "vetores centrais" do sistema, aqueles que norteiam a aplicação desses conceitos vagos para o fim que se estabeleceu a indeterminação em linha com a ordem jurídico-social a que pertença. Como enfatiza Eros Roberto Grau, "a indeterminação apontada em relação a eles não é dos conceitos (ideias universais), mas de suas expressões (termos)".[544] Há critérios de aplicação das cláusulas gerais que não podem ser ignorados, pois são eles que devem levar à ressistematização dos elementos considerados na aplicação.[545]

Nessa técnica legislativa, existe uma assistematização inicial, uma abertura sistemática, que deve ser ressistematizada em seguida, por meio de precedentes em concordância com os vetores centrais. A preocupação não é sem razão, tendo em vista o exemplo dado pela doutrina de que as cláusulas gerais teriam, na Alemanha nazista, permitido perseguições cruéis a não arianos, sob o signo de "exaltação do novo";[546] desviar-se dos vetores centrais pode trazer consequências bastante contraproducentes e contrárias às razões pelas quais se optou pela legislação por *standards*. Existe um poder maior concedido ao intérprete nesses casos, porém com certos limites pré-estabelecidos com vistas a frear arbitrariedades e decisões incompatíveis com os propósitos do sistema:

---

[542] Id., p. 34-35.
[543] Ver DINAMARCO, Cândido Rangel. **Instituições de direito processual civil**: *v. 1*. Op. cit., p. 219-220; e CHIARLONI, Sergio. Op. cit.
[544] GRAU, Eros Roberto. Op. cit., p. 159.
[545] MARTINS-COSTA, Judith. Op. cit., p. 157-158.
[546] Id., p. 175.

Na medida em que se associem a conceitos indeterminados, as cláusulas gerais deixam nas mãos do intérprete-aplicador um poder considerável, perturbando a repartição de poderes entre parlamento e tribunais e constituindo um factor suplementar de insegurança. Permitem, contudo, uma aplicação cuidada do Direito, com limites, apenas, no nível juscultural dominante no espaço jurídico e expresso pelo julgador, facilitando a actividade legislativa.[547]

Pode-se observar que se fez essa digressão porque, no sistema arbitral, quanto à extensão do dever de revelar, verdadeiras cláusulas gerais processuais são utilizadas por diversas leis e regulamentos arbitrais para o fim de prever, em especial, que não deve o árbitro se limitar a revelar o que ele, sozinho, entende ser relevante para comprometer sua imparcialidade e independência; deve, na realidade, fazer essa apreciação sob o ponto de vista das partes ("aos olhos das partes"), de modo a revelar os fatos que poderiam gerar "dúvidas justificáveis" (ou "dúvidas razoáveis")[548] sobre a sua imparcialidade e a sua independência.[549] São essas as cláusulas gerais processuais relevantes para o exercício do dever de revelação. Sobre as limitações de atuação, estabelecem leis e regulamentos que não poderia atuar como árbitro (e deveria declinar da indicação ou ser recusado) alguém que, sob o ponto de vista de um "terceiro razoável",[550] pudesse dar azo a

---

[547] CORDEIRO, António Menezes. **Da Boa-Fé no Direito Civil**. Op. cit., p. 1181. Ver também SOMBRA, Thiago Luís Santos. Op. cit., p. 99, em que aponta que a penetração dos direitos fundamentais no direito privado se deu por intermédio da atividade de integração dos juízes, "viabilizada pelas cláusulas gerais e pelos conceitos indeterminados do Direito Privado.".

[548] Ambos – "dúvidas justificáveis" e "dúvidas razoáveis" – são utilizados em leis e regulamentos arbitrais, mas sem relevantes alterações de significado.

[549] *"Dicho precepto presenta una doble subjetividad en el sentido de que el árbitro debe revelar lo que él cree que las partes considerarían una causa de recusación lo que obliga a realizar al árbitro un 'razonamiento que tiende a objetivar la situación.'"* (FERNÁNDEZ ROZAS, José Carlos. Alcance del deber de revelación... Op. cit., p. 599). Como indica Thomas Clay, em alguma medida, o dever de revelação confere às partes a função de juízas da equidistância do árbitro. (CLAY, Thomas. **L'arbitre**. Ob cit., p. 323).

[550] Podem ser encontradas algumas variações desse *standard*, mas todas elas com foco na visão de um terceiro razoável que tome conhecimento dos fatos relevantes do caso; ou seja, a visão de um terceiro não interessado e não envolvido (ao contrário das partes, que são partes e observadores interessados) sobre eventual impugnação ao árbitro.

essas dúvidas justificáveis.⁵⁵¹ Trata-se, portanto, de cláusulas gerais do "tipo regulativo", que se propõem a reger todo um domínio de casos;⁵⁵² são esses o *"bonus pater familias"* arbitrais com que se deve trabalhar, e que podem variar de cenário para cenário.

Os três *standards* acima são trazidos pelo chamado "exame duplo", proposto pelas Diretrizes da IBA sobre Conflitos de Interesses em Arbitragem Internacional.⁵⁵³ Por esse método, caberia ao proposto árbitro realizar: (i) para fins de revelação, um julgamento subjetivo, segundo o qual fossem avaliados os fatos e circunstâncias pelos olhos das partes (*"in the eyes of the parties"*); e (ii) para aceitar ou não a indicação, um julgamento objetivo, pelo qual fossem avaliados os fatos relevantes que poderiam causar dúvidas a qualquer terceiro de compreensão razoável (*"reasonable third person"*).⁵⁵⁴

Esses *standards*, e outros igualmente abertos, entretanto, não se limitam a textos de *soft law* e são usados por diversas leis e regulamentos pelo mundo, que fazem referência a um ou mais deles. Como se apontou nos capítulos anteriores, praticamente todas as legislações e todos os regulamentos arbitrais impõem ao árbitro o dever de revelar fatos e circunstâncias que podem suscitar dúvidas quanto à sua imparcialidade e independência. Pode-se mencionar, como exemplos, as regras da Uncitral,⁵⁵⁵ as regras da AAA – *American Arbitration Association*,⁵⁵⁶ e o novo Regulamento

---

[551] CRIVELLARO, Antonio. The arbitrator's failure to disclose conflicts of interest: is it per se a ground for annulling the award? *In*: FERNÁNDEZ-BALLESTEROS, M. Á.; ARIAS, David (Ed.). **Liber Amicorum Bernardo Cremades**, La Ley, p. 387-411, 2010, p. 311.

[552] Judith Martins-Costa classifica as cláusulas gerais em (a) do tipo restritivo, (b) do tipo regulativo, e (c) do tipo extensivo. (MARTINS-COSTA, Judith. Op. cit., p. 127).

[553] Já se fez referência a essas Diretrizes da IBA, mas vale pontuar que não são as únicas que versam sobre temas de arbitragem. As Diretrizes relativas a Conflitos de Interesses em Arbitragem Internacional são as mais antigas, reconhecidas e aplicadas – criadas em 2004 e revistas em 2014; também são *soft law* de aplicação e menções constantes as *Guidelines on the Taking of Evidence in International Arbitration*, de 2010, e as mais recentes *Guidelines on Party Representation in International Arbitration*, de 2013. Estão todas disponíveis no site da *International Bar Association* (IBA). Disponível em: <http://www.ibanet.org/Publications/publications_IBA_guides_and_free_materials.aspx>.

[554] A esse respeito, ver: BLACKABY, Nigel *et al*. Op. cit., p. 268.

[555] Versão 2010, art. 11. *"He or she shall disclose any circumstances likely to give rise to justifiable doubts as to his or her impartiality or independence"*.

[556] Artigo R-16. *"Shall disclose to the AAA any circumstance likely to give rise to justifiable doubt as to the arbitrator's impartiality or independence, including any bias or any financial or personal interest in the result of the arbitration or any past or present relationship with the parties or their representatives"*.

da CCI,[557] alguns dos mais respeitados, e todos estabelecendo genericamente o dever de revelação a partir de fatos que poderiam dar origem a "dúvidas justificáveis", e o último que faz referência também ao critério dos "olhos das partes".[558]

A abordagem é semelhante nas legislações arbitrais internacionais, como a Lei-Modelo da Uncitral,[559] e nas mais diversas leis nacionais, que, em sua maioria, tampouco inovam, e exigem revelação de fatos que "podem dar causa a dúvidas quanto à independência do árbitro" ou possam criar a impressão de uma aparente ou uma evidente parcialidade.[560] É o que ocorre também em arbitragens do *International Centre for Settlement of Investment Disputes* – ICSID, cujo regulamento, em seu Art. 6(2)(b), estabelece que as situações relevantes para revelação são aquelas que possam possibilitar que "uma parte" tenha dúvidas sobre um julgamento independente.[561] Em praticamente todas as leis e regulamentos, portanto, há a utilização de cláusulas gerais processuais, ao invés de previsão expressa de situações limitadoras.

Também nesse aspecto, a situação legislativa e prática do Brasil não parece diferir dos modelos internacionais. A Lei 9.307/96, em seu artigo

---

[557] Versão em português, 2011. Artigo 11(2): "Antes da sua nomeação ou confirmação, a pessoa proposta como árbitro deverá assinar declaração de aceitação, disponibilidade, imparcialidade e independência. A pessoa proposta como árbitro deverá revelar por escrito à Secretaria quaisquer fatos ou circunstâncias cuja natureza possa levar ao questionamento da sua independência aos olhos das partes, assim como quaisquer circunstâncias que possam gerar dúvidas razoáveis em relação à sua imparcialidade. A Secretaria deverá comunicar tal informação às partes por escrito e estabelecer um prazo para apresentarem os seus eventuais comentários".

[558] Nesse sentido, ver: Roos, Cristian Conejéro; GRION, Renato Stephan. Arbitration in Brazil: law and practice from an ICC perspective. *In*: **ICC International Court Bulletin**, v. 17, n. 2, p. 26, 2006.

[559] Artigo 12(1). *"When a person is approached in connection with his possible appointment as an arbitrator, he shall disclose any circumstances likely to give rise to justifiable doubts as to his impartiality or independence. An arbitrator, from the time of his appointment and throughout the arbitral proceedings, shall without delay disclose any such circumstances to the parties unless they have already been informed of them by him"*.

[560] Análise feita por Donahey, M. Scott. The independence and neutrality of arbitrators. **Journal of International Arbitration**, v. 9, Issue 4, p. 36-37, 1992.

[561] *"The question of whether or not a circumstance must be disclosed must thus be answered from the perspective of the parties. The reference to 'a party' indicates that a subjective standard is adopted whereby judgment of the parties is decisive in order to determine whether the arbitrator must make a disclosure or not."* (Daele, Karel. Op. cit., p. 8).

14, § 1º, também utiliza terminologia aberta e subjetiva e demanda que os árbitros revelem "qualquer fato que denote dúvida justificada quanto à sua imparcialidade e independência". Uma peculiaridade, porém, já mencionada, consiste no fato de que, em se tratando de arbitragens em que é aplicável a lei brasileira, embora já esteja claro que o dever de revelação é bem mais amplo do que os casos expressamente previstos em lei, é natural que ocorra, pelo menos, a revelação às partes caso se configure alguma das hipóteses de suspeição ou impedimento previstas no Código de Processo Civil – para os que entendem que poderiam ser renunciadas na arbitragem[562] –, considerando que essa é a baliza que o *caput* do art. 14[563] confere para se precisar a equidistância do árbitro. Não são, contudo, *apenas* esses os casos que devem ser revelados conforme a própria redação da lei, como já se indicou.[564]

Na mesma linha, os regulamentos de arbitragem nacionais seguem também os padrões internacionais. A Câmara FGV de Conciliação e Arbitragem[565] e a Câmara de Arbitragem Empresarial – Brasil ("Camarb"),[566] por exemplo, adotam também o termo "dúvida justificável" ou análogo. Já o

---

[562] Como defendemos acima, apenas as causas de suspeição poderiam ser renunciadas pelas partes, e não as de impedimento; se adotado esse posicionamento, portanto, as causas de suspeição deveriam ser reveladas, mas as de impedimento seriam hipóteses que deveriam levar à rejeição da indicação ou ao afastamento do árbitro – nessas últimas, não haveria que sequer se revelar. Para os que entendem que ambos esses impeditivos poderiam ser renunciados pelas partes na esfera arbitral, porém, seriam ambas causas de pelo menos revelação. Capítulo 3, item 3.1.

[563] "Art. 14. Estão impedidos de funcionar como árbitros as pessoas que tenham, com as partes ou com o litígio que lhes for submetido, algumas das relações que caracterizam os casos de impedimento ou suspeição de juízes, aplicando-se-lhes, no que couber, os mesmos deveres e responsabilidades, conforme previsto no Código de Processo Civil".

[564] Capítulo 3, item 3.1.2.

[565] "Art. 33. (...) § 2º Quando de sua indicação, deverão os árbitros levar ao conhecimento da Câmara FGV qualquer circunstância que possa ser considerada como suscetível de comprometer-lhes a independência. De tal comunicação a Câmara FGV dará ciência às partes para que se manifestem no prazo de 5 (cinco) dias, findo o qual, com ou sem a manifestação das partes, o Diretor Executivo da Câmara FGV, ouvida a Comissão de Arbitragem, decidirá sobre a existência ou não de impedimento. Reconhecida a existência de impedimento, proceder-se-á à escolha do substituto pelo mesmo procedimento utilizado na escolha do substituído".

[566] "Art. 4.2 A(s) pessoa(s) nomeada(s) para atuar como árbitro(s) subscreverá(ão) termo declarando, sob as penas da lei, não estar(em) incurso(s) nas hipóteses de impedimento ou suspeição, devendo informar qualquer circunstância que possa ocasionar dúvida justificável quanto à sua imparcialidade ou independência, em relação às partes ou à controvérsia submetida

Centro de Arbitragem e Mediação da Câmara de Comércio Brasil-Canadá (CAM-CCBC),[567] em seu regulamento anterior, e a Câmara de Mediação, Conciliação e Arbitragem de São Paulo (Ciesp/Fiesp)[568] sequer possuem disposição específica a respeito do dever de revelação, e apenas exigem dos árbitros que firmem o chamado "Termo de Independência", um atestado simples por meio do qual devem revelar as informações relevantes a respeito de sua imparcialidade e independência. O que fazem todas essas instituições arbitrais, assim como a maioria das internacionais, é exigir que o árbitro responda a um questionário pré-aprovado, que normalmente dirige o proposto árbitro a algumas questões consideradas fundamentais e sensíveis sobre sua imparcialidade e independência, e também que firme uma declaração afirmativa de que se considera equidistante para o julgamento.[569]

Em síntese, quando se trata de *hard law*, as balizas da extensão do dever de revelação são genéricas e fazem uso de cláusulas gerais processuais que já são de praxe. A escolha é proposital, com o intuito de não engessar a prática e respeitar as diferenças circunstanciais que existem nas diversas modalidades arbitrais, é uma das características dessa opção legislativa.[570] Ressalve-se que há algumas disparidades entre os *standards* utilizados por

---

à sua apreciação, bem como declarar por escrito que possui(em) a competência técnica e a disponibilidade necessárias para conduzir a arbitragem dentro do prazo estipulado".

[567] "Art. 5.4 (...) Aprovados serão os árbitros instados a manifestar sua aceitação, firmando o Termo de Independência, com o qual se dará por instituído e iniciado o processo arbitral, com intimação das partes para a elaboração do Termo de Arbitragem".

[568] "Art. 2.4 Aprovados serão os árbitros instados a manifestar sua aceitação, firmando o Termo de Independência, instituindo e dando início à arbitragem, intimando-se as partes para a elaboração do Termo de Arbitragem, no prazo de 10 (dez) dias".

[569] Cada instituição arbitral adota um questionário distinto, que pode ser mais ou menos extenso. As instituições norte-americanas são conhecidas por exigir o preenchimento de longos questionários pelos árbitros, também para se evitar que deixem de revelar algumas informações que, sozinhos, considerem de revelação desnecessária. Trata-se de uma tentativa de aferir o que as partes e a instituição arbitral veem como relevantes para fins de revelação nas diversas relações que os árbitros podem ter com partes, advogados e os outros árbitros, por exemplo. Para um exemplo desses questionários, ver: **Dispute Solutions, Inc.** Disponível em: <http://dsi-adr.com/wp-content/uploads/2011/07/Arbitrator_Questionnaire.pdf>.

[570] "*Some* [laws and rules] *make reference to justifiable doubts, while others direct the arbitrator to ask whether the questionable circumstances would cause doubt in the eyes of the parties. The IBA Guidelines include both – justifiable doubts and doubts – in the eyes of the parties as factors for an arbitrator to consider.*" (PARK, William W. Op. cit., p. 670-671).

cada texto. As Regras da Uncitral, por exemplo, estabelecem que deveriam ser revelados os fatos que "provavelmente" (*"are likely to"*) suscitassem dúvidas, enquanto outros regulamentos adotam o termo "podem" (*"might"*), o que, para alguns autores, poderia trazer algumas disparidades na sua aplicação.[571]

No limite, o que há de mais aprofundado nas *hard law* são os regulamentos de algumas instituições que estabelecem situações genéricas que configurariam falta de equidistância do árbitro (causas de recusa ou impugnação), ainda mediante conceitos abertos, porém em um grau de indeterminação sutilmente menor, como é o caso do regulamento atual do Centro de Arbitragem e Mediação da Câmara de Comércio Brasil-Canadá (CAM-CCBC).[572] Também nesses moldes, instituições como o próprio Centro de Arbitragem e Mediação da Câmara de Comércio Brasil-Canadá (CAM-CCBC),[573] cuidam de editar e promulgar códigos de ética que buscam

---

[571] Ver: DAELE, Karel. Op. cit., p. 24-25.

[572] "5.2 Não pode ser nomeado árbitro aquele que: (a) for parte do litígio; (b) tenha participado na solução do litígio, como mandatário judicial de uma das partes, prestado depoimento como testemunha, funcionado como perito, ou apresentado parecer; (c) for cônjuge, parente, consanguíneo ou afim, em linha reta ou colateral, até o terceiro grau, de uma das partes; (d) for cônjuge, parente, consanguíneo ou afim, em linha reta ou colateral, até segundo grau, do advogado ou procurador de uma das partes; (e) participar de órgão de direção ou administração de pessoa jurídica parte no litígio ou que seja acionista ou sócio; (f) for amigo íntimo ou inimigo de uma das partes; (g) for credor ou devedor de uma das partes ou de seu cônjuge, ou ainda de parentes, em linha reta ou colateral, até terceiro grau; (h) for herdeiro presuntivo, donatário, empregador, empregado de uma das partes; (i) receber dádivas antes ou depois de iniciado o litígio, aconselhar alguma das partes acerca do objeto da causa ou fornecer recursos para atender às despesas do processo; (j) for interessado, direta ou indiretamente, no julgamento da causa, em favor de uma das partes; (k) ter atuado como mediador ou conciliador, na controvérsia, antes da instituição da arbitragem, salvo expressa concordância das partes; (l) tenha interesse econômico relacionado com qualquer das partes ou seus advogados, salvo por expressa concordância das mesmas.

5.3 Compete ao Árbitro declarar, a qualquer momento, seu eventual impedimento e recusar sua nomeação, ou apresentar renúncia".

[573] "O árbitro deverá revelar às partes, frente à sua nomeação, interesse ou relacionamento de qualquer natureza (negocial, profissional ou social) que possa ter ou que tenha tido com qualquer uma delas, com seus advogados ou com qualquer pessoa que possa ser considerada como testemunha potencial da arbitragem, e que possa de alguma forma, em razão da sua substancialidade, afetar a sua imparcialidade e ou sua independência ou comprometer sua imagem. Revelar qualquer interesse ou relacionamento que potencialmente possa afetar a

trazer mais concretude à forma e ao conteúdo do dever de revelação, ainda de forma genérica. Como um dos primeiros exemplos, pode-se mencionar o *Code of Ethics for Arbitrators for Commercial Disputes*, da AAA – *American Arbitration Association* e da ABA – *American Bar Association*, criado em 1977, revisado em 2004, e que possui como uma de suas principais utilidades a enumeração de situações consideradas causas de revelação.[574] Pode-se mencionar também as *IBA Rules of Ethics for International Arbitrators*, criadas em 1987 pela (IBA)[575] também listando as situações relevantes de revelação.[576]

Com efetiva concretude, todavia, os elementos mais palpáveis quanto à taxatividade de hipóteses (não vinculantes) passam a vir apenas das chamadas *soft law*, "corpo de atos não obrigatórios (...) elaboradas por órgãos não estatais como associações profissionais, câmaras de comércio e organismos supranacionais, destinados a regular questões atinentes ao processo.".[577] Dentre alguns outros, o exemplo mais conhecido dessas *soft law* estabelecidas por entidades representativas consiste nas já mencionadas Diretrizes da IBA, criadas com o propósito de buscar soluções para

---

sua independência ou criar uma aparência de parcialidade ou tendência. Por parcialidade e tendência entenda-se a situação pessoal do árbitro frente às partes e seus advogados ou, quanto à matéria objeto do litígio possa afetar a isenção do seu julgamento no caso concreto. O dever de revelação é contínuo durante o procedimento arbitral e quaisquer ocorrências ou fatos que possam surgir ou serem descobertos nesse período devem ser revelados".

[574] São elas: (1) qualquer interesse financeiro ou pessoal, direto ou indireto, no resultado da arbitragem; (2) qualquer relação, passada ou futura, de cunho financeiro, comercial, profissional ou pessoal que possa razoavelmente afetar a imparcialidade e a independência do árbitro aos olhos das partes; (3) a natureza e a extensão de qualquer conhecimento prévio a respeito da disputa; e (4) quaisquer outras questões, relações ou interesses que se deva revelar por acordo das partes, pelas regras ou práticas da instituição, ou pela lei que regula o dever de revelar. Disponível em: <https://www.adr.org/aaa/ShowProperty?nodeId=/UCM/ADRSTG_003867>)

[575] Como é o caso (a) das relações comerciais e profissionais passadas e presentes, sejam diretas ou indiretas; (b) da natureza e da duração de relações sociais substanciais com as partes; (c) da natureza de prévios relacionamentos com os demais árbitros, ainda que atuando conjuntamente em outro tribunal arbitral previamente; (d) a extensão de eventual conhecimento prévio do litígio; e (e) a extensão de quaisquer compromissos que possam comprometer a disponibilidade do árbitro de exercer seus deveres e funções. Disponível em: <https://www.trans-lex.org/701100/_/iba-rules-of-ethics-for-international-arbitrators-1987/>.

[576] Note-se que códigos de ética de instituições arbitrais são, sim, vinculantes – são *hard law*, porquanto exigíveis dos árbitros que aceitam o encargo sob a égide daquele regulamento e daquele código –, mas aquela editadas por outras entidades são meras diretrizes (*soft law*).

[577] ABBUD, André de Albuquerque Cavalcanti. Op. cit., p. 10-17.

o que se denominou de "crescentes problemas de conflitos de interesses na arbitragem internacional". Além de dispositivos gerais, as Diretrizes da IBA também classificam uma série de situações de prováveis, possíveis ou aparentes causas de violação aos deveres de imparcialidade e independência, divididas em listas identificadas por cores, também com o intuito de fornecer diretivas sobre as hipóteses que demandariam revelação. São elas:

a) A "lista vermelha", que estabelece hipóteses em que haveria a chamada "dúvida justificada" acerca da independência ou da imparcialidade do árbitro. Essa lista contém (a.1) hipóteses consideradas mais graves elencadas em uma sublista chamada de "lista vermelha não renunciável", que descreve situações em que se considera inviável a confirmação do árbitro, ainda que com a concordância das partes, sob o princípio de que ninguém poderia ser julgador de sua própria causa; e (a.2) situações preocupantes, mas de menor gravidade, e, que, portanto, poderiam ser aceitas expressamente pelas partes, desde que revelados, categorizadas na "lista vermelha renunciável";
b) A "lista laranja", que descreve situações em que, aos olhos das partes, poderia surgir ao menos alguma dúvida justificável quanto à imparcialidade ou à independência do árbitro. Essas são as situações que, a rigor, devem ser reveladas, mas, se não questionadas, levariam à renúncia pela parte de alegá-las posteriormente para atacar a indicação ou a sentença arbitral; e
c) A "lista verde", que enumera situações em que não se verifica qualquer violação, sob uma perspectiva objetiva, e com relação às quais, portanto, não haveria sequer o dever de revelação.

Como se pode observar, as legislações e regulamentos arbitrais tentam, na medida do possível, estabelecer regras gerais a respeito do dever de revelação e das limitações de atuação, mas ainda de forma conservadora, por meio das referidas cláusulas gerais processuais, normalmente de "dúvidas justificáveis", "aos olhos das partes" e um "terceiro razoável".[578] Uma solução um pouco mais objetiva é trazida por códigos de ética vinculantes de algumas instituições arbitrais e algumas *soft law*, essas últimas ao sedimentar as mesmas cláusulas gerais e detalhar e tentar concretizar – de forma sugerida,

---

[578] Ver: GREBLER, Eduardo. Op. cit.

e não vinculante – algumas situações específicas em que a revelação seria necessária ou a atuação não seria admitida.[579] É esse o cenário atual em termos de regulamentação da extensão do dever de revelação.

Nesse panorama, adianta-se nosso posicionamento de que, no tocante à extensão do dever de revelação e dos casos de impossibilidade de atuação como árbitro, andou bem o legislador ao optar por cláusulas gerais, em vez de hipóteses taxativas pré-estabelecidas, uma vez que se trata de modelo compatível com a evolutividade e a dinamicidade do sistema arbitral. Seria inoportuno e até arriscado, dada a autonomia que é concedida às partes para a indicação do árbitro, estabelecer limitações rígidas sobre o que seria relevante para fins de revelação e o que impediria um indivíduo de atuar como árbitro. E isso sem considerar que seria um trabalho impraticável delimitar quais dessas regras valeriam para a arbitragem doméstica, e quais poderiam ser aplicadas em cenários como a arbitragem internacional comercial ou de investimentos. Tratar-se-ia de uma solução incompatível com muitas das premissas em que se calcam o instituto da arbitragem no sentido de que "o texto exato pode variar, mas o princípio geral é de aceitação universal: cada parte em uma arbitragem tem o direito de esperar que de que possa ter plena confiança em um árbitro".[580]

Não se questiona, de outro lado, que esses conceitos vagos acabam por tornar a questão de difícil resolução na prática, em razão da sua subjetividade aparente. Como indaga Carlos Alberto Carmona, "como pode o árbitro saber o que, aos olhos das partes, pode comprometer sua imparcialidade? A suscetibilidade e a sensibilidade de cada um são difíceis de ser mensuradas".[581] Repita-se que, como se trata de um tema também de

---

[579] "Perante as vaguidades referidas, têm-se multiplicado os textos que procuram formular regras a observar pelos candidatos a árbitros. Trata-se de regras elaboradas por entidades privadas, na base de pontos de vista mais ou menos acentuados e que ajudam na ponderação dos casos, ainda que sem poder normativo. São *soft law*". CORDEIRO, António Menezes. **Tratado da arbitragem**. Op. cit., p. 152.

[580] No original: "[e]*l texto exacto puede variar, pero el principio general es de universal aceptación: cada parte en un arbitraje tiene derecho a esperar que se puede tener plena confianza en un árbitro*". (FERNÁNDEZ ROZAS, José Carlos. Contenido ético del deber de revelación del árbitro y consecuencias de su transgresión. Op. cit., p. 810).

[581] CARMONA, Carlos Alberto. Em torno do árbitro. Op. cit. Veja-se que a Lei 9.307/96 não traz a previsão de "aos olhos das partes", mas é considerada e analisada na prática em razão da relevância desse teste em arbitragens nacionais e internacionais.

deontologia, não é simples delimitar o que seria leviano e o que poderia ser considerado justificável às partes que duvidassem da imparcialidade e da independência do árbitro com base nos *standards* mencionados. De fato, "[o] recurso a este tipo de fórmula, conquanto que politicamente correto, suscita uma enorme insegurança".[582]

Mas o fato é que essa é a preferência legislativa de muitos países, inclusive o Brasil, e de muitas instituições arbitrais, e de maneira justificada.[583] Trata-se já de um critério internacional e nacionalmente reconhecido, na linha de que "deve o árbitro efetuar a pergunta a si, se fosse parte gostaria de conhecer mencionado fato".[584] É o que estabelece, por exemplo, a jurisprudência francesa, que mais de uma vez decidiu precisamente que "[o] árbitro deve revelar qualquer circunstância suscetível de afetar o seu julgamento e de provocar nas partes uma dúvida razoável sobre suas qualidades de imparcialidade e independência."[585] Não se trata de opção legislativa recente, e muito menos surpreendente.

Vendo sob outro prisma, essas cláusulas gerais são, na realidade, a forma que se encontrou para assegurar e manter a confiança das partes na pessoa do árbitro indicado, mormente quando as partes não o conhecem (mais comum em arbitragens internacionais, mas também possível em arbitragens domésticas). Ao se exigir que a análise dos elementos de imparcialidade e independência se desprendam de meros critérios internos do árbitro, e passem necessariamente também por elementos externos – o que inclui as partes, a instituição arbitral e a sociedade –, prima-se por solução compatível com ambos os aspectos contratual e jurisdicional da arbitragem. É por não se saber exatamente qual o estado mental (*state of mind*) do proposto árbitro – característica básica do elemento de imparcialidade – que se exige análise de fatos que "podem dar origem a dúvidas quanto à imparcialidade e à independência do árbitro".[586] Está-se, dessa forma, tentando

---

[582] CORDEIRO, António Menezes. **Tratado da arbitragem**. Op. cit. p. 153.
[583] "O problema é, de resto, comum aos países que tenham escolhido a Lei-Modelo da UNCITRAL, o 13.º/1 em vigor, sempre seguindo a Lei-Modelo, deu, no fundo, uma indicação processual: o convidado para árbitro deve revelar 'todas as circunstâncias que possam suscitar fundadas dúvidas sobre a sua imparcialidade e independência'". (Id., p. 153).
[584] LEMES, Selma Maria Ferreira. O dever de revelação do árbitro. Op. cit.
[585] HEINTZ, Tom Philippe; CERQUEIRA, Gustavo Vieira da Costa. Op. cit.
[586] Tradução nossa. No original: "*are likely to give rise to doubts as to the arbitrator's independence and impartiality*". (DAELE, Karel. Op. cit., p. 64).

trazer alguma objetividade a um tema pode ser tido por inerentemente subjetivo.

E não se trata de um trabalho inútil ou impraticável. Tem-se reconhecido que é possível, sim, estabelecer premissas objetivas para as situações que devem, que não devem e que não precisam ser reveladas. Mesmo para as leis e regulamentos que estabelecem um critério mais subjetivo, tem-se advogado pela fixação de alguns crivos práticos, como ocorre, por exemplo, quanto às regras da CCI, que preveem tanto a expressão "aos olhos das partes" como a de "dúvidas razoáveis".[587] Deixa-se claro que não se aceitará que iniquidades sejam cometidas na arbitragem a partir de atos de propostos árbitros sem qualquer tipo de controle, como Catherine Rogers aponta acontecia no passado, quando se deixava ao árbitro, sem maiores critérios, que decidisse, sozinho, quais informações seriam reveladas.[588] Por esse modelo atual, que possui instrumentos para se controlar e evitar arbitrariedades, não poderão os agentes atuar mediante seus interesses próprios, fazendo uso da assimetria de informações para ampliar seu poder, que é bastante caro e expressivo. É louvável que se tente retirar a subjetividade de tema que, se marcado por arbitrariedades e nenhuma responsabilidade, poderá conduzir à perda gradativa de legitimidade da arbitragem.

Pode-se até discutir os critérios e divergir sobre os mais indicados – isto é, se as cláusulas gerais em cada cenário são as mais adequadas para

---

[587] "The mere fact that the arbitrator himself/herself does not consider certain circumstances to call his/her independence into question is not a sufficient reason for not disclosing those circumstances. The arbitrator has indeed to stretch his/her mind so as to consider how the parties may perceive the circumstances. The ICC Rules thus adopt a subjective test, at least in relation to issues of independence. However, because a purely subjective approach could lead to unnecessary disclosure and subsequent frivolous challenges, some commentators have advocated that the 'in the eyes of the parties' standard should be understood as requiring only the disclosure of such matters as may reasonably call the arbitrator's independence into question 'in the eyes of the parties'. The wording of the disclosure test in relation to issues of impartiality seems to be more objective in that it does not have the 'in the eyes of the parties' language but refers to 'reasonable doubts'." (Id., p. 35-36).

[588] "At the commencement of arbitral proceedings, arbitrators decided whether a particular matter needed to be disclosed, most often subject only to their own consciences and the very limited risk of detection. Meanwhile, arbitrators were asked to perform this exercise in discretion at exactly the moment when they had a personal incentive not to disclose a potential conflict lest it might disqualify them from that appointment. Arbitrator disclosure presented a conflict within a conflict." (ROGERS, Catherine. What if the Ghost of Christmas Present Visited the International Arbitration Community of 1995. Op. cit.).

regulamentar a revelação ou o afastamento –, como faz Sam Luttrell ao defender que, dado o caráter privado e contratual da arbitragem, o critério de que impugnações deveriam ser avaliadas conforme a visão de um "terceiro razoável" não seria o mais conveniente, porquanto deixaria de ter em conta algumas características do sistema arbitral que somente um especialista poderia conhecer;[589] e a alteração desse "observador" pode, sim, alterar a extensão que se estabelece para o dever de revelação.[590] Nada obstante, qualquer que seja o critério, não se pode olvidar que dificilmente um modelo legislativo taxativo teria sucesso no sistema da arbitragem. Reitere-se que seria bastante improvável que os deveres de imparcialidade, independência e revelação pudessem ser regidos por um modelo casuístico, que listasse hipóteses absolutas sobre revelações obrigatórias e atuações inadmissíveis; seria solução impossível e inconciliável com a natureza dinâmica e flexível da arbitragem.

O ponto que se destaca é que há boas formas de se estudar e aplicar cláusulas gerais e normas abertas em geral. Existem elementos que devem ser utilizados e priorizados quando a opção legislativa é essa. Para alguns, pode não ser esse o cenário ideal, mas foi essa a escolha, e com bons motivos para tanto. Há, propositalmente, (a) no âmbito geral, previsões legais, regulamentares e diretrizes com disposições genéricas sobre os critérios que devem ser utilizados pelos árbitros, pelas instituições arbitrais, e pelas partes para aferir o que deve, o que não deve e o que não precisa ser revelado, e (b) no âmbito específico, além de jurisprudência e doutrina, *soft law*, que enumeram com mais concretude as situações que importariam o exercício do dever de revelação ou até a impossibilidade de atuação do julgador. "Há que proceder a um intenso labor de concretização da fórmula legal",[591] e há elementos para tanto. Também por isso que alguns autores e instituições arbitrais consideram que é *objetivo* – e não subjetivo – o crivo das as "circunstâncias que poderiam dar azo a dúvidas razoáveis"[592].

---

[589] LUTTRELL, Sam. Op. cit., p. 24.
[590] ELIAS, Carlos Eduardo Stefen. Op. cit., p. 195. Karel Daele pontua que haveria uma semelhança substancial nesse sentido entre os critérios adotados pela maioria dos diversos regulamentos arbitrais internacionalmente, com exceção das arbitragens ICSID, no âmbito das quais muitas decisões estariam ainda focadas muito mais no ponto de vista do árbitro, e não no das partes ou em outros elementos objetivos. (DAELE, Karel. Op. cit., p. 62).
[591] CORDEIRO, António Menezes. **Tratado da arbitragem**. Op. cit., p. 153.
[592] MALINTOPPI, Loretta; CARLEVARIS, Andrea. Op. cit., p. 141.

O que se está fazendo mundo afora, com efeito, é justamente tentar preencher as lacunas que as cláusulas gerais deixam. Instituições arbitrais (a) formulam questionários aos árbitros contendo uma lista de perguntas com o propósito precisamente de antever os pontos mais relevantes sob o ponto de vista das partes e de um terceiro razoável bem informado, e (b) instituem códigos de ética próprios, que podem ser mais ou menos específicos, a depender do cenário em que estejam inseridos. Entidades representativas editam *soft law* também com o propósito de buscar norte para a prática internacional, não para que se estabeleçam como um código rígido, mas para que se tenha alguma direção de como devem ser interpretados os *standards*. E atribuições nessa linha também devem ser conferidas aos árbitros, partes e advogados, como se verá. Está-se buscando compreender e aplicar qual a extensão ótima do dever de revelação para as partes e para todo o sistema. Repita-se que se trata de criar um "*bonus pater familias arbitral*"[593] e aplicá-lo de forma adequada.

Em outros termos, é plenamente possível estabelecer premissas sobre o que seriam, em cada cenário, "dúvidas justificáveis", "aos olhos das partes" e "terceiro razoável", por exemplo. Há como se atingir respostas mais concretas, ainda que acabem variando no caso a caso as soluções finais. Será uma análise casuística, como é peculiar da aplicação de normas advindas do modelo de cláusulas gerais; contudo, é factível que se estabeleçam, por meio dos vetores centrais, formas de se evitar decisões conflitivas, díspares ou assistemáticas. *Não basta apenas se revelar o que quer, se impugnar por qualquer motivo e se ocultar as razões pelas quais se acolheu ou rejeitou a impugnação.* Impende tomar medidas adequadas com vistas à ressistematização que as cláusulas gerais exigem; do contrário, os *standards* serão aplicados pelos sujeitos como bem entenderem, sem responsabilização, e todo o sistema será marcado por decisões contraditórias e a falta de qualquer previsibilidade.

Em linha com a opção legislativa internacional e brasileira, desta feita, faz-se crucial que se apliquem vetores centrais que auxiliem o intérprete no preenchimento dos *standards*, que requerem "uma dogmática firmemente ancorada, tornando estáveis algumas conclusões para o intérprete, e, assim, viabilizando consenso acerca do significado dos enunciados."[594]

---

[593] CORDEIRO, António Menezes. **Tratado da arbitragem**. Op. cit., p. 152.
[594] MARTINS-COSTA, Judith. Op. cit., p. 163.

Quando o tema é o dever de revelação, esses vetores são o *dever de informar* e a *confiança* para mitigar a assimetria de informações e o potencial poder de uma parte sobre a outra, como se explanou nos capítulos anteriores.

4.2. A teoria do *full disclosure* e os riscos do chamado *overdisclosure*

Antes de se adentrar as soluções e respostas aos questionamentos que se fez no texto introdutório do capítulo, aponta-se, ainda como problematização, as preocupações de alguns em advogar por um *full disclosure* (uma revelação completa, sem limites) ou, pela corrente contrária, em criticar esse posicionamento, sob o argumento de que poderia traduzir-se no chamado *overdisclosure* (uma revelação a maior, de fatos desnecessários) e dar armas para que sujeitos que não atuem de boa-fé prejudiquem o processo arbitral. Trata-se esse de um primeiro dilema, uma "batalha interna", que surge para árbitros, instituições arbitrais, advogados e partes quando se veem diante do arcabouço normativo que se abordou acima. Além da falta de incentivo próprio para a revelação,[595] o árbitro ainda pode se ver diante de medidas antiéticas por parte de algumas partes e advogados; e esses últimos também encontram árbitros que têm como único propósito a sua indicação em mais processos arbitrais, sem qualquer deferência ao dever de informação que lhe é mister.

Ao que parece, as propostas mais comuns e recorrentes são aquelas em que se exige do árbitro que revele o máximo de informações possível, o chamado *full disclosure*, na linha defendida por Fouchard, Gaillard e Goldman, que asseveram que todos os fatos devem ser revelados a menos que sejam publicamente conhecidos.[596] Trata-se da diretiva mais forte nos dias atuais, em especial em países de *common law*:[597] em caso de dúvida, dever-se-ia pesar pela revelação, e não o contrário.[598] Segundo a maioria, "se o árbitro tem dúvidas sobre revelar ou não certos fatos, ele deve solu-

---

[595] Capítulo 1, item 1.3, e Capítulo 3, item 3.2.

[596] FOUCHARD, Philippe, GAILLARD, Emmanuel; e GOLDMAN, Berthold. **International Commercial Arbitration**. Haia, Kluwer Law International, 1999, p. 29 e 581.

[597] "*Los sistemas de common law son especialmente sensibles a esta cuestión considerando que es mejor una declaración por exceso que por defecto sobre todo en la fase en que las partes cuentan con la posibilidad de aceptar o rechazar el árbitro.*" (FERNÁNDEZ ROZAS, José Carlos. Alcance del deber de revelación del árbitro... Op. cit., p. 599).

[598] DONAHEY, M. Scott. Op. cit., p. 37.

cionar essa dúvida com a revelação, e não uma omissão".[599] Nesse sentido, Thomas Clay enfatiza que revelar parcialmente seria o mesmo que ocultar parcialmente, o que já seria uma conduta inadmissível em si própria.[600] O referido autor, aliás, é um dos mais incisivos em advogar por um *full disclosure*: segundo ele, não deveria haver sequer discussões sobre a notoriedade, a antiguidade, a natureza ou a pessoa, porquanto caberia às partes – *e somente a elas* – analisar a pertinência dos fatos; ao árbitro, caberia apenas revelar, sem maiores reflexões.[601]

E, ainda para quem defende o *full disclosure*, pesam os argumentos de que revelar não significa que os fatos indicados importarão em recusa ou impugnação (uma vez que os critérios de revelação, recusa e impugnação são distintos, como se viu),[602] e o exercício do dever de revelação serviria precipuamente para assegurar a integridade do processo arbitral ao se colocar a possibilidade de escolha na mão das partes, "onde deve verdadeiramente estar".[603] Não caberia ao julgador aferir o que é (e o que não é) relevante, tarefa que seria restrita às partes e à instituição arbitral (que costuma também adotar uma postura pró-revelação).[604]

---

[599] No original: "[i]*f* [the arbitrator] *is doubtful as to whether certain facts must be disclosed or not, he should resolve the doubt by eventually disclosing rather than non-disclosing*." CRIVELLARO, Antonio. "Does the arbitrator's failure to disclose conflicts of interest fatally lead to annulment of the award? The approach of the European State Courts." **The Arbitration Brief**, n. 1, p. 121-141, 2014, p. 138. Ver também: João Bosco Lee e Maria Cláudia Procopiak salientam ainda o importante fato de que o ambiente cultural e jurídico faz variar bastante o leque de situações que se entende devam ser reveladas ou não. De acordo com os referidos autores, um árbitro inserido no sistema de *common law* tenderia a exercer mais amplamente o *disclosure* que um árbitro oriundo de um regime de *civil law*. De acordo com esses autores, portanto, seria muito difícil chegar-se ao resultado de aproximação universal que buscam as Diretrizes da IBA, principalmente porque, no momento em que o tema é posto à prova, em ação de nulidade proposta em algum judiciário local, o juiz aplicará seus próprios padrões, formados de acordo com o contexto onde está inserido e, portanto, "não estarão isentos de uma nacionalização". (LEE, João Bosco; PROCOPIAK, Maria Claudia de Assis. Op. cit., p. 21).

[600] CLAY, Thomas. **L'arbitre**. Op. cit., p. 277.

[601] Id. **El árbitro**. Op. cit., p. 65-83.

[602] Capítulo 3, item 3.2, e Capítulo 4, item 4.1.

[603] Tradução nossa. No original: "*where it belongs*". (GRIMMER, Sarah. Op. cit., p. 95).

[604] "*Contrary to other Rules, the ICSID Rules do not provide that in case of doubts as to whether to disclose a particular circumstance or not, disclosure should be made. However, then the ICSID Secretariat is called for guidance by arbitrators, it usually endorses the 'in case of doubts, disclose' principle.*" (DAELE,

Por outro lado, muitos salientam que a exigência de um *full disclosure* em muitas instâncias ocasiona um fenômeno indesejável, o *overdisclosure*,[605] que significaria que o árbitro estaria revelando "além do que deveria" e daria azo para impugnações desnecessárias com base nessas "frivolidades". Para esses, o *overdisclosure* poderia simplesmente inflar o número de impugnações ou ataques a sentenças arbitrais por conta de fatos irrelevantes, na medida em que, ao se revelar informações desimportantes, partes e advogados poderiam usá-las para atrasar ou comprometer o processo arbitral. É o que defende Jan Paulsson, para quem formalismos excessivos apenas socorreriam quem pretende fomentar atrasos e impedir a atuação de julgadores honestos e zelosos;[606] para ele, "a revelação é insuficiente para curar todos os males, e a resposta não pode ser exigir mais revelação, que é uma ferramenta intrinsecamente limitada".[607]

E mesmo que não se chegasse a tanto, para alguns, a revelação de algo que "não precisaria ser revelado" fatalmente incitaria discussões infindáveis que emperrariam o eficiente andamento do processo arbitral.[608] Para esses, revelações desnecessárias poderiam "levantar dúvidas na influência de fatos e circunstâncias que, por irrazoabilidade, acabam por levantar implicações desproporcionais para a confiança fiducial e minar a credibilidade na instituição".[609] Nesse ponto, António Menezes Cordeiro lembra que, no cenário português, dificilmente se indicará um árbitro experiente que não tenha tido algum relacionamento com as partes ou com advogados, cenário em que "[q]ualquer elemento publicamente comunicado permite escavar e apurar recusas", até porque algumas partes, sem experiência jurídica, costumam manifestar reticências mesmo sem motivo razoável

---

Karel. Op. cit., p. 5). Ver também, sobre a *Permanent Court of Arbitration* – PCA: GRIMMER, Sarah. Op. cit., p. 95.

[605] Nesse sentido: CÁRDENAS, E.; RIVKIN, D. W. A Growing Challenge for Ethics in International Arbitration. *In*: **Global Reflections on International Law**, Commerce and Dispute Resolution, ICC Publishing, Paris, 2005, p. 197.

[606] PAULSSON, Jan. **The idea of arbitration**. Op. cit., p. 152-153.

[607] Tradução nossa. No original: "[d]*isclosure is insufficient to cure all ills, and the answer cannot be yet more disclosure. It is an intrinsically limited tool.*" (Id., p. 153).

[608] Ver: LEW, Julian D. M., *et al*. Op. cit., p. 268.

[609] FERRAZ JUNIOR, Tercio Sampaio. Suspeição e impedimento em arbitragem: sobre o dever de revelar na lei 9.307/1996. Op. cit.

para tanto.[610] Para ele, seria uma causa psicológica: revelar menos poderia fazer com que impugnações descabidas pudessem ser evitadas.

Externando preocupação também relevante, Carlos Alberto Carmona pondera que, ao se exigir o *full disclosure*, poder-se-ia possibilitar a uma das partes (ou a ambas) não só que manifestasse discordância sobre um ou outro fato revelado, mas também que suscitasse algum tipo de nulidade à falta de qualquer outra informação, por menos importante que ela fosse; estar-se-ia criando ao árbitro uma preocupação de realizar "verdadeiras *due diligences* antes de aceitar o encargo" para evitar essa prática.[611] Ao se exigir a revelação de "tudo", acabar-se-ia, da mesma forma, por dar peso elevado à não revelação de um outro fato que tivesse sido esquecido ou deixado de lado – algo que a jurisprudência estaria tentando evitar ao demandar maior razoabilidade nas investigações que são exigidas dos árbitros, como se verá adiante.[612]

E como mais um argumento contrário à tese do *full disclosure*, na prática, são poucos os árbitros que aceitam se sujeitar a um incidente de impugnação, por mais desmotivado que ele seja. Muitos árbitros, como medida de zelo ou até de orgulho, preferem a renúncia para evitar desgastes e arranhões em sua reputação e alegam que a renúncia em grande parte dos casos seria a melhor opção para não retardar todo o processo; ou seja, sujeitar-se a todo o procedimento de impugnação mais atrasaria o processo do que lhe traria benefícios.[613] Essa é uma realidade que não se pode ignorar: a impugnação por motivos torpes muitas vezes leva à renúncia de pronto do árbitro indicado.[614] Perde-se em qualidade e em tempo, afastando árbitros "que realmente sabem algo, deixando a arbitragem apenas aos ignorantes."[615]

Um outro fenômeno que vale destaque é o de árbitros que, embora no mérito não deveriam ser afastados, têm a impugnação provida em função de suas respostas, por vezes hostis e beligerantes, às alegações do impugnante. Isso ocorreu, por exemplo, no caso *Burlington Resources, Inc. v. Republic of Ecuador*, e também em uma arbitragem da *London Court of International Arbitration* (LCIA), ambas nas quais os comentários feitos

---

[610] CORDEIRO, António Menezes. **Tratado da arbitragem**. Op. cit., p. 157.
[611] CARMONA, Carlos Alberto. Em torno do árbitro. Op. cit.
[612] HEINTZ, Tom Philippe; CERQUEIRA, Gustavo Vieira da Costa. Op. cit.
[613] LEVINE, Judith. Op. cit., p. 282-283.
[614] BALL, Markham. Op. cit., p. 325.
[615] Tradução nossa. No original: *"who really know something, leaving arbitration only to the ignorant."* (PARK, William W. Op. cit.).

pelo árbitro impugnado em resposta à peça impugnatória deram origem a dúvidas acerca de sua imparcialidade; na primeira, o árbitro acusou o escritório de violar preceitos éticos e a confidencialidade dos documentos,[616] e, no segundo, o julgador afirmou que a impugnação seria "fictícia, falsa e maligna".[617] O ponto é que, se a resposta do árbitro se torna um ataque à parte que o impugna, "o árbitro fomenta o risco de estabelecer novas causas para a sua impugnação."[618]

Nesse passo, como já se indicou,[619] tem-se infelizmente observado um crescimento abrupto de impugnações a árbitros ou a sentenças arbitrais – sejam elas legítimas ou não – por motivos relacionados à esperada equidistância do julgador ou à manutenção da confiança nele depositada. É verdade que impugnações terem aumentado não significa necessariamente que irregularidades têm sido cometidas,[620] mas as impugnações frívolas também precisam ser enfrentadas e avaliadas, ainda que seja para reprimi-las em situações futuras. Como exemplo, em publicação de 2011 sobre decisões quanto a impugnações feitas a árbitros, a *London Court of International Arbitration* (LCIA) indicou que "parte das decisões dizem respeito a casos claros de impugnações infundadas ou frívolas".[621] Arnoldo Wald também

---

[616] *Burlington Resources Inc. v. Republic of Ecuador*, ICSID Case No. ARB/08/5 (formerly Burlington Resources Inc. and others v. Republic of Ecuador and Empresa Estatal Petróleos del Ecuador (PetroEcuador)). Disponível em: <http://www.italaw.com/cases/181>. Acesso em: 26 out. 2016. Decidiu o Chairman do ICSID Administrative Council sobre as acusações feitas pelo árbitro: "*In the Chairman's view, a third party undertaking a reasonable evaluation of the July 31, 2013 explanations would conclude that the paragraph quoted above manifestly evidences an appearance of lack of impartiality with respect to the Republic of Ecuador and its counsel. Therefore, on the facts of this case, the Chairman upholds the challenge.*"

[617] Ver: BROWER, Charles N.; MELIKIAN, Sarah; DALY, Michael P. Tall and Small Tales of a Challenged Arbitrator. *In*: **Challenges and recusals of judges and arbitrators in international courts and tribunals**. Chiara Giorgetti (ed.). The Netherlands: Brill Nijhoff, p. 320-336, 2016, p. 333-335.

[618] Tradução nossa. No original: "*the arbitrator faces the risk of creating new grounds to sustain the disqualification request.*" (Id., p. 336).

[619] Capítulo 3, item 3.4.

[620] Até porque o aumento no número de impugnações, de forma geral, pode apenas refletir o crescimento no número de arbitragens em si, como se reporta nos casos da CCI: "*The number of challenges in proportion to the number of arbitrators confirmed or appointed in ICC cases has not risen significantly over the last fifteen years*". (MALINTOPPI, Loretta; CARLEVARIS, Andrea. Op. cit., p. 141).

[621] WALSH, Thomas W.; TEITELBAUM; Ruth. The LCIA Court Decisions on Challenges to Arbitrators: An Introduction. *In*: William W. Park (ed), **Arbitration International Special**

afirma que "tem havido excesso de impugnações levianas e cuja única finalidade consiste em impedir o bom funcionamento da arbitragem".[622]

Especificamente no tocante ao dever de revelação, como se apontou *supra*, Sarah Grimmer reporta que, de todas as impugnações a árbitros submetidas à Secretaria Geral da *Permanent Court of Arbitration* (PCA), em Haia, em mais da metade o dever de revelação foi abordado, e um terço delas se baseou em alegadas falhas no exercício desse dever.[623] Não se pode, assim, simplesmente ignorar que não só a revelação "aquém", mas também a revelação "além" do esperado, pode causar efeitos indesejados no processo arbitral. E vale lembrar que impugnações em arbitragens ICSID são ainda mais deletérias, ao se considerar que o processo é automaticamente suspenso quando alguma impugnação é feita, e só tem prosseguimento quando ela é rejeitada ou novo árbitro é constituído.[624] Uma solução por "revele-se tudo" pode nem sempre ser a mais indicada, portanto.

Como se verá adiante, contudo, não nos parece que esses riscos atribuídos ao *overdisclosure* devem se sobrepor ao direito das partes de serem adequadamente informadas dos fatos que podem causar dúvidas sobre a equidistância do árbitro. Em síntese, e se é que é possível traçar um panorama, a doutrina mais razoável e convincente se destaca no sentido de que, embora os riscos pontuados de um *overdisclosure* sejam reais e legítimos, não podem ser considerados mais relevantes que o próprio dever de informação do árbitro. Não caberia ao árbitro fazer uma análise de probabilidade de as partes o impugnarem (ou atacarem a sentença arbitral posteriormente), com base nos fatos que serão informados; deveria ele apenas se preocupar com revelar adequadamente às partes informações acerca de fatos que elas deveriam conhecer para assegurar sua confiança na equidistância do julgador. A preocupação do árbitro deveria ser apenas a extensão adequada do dever de revelação; ataques inoportunos deveriam ser enfrentados por quem for julgar a impugnação, sejam os outros árbitros, a instituição arbitral, um comitê *ad hoc*, ou mesmo o juiz estatal.

Edition on Arbitrator Challenges. LCIA, Kluwer Law International, p. 283-313, 2011, p. 283. Ver, também nesse sentido, BAKER, C. Mark; GREENWOORD, Lucy. Op. cit., p. 108: "*Many of the challenges could be classed as frivolous*".

[622] WALD, Arnoldo. A ética e a imparcialidade na arbitragem. Op. cit.
[623] GRIMMER, Sarah. Op. cit., p. 93.
[624] Ver: LEVINE, Judith. Op. cit., p. 253-254.

Nessa linha, defendem alguns – e parece-nos o posicionamento correto – que a parte, de posse das informações fornecidas pelo árbitro, somente fundamentadamente poderá apresentar sua recusa; ou seja, "a resposta negativa da parte, conquanto relevante, não tem caráter cogente",[625] e não necessariamente levará ao afastamento do árbitro ou à invalidação da sentença arbitral. A impugnação é direito da parte,[626] e a ela cabe seu exercício. Não há como – e não deveria – o proposto árbitro antever impugnações por motivos torpes, nem delas se precaver; deve ao menos fazer sua parte de exercer o dever de revelação na extensão adequada, e não propositalmente omitir ou deixar de investigar algum fato com receio da impugnação.

Pode-se até não revelar determinado fato por entendê-lo como irrelevante, mas não pelo receio de uma impugnação frívola. Não se pode deixar que arbitrariedades signifiquem um incentivo para não se revelar; ou seja, não se pode dar azo a distorções cognitivas nem a assimetria de informações propositais na relação árbitro-partes. Afinal, não revelar um fato que se deveria revelar de qualquer forma poderá levar a uma invalidade, aí pela aparente falta de equidistância do julgador, e em momento mais adiante do processo, quando o prejuízo poderá ser ainda maior.

Uma ressalva importante é que não se trata aqui de advogar por um *full disclosure*. Não nos parece adequada a defesa de alguns autores por uma revelação absoluta sem maiores reflexões. Na realidade, sequer se defende que se deve revelar "a mais", e quiçá "a menos"; posicionamentos extremos definitivamente não contribuem para a discussão. O que se argumenta é que se deve buscar racionalidade nas exigências que se faz do que deve ser investigado e revelado por cada um dos polos: os árbitros, de um lado, e as partes e seus advogados, do outro. E, reitere-se, há testes que podem ser utilizados nesse rumo. Como se defenderá, deve-se revelar o que as partes provavelmente não conhecem, que é relevante, que leva em conta as peculiaridades do processo arbitral, que está em linha com as legítimas expectativas do *alter*, e que garante o consentimento informado; não precisam ser revelados todos os outros fatos (frívolos ou irrelevantes), e não

---

[625] MARTINS, Pedro A. Batista. **Apontamentos sobre a Lei de Arbitragem: comentários à Lei nº 9.307/1996**. Rio de Janeiro: Forense, 2008, p. 205.

[626] Como se viu acima, a doutrina já reconhece um verdadeiro direito de recusa da parte, que não lhe pode ser cerceado sob pena de se constituir incorretamente o árbitro e o tribunal arbitral. Capítulo 3, item 3.3, *supra*.

devem ser revelados os dados que forem sigilosos ou confidenciais. É o que se passa a expor.

4.3. As soluções propostas: os critérios e elementos que devem ser considerados para se revelar e para se exigir revelação adequada

Estamos convencidos, a despeito dos problemas expostos, que há soluções viáveis a serem consideradas – e muitas delas que são precipuamente de *lege lata*, e não de *lege ferenda*, uma vez que, por ora, trata-se mais de como interpretar e aplicar os *standards* trazidos pelas leis e regras arbitrais do que buscar eventuais alterações legislativas.[627] De forma geral, trata-se de sistematizar e nortear os critérios de interpretação dessas cláusulas gerais conforme os vetores centrais de indicação de árbitros – *o dever do árbitro de informar e a confiança das partes na equidistância do árbitro*, que estão interligadas; enfatize-se: "a confiança (...) somente pode ser avaliada pelas partes em razão do dever legal de informar."[628]

Considerando o caráter contratual da arbitragem, como se apontou, entende-se que o dever de revelar é semelhante em extensão ao dever de informar no campo contratual, que encontra óbices e dificuldades em sua delimitação muito parecidos àqueles indicados acima. Conforme se expôs, embora a obrigação principal do árbitro seja a prolação da sentença arbitral, há deveres laterais, anexos, instrumentais que se impõem e são cruciais para o resultado final da arbitragem – entre eles os deveres de imparcialidade, de independência e de revelação.[629] De nada adianta uma sentença arbitral que seja proferida sem atenção, dentre outros, a esses deveres instrumentais.[630] O contrato de investidura do árbitro tem a informação em caráter instrumental, como é característica de outros em que

---

[627] Far-se-á algumas sugestões de alterações ou emendas em regulamentos arbitrais, mas não se propõe, por ora, qualquer alteração legislativa na Lei 9.307/96, tal como reformada pela Lei 13.129/2015.

[628] MARTINS, Pedro A. Batista. Dever de revelar do árbitro. Op. cit.

[629] Capítulo 3, itens 3.2 e 3.3.

[630] Em sentido um pouco diverso: "Na verdade, o dever de revelar imposto ao árbitro é corolário de um dever maior, uma verdadeira obrigação de resultado, que ele assume ao aceitar o encargo: trata-se do dever de assegurar a prolação de uma sentença que solucione o litígio de forma valida, isto é, uma sentença que possa ser executada no local desejado pelas partes, blindada de qualquer impugnação eventualmente direcionada pela parte sucumbente". (FERRO, Marcelo Roberto. Op. cit., p. 853).

a informação é veiculada, por exemplo, para se assegurar a transparência no mercado, permitir atividade fiscalizadora ou alertar sobre o modo de utilização do bem contratado.[631]

Mas não é só. De forma ainda mais importante, o dever de informar é regido também pela relacionalidade – advinda do caráter relacional da boa-fé –, no sentido de que o conteúdo que deve ser informado pode e deve variar a depender do cenário em que se esteja inserido e das peculiaridades dos contratantes. Assim, a intensidade do dever de informar é dependente dos critérios próprios da fase em que se encontre a relação, dos campos em que atue, do tipo de relação jurídica e de interesse envolvidos, pois é nítido que não se exigirá o mesmo nível de informação, por exemplo, de um médico ao paciente sobre o prognóstico de uma doença ou de cuidados pós-cirúrgicos, e de um comerciante quando contratada a entrega de determinado produto:

> O conteúdo e a extensão da informação devida são determináveis apenas em vista de um compósito de elementos contextualmente integrados. Por essa razão, no exame do caso concreto, devem ser averiguados e entrecruzados (i) elementos fáticos subjetivos (ligados à pessoa dos envolvidos, tais como a sua possibilidade de acesso à informação; bem como à presunção, ou não, de assimetria informacional entre as partes); (ii) elementos normativos (tais como os usos do tráfico jurídico, a presença, ou não, de um dever legal e/ou contratual de informar) e elementos fáticos objetivos (v.g., a aceitabilidade, conforme a relação, de assumir-se o risco 'jogadas equivocadas', como é próprio das relações interempresariais, o cuidado prévio revelado pela realização de *due diligence*, ou a sua negligência, etc.). Em qualquer caso, o *quantum* informativo é questão de grau: não há dever jurídico de dação de informação ilimitada.[632]

---

[631] MARTINS-COSTA, Judith. Op. cit., p. 529-530.
[632] Id., p. 535. Narrando um caso hipotético em que a compradora de um quadro caríssimo não revela ao vendedor o exato valor do bem, e o revende por 85x o preço que pagou, apontam os autores que uma das principais questões que se coloca, sob as várias legislações europeias consideradas, é se haveria um dever da compradora de revelar sua *expertise* e os conhecimentos dali advindos. Com exceção das leis inglesa e irlandesa (em que os deveres de informação são considerados bastante reduzidos), indica-se que, sim, a falta de revelação do real valor da obra implicaria falha no dever de informação e, consequentemente, poderia importar a invalidação do negócio. (WHITTAKER, Simon; ZIMMERMANN, Reinhard. Op. cit., p. 233-235).

São esses alguns exemplos de balizas que existem para fins de regulação do dever de informar, e que podem e devem ser transpostas, para reflexão, para o dever de revelar. Vale avaliar como, de forma bastante didática, Judith Martins-Costa lista o que considera são cinco critérios que podem ser de auxílio na mensuração da intensidade do dever de informar, que serão abordados especificamente na esfera arbitral adiante:[633]

a) O dever de informar não existe quando a contraparte pode razoavelmente ter acesso à informação relevante, pois a própria inércia não desloca o ônus para esfera alheia. A exceção a esse critério, entretanto, reside nas situações em que se verifique impossibilidade fática ou jurídica, objetiva ou subjetiva, de a parte contrária se informar sozinha; ou seja, a possibilidade de se obter as informações é apreciada a partir das circunstâncias específicas do caso.
b) A informação a ser prestada deve ser relevante (pertinente) e lícita; ou seja, deve guardar relação com o objeto do contrato e não pode haver norma que impeça essa transmissão.
c) Embora existam parâmetros e *standards* de razoabilidade estabelecidos pela lei aplicável (como "administrador diligente" e "pessoa razoável"), o conteúdo e a intensidade do dever de informar é feito apenas *in concreto*. A análise somente pode ser feita de forma individualizada, considerados os elementos existentes no caso concreto.
d) O dever de informar deve ser exercido de forma compatível com a boa-fé nas tratativas contratuais e nas legítimas expectativas (a confiança) criadas no *alter* durante o período pré-negocial.
e) No caso de tratativas pré-contratuais, a informação tem como fim último permitir um consentimento informado para se contratar.

Repise-se que, sob o prisma econômico, o fornecimento de informações tem um preço na relação contratual, e, por isso, alguns sujeitos não são incentivados a revelar alguma informação; a resposta dada pelo sistema para esse fenômeno é que devem eles (esses sujeitos) sentir-se *compelidos* a fornecer essas informações, para não serem sancionados, com vistas à transparência e à legitimidade do procedimento.[634] Pelo prisma contratual,

---

[633] MARTINS-COSTA, Judith. Op. cit., p. 541-542.
[634] Capítulo 2, item 2.3, e Capítulo 3, item 3.3., por exemplo.

o sucesso do contrato depende intensamente de deveres que diminuam a assimetria de informações, e, psicologicamente, como se demonstrou,[635] a informação é crucial em razão da condição humana de tomar decisões apenas com base nos dados que lhe são fornecidos.[636] O mesmo deve ocorrer com a arbitragem. Não se trata de adotar um posicionamento pelo *full* ou *overdisclosure*, mas, sobretudo, de reconhecer que há balizas para o dever de revelação (como um dever de informação) e que são formadas com base no cenário e nas peculiaridades de cada processo arbitral individualmente; "o *quantum* informativo é questão de grau."[637]

Faz-se essas ponderações para se demonstrar que há balizas mais concretas que podem ser consideradas e aplicadas para se aferir a extensão do dever de revelação, tal como a autora fez com o dever de informar, e que não há, a rigor, qualquer impropriedade em regular o tema por cláusulas gerais. Pelo contrário, trata-se de iniciativa que é legítima, desde que interpretada adequadamente. Os critérios que acabamos de mencionar não são nada mais do que diretivas surgidas de casos concretos e orientados pela melhor doutrina, como é e deve ser a prática das cláusulas gerais. E como se adiantou, é possível – e até preferível – que se passe a estabelecer esses crivos de forma mais objetiva, uma vez que há interpretações que podem ser consideradas mais apropriadas para os *standards* de "dúvidas justificáveis", "aos olhos das partes" e "terceiro razoável", ou seus análogos. Quando se exige do árbitro que se desprenda de seus interesses próprios e passe a considerar o que as partes ou um terceiro razoável têm como relevante, está-se buscando a fixação de hipóteses mais objetivas, tanto quanto possível. É isso que se pretende quando se afirma que "o mero fato de que o árbitro não considera que certas circunstâncias afetariam sua independência não é razão suficiente para deixar de revelá-las".[638]

Não há dúvidas, deste modo, de que, por meio de perguntas como as que serão feitas a seguir, pode-se chegar a delimitações bastante avançadas do que deve, do que não deve, e do que não precisa ser revelado em cada

---

[635] Id.
[636] KAHNEMAN, Daniel. **Thinking, Fast and Slow**. Op. cit.
[637] MARTINS-COSTA, Judith. Op. cit., p. 535.
[638] Tradução nossa. No original: "[t]*he mere fact that the arbitrator himself/herself does not consider certain circumstances to call his/her independence into question is not a sufficient reason for not disclosing those circumstances.*" (DAELE, Karel. Op. cit., p. 35).

cenário e com possibilidade de construção no caso concreto. Trata-se de trazer concretude, por exemplo, à fórmula (quase um mantra) reiterada pela jurisprudência francesa de que "o árbitro deve revelar qualquer circunstância suscetível de afetar o seu julgamento e de provocar nas partes uma dúvida razoável sobre suas qualidades de imparcialidade e de independência".[639] Para se comprovar essa possibilidade, abordar-se-á alguns exemplos que têm se mostrado mais sensíveis e recorrentes na arbitragem doméstica e internacional, mormente em razão da existência da "comunidade arbitral" a que se referiu. Veremos que há uma série de elementos que podem e devem ser considerados para esse fim.

4.3.1. *Primeira questão*: a informação poderia, razoavelmente, ser obtida pelas próprias partes, ou a não revelação tornaria improvável ou mais difícil o seu conhecimento?

Em consonância com o exposto sobre a extensão do dever de informação,[640] a *primeira pergunta* que deve ser feita pelo árbitro diz respeito à possibilidade de as partes conhecerem o fato que seria revelado; ou seja, deve-se perguntar se há razoável probabilidade de ambas as partes saberem – ou deverem saber – de certa relação comercial, profissional ou pessoal com algum dos litigantes ou seus advogados, por exemplo. Essa premissa é importante, evidentemente, pois o dever de revelação somente surgiria para fatos que *são* ou *estão* ocultos. O termo "revelar" já denota trazer à luz, tirar da obscuridade, desvelar, o que seria aplicável apenas a fatos que não sejam públicos; "a exigência que a lei faz aos árbitros é que digam o que não é conhecido".[641] O questionamento seguinte que se coloca, todavia, diz respeito ao que seria efetivamente uma "informação pública": se seriam aquelas informações que podem ser encontradas nos jornais ou na *internet*, ou aquelas que as partes poderiam buscar em algumas horas de investigação própria.

Logo de pronto, as respostas a essas perguntas passam pela imposição, reconhecida pela doutrina contratual, de deveres mútuos às partes: ao árbitro, que revele aquilo que efetiva ou possivelmente não é conhecido

---

[639] HEINTZ, Tom Philippe; CERQUEIRA, Gustavo Vieira da Costa. Op. cit.
[640] Capítulo 2, item 2.4.
[641] Ver: BAPTISTA, Luiz Olavo. Dever de revelação do árbitro: extensão e conteúdo. Inexistência de infração. Impossibilidade de anulação da sentença arbitral. Op. cit.

pelas partes,[642] e, às partes, que busquem as informações que lhes estejam razoavelmente à disposição sobre a pessoa do proposto árbitro – em especial, quando as partes não o conhecem (e, portanto, quanto a esse haveria mais razões para buscar informações).[643] Existiria, assim, ao árbitro, o dever de investigar e ponderar se o fato é de ciência efetiva ou presumida das partes, e, às partes, o dever de investigar minimamente na sua ponta, já que *o dever de informar não é estático*.

Existe, entretanto, uma "zona cinzenta" de situações que não são de fácil resolução sobre o provável conhecimento pelas partes – hipóteses diferentes daquelas absolutamente ocultas (*e.g.*, indicações como árbitro ou atuações como advogado de parte em arbitragens confidenciais passadas ou presentes) ou exemplos claramente públicos (*e.g.*, o árbitro ter publicado um artigo em uma das principais revistas de direito processual ou comercial). Há uma série de possibilidades nesse meio que não se encaixam nos extremos e dependem de uma análise mais detida.

Nesse aspecto, para se aferir o que é dever do árbitro revelar, ou das partes de investigar, deve-se analisar, sobretudo, a condição de cada um dos polos dessa relação, como se mencionou quanto à esfera contratual.[644] O nível de detalhe do dever de informação depende de seus interlocutores e do conhecimento que deles é esperado na condição de contratantes no cenário econômico-social relevante. Esse exercício corresponde a examinar os "elementos fáticos subjetivos (ligados à pessoa dos envolvidos, tais como a sua possibilidade de acesso à informação; bem como à presunção, ou não, de assimetria informacional entre as partes)".[645]

---

[642] "É forte, nesses termos, o dever que tem a parte de 'informar-se convenientemente', eis que, indicado o componente do tribunal arbitral (ou concordes as partes com um árbitro único ou com a escolha do terceiro árbitro), surge o momento preclusivo de estabilização do processo". (FERRAZ JÚNIOR, Tercio Sampaio. Suspeição e impedimento em arbitragem: sobre o dever de revelar na lei 9.307/1996. Op. cit.).

[643] "É forte, nesses termos, o dever que tem a parte de 'informar-se convenientemente', eis que, indicado o componente do tribunal arbitral (ou concordes as partes com um árbitro único ou com a escolha do terceiro árbitro), surge o momento preclusivo de estabilização do processo". (FERRAZ JÚNIOR, Tercio Sampaio. Suspeição e impedimento em arbitragem: sobre o dever de revelar na lei 9.307/1996. Op. cit.).

[644] Capítulo 2, item 2.4, e Capítulo 4, item 3.2, ambos *supra*.

[645] MARTINS-COSTA, Judith. Op. cit., p. 535.

Nesse ponto, tratando antes do dever de revelar o que é efetiva ou provavelmente desconhecido pelas partes, e em linha com o que se expôs sobre o cenário de assimetria de informações na relação árbitro-parte,[646] não se pode ignorar que muitas vezes é muito mais simples *ao árbitro* que revele o fato do que exija que as partes o busquem sozinhas. E isso, porquanto o árbitro, quando munido de dados suficientes sobre as partes e seus advogados – incluídos sócios, empresas *holdings* e afiliadas, dentre outros –, está em melhores condições de fornecer as informações às partes, ainda que tenha dúvidas sobre a publicidade ou o seu efetivo ou presumido conhecimento. Afinal, quem senão a própria pessoa é a mais indicada para prover informações sobre si, em vez de exigir de terceiros que o façam? E lembrando que a busca das informações pelas partes tem um preço, um custo de transação, que pode ser evitado em caso de diligência pelo julgador.[647]

Como se indicou anteriormente, embora não seja regida por leis consumeristas ou trabalhistas, a relação árbitro-parte é marcada por uma característica assimetria de informações,[648] no sentido de que são em muito diminuídas as possibilidades de um dos polos buscar, sozinho, algumas das informações relevantes da contraparte.[649] Nessas, o dever de informação ganha ainda mais intensidade e amplitude em termos de conteúdo, pois há informações que não podem ser – ou seriam mais dificilmente – obtidas pela parte contrária, se não informada. Não cabe ao árbitro apenas ignorar os fatos que ele considere como públicos sobre suas relações com as partes e seus advogados. Alguns desses fatos podem não ser de fácil obtenção pelas partes, de modo que a não revelação significará, na prática, uma inevitável falta de ciência.

Relacionando essa primeira assertiva com o dever de investigação das partes, de outro lado, é manifesto que as partes estão impedidas de alegar desconhecimento de fatos que caberia a elas investigar sozinhas. E isso independe de previsão legal ou regulamentar expressa, porquanto, a despeito de a maioria das regras arbitrais não estabelecerem, "isso se tornou

---

[646] Capítulo 2, item 2.4, e Capítulo 3, item 4.3, *supra*.

[647] Ver: TIMM, Luciano Benetti; GUANDALINI, Bruno; RICHTER, Marcelo de Souza. Op. cit., citando Carl Dahlman, no original: "*search and information costs, bargaining and decision costs, policing and enforcement costs.*" (DAHLMAN, Carl. J. Op. cit., p. 148).

[648] Capítulo 2, itens 2.1 e 2.4.

[649] Id., p. 540.

um costume para muitos advogados e partes".[650] Por óbvio, quanto aos fatos abertamente públicos e de fácil acesso – como aqueles que podem ser obtidos mediante uma rápida busca pelo currículo público do indivíduo –, não se discute que sequer haja dever de revelar *per se*, na medida em que a ciência deles é presumida e há automaticamente estabilização (a explicada ciência-anuência). O dever de informar não abrangeria, com razão, fatos notórios e manifestos que a parte conhecia ou deveria razoavelmente conhecer. Nesse ponto, "[a] exigência de uma conduta segundo a boa-fé supõe que cada parte deva informar a outra sobre os dados que aquela ignora e que não está em condições de conhecer por si mesma".[651]

Dos advogados, com efeito, espera-se que conheçam – ou que se empenhem a conhecer – minimamente o indicado e busquem o seu currículo e o seu histórico básico, o que inclui empregos correntes e anteriores, eventuais atuações acadêmicas, dentre outros. Parece-nos bastante apropriada, nesse sentido, a afirmação de Carlos Eduardo Stefen Elias de que, para se inserir no campo de investigação das partes, a informação "não deve oferecer maiores dificuldades para ser encontrada, mesmo para o leigo";[652] ou seja, não está se referindo de uma informação que é desconhecida apenas pela comunidade arbitral, mas para qualquer pessoa. Deve-se levar em conta o que as partes sabem ou deveriam saber, e isso não abarca eventuais contatos realizados ou mensagens eletrônicas trocadas por membros do "clube arbitral" em determinado grupo de *e-mails*. A investigação do *background* do julgador, aliás, como já se mencionou, é considerada prática comum na arbitragem;[653] pelas complexidades inerentes à inaplicabilidade do juiz natural ao árbitro, muitas partes e advogados realizam buscas à exaustão a respeito da vida do indicado julgador privado, incluindo indicações prévias como árbitro, atuações como advogado, decisões públicas e produções acadêmicas. Trata-se de uma conduta que não só é altamente recomendada, como, se não observada, pode ser considerada negligente sob o ponto de vista profissional.[654]

---

[650] Tradução nossa. No original: "*this has become customary practice for many counsel and parties*" (GRIMMER, Sarah. Op. cit., p. 94-95).
[651] MARTINS-COSTA, Judith. Op. cit., p. 539.
[652] ELIAS, Carlos Eduardo Stefen. Op. cit., p. 198.
[653] Capítulo 1, item 1.2.
[654] "*However, counsel should not rely exclusively on the arbitrators' own disclosures. One cannot assume that all circumstances that could give rise to justifiable doubts as to an arbitrator's impartiality or independence*

Mas repita-se que esse dever de investigação pelas partes tem limite no campo do razoável. Trata-se de regra que comportar exceções e limitações: há fatos outros que, embora de alguma forma públicos, dificilmente seriam conhecidos pelas partes senão mediante a revelação pelo julgador, como se mencionou. Do árbitro, pois, espera-se que averigue a real condição das partes, e, assim, avalie a probabilidade de que conheçam o fato que se daria a revelar, combinada com a dificuldade de que teriam para buscar aquela informação por si sós, a despeito de eventuais alegações de publicidade. Muitas vezes, a importância da informação até pode se sobrepor ao fato de ser pública ou não, e, por isso, aqui se defende que se deva revelar aquilo que as partes "provavelmente" desconhecem, uma vez que a relevância do exercício do dever de revelação – que será abordada no item seguinte – pode ter mais peso do que eventual discussão sobre o fato de ser público.[655] Faz muito mais sentido para as partes a relevância da informação do que a publicidade que possa ter (ou não), como a jurisprudência francesa tem se posicionado nas últimas décadas;[656] do contrário, não se estaria analisando a real "possibilidade de acesso à informação" pelas partes.[657]

Para exemplificar, seria esse o caso de atuações como árbitro ou advogado em um outro caso judicial ou arbitral que exigisse uma busca em tabloides ou sites de tribunais específicos para ser encontrado. Quanto a esses, alguns regulamentos são já até expressos em exigir que também sejam revelados;[658] entretanto, ainda que assim não seja, entendemos que deve o árbitro sopesar se será mais fácil para ele simplesmente revelar o fato do que exigir das partes que façam a busca por si próprias. Eventuais

---

have been disclosed. Relevant information may have been omitted, knowingly or unknowingly. It is therefore prudent for counsel to supplement the review of disclosures with research into publicly available materials. This might include study of the experience and background of the arbitrators, their appointments in other proceedings either as counsel or as arbitrator, as well as their published decisions and writings. As the challenge decision in Alpha Projektholding observed: '[I]t is standard practice to perform some investigation into the background and connections of an opposing party and its counsel in the early stages of an international arbitration. With the advent of the Internet and such applications as 'Google' and 'Wikipedia', an inquiry of this nature has become simple and easy, and the electronic response is nearly instantaneous."
(LOEWESTEIN, Andrew B. Op. cit., p. 345).

[655] CLAY, Thomas. **El árbitro**. Op. cit., p. 67-69.
[656] Id., p. 67-70.
[657] MARTINS-COSTA, Judith. Op. cit., p. 535.
[658] *"Arbitrators are not relieved of their duty to disclose facts because the facts are in the public domain."* (GRIMMER, Sarah. Op. cit., p. 95).

alegações de publicidade, repise-se, não retiram o fato do escopo do dever de revelação o abranger.[659]

Não concordamos, assim, com o devido respeito, com o posicionamento de Luiz Olavo Baptista quando afirma, em parecer no caso *Doux Frangosul v Bank of America*, que o fato de o proposto árbitro ter sido condenado criminalmente por fatos ocorridos 20 anos antes, e com a punição extinta, deveria ter sido apurado pelas próprias partes, "bastando-lhe, para isto, ir ao distribuidor criminal pedir uma certidão".[660] Essa conclusão parece distorcer o que seria o grau razoável de investigação a ser exigido das partes. Pode-se até discutir se aquele fato (o alegado antecedente criminal) era ou não relevante para suscitar dúvidas sobre a equidistância do julgador e também se existiria o dever do árbitro de informar um fato de tal natureza – o que seriam argumentos válidos –, mas parece exagerado reputar público, e, consequentemente, fora do alcance do dever de revelação, um acontecimento cuja ciência exigiria tamanho esforço das partes.

Por óbvio, não se poderia demandar de todas as partes e advogados que extraíssem certidões de antecedentes criminais dos árbitros indicados; trata-se de informação que, a nosso ver, extrapola o dever de investigação das partes, mormente porque na maioria dos casos a existência do antecedente pouco se relacionaria à capacidade de julgar com equidistância.[661]

---

[659] *"Además, ¿cuál es el fundamento para dispensar la revelación de hechos notorios, si no es el de aligerar el contenido de la revelación? Este parece un objetivo modesto frente a los principios fundamentales en juego."* (CLAY, Thomas. **El árbitro**. Op. cit., p. 58_.

[660] BAPTISTA, Luiz Olavo. Dever de revelação do árbitro: extensão e conteúdo. Inexistência de infração. Impossibilidade de anulação da sentença arbitral. Op. cit.

[661] Nesse caso, que será abordado também em outros momentos, Doux Frangosul S.A. – AgroAvícola Industrial buscava a anulação de sentença arbitral que a condenou ao pagamento de mais de R$ 76 milhões ao Bank of America Merrill Lynch Banco Múltiplo S.A. pelo descumprimento de um contrato de derivativos. Na ação de anulação, alegou-se que um dos árbitros, Hedley Peter Griggs, não havia revelado que, anos antes, havia sido condenado criminalmente no âmbito do sistema financeiro nacional, o que se sustentou teria gerado dúvidas quanto à sua imparcialidade e causado quebra de confiança, também porque a lide envolveria questões envolvendo o sistema financeiro. A ação foi julgada improcedente em primeira instância, precisamente sob o fundamento de que o antecedente criminal não causava *"dúvida justificada à imparcialidade ou a independência do árbitro"*. Em segunda instância, houve desistência do recurso pela apelante. Tribunal de Justiça do Estado de São Paulo – TJ/SP, 24a Câmara de Direito Privado, Apelação n. 0106328-28.2012.8.26.0100, Desembargador Relator Salles Vieira (*"Doux Frangosul v Bank of America"*).

Uma coisa é exigir das partes que busquem conhecer sozinhas informações que constam do próprio currículo do profissional; outra, totalmente distinta e exagerada, seria exigir que se conhecesse uma informação que foi apenas publicada no diário oficial[662] ou em determinada notícia local e isolada disponível na *internet*. Trata-se de análise também de razoabilidade.

Nesse sentido é também o caso *GAT v. Republic of Congo*, em que a primeira impugnou o presidente do tribunal por não ter revelado que era membro do conselho de uma companhia detentora de ações no grupo Total, cuja subsidiária, TEP Congo, estava envolvida no caso por ter garantido dívidas da República do Congo perante a GAT. Após ser condenada a pagar mais de US$ 32 milhões, a GAT buscou anular a sentença arbitral perante os tribunais franceses, e, embora a *Corte de Apelações de Paris* e a *Cour de Cassation* tenham decidido que o fato não revelado não causaria dúvidas sobre a imparcialidade do julgador (teste de relevância, a ser abordado adiante), entendeu-se que não seria admissível o argumento da República do Congo de que a falta do dever de revelação surgiria de eventual publicidade dos fatos. Deu-se peso, sobretudo, como defendemos, aos pontos de que (a) a relevância da informação (a relação comercial com uma das partes) já poderia tornar indispensável a revelação, e (b) seria irrazoável exigir das partes que passassem a monitorar a atividade do árbitro e das pessoas ligadas a ele após o início da arbitragem.[663]

E sobre esse último ponto – a investigação que pode ser exigida das partes já durante o processo arbitral –, a Corte de Apelações de Paris, no caso *SA Auto Guadeloupe Investissements v Columbus Acquisitions Inc*,[664] decidiu que, antes da constituição do tribunal, é natural esperar das partes alguma

---

[662] ELIAS, Carlos Eduardo Stefen. Op. cit., p. 198.

[663] "[I]*f public and very easily accessible information, that the parties could not have failed to consult before the proceedings, is of a nature to characterize the notoriety of a conflict of interest, (...) it would not be reasonable to require that the parties engage in a systematic analysis of sources likely to mention the arbitrator's name and the persons linked to him, nor that they continue their investigations after the beginning of the arbitration proceedings.*" Tradução livre para o inglês em "The French Supreme Court's Pragmatic Assessment of the Arbitrator's Duty of Disclosure", **Legal News**, 1 dez. 2014. Disponível em: <https://arbitrationnewsaltana.wordpress.com/2014/12/05/the-french-supreme-courts-pragmatic-assessment-of-the-arbitrators-duty-of-disclosure/>.

[664] *SA Auto Guadeloupe Investissements v Columbus Acquisitions Inc et al*, Cass Civ 1, 14/26279, 16 dez. 2015. Ver: KLEIMAN, Elie. DEHAUDT-DEVILLE, Yann. Independence and impartiality: Supreme Court confirms stern approach to duty of disclosure. **International Law Office**, 21 abr. 2016. Disponível em: <http://www.internationallawoffice.com/Newsletters/Arbitration-ADR/

investigação mínima acerca do histórico do arbitro, porém não seria razoável exigir que monitorassem esses dados a partir da confirmação do árbitro – o que nos parece bastante acertado. Nesse precedente, deu-se relevância ao fato de que o árbitro único até teria revelado o envolvimento de seu escritório com empresas do grupo de uma das partes anteriormente, quando não havia qualquer caso ativo, mas, na fase de elaboração da sentença, foi publicada notícia dando conta de transação comercial desse grupo sob a condução de advogados do escritório do árbitro, e esse fato não havia sido revelado adiante no processo arbitral. A sentença não foi homologada na França por se considerar que a falha na revelação desses novos fatos criou dúvidas razoáveis de que o árbitro não teria atuado com imparcialidade.

Nesse aspecto é que merece consideração e ênfase a hipótese bastante comum do proposto árbitro que tenha diversas atuações, passadas ou presentes, em outras arbitragens como árbitro ou advogado – fatos que, em razão da usual confidencialidade de processos arbitrais comerciais, na maioria das vezes se mantêm ocultos, com raras exceções nos casos que ganham repercussão pública.[665] Quanto a esses, entendemos que, mesmo nos limitados casos de processos ou sentenças arbitrais feitas públicas por ações judiciais de cumprimento ou anulação, seria extremo exigir que as partes soubessem desses processos ou os investigassem, como já decidiu a Secretaria Geral da *Permanent Court of Arbitration* – PCA em impugnação a árbitro que não havia revelado indicações prévias em duas arbitragens públicas e de grande repercussão.[666]

Quando se trata de processos comerciais em geral, domésticos e internacionais, com efeito, sustentamos que se deve presumir que as partes *não* conheçam o fato, ainda que se trate de arbitragem não confidencial que tenha recebido atenção da mídia em algum momento. Na arbitragem comercial, devem os árbitros partir do princípio de que terceiros não tenham ciência tanto da existência como do objeto daquele processo arbitral, como também já decidiu a Secretaria Geral da *Permanent Court of*

France/Freshfields-Bruckhaus-Deringer-LLP/Independence-and-impartiality-Supreme-Court-confirms-stern-approach-to-duty-of-disclosure>.

[665] PEER, Michael. Op. cit., p. 79-81.

[666] "*The Secretary-General held that the public nature of the prior appointments did not exonerate the arbitrator from his duty to make prompt and full disclosure. The prior appointments clearly fell within the scope of his disclosure obligations, which he had failed to meet.*" (GRIMMER, Sarah. Op. cit., p. 95).

Arbitration (PCA) em alguns casos.[667] Nessa linha, vale pontuar que, mesmo nas arbitragens de investimento – que são muitas vezes públicas ao menos quanto a parte de seus atos (*e.g.*, quanto à sua existência e à composição dos tribunais arbitrais, por exemplo) –, pode-se notar uma prevalência de precedentes firmando que indicações pretéritas, mesmo públicas, *devem* necessariamente ser informadas, mormente porque não se pode assegurar que estariam facilmente disponíveis às partes.[668]

Nessa linha decidiram dois árbitros sobre a impugnação feita no caso *Tidewater v. Venezuela*, arbitragem ICSID em que a árbitra, a Professora Brigitte Stern, não havia revelado as indicações prévias que havia recebido da parte que a indicara também naquele processo arbitral, a República Bolivariana da Venezuela.[669] Na decisão, os dois julgadores não concordaram com a defesa da árbitra impugnada, que alegou que indicações em arbitragens ICSID seriam de conhecimento público e não precisariam ser reveladas; entenderam eles que (a) não caberia ao árbitro, para aferir a extensão do dever de revelação, basear-se em ou presumir eventual diligência dos advogados das partes em suas investigações, e (b) o árbitro é quem está na melhor posição para aferir se há alguma informação que poderia ser relevante para revelação. A revelação dessas indicações anteriores seria, no mínimo, uma "precaução" para evitar qualquer alegação de impropriedade, segundo os julgadores. A impugnação, contudo, foi rejeitada no mérito, sob o fundamento de que indicações reiteradas em arbitragens pela mesma parte não causariam riscos à imparcialidade da árbitra, tema que também se abordará mais adiante.

E como outro exemplo do que aqui se defende, no caso *Vito G. Gallo v. Canada*, decidiu-se que nem mesmo a existência de cobertura pela mídia da relação do árbitro com seu escritório anterior e o suposto reduzido tamanho da associação de comércio e investimentos do Canadá poderiam significar a desnecessidade de revelação de fatos relevantes. Entendeu-se que aceitar a argumentação e mesmo a prova de que haveria um "conhecimento explícito" (*constructive knowledge*) não poderia afastar o dever contínuo do árbitro de revelação, porquanto se criaria um ônus indevido a uma das

---

[667] Id., p. 95.
[668] Ver: LOEWESTEIN, Andrew B. Op. cit., p. 354-358.
[669] *Tidewater Investment SRL and Tidewater Caribe, C.A. v. Bolivarian Republic of Venezuela* (ICSID Case No. ARB/10/5). Disponível em: <http://www.italaw.com/cases/1096>.

partes de buscar a informação que poderia muito facilmente partir do próprio árbitro.[670] Indicações prévias e concomitantes para outros processos estão, sim, portanto, abarcadas pelo escopo e pela extensão do dever de revelação, ainda que sejam casos públicos em menor ou maior extensão.

No tocante à publicidade, desta feita, salientamos que o dever mais significativo é o do próprio árbitro, a quem cabe decidir por revelar, mesmo que tenha dúvidas sobre a publicidade ou o conhecimento das partes sobre aquele determinado fato. Deve ele assegurar que as partes tenham ciência dos fatos relevantes, seja pela revelação, quando os fatos forem possivelmente desconhecidos, ou pelo entendimento de que as partes tenham o dever de investigá-los quando se tratar de informações de razoável acesso público. Sendo os fatos relevantes, as partes devem ter ciência, efetiva ou presumida, e isso sempre começará por uma investigação pelo proposto árbitro. A publicidade (ou não) dos fatos é menos importante nesse momento.[671]

Do lado das partes, todavia, deve-se exigir – além da busca dos elementos básicos (como aqueles que constam do currículo do julgador) – tempestividade nos comentários sobre os fatos revelados (ou não revelados) e eventuais impugnações, sob pena de preclusão, conforme o binômio "ciência-anuência".[672] Não se pode admitir a tática dilatória e antiética de alguns de deixar de suscitar eventual causa de falta de equidistância no primeiro momento, conforme exigir a lei e o regulamento aplicáveis. Dentre os diversos casos que podem ser listados, destaca-se o caso *Burlington* v *Ecuador*, em que a parcela da impugnação em que se suscitou que o árbitro havia sido indicado oito vezes pelo mesmo escritório foi rejeitada por intempes-

---

[670] *Burlington Resources Inc. v. Republic of Ecuador*, ICSID Case No. ARB/08/5 (formerly Burlington Resources Inc. and others v. Republic of Ecuador and Empresa Estatal Petróleos del Ecuador (PetroEcuador)). Disponível em: <http://www.italaw.com/cases/181>.

[671] Poder-se-ia perguntar, porém, por que a primeira questão diz respeito à publicidade e não à relevância, se é mais decisiva para o dever de revelar. Os motivos são dois: (a) a análise de publicidade é uma apreciação que a maioria dos tribunais e órgãos julgadores de impugnações a árbitros e a sentenças arbitrais, por intuição, realiza antes do teste de relevância, e (b) pretende-se, logo de início, afastar a ideia de alguns de que informações públicas não devem ser reveladas. Quanto a esse segundo ponto, observou-se que, de fato, se a informação é aberta e manifestamente pública – constando do currículo público do árbitro, por exemplo –, sequer existe o dever de revelação, e nem se precisaria adentrar a análise de relevância; se há, porém, dúvidas sobre a publicidade, a relevância é de crucial análise, e que deve se sobrepor à discussão de conhecimento ficto daquele fato.

[672] Capítulo 3, item 3.3.

tividade (ou preclusão, ou *estoppel*), considerando que em quatro das oito arbitragens referidas a atuação do árbitro era conhecida pela impugnante há anos e que as indicações subsequentes eram de ciência pública há pelo menos três meses antes da impugnação.[673]

Isso significa que, para as partes, além de investigar as informações básicas sobre a pessoa do árbitro quando da indicação, é seu dever exercer o direito de recusa ou de impugnação de forma legítima e tempestiva, dentro do prazo estabelecido pela lei ou pelo regulamento. Em arbitragens regidas pela Lei 9.307/96, por exemplo, o seu Artigo 20 exige que questões relativas à suspeição ou impedimento do árbitro[674] – e aqui se deve entender que se refere o legislador a todo e qualquer caso de possível recusa ou impugnação – "na primeira oportunidade que tiver de se manifestar, após a instituição da arbitragem". Quando indicado, o árbitro pode ser recusado, como prevê o Artigo 14, § 2º, da mesma lei; se ultrapassada essa fase, e confirmado o julgador e constituído o tribunal, tem a parte ainda a oportunidade de impugnar o julgador logo de início para evitar maiores prejuízos ao processo.

Trata-se de ônus[675] das partes advindo da boa-fé e lealdade processuais, como visto, e também sob pena de não poder suscitar o tema por preclusão ou consequências do princípio de *estoppel*. Como decidiu a Corte de Apelações de Paris na mais recente decisão do caso *Avax v Tecnimont*, o desrespeito ao prazo regulamentar para a recusa pode implicar a renúncia (*waiver*) ao direito de impugnar o árbitro e também a sentença arbitral posteriormente.[676] Embora essa decisão tenha sido criticada por alguns por ter exigido que o impugnante [a Avax] formulasse nova impugnação para alegar fatos que se deram após a decorrência do prazo regulamentar

---

[673] *Vito G. Gallo v. The Government of Canada*, Award. UNCITRAL, PCA Case No. 55798. Disponível em: <http://www.italaw.com/cases/471>.

[674] Embora, a nosso ver, como se explicou acima, os casos de impedimento seriam de ordem pública e, portanto, seriam irrenunciáveis e não atingíveis pela preclusão. Capítulo 3, item 3.1.

[675] Trata-se de um ônus processual, e não um dever, uma vez que a parte pode impugnar, mas não está obrigada a fazê-lo; como consequência do ônus, caso não impugne, como regra, não mais poderá suscitar aquele fato como violador da equidistância do árbitro, a depender de sua natureza.

[676] Ver: FOUCHARD, Clément. Tecnimont Saga: Episode V – The Paris Court Strikes Back. **Kluwer Arbitration Blog**, 3 ago. 2016. Disponível em: <http://kluwerarbitrationblog.com/2016/08/03/tecnimont-saga-episode-v-the-paris-court-strikes-back/>. Acesso em: 26 out. 2016.

para a recusa,[677] ela salienta a importância da tempestividade do ato de impugnar, que deve ser considerada conforme o regulamento aplicável e cujo prazo tem início no momento em que se entende a parte conhecia ou deveria conhecer aquele fato.

Por fim, já que se está propondo soluções para assegurar a legitimidade do tribunal arbitral e do processo arbitral em si, é de todo recomendado que instituições arbitrais incluam nos questionários a serem preenchidos pelos árbitros e em seus regulamentos arbitrais e códigos de ética previsões de que a revelação deve se dar também quanto a fatos públicos (como outros processos judiciais ou arbitrais) que possam não ser de fácil alcance pelas partes – em especial durante o processo arbitral, quando se espera que o árbitro revele quaisquer fatos novos e relevantes que surjam, a despeito de sua publicidade. Trata-se de interpretação das cláusulas gerais que, em determinados cenários, pode ser positivada ao menos por instituições arbitrais, porquanto em consonância com o dever de informar que cabe ao árbitro.

Em linha com os vetores centrais do dever de revelação, portanto, no tocante à publicidade da informação, as conclusões principais são as de que:

a) Árbitros devem revelar o que as partes provavelmente desconhecem, na sua condição de leigas, e não o que a comunidade arbitral ou qualquer outro setor especializado pode conhecer. Em caso de dúvidas sobre a possibilidade ou a plausibilidade de as partes conhecerem algum fato, deve-se optar pela revelação, que é normalmente mais simples do que a busca da informação pelas partes, em especial quando já no decorrer do processo arbitral. Em determinadas circunstâncias, pela sua natureza, a relevância da informação e o seu provável desconhecimento (tal como a atuação como árbitro ou advogado em processos arbitrais anteriores ou presentes, públicas ou confidenciais) já deve demandar sua revelação, a despeito de alegações de conhecimento público.

b) Partes e seus advogados devem investigar minimamente o histórico do proposto árbitro a partir de informações básicas (como aquelas disponíveis no currículo público) e suscitar, tempestivamente,

---

[677] Segundo o advogado da Avax, Emmanuel Gaillard, *"as a result, litigants will have to be very mindful of the timeframe prescribed by the applicable rules to lodge a challenge and may be compelled to file successive challenges."* (FOUCHARD, Clément. Op. cit.).

eventuais dúvidas e impugnações que possam ter quanto às relações e aos fatos encontrados. Manifestações e impugnações fora do prazo legal ou regulamentar deverão ser rejeitadas por intempestividade, preclusão, *estoppel* ou renúncia (*waiver*).

c) Instituições arbitrais podem incluir em seus questionários, regulamentos e códigos de ética previsões expressas de que a revelação deve se dar também sobre fatos públicos (como outros processos arbitrais) que possam não ser de fácil alcance pelas partes, em especial durante o processo arbitral, quando se espera que o árbitro revele quaisquer fatos novos e relevantes que surjam, a despeito de sua publicidade. Devem também aferir, no julgamento de impugnações, a tempestividade (ou não) da impugnação feita pelas partes, sancionando eventuais abusos.

4.3.2. *Segunda questão*: a informação é relevante para se determinar se há dúvidas sobre a equidistância do julgador, e está ela protegida por algum dever ou obrigação de sigilo ou confidencialidade?

A *segunda pergunta*, e normalmente a mais decisiva, diz respeito à relevância do fato para suscitar dúvidas justificadas sobre a equidistância do julgador; "o árbitro somente tem o dever de revelar fato (...) que tenha relação com as partes e a matéria a ser julgada. É a denominada dúvida justificada ou razoável".[678] Repita-se que o dever de revelação não abarca apenas fatos que efetiva e necessariamente coloquem em xeque e em dúvida a imparcialidade e a independência do julgador – crivo que é mais rígido e é feito para o caso de impugnação; como se está ainda tratando da fase cujo propósito é informar adequadamente as partes e a instituição arbitral, o critério para revelação é um pouco mais largo, focalizando os fatos que "poderiam" levantar dúvidas sobre a equidistância do árbitro. É nesse ponto, pois, que começam a surgir as cláusulas gerais processuais de "dúvidas justificáveis" e "aos olhos das partes", que variam a depender da lei e do regulamento aplicáveis.[679]

Como se adiantou, esses *standards* buscam orientar o intérprete sobre o que seria essa "relevância" em se tratando de equidistância. Viu-se que

---

[678] LEMES, Selma Maria Ferreira. 1. Árbitro... Op. cit., p. 29.
[679] Capítulo 4, item 4.1.

grande parte das legislações e regulamentos arbitrais utilizam esses enunciados para refletir o que deve ser revelado, com o propósito de assegurar que os vetores centrais da indicação de árbitros sejam observados: o dever de informar e a confiança no árbitro. Trata-se de termos que fazem a transposição dos elementos contratuais da arbitragem para os critérios de seleção e confirmação dos árbitros. Está-se dando peso relevante não só ao que o proposto árbitro entende possa trazer de dúvidas sobre a sua equidistância, mas também ao que podem os demais sujeitos cogitar a esse respeito.[680] Adiante, serão trazidos exemplos que demonstram que, conforme o caso concreto, esses *standards* são úteis, se aplicados de forma razoável e responsável por árbitros, partes e seus advogados.

As "dúvidas justificáveis" já foram estabelecidas pela doutrina e jurisprudência como aquelas que podem "afetar a independência e a imparcialidade do árbitro no ato de julgar".[681] Selma Maria Ferreira Lemes assevera que deverá ser revelado o fato que seja "importante a ponto de suscitar questionamentos e insegurança no espírito da parte", uma "insegurança de que o árbitro indicado não tenha capacidade de exarar um julgamento isento e justo."[682] Embora exista alguma subjetividade no que se pode ter por relevante, há diversas situações em que se pode aferir com segurança se as partes deveriam conhecer determinado fato. Trata-se de relações profissionais, comerciais, ou pessoais que possam existir entre, de um lado, o árbitro, seus sócios, e familiares, e, de outro, as partes e seus advogados, incluídas eventuais empresas relacionadas com o conflito ou nele interessadas, e também eventuais relações com os outros árbitros. E, por óbvio, não são todas essas relações que importam. Nem tudo é relevante ou irrelevante, e, por isso, "não há dever jurídico de dação de informação ilimitada".[683] O que se deve delimitar é o que é, e o que não é relevante para revelação às partes.[684]

---

[680] Id.
[681] Id. O dever de revelação do árbitro... Op. cit.
[682] Ibid.
[683] MARTINS-COSTA, Judith. Op. cit., p. 535.
[684] Em sentido contrário, Thomas Clay defende que mesmo fatos banais deveriam ser revelados, pois *"sólo las partes son aptas para juzgar la influencia que tienen dichos hechos sobre su nombramiento"*. (CLAY, Thomas. **El árbitro**. Op. cit., p. 74-78).

4.3.2.1. O dever de investigação pelo árbitro. Processos ou em negócios que envolvem as partes ou alguém a elas relacionado são, como regra, relevantes. Cabe ao árbitro investigá-los minimamente e revelá-los – antes e durante a arbitragem

Para trazer objetividade à discussão, já se nota que, como regra, atuações em outras arbitragens e também em processos judiciais como advogado ou árbitro e envolvimento em negócios relacionados são relevantes e devem ser revelados. Nem todos esses casos devem levar ao afastamento do árbitro, mas a revelação é, sim, de rigor. E isso principalmente porque processos anteriores ou em curso são situações que podem levantar "dúvidas justificáveis" às partes sobre a equidistância do julgador. Essas dúvidas podem ser afastadas no caso concreto, após a revelação, quando as outras arbitragens não se relacionem com o objeto do processo arbitral, ou mesmo quando a transação comercial foi realizada por outros integrantes do escritório de advocacia do árbitro, sem a sua intervenção; porém a revelação, a análise dos fatos pelas partes e a ciência-anuência quanto a esses casos são cruciais. Repita-se que não necessariamente são causas de recusa, mas são causas de revelação na maioria dos casos; o que importa, por ora, não é a causa de recusa ou impugnação, e, sim, aferir-se se os fatos ocorridos "teriam a conotação de abalar a confiança da parte e influenciado no ato de julgar com independência e imparcialidade":[685]

> Deverá o futuro árbitro ter o cuidado de revelar todos os fatos e circunstâncias que possam dar margem a dúvidas com respeito à sua imparcialidade e independência. Por isso, qualquer relação de negócios anterior, futura ou em curso, direta ou indiretamente que se produza entre o árbitro e uma das partes, ou entre aquele e uma pessoa que saiba seja testemunha potencial para o caso, gerará normalmente dúvidas com respeito à imparcialidade do árbitro eleito.[686]

Uma preocupação que existe, nesse tocante, diz respeito à extensão que se espera da investigação que deve ser feita pelo proposto árbitro sobre seu passado, seu presente e o acompanhamento desses fatos relevantes durante o processo arbitral. Não se pode ignorar a dificuldade de que se

---

[685] MARTINS-COSTA, Judith. Op. cit., p. 535.
[686] ANDRIGHI, Nancy. O perfil do árbitro e a regência de sua conduta pela lei da arbitragem. In: ADV Advocacia Dinâmica: seleções jurídicas, n. 2, p. 3-5, fev. 1998.

crie e mantenha um sistema infalível de verificação dos fatos que podem impactar a equidistância do julgador. Não somente preocupam os fatos que se deve revelar, mas também aqueles que, por falta ou falha no conhecimento pelo proposto árbitro, não são revelados. As perguntas são: "o que acontece (...) quando o árbitro não sabe das relações relevantes? Deve ele ou ela ir um passo além e investigar potenciais conflitos de interesses? Devem os árbitros proativamente 'procurar problemas?'".[687]

Nesse caso, porém, entendemos que a solução é bastante objetiva: não há saída senão exigir do proposto árbitro que realize investigações adequadas a respeito de sua relação com as partes, seus sócios, empresas *holdings* e afiliadas, por exemplo, e também os advogados.[688] O árbitro não deve ser um investigador, tampouco revelar todas as nuances de sua vida, mas deve buscar fatos que podem ser relevantes a ponto de afetar a visão feita da sua equidistância. Aqui não há outra possibilidade: deve-*se atribuir ao árbitro um dever de investigação razoável e compatível com sua (honrosa) condição quando de sua indicação e durante o processo*. Ainda que se trate de trabalho por vezes árduo – mormente para que o árbitro acompanhe o desenvolvimento desses fatos e os revele durante o processo –, não há como se afastar esse dever de investigação, que é contínuo e na mesma extensão.[689] Deve o

---

[687] Tradução nossa. No original: *"What happens (...) when the arbitrator knows of no relevant relationships? Must he or she go one step further and investigate possible conflicts? Must arbitrators actively look for trouble?"* (PARK, William W. Op. cit., p. 654).

[688] Em tempos passados, discutia-se se a relação do julgador com os advogados das partes poderia dar azo a alguma dúvida acerca da equidistância do julgador. Atualmente, parece claro que sim (ainda que em grau menor de relevância do que a relação entre julgador e partes propriamente ditas), e principalmente na arbitragem, onde as atuações de advogado e árbitro muitas vezes se alternam. No Novo Código de Processo Civil brasileiro, essa tendência restou mais clara e foi positivada, ao se estabelecer que está impedido de atuar o juiz "quando promover ação contra a parte ou seu advogado" (Art. 144, inciso IX), e é suspeito se "amigo íntimo ou inimigo de qualquer das partes ou de seus advogados" (Art. 145, inciso I). Thomas Clay narra que, em meados de 1990, a CCI inseriu em seu formulário de declaração de independência a necessidade de se revelar nexos entre árbitros e advogados, o que foi recebido com ceticismo pela comunidade arbitral; aos poucos, porém, o entendimento – que já vinha sendo balizado pela jurisprudência – foi sedimentado em razão das diversas relações que são, de fato, estabelecidas entre advogados e julgadores na esfera arbitral. (CLAY, Thomas. **El árbitro**. Op. cit., p. 74-77).

[689] *"If the scope of disclosure does not depend on the stage of the arbitration, i.e. in the course of the arbitration the arbitrator is required to disclose the same facts or circumstances than the ones that he/she would be required to disclose at the outset of the arbitration, it is reasonable to assume that also the scope of investigation will not depend on the stage of the arbitration."* (DAELE, Karel. Op. cit., p. 63).

árbitro saber da importância da sua posição – tal como a introduzimos nos capítulos iniciais[690] – e investigar relações passadas e presentes como tal:

> O dever de revelação não se circunscreve apenas aos eventos dos quais o árbitro tem conhecimento, mas também daqueles que ele, razoavelmente, poderia conhecer. Significa dizer que o dever de revelação compreende o dever de investigar. Para desincumbir-se do dever de revelação, o árbitro deve perquirir a respeito de todas as potenciais causas de conflito de interesses (aos olhos das partes, seja lembrado), verificando não só sua lista de clientes e frente a quem seus serviços foram prestados, seus contatos profissionais (em especial, os escritórios e advogados com os quais o árbitro ou seu escritório mantêm relação negocial ou parceria), acadêmicos e pessoais, seus investimentos (ampliando essa pesquisa para todos os familiares que com ele residam ou mantenham contato próximo), como também mesmo realizando pesquisas por palavras nos sistemas e nos documentos digitais do seu escritório, tudo a fim de eliminar qualquer possibilidade de ter se envolvido em evento ensejador de dúvidas justificadas aos olhos das partes a respeito da sua imparcialidade. Quando o processo arbitral envolver grandes empresas, deve o árbitro solicitar às partes mais informações sobre seus sócios e sociedades coligadas, realizando novamente toda a averiguação frente a esses sujeitos. Mais: o dever de revelação inclui as relações do árbitro com os demais membros do painel.[691]

Um precedente recente que reflete essa realidade consiste no já referido caso *Abengoa v. Adriano Ometto*, que teve sentenças arbitrais estrangeiras de homologação negada pelo Superior Tribunal de Justiça brasileiro.[692] Em duas arbitragens CCI com sede em Nova Iorque, Estados Unidos, a Abengoa obteve a condenação de Adriano Ometto e sua empresa em aproximadamente US$ 100 milhões por perdas sofridas após a aquisição de duas usinas sucroalcooleiras; a empresa espanhola viu, porém, as requeridas buscarem a anulação das sentenças arbitrais sob o argumento de que o presidente do

---

[690] Capítulo 1.
[691] ELIAS, Carlos Eduardo Stefen. Op. cit., p. 195-196.
[692] Superior Tribunal de Justiça. Corte Especial. Sentença Estrangeira Contestada 9412/US (2013/0278872-5). Ministro Relator Felix Fischer. Acórdão publicado em 30 de maio de 2017, com acórdão de embargos de declaração julgados em acórdão de 13 de novembro de 2017. Atualmente, aguarda-se apreciação do agravo em recurso extraordinário interposto pelas partes empresas do grupo Abengoa (que tentaram, sem sucesso, a homologação).

tribunal arbitral em ambas, David W. Rivkin, teria deixado de revelar que o escritório do qual é sócio, Debevoise & Plimpton LLP, atuara em favor de outras empresas do grupo espanhol em transações comerciais (não contenciosas) antes e durante os processos arbitrais e que, a esse título, teria o escritório recebido mais de US$ 6,5 milhões do grupo em honorários. Alegaram Adriano Ometto e sua empresa, na ação anulatória proposta em Nova Iorque, violação ao dever de revelação e evidente parcialidade (*evident partiality*) nos termos da *Federal Arbitration Act*.[693]

Curiosamente, a ação de anulação foi julgada improcedente pela *District Court for the Southern District of New York*, sob o fundamento de que, embora não tivesse sido revelada, não havia provas de que a representação de empresas do grupo econômico de uma das partes em outros negócios por outros sócios do mesmo escritório do árbitro tivera o condão de afetar a sua imparcialidade nos dois processos arbitrais.[694] A decisão foi confirmada pela *Court of Appeals for the Second Circuit*, que entendeu que árbitros, diferentemente de juízes, não poderiam ser afastados mediante a mera aparência de parcialidade (*appearance of bias*), e validou a decisão da *District Court* de que o árbitro: (a) não conhecia os fatos que deram origem ao conflito de interesses quando proferiu as sentenças arbitrais, e (b) não tinha motivos para entender que esse conflito de interesses "não trivial" poderia existir e, assim, não teria o dever de investigá-lo mais a fundo. Entendeu-se, pois, que o árbitro fora descuidado, e aceitou-se a sua declaração de que teria ocorrido um mero erro administrativo de cadastro no nome das partes no sistema de checagem de conflitos de seu escritório, mas que tal falta de cautela não poderia ser comparada a uma "cegueira proposital" (*willful blindness*).[695]

---

[693] Ver: LEMES, Selma Maria Ferreira. "1. Árbitro...". Op. cit.

[694] "*We find no error in the district court's holding that the lead arbitrator lacked knowledge of the conflicts at issue at the time he authored the awards or in its holding that there was no evident partiality. Nor do we find error in the district court's holding that Rivkin had no reason to believe that a nontrivial conflict might exist, and thus had no further duty to investigate.*" (Ometto v. ASA Bioenergy Holding A.G. (No. 12-4022, 2014 WL 43702 (2d Cir. Jan. 7, 2014). Disponível em <https://casetext.com/case/ometto-v-asa-bioenergy-holding-ag>).

[695] "*To the extent that the lead arbitrator was careless, that carelessness does not rise to the level of willful blindness.*" (*Ometto v. ASA Bioenergy Holding A.G.* Op. cit.). Ver: "Second Circuit declines to vacate arbitration award for arbitrator partiality". **Practical law**, 10 jan. 2014. Disponível em: <http://us.practicallaw.com/6-554-1085>.

De outro lado, em seu juízo de delibação, o Superior Tribunal de Justiça, por 5 votos a 1, denegou a homologação das sentenças arbitrais no território brasileiro, com voto condutor do Ministro João Otávio de Noronha, sob os fundamentos de que, no que toca à equidistância do julgador,[696] os negócios em que atuou o escritório de advocacia do árbitro presidente envolvendo as empresas do grupo Abengoa eram, sim, relevantes ("contatos relevantes (...) e com questões de alta importância para o grupo econômico no curso da arbitragem") e, portanto, deveriam ter sido revelados:

> Tais fatos evidenciam que o escritório do árbitro presidente teve contatos relevantes com sociedades do grupo Abengoa e com questões de alta importância para o grupo econômico no curso da arbitragem. Ainda que não se trate de relações cliente-advogado, por certo que não podem ser desconsideradas, sobretudo se levados em conta os valores nelas envolvidos, o que autoriza seu enquadramento na cláusula aberta de suspeição prevista no inciso V do art. 135 do CPC. O art. 13 da Lei de Arbitragem dispõe que pode ser árbitro qualquer pessoa capaz e que detenha a "confiança das partes", expressão que compreende, de um lado, a indicação de pessoa da sua confiança e, de outro, a aceitação de indicado pela parte adversa e de quem não tenha razão para desconfiar. Dada sua origem contratual, a arbitragem põe em relevo a confiança fiducial, que, na estrutura jurisdicional, mostra-se presumida. (...)
> Evidenciada, a meu juízo, a presença de elementos objetivos aptos a comprometer a imparcialidade e independência do árbitro presidente, que não foram revelados às partes como determina a lei, não vejo como homologar as sentenças arbitrais, em respeito aos arts. 13, 14, caput e § 1º, 32, II e IV, 38, V, e 39, II, da Lei n. 9.307/1996 (Lei de Arbitragem).[697]

A favor do reconhecimento da sentença arbitral, a Abengoa havia apresentado parecer de Selma Maria Ferreira Lemes, argumentando que, a despeito de não reveladas, a natureza e a frequência das atividades exercidas

---

[696] As sentenças arbitrais não foram homologadas também por se entender que foram proferidas, quanto à indenização fixada, fora dos limites da convenção arbitral – tema esse que é diverso e não será abordado aqui.

[697] Superior Tribunal de Justiça. Corte Especial. Sentença Estrangeira Contestada 9412/US (2013/0278872-5). Ministro Relator Felix Fischer. Acordão publicado em 30 de maio de 2017, p. 33-34.

pelo escritório do presidente do tribunal não tornariam relevante a omissão.[698] Segundo a parecerista, o escritório teria representado apenas direitos de terceiros nas referidas operações, e não de partes do processo arbitral, o que não afetaria objetivamente a imparcialidade e a independência do árbitro.[699] Nesse mesmo sentido foi o parecer de Arnoldo Wald, também contratado pela Abengoa, para quem a natureza das transações que envolviam o escritório do árbitro e uma das empresas do grupo Abengoa não estabeleceria, a rigor, uma "relação cliente-advogado ou qualquer outro tipo de prestação de serviços" entre os dois, o que afastaria o dever de revelação:

> 8. Ocorre, porém, que não existia, na realidade, qualquer relação de negócios ou advogado-cliente entre o escritório a que pertence o árbitro presidente e partes relacionadas às Consulentes. O simples falo de o escritório prestar serviços jurídicos a terceiro, sem qualquer participação do árbitro, em determinada operação envolvendo parte na arbitragem ou outras a ela relacionadas (inclusive, muitas vezes, com interesses divergentes daqueles da parte representada pelo escritório), em negócio que não tem qualquer relação com o objeto da lide arbitral, não enseja dever de revelação do árbitro, tampouco violação aos seus deveres de independência e imparcialidade.[700]

A defesa no Brasil enfocou, como se pode observar, a alegação de que os temas não seriam relevantes a ponto de demandar revelação. Parece-nos, contudo, um argumento equivocado, já que não leva em consideração que os fatos não revelados podem até não afetar efetivamente a imparcialidade do árbitro (algo que nunca se saberá integralmente), mas não é disso que trata o dever de revelação. O resumo é que os fatos *deveriam* ter sido revelados, na medida em que dizem respeito a uma relação existente entre o escritório de advocacia do árbitro e empresas do grupo de uma das partes antes e no decorrer do processo arbitral. Como se decidiu no âmbito do Superior Tribunal de Justiça, "[a]inda que essa relação de devedor e credor entre a empresa Abengoa Solar, integrante do grupo Abengoa e o escritório

---

[698] LEMES, Selma Maria Ferreira. 1. Árbitro... Op. cit.
[699] Id., p. 27.
[700] Superior Tribunal de Justiça. Corte Especial. Sentença Estrangeira Contestada 9412/US (2013/0278872-5). Ministro Relator Felix Fischer, fl. 2265.

do árbitro presidente fosse de desconhecimento do árbitro, já é suficiente para colocar objetivamente em dúvida sua independência."[701]

É ainda mais interessante – e contraditório – que o principal fundamento para se defender a homologação (irrelevância dos fatos e desnecessidade de revelação) é diverso daquele que os tribunais norte-americanos utilizaram para justificar a higidez da sentença (desconhecimento justificado dos fatos pelo árbitro). Se a anulação ou a denegação de reconhecimento da sentença são consequências viáveis para esse tipo de caso, ver-se-á adiante;[702] nada obstante, parece-nos insustentável afirmar que os fatos não deveriam ter sido revelados, até porque o próprio árbitro reconheceu que se tratara de erro administrativo do sistema de checagem de conflitos de seu escritório, e não de uma análise prévia que o tivesse levado à conclusão de que a revelação não era necessária por irrelevância dos fatos.

Nesse sentido, concordamos com o parecer de Carlos Alberto Carmona nos autos, quando afirma que o mero fato de envolvimento do escritório do árbitro com uma das partes "seria, por si só, capaz de levantar dúvida acerca da independência do árbitro aos olhos das partes (...)."[703] Abordar-se-á, no capítulo seguinte, o peso da falta de revelação e a sua relevância para invalidação da sentença arbitral, mas, já aqui, enfatizamos nosso entendimento de que se equivocaram as cortes norte-americanas ao decidir que seria legítimo ao árbitro que não conhecesse ou não buscasse conhecer os casos passados e atuais em que seus sócios teriam atuado em representação de empresas do grupo de uma das partes. Havia, sim, o dever de investigação daqueles fatos pelo árbitro, e se ele não foi diligente em buscá-los, e se eram relevantes para a causa, não haveria como se afastar a ocorrência de violação ao dever de revelação. As consequências dessa violação, reitere-se, serão discutidas adiante, porém não há como se argumentar que não deveria o árbitro ter investigado, conhecido e revelado os fatos às partes tempestivamente.[704]

---

[701] Superior Tribunal de Justiça. Corte Especial. Sentença Estrangeira Contestada 9412/US (2013/0278872-5). Ministro Relator Felix Fischer. Acordão publicado em 30 de maio de 2017, p. 33-34.

[702] Ver capítulo 4, item 4.4, *infra*.

[703] Id., fl. 1251.

[704] *"Con el aumento del uso del arbitraje el riesgo de un conflicto de intereses por parte de los árbitros se ha multiplicado hasta el punto de condicionar en muchos casos la política de determinadas firmas de abogados. Este riesgo se puede mitigar de manera significativa por el uso de la debida diligencia y exhaustiva investigación,*

Outro caso nessa linha é o já mencionado *Avax* v *Tecnimont*, francês, em que o presidente do tribunal arbitral foi impugnado por não ter revelado que o escritório multinacional em que atuava como conselheiro (*of counsel*)[705] assessorava a matriz e a filial de uma das partes em outros assuntos. O árbitro, quando do início do processo arbitral, atuava no escritório de Paris e revelou, em sua declaração de independência, que advogados atuantes nos escritórios de Washington D.C. e Milão haviam assessorado uma empresa relacionada à Tecnimont quanto a assunto em que ele não estava envolvido. Deixou ele de revelar, porém, que, durante a arbitragem, o escritório passou também a assessorar outra empresa que havia sido adquirida por corporação relacionada à Tecnimont.

A Avax impugnou o árbitro com base nesses fatos, mas teve sua objeção indeferida pela CCI com base em fundamentos processuais. Perante os tribunais judiciais, de outro lado, tanto a Corte de Apelações de Paris quanto a de Reims, em momentos distintos, decidiram pela anulação da sentença parcial que havia sido proferida, sob o fundamento de que o árbitro deveria ter revelado às partes as novas interações entre as empresas do grupo Tecnimont e seu escritório, ainda que por outros advogados.[706] Essas decisões, ambas, em linha com a jurisprudência francesa, firmaram que havia o dever contínuo do árbitro de revelar não só eventuais circunstâncias pessoais, mas também outros fatos relativos ao escritório em que atuava já durante o processo arbitral.[707]

---

verificación de antecedentes y el análisis de las eventuales conexiones entre un árbitro y una de las partes o abogados en el arbitraje. La referida indagación puede contribuir de manera eficaz a eliminar las conexiones o los conflictos ocultos que podrían alterar el necesario equilibrio del procedimiento arbitral o incrementar la apariencia de parcialidad de los árbitros designados." (FERNÁNDEZ ROZAS, José Carlos. Contenido ético del deber de revelación del árbitro y consecuencias de su transgresión. Op. cit., p. 807).

[705] Veja-se que a condição de consultor (*of counsel*) foi equiparada à de sócio ou associado do escritório para checagem de conflitos. (PARK, William W. Op. cit., p. 654-655).

[706] Ver: FRANC-MENGET, Laurence. Tecnimont, the saga continues but is not yet over. **Kluwer Arbitration Blog**, 25 nov. 2011. Disponível em: <http://kluwerarbitrationblog.com/2011/11/25/tecnimont-the-saga-continues-but-is-not-yet-over/>.

[707] Em 2016, esse caso sofreu (mais) uma reviravolta: a Corte de Apelações de Paris julgou improcedente a ação de anulação da sentença arbitral sob os fundamentos de que (a) os fatos novos trazidos pela Avax após o prazo de 30 (trinta) dias estabelecidos no regulamento de arbitragem da CCI para impugnação eram públicos e de fácil acesso, (b) a impugnação foi feita fora do prazo, e (c) as informações não reveladas não impactariam a independência do

Em consonância com esses precedentes, não se defende, por evidente, que caberia ao árbitro investigar *toda e qualquer* informação, mas apenas aquelas que se mostrem relevantes para suscitar dúvidas (ainda só dúvidas) sobre a equidistância do julgador. Como decidiu a *US Appellate Court for the Second Circuit*, em 2007, no caso *Applied Indus. Materials Corp. v. Ovalar Makine Ticaret Ve Sanayi, A.S.*, o dever do árbitro de investigação não é absoluto e genérico, pois possui limites nas situações em que tenha motivos para acreditar que algum conflito existiria em suas relações.[708] Nesse caso, o presidente do Tribunal Arbitral era presidente de uma companhia multinacional com 50 escritórios em 30 países diferentes, e revelou que uma empresa do grupo estava em negociações para adquirir uma empresa afiliada de uma das partes, porém falhou em informar, em seguida, que o negócio havia sido fechado meses depois, durante o processo arbitral. O tribunal judicial não se convenceu da afirmação feita pelo árbitro de que havia estabelecido uma "*chinese wall*" para evitar que os temas se misturassem dentro da empresa e anulou a sentença arbitral por parcialidade evidente (*evident partiality*) decorrente da falha do árbitro em continuar a investigar e informar essas transações, que se considerou poderiam afetar sua independência.[709]

E, nesse ponto, lembremos que a análise de existência de conflitos de interesses não se limita ao campo da arbitragem. Escritórios de advocacia, empresas de consultoria e de auditoria realizam essas checagens diariamente para assegurar que não prestarão serviços a clientes que tenham interesses opostos,[710] o que poderia, em maior escala, comprometer a legitimidade do trabalho e, em menor, causar lídimos desconfortos a algum deles ou a

---

árbitro. Essa última decisão tem sido criticada por alguns, como se adiantou, porquanto estaria impondo às partes um dever exagerado de monitorar fatos relativos ao julgador e de formular diversas impugnações sucessivas para cada fato descoberto, e ainda é sujeita a recurso perante a *Cour de Cassation*. Ver: FOUCHARD, Clément. Op. cit.

[708] *Applied Indus. Materials Corp. v. Ovalar Makine Ticaret Ve Sanayi, A.S.*, 492 F.3d 132 (2d Cir. 2007). Disponível em <https://www.trans-lex.org/311420/_/applied-industrial-materials-corp-v-ovalar-makine-ticaret-ve-sanayi-as-and-others-district-court-sdny-28-june-2006-no-05-cv-10540-/>.

[709] Ver: PARK, William W. Op. cit., p. 654-655.

[710] "Referidas bancas possuem sistema de aferição de conflito que as permitem, com agilidade, verificar seu conjunto de clientes para aferir eventual conflito de interesses com clientes constituídos". (LEMES, Selma Maria Ferreira. 1. Árbitro... Op. cit., p. 25).

ambos.[711] É inquestionável que a globalização e a internacionalização dos negócios tenham tornado essa checagem mais complexa, porém se trata de um risco do negócio. Se pretende o escritório de advocacia ou a empresa prestar serviços a clientes das mais diversas áreas e países, deve manter um sistema de checagem de conflitos confiável, a ponto de indicar se há riscos de que a atuação de diferentes profissionais dentro da mesma organização, a clientes com interesses divergentes, comprometa a legitimidade ou a confiabilidade dos serviços. O mesmo vale para o árbitro, cujo múnus contratual e público exige que investigue e informe adequadamente os laços que mantém com qualquer das partes.[712]

É o que estabelecem também as Diretrizes da IBA, em seu item 6(a), ao prever que que, embora o árbitro deva, em teoria, para checagem de conflitos, ser considerado como membro do escritório em que atue (*"bear the identity of his or her law firm"*),[713] as análises do que deve ser revelado e do que impediria a sua atuação como árbitro somente podem ser feitas no caso a caso. As atividades do escritório devem ser consideradas, portanto, mas a relação entre o árbitro e as atividades relacionadas deve ser apreciada caso a caso, o que faz todo o sentido.[714]

---

[711] *"Most accounting firms provide guidance for managing the issue of conflict. Accounting firms often comprise separate legal entities covering a specific geographical area that do not share conflicts of interest across the entire group of legal entities operating under the brand name. Furthermore, to counter personal bias or interests that arise when considering the perception of conflicts, accounting firms have a system in place so that ideally an individual with no vested interest in the outcome of the decision assesses the conflict. (...) This system has evolved and, just like arbitrators, accountants often disclose relevant prior relationships to parties so they can evaluate potential conflicts from their perspective."* (PEER, Michael. Op. cit., p. 79-81).
[712] *"No arbitrator should have links with either side that provide an economic or emotional stake in the outcome of the case."* (*The Owners of the Steamship Catalina & The Owners of the Motor Vessel Norma*. 61 Lloyd's Rep. 360, 1938. Disponível em: <https://www.trans-lex.org/311230/_/catalina-v-norma-[1938]-61-llyods-law-reports-360-et-seq/>). Ver: PARK, William W. Op. cit., p. 637.
[713] Diretrizes da IBA relativas a Conflitos de Interesses em Arbitragem Internacional, versão de 2014.
[714] *"The arbitrator is in principle considered to bear the identity of his or her law firm, but when considering the relevance of facts or circumstances to determine whether a potential conflict of interest exists, or whether disclosure should be made, the activities of an arbitrator's law firm, if any, and the relationship of the arbitrator with the law firm, should be considered in each individual case. The fact that the activities of the arbitrator's firm involve one of the parties shall not necessarily constitute a source of such conflict, or a reason for disclosure. Similarly, if one of the parties is a member of a group with which the arbitrator's firm has a relationship, such fact should be considered in each individual case, but shall not necessarily constitute by itself a source of a conflict of interest, or a reason for disclosure."* (LEVINE, Judith. Op. cit., p. 275-276).

Não há como se afastar, com efeito, que o dever de revelação importa também o dever de investigação. Como aponta Carlos Eduardo Stefen Elias, "[o] dever de revelação não se circunscreve apenas aos eventos dos quais o árbitro tem conhecimento, mas também daqueles que ele, razoavelmente, poderia conhecer."[715] Embora em arbitragens ICSID possam ser encontradas posições ainda variadas sobre o tema – exigindo maior ou menor grau de investigação pelo árbitro[716] –, na arbitragem comercial há certa convergência de que existe um dever implícito de investigação e que falhas na investigação não podem afetar o conteúdo da revelação.[717] Nesse sentido também estabelecem as Diretrizes da IBA, em seu item 7(c), de que o "árbitro está sob o dever de fazer questionamentos razoáveis para investigar qualquer potencial conflito de interesses, bem como quaisquer fatos ou circunstâncias que possam suscitar dúvidas sobre sua imparcialidade ou independência."[718]

Uma ressalva importante: em um cenário em que as partes não forneçam ao julgador elementos suficientes para que a checagem de conflitos se realize de forma detalhada e adequada, é manifesto que não poderá o árbitro ser considerado responsável por não verificar eventual relação entre ele, seus sócios e familiares, por exemplo, e alguma pessoa ou entidade que não tenha sido indicada como relevante para aquele caso. O árbitro deve investigar minimamente quais são as empresas das partes e os seus representantes mais conhecidos, mas não pode ser obrigado a buscar toda e qualquer informação sobre as partes para fins de checagem de conflitos. Nesse tocante, é dever das partes fornecer as informações necessárias no momento da instituição da arbitragem, e também durante ela, caso alguma alteração societária ocorra no decorrer da arbitragem.[719]

---

[715] ELIAS, Carlos Eduardo Stefen. Op. cit., p. 195.
[716] DAELE, Karel. Op. cit., p. 48.
[717] "*He cannot just rely on his exiting knowledge. The principle of reasonableness limits the extent of enquiries to be made by the arbitrator to find out potential conflicts and the resulting obligation to disclose those facts.*" (LEW, Julian D. M., *et al*. Op. cit., p. 269).
[718] Diretrizes da IBA relativas a Conflitos de Interesses em Arbitragem Internacional, versão de 2014.
[719] "*El árbitro únicamente podrá responder con precisión a los cuestionarios que las instituciones arbitrales le suministran a partir de una información completa sobre las partes y verificar, lo más objetivamente posible, la ausencia de conflicto de intereses, o al menos la obligación que sobre él pesa de divulgar determinadas*

Valorosa decisão nesse sentido foi proferida também no caso *Vivendi v. Argentina II*,[720] em que o Comitê *Ad Hoc* decidiu que caberia ao árbitro (a) investigar as relações e interesses que possuía quanto a qualquer das partes, (b) avaliar esses potenciais conflitos ele próprio, e não por meio de terceiros, e (c) fornecer às partes um currículo completo e atualizado para que as partes pudessem apurar eventuais falhas que pudessem ter ocorrido no sistema de checagem de conflitos utilizado. Esses critérios mais rígidos, segundo alguns, estariam em harmonia com a prática internacional da arbitragem, incluindo os precedentes que se têm estabelecido sobre o tema nos Estados Unidos e na França.[721]

As Diretrizes da IBA vão mais longe e, em seu item 7(a), passam a exigir que as partes informem as relações diretas ou indiretas mantidas com os julgadores; e devem fazê-lo "por sua própria iniciativa e quanto antes."[722] Trata-se ainda de uma prática que se tem apenas incentivado, porém que pode ganhar receptividade em outros regulamentos arbitrais mais adiante, em atenção aos deveres das partes e dos advogados de atuarem de boa-fé.[723] Esse dever das partes, de qualquer forma, não deve ser invocado para diminuir a extensão ou a relevância dos deveres de investigação e de revelação que cabem ao árbitro.

4.3.2.2. São irrelevantes e frívolos, como regra, fatos não relativos à equidistância ou à competência e à disponibilidade do julgador, tais como as relações e opiniões meramente acadêmicas e sem referência ao caso concreto

Contrario sensu do que se expôs, como consequência, será irrelevante, frívolo ou leviano o que não "justifique que as partes tenham razão para ter

---

circunstancias." (FERNÁNDEZ ROZAS, José Carlos. Contenido ético del deber de revelación del árbitro y consecuencias de su transgresión. Op. cit., p. 810).

[720] *Compañiá de Aguas del Aconquija S.A. and Vivendi Universal S.A. v. Argentine Republic*, ICSID Case No. ARB/97/3 (formerly Compañía de Aguas del Aconquija, S.A. and Compagnie Générale des Eaux v. Argentine Republic). Disponível em: <http://www.italaw.com/cases/309>

[721] DAELE, Karel. Op. cit., p. 62..

[722] Diretrizes da IBA relativas a Conflitos de Interesses em Arbitragem Internacional, versão de 2014.

[723] "*Only the IBA Guidelines provide in a duty, on the part of the parties, to inform the arbitrators of potential conflicts of interests. Such a duty is, no doubt, part of best practice and it is recommendable to include it also in other Rules.*" (DAELE, Karel. Op. cit., p. 63).

dúvida"[724] – uma análise que também é crucial, pois vale demarcar o que deve, e também o que não precisa ser revelado pelo árbitro. E, em poucas palavras, estão excluídos do dever de revelação as situações que "não suscitem dúvidas sobre a confiabilidade."[725] Para Pedro Batista Martins, por exemplo, alguns fatos que não precisam ser revelados por não se mostrarem justificados seriam os do árbitro que tivesse prestado consultoria a alguma das partes no passado quanto a tema não relacionado, ou do escritório do qual tivesse se retirado anos antes que já tivesse prestado ou ainda prestasse serviço a uma delas.[726] Essa análise de relevância exige o que a doutrina chama de teste "*de minimis*", para verificar quais relações são relevantes e quais não são para fins de revelação.[727] É "*de minimis*" algo mínimo, irrelevante, que sequer merece apreciação pelos árbitros ou por juízes.[728]

Assim, se os fatos relevantes são aqueles que podem impactar a equidistância, os irrelevantes são aqueles que não interferem "nos binômios 'confiança-independência' ou 'confiança-imparcialidade'" e consistirão em "alegação insubsistente e desarrazoada".[729] Um exemplo é o caso *Doux Frangosul v. Bank of America* a que já se referiu, em que o árbitro não revelou que estava sendo acusado de crime financeiro e foi condenado por tanto com punibilidade extinta no decorrer da arbitragem. Concorda-se, nesse aspecto, com o parecer de Selma Maria Ferreira Lemes, em que afirma que a persecução criminal nada tem a ver com o ato de julgar, e tampouco indica falta de probidade.[730] Mais que isso, pelos próprios fatos do caso, não havia como se entender que haveria "dúvidas justificáveis" sobre a equidistância do julgador, porquanto a existência do processo criminal não

---

[724] FERRAZ JÚNIOR, Tercio Sampaio. Suspeição e impedimento em arbitragem: sobre o dever de revelar na lei 9.307/1996. Op. cit.

[725] Tradução nossa. No original: "*do not cause the reliability to be questioned.*" (DAELE, Karel. Op. cit., p. 8).

[726] MARTINS, Pedro A. Batista. Dever de revelar do árbitro. Op. cit.

[727] "*The important word is 'relevant'. This entails a de minimis test according to which aspects such as the nature of the relationship or interest (professional, business, personal or familial), the time when the relationship or interest occurred (past or present) and the significance of the relationship or interest (trivial or substantial) come into play.*" (DAELE, Karel. Op. cit., p. 24).

[728] "*De minimis*" consiste em uma expressão abreviada da máxima em Latim "*de minimis non curat lex*", que significa "de mínima importância". Refere-se a algo que é pequeno, trivial, que não merece apreciação pela lei.

[729] MARTINS-COSTA, Judith. Op. cit., p. 535.

[730] LEMES, Selma Maria Ferreira. O dever de revelação do árbitro... Op. cit.

poderia indicar que o árbitro agiria com parcialidade em favor de qualquer das partes ou mesmo de um determinado resultado.

Indique-se que o objeto da arbitragem, sim, envolvia o sistema financeiro nacional, mas em nada se relacionava com os fatos pelos quais o árbitro fora acusado. Como também opinou Luiz Olavo Baptista, "o fato de o árbitro (...) não ter revelado a existência do processo criminal não concerne nem à independência nem à imparcialidade do mesmo [sic]. Por isso não tinha o dever legal de mencioná-lo."[731] Talvez se existisse uma correlação fática ou jurídica entre o objeto da arbitragem e as circunstâncias que levaram à persecução criminal, as conclusões poderiam ser outras; em termos gerais e sem associação concreta com o caso, contudo, não se pode concordar com a alegação de que "a condenação criminal per se induz à desconfiança"[732] – e foi como decidiu o juiz de primeira instância, ao firmar que a acusação criminal não causava "dúvida justificada à imparcialidade ou à independência do árbitro".[733]

A conclusão a que se chega sobre a irrelevância dos fatos, nesse sentido, está em linha com o que estabeleceu a *US Supreme Court* no caso *Commonwealth Coatings v. Continental Casualty Co.*, em que um dos ministros salientou que os árbitros possuem uma série de relações comerciais com muitas pessoas e não podem, logo, ser obrigados a revelar uma "biografia completa e incensurada" sobre seu passado comercial ou profissional, mas, se há envolvimento do árbitro ou de seu escritório (ou empresa) em

---

[731] Ver: BAPTISTA, Luiz Olavo. Dever de revelação do árbitro: extensão e conteúdo. Inexistência de infração. Impossibilidade de anulação da sentença arbitral. Op. cit. Em sentido oposto, Carlos Alberto Carmona opinou pela procedência da ação de anulação, por entender que haveria, sim, uma correlação entre a arbitragem e o processo criminal não revelado: "O paradoxo é claro: o Árbitro indicado pelo Banco foi escolhido justamente por ser especialista em derivativos, atuante que era no mercado financeiro, e estava sendo acusado (à época de sua indicação) de ter praticado crime por sua atuação no mercado financeiro. (...) uma condenação criminal, seja qual for o crime, é fato grave, que pode efetivamente comprometer a confiança que está à base da arbitragem". Tribunal de Justiça do Estado de São Paulo – TJ/SP, 24a Câmara de Direito Privado, Apelação n. 0106328-28.2012.8.26.0100, Desembargador Relator Salles Vieira, fl. 261 e 264.

[732] MARTINS, Pedro A. Batista. Dever de revelar do árbitro. Op. cit.

[733] Conforme se apontou, houve desistência do recurso de apelação e o trânsito em julgado da sentença nesses termos. Tribunal de Justiça do Estado de São Paulo – TJ/SP, 24a Câmara de Direito Privado, Apelação n. 0106328-28.2012.8.26.0100, Desembargador Relator Salles Vieira.

negócios relevantes que envolvam uma das partes, o dever de revelação é de rigor.[734] A interpretação deve ser semelhante para situações de ainda mais clara frivolidade, em que o árbitro e o advogado que o tenha indicado atuem no corpo editorial de uma revista, já tenham participado como palestrantes em conferências comuns ou contribuído com capítulos de uma mesma obra, por exemplo. Esses fatos *per se* não causam dúvidas sobre a imparcialidade e a independência do julgador e, por isso, não precisam ser revelados.[735]

O mesmo vale, a nosso ver, para publicações meramente acadêmicas e comerciais sobre temas genéricos. Foi como decidiu a CCI ao acolher a impugnação contra um árbitro cuja banca de advogados havia publicado artigo a respeito de caso judicial pendente perante o tribunal supremo do país que era parte requerida na arbitragem; entendeu a Corte da CCI que, pelo árbitro representar no país diversas empresas do setor econômico discutido e conhecer em detalhes a prática governamental àquele respeito, poderia não ser ele capaz de julgar a causa imparcialmente, mas claramente deu menor (ou nenhum peso) à publicação comercial em si e mais a esses aparentes laços profissionais.[736]

De forma semelhante, no caso *Urbaser v. Argentina*, tampouco se deu importância a artigos acadêmicos que haviam sido publicados pelo árbitro a favor de determinada posição que poderia favorecer a parte requerida naquela arbitragem (*i.e.*, interpretações alegadamente pró-governo quanto aos temas de estado de necessidade e cláusula nacional mais favorável);

---

[734] "*Of course, an arbitrator's business relationships may be diverse indeed, involving more or less remote commercial connections with great numbers of people. He cannot be expected to provide the parties with his complete and unexpurgated business biography. But it is enough for present purposes to hold, as the Court does, that, where the arbitrator has a substantial interest in a firm which has done more than trivial business with a party, that fact must be disclosed. If arbitrators err on the side of disclosure, as they should, it will not be difficult for courts to identify those undisclosed relationships which are too insubstantial to warrant vacating an award.*" (Commonwealth Coatings Corp v Continental Casualty Co. 393 US 145 (1968), Justice White, p. 393. Disponível em: <https://www.law.cornell.edu/supremecourt/text/393/145>. Acesso em: out. 2016).

[735] Não se descarta que esses convites para conferências e publicações, de alguma forma, surjam também do "clube arbitral" a que se referiu. Trata-se de hipóteses, porém, que surgem em qualquer ambiente profissional ou acadêmico e, portanto, a rigor, não causariam dúvidas sobre a imparcialidade e a independência – salvo em casos extremos em que a relação social se transformasse em uma relação pessoal.

[736] MALINTOPPI, Loretta; CARLEVARIS, Andrea. Op. cit., p. 161.

também ali os dois árbitros rejeitaram a impugnação, sob o fundamento de que artigos acadêmicos não significam um pré-julgamento da causa, nem que o árbitro não tivesse condições de ouvir e apreciar os argumentos das partes de forma independente e imparcial.[737] Ademais, basta notar que, conforme a *primeira pergunta* acima, a publicidade dessas publicações já poderia retirá-las do escopo do dever de revelação; e ainda que não o fizesse (caso fossem feitas em periódicos de circulação limitada, por exemplo), dificilmente atenderiam ao requisito de relevância para serem reveladas. Nesse ponto, a "escolha para vencer" não ultrapassa quaisquer limites; é de todo natural que se indique um julgador que se acredita adotará a tese que será defendida na arbitragem.[738]

Em caráter de exceção, todavia, há casos em que atuações em arbitragens anteriores ou concorrentes cumuladas com publicações acadêmicas podem dar azo a impugnações bem-sucedidas, no que se tem denominado "*issue conflicts*". Como indica recente relatório conjunto do ICCA – *International Council for Commercial Arbitration* com a ASIL – *American Society of International Law*, cresceram nos últimos anos as impugnações feitas a árbitros com base em alegações de que podem não ser imparciais por conta de sua visão ou de pré-julgamentos que já tenham exposto sobre certos temas. "*Issue conflicts*" poderiam surgir de supostas pré-disposições ou pré-julgamentos de um árbitro por conta de posições anteriores sobre determinadas questões fáticas ou jurídicas e que foram obtidas a partir de sua experiência como árbitro, advogado, acadêmico, ou por meio de entrevistas ou expressão pública de suas opiniões.[739] E embora *issue conflicts* sejam mais comuns em arbitragens de investimento, onde os conflitos surgem de questões legais muitas vezes semelhantes ou idênticas, não é raro que ocorram

---

[737] *Urbaser S.A. and Consorcio de Aguas Bilbao Biskaia, Bilbao Biskaia Ur Partzuergoa v. Argentine Republic* (ICSID Case No. ARB/07/26). Disponível em: <http://www.italaw.com/cases/1144>. Acesso em: 26 out. 2016.

[738] Capítulo 1, item 1.1.

[739] "*Because an arbitrator has expressed a view or has determined a legal or factual issue in a particular manner, the concern is that the issue has now been predetermined, and the arbitrator can no longer impartially judge that issue.*" (**Report of the ASIL-ICCA Joint Task Force on Issue Conflicts in Investor-State Arbitrator.** Op. cit., p. 11). Defendendo que tampouco há parcialidade pelo fato de o juiz haver exposto opinião doutrinária em trabalhos acadêmicos, palestras ou conferências, ver: NERY JUNIOR, Nelson. **Princípios do processo na Constituição Federal**. Op. cit., p. 169.

em arbitragens comerciais entre entes estatais e partes privadas mais litigantes.[740]

No caso *Devas v India*, um dos precedentes mais comentados sobre o tema, o Presidente da Corte Internacional de Justiça (CIJ), Peter Tomka, considerou relevante que um dos árbitros, o professor Orrego Vicuña, havia consolidado sua posição sobre um tema crucial na arbitragem (o conceito de "interesses essenciais de segurança" – "*essential security interests*") em três arbitragens anteriores (que foram, inclusive, sujeitas a procedimentos de anulação perante o ICSID), e a reiterado em um artigo acadêmico, o que demonstraria que suas visões sobre a questão não tinham sido alteradas.[741] Segundo a decisão, o árbitro teria direito aos seus posicionamentos próprios, mas as partes também deveriam ter resguardado seu direito de que seus argumentos fossem apreciados por árbitros de mente aberta ("*an open mind*"). Com relação ao presidente do tribunal, Marc Lalonde, que havia sido também impugnado por ter participado de dois dos três processos anteriores com o Professor Orrego Vicuña, decidiu-se que, ao contrário desse último, por apenas ter proferido decisões antes dos procedimentos de anulação, sem reiteração de caráter acadêmico, não poderia ser visto como de aparente pré-julgamento.

Para os fins do dever de revelação, merece destaque essa decisão do Presidente do CIJ no que toca à conclusão de que não seriam as opiniões

---

[740] Na arbitragem de investimentos, o fenômeno surge principalmente em razão da similaridade na proteção de investimentos prevista em milhares de tratados bilaterais e multilaterais vigentes. Ver: **Report of the ASIL-ICCA Joint Task Force on Issue Conflicts in Investor-State Arbitrator**. Op. cit., p. 16.

[741] "*I also note that the basis for the alleged conflict of interest in a challenge invoking an 'issue conflict' is a narrow one as it does not involve a typical situation of bias directly for or against one of the parties. The conflict is based on a concern that an arbitrator will not approach an issue impartially, but rather with a desire to conform to his or her own previously expressed view. In this respect, as discussed by the Parties, some challenge decisions and commentators have concluded that knowledge of the law or views expressed about the law are not per se sources of conflict that require removal of an arbitrator; likewise, a prior decision in a common area of law does not automatically support a view that an arbitrator may lack impartiality. Thus, to sustain any challenge brought on such a basis requires more than simply having expressed any prior view; rather, I must find, on the basis of the prior view and any other relevant circumstances, that there is an appearance of pre-judgment of an issue likely to be relevant to the dispute on which the parties have a reasonable expectation of an open mind.*" (CC/Devas (Mauritius) Ltd., Devas Employees Mauritius Private Limited and Telecom Devas Mauritius Limited v. India, UNCITRAL. Disponível em: <http://www.italaw.com/cases/1962>. Acesso em: 26 out. 2016).

anteriores que levariam às dúvidas sobre imparcialidade, e, sim, a demonstração de que havia razoáveis motivos para se acreditar, quanto ao coárbitro, em um pré-julgamento da questão sem a possibilidade de que ouvisse as partes com uma mente aberta (*open mind*).[742] Seguindo esse critério, a revelação do posicionamento firmado anteriormente era, sim, necessária, ainda que em caráter de exceção, tal como se o comentário tivesse sido feito sobre aquele caso específico (o que igualmente demandaria uma revelação).[743] Posição semelhante foi adotada pela CCI, que em sua nota de orientação (*guidance note*) estabeleceu, de forma mais ampla, que deve o árbitro revelar situações como as em que "o árbitro, o indicado árbitro, ou seu escritório de advocacia esteja ou tenha sido envolvido na disputa, ou tenha expressado sua visão sobre a disputa de forma que possa afetar sua imparcialidade."[744]

Trata-se de interpretação também em linha também com as Diretrizes da IBA, que preveem a revelação de atuações anteriores ou atuais em que questões de direito comuns sejam tratadas,[745] porém não dão peso relevante a publicações e opiniões genéricas feitas sobre aquele tema (não sobre o caso especificamente);[746] e lembrando que as Diretrizes da IBA, em sua revisão, tiveram como um de seus principais focos precisamente os *issue conflicts*.[747] Enfatize-se: atuações prévias como árbitro e outras atuações

---

[742] Ibid.

[743] "*Disclosure obligations are on-going obligations. Under the* Devas *standard, arbitrators have the duty to regularly evaluate the likeliness evolves as the parties plead their case. Similarly, disclosure obligations will evolve in the course of the proceedings.*" (ZAMOUR, Roman. Issue Conflicts and the Reasonable Expectation of an Open Mind: The Challenge Decision in Devas v. India and its impact.. *In*: Challenges and recusals of judges and arbitrators in international courts and tribunals. Chiara Giorgetti (ed.). The Netherlands: Brill Nijhoff, p. 228-246, 2016, p. 239).

[744] No original: "*The arbitrator or prospective arbitrator or his or her law firm is or has been involved in the dispute, or has expressed a view on the dispute in a manner that might affect his or her impartiality.*" (**ICC Note to Parties and Arbitral Tribunals on the Conduct of the Arbitration**, p. 4. Disponível em: <http://www.iccwbo.org/News/Articles/2016/ICC-Court-adopts-Guidance-Note-on-conflict-disclosures-by-arbitrators/>. Acesso em: 26 out. 2016).

[745] "*3.1.5 The arbitrator currently serves, or has served within the past three years, as arbitrator in another arbitration on a related issue involving one of the parties, or an affiliate of one of the parties.*"

[746] "*4.1.1 The arbitrator has previously expressed a legal opinion (such as in a law review article or public lecture) concerning an issue that also arises in the arbitration (but this opinion is not focused on the case).*"

[747] "*The Subcommittee has carefully considered a number of issues that have received attention in international arbitration practice since 2004, such as the effects of so-called 'advance waivers', whether the fact*

profissionais, a rigor, deveriam ser reveladas, mas interações meramente acadêmicas raramente serão abarcadas pelo dever de revelação, *a não ser que* se refiram ao caso concreto em específico ou possam representar que o árbitro não ouvirá uma ou mais partes com uma "mente aberta".

4.3.2.3. As limitações do dever de revelar diante de possíveis obrigações de confidencialidade ou sigilo. Revelações mínimas ou, em casos extremos, necessidade de rejeição da indicação

Por fim, a análise da relevância também se relaciona, de certa forma, à legalidade da revelação em si, pois há fatos que são relevantes, mas que não poderiam ser informados por limitações legais ou contratuais. Por evidente que não há dever do árbitro de revelar fatos que sejam, pela lei ou por contrato, confidenciais ou sigilosos. O dever de revelar não se sobrepõe a obrigações legais ou contratuais assumidas perante terceiros. Na linha do que expõe Sophie Salgueiro, "ainda que seja primordial defender de maneira rigorosa o dever de revelação, tal não pode levar à divulgação de informações desnecessárias ou confidenciais."[748]

Na prática, porém, isso pode não ser um problema. Muitos propostos árbitros são hábeis o suficiente para fazer a revelação de fatos confidenciais ou sigilosos de forma genérica, sem violar suas obrigações de confidencialidade e sigilo – mencionando, por exemplo, que já atuaram em "x" arbitragens que envolviam uma das partes, ou que já foram indicados pelo mesmo escritório de advocacia "y" vezes, sem discorrer em detalhes sobre seu objeto ou conteúdo; ou também que já atuaram como consultores de um dos advogados "em tema não relacionado ao objeto da arbitragem". Nesses casos, devem os árbitros, destarte, fornecer às partes as informações que lhes sejam autorizadas conceder, e, se possível, incluir apenas informações fracionadas e limitadas de modo a assegurar o dever de revelação e, ao mesmo tempo, as obrigações de confidencialidade e sigilo perante terceiros.

---

of acting concurrently as counsel and arbitrator in unrelated cases raising similar legal issues warrants disclosure, 'issue' conflicts, the independence and impartiality of arbitral or administrative secretaries and third-party funding. The revised Guidelines reflect the Subcommittee's conclusions on these issues". Em sentido oposto, Roman Zamour, salienta que há, sim, consequências que podem surgir de publicações acadêmicas (*"ideas and words have consequences"*), mencionando que um artigo acadêmico de conteúdo controverso pode muito impedir um juiz de se eleger à Suprema Corte e que um político pode perder as eleições pelo mesmo motivo. (ZAMOUR, Roman. Op. cit., p. 245).

[748] SALGUEIRO, Sophie. Op. cit.

No limite, caso não se sinta o árbitro confortável a fazer sequer revelações genéricas, e caso os fatos que deveriam ser revelados sejam mesmo cruciais, a única solução é declinar da indicação. Simplesmente não revelar o fato poderia comprometer o andamento do processo arbitral e até a validade da sentença arbitral a ser proferida.[749] Trata-se a rejeição da indicação, nada obstante, de hipótese bastante restrita, pois partes e instituições costumam se satisfazer com as informações fornecidas, ainda que genéricas; a probidade de se revelar o que se pode muitas vezes já confirma a confiança (ou não desconfiança) que havia se expressado com a indicação.[750]

4.3.2.4. Critérios de relevância que podem ser adiantados e explicitados pelas partes e pela instituição arbitral. Delimitação das "dúvidas justificáveis" "aos olhos das partes"

De todo modo, para evitar a discussão sobre o que é, e o que não é relevante da forma exposta acima, vemos que faz sentido que partes e advogados formulem questões adicionais àquelas já constantes do formulário da instituição arbitral, ou mesmo deliberem com a parte contrária eventuais requisitos de revelação, se o caso.[751] Se a ideia das cláusulas gerais processuais é que se interprete a extensão do dever de revelação "aos olhos das partes", e se a arbitragem confere tal autonomia aos litigantes, nada mais indicado do que lhes possibilitar que externalizem a sua visão sobre o dever de revelação. Assim fazendo, as partes estarão ampliando suas chances de demonstrar a todos – ao árbitro e eventualmente a algum tribunal que possa julgar eventual impugnação no futuro – a sua percepção e as preocupações sobre aquele árbitro. E, nessa linha, vale lembrar que há uma escolha legislativa e regulamentar para que esse aprofundamento se dê logo de início, e que, por isso, muitas instituições dão mais peso e importância a impugnações feitas nesse momento, pois consistem em prática que evita e desencoraja impugnações adiante no processo.[752]

Caso as partes prefiram não formalizar suas preocupações sobre a revelação além daquelas que os próprios regulamentos e questionários das instituições abarcam, entretanto, correrão o risco de se sujeitar aos *standards*

---

[749] LEW, Julian D. M., *et al.* Op. cit., p. 270.
[750] Capítulo 2, item 2.4.
[751] Capítulo 3, item 3.2.
[752] MALINTOPPI, Loretta; CARLEVARIS, Andrea. Op. cit., p. 142. Capítulo 3, item 3.3.

e testes de prova que tribunais decidirem aplicar no caso concreto – o que se viu pode variar em cada cenário e país.[753] Mais que isso, a atitude de uma parte de não suscitar eventuais dúvidas sobre um determinado tema oportunamente pode ser considerada de má-fé pela instituição arbitral ou por um juiz, supostamente com o intuito de invalidar o processo em caso de derrota. Nessa situação, estarão as partes sob o risco de se sujeitar a conceitos diversos daqueles que poderiam suscitar as "dúvidas justificáveis" "aos olhos das partes", ou mais genéricos, e que não necessariamente corresponderiam à sua visão (que acabou não expressada).

Nesses aspectos que se abordou, para as instituições arbitrais, recomenda-se, como já fazem algumas delas, a inclusão em seus regulamentos, questionários e códigos de ética de previsão dessas situações que se costuma entender como relevantes (*e.g.*, atuações em outras arbitragens, envolvimento em negócios relacionados, opiniões prévias sobre o caso específico, dentre outros),[754] além da possibilidade, já de praxe, de as partes formularem

---

[753] Capítulo 3, item 3.1.3.

[754] Sobre o tema de *issue conflicts*, o EU-Canada Comprehensive Economic and Trade Agreement (CETA) prevê expressamente que o proposto árbitro deve revelar "*public advocacy or legal or other representation concerning an issue in dispute in the proceeding or involving the same matters.*" (**Comprehensive Economic and Trade Agreement** (CETA), EU–Can., Annex 29-B. Disponível em: <http://trade.ec.europa.eu/doclib/docs/2016/february/tradoc_154329.pdf>). Ver: **Report of the ASIL-ICCA Joint Task Force on Issue Conflicts in Investor-State Arbitrator**. Op. cit., p. 12-13. Um dos melhores exemplos nesse sentido é a **ICC Note to Parties and Arbitral Tribunals on the Conduct of the Arbitration**. Op. cit., que traz uma série dessas situações, tais como: (i) "*The arbitrator or prospective arbitrator or his or her law firm represents or advises, or has represented or advised, one of the parties or one of its affiliates.*", (ii) "*The arbitrator or prospective arbitrator or his or her law firm acts or has acted against one of the parties or one of its affiliates.*", (iii) "*The arbitrator or prospective arbitrator or his or her law firm has a business relationship with one of the parties or one of its affiliates, or a personal interest of any nature in the outcome of the dispute.*", (iv) "*The arbitrator or prospective arbitrator or his or her law firm acts or has acted on behalf of one of the parties or one of its affiliates as director, board member, officer, or otherwise.*", (v) "*The arbitrator or prospective arbitrator or his or her law firm is or has been involved in the dispute, or has expressed a view on the dispute in a manner that might affect his or her impartiality.*", (vi) "*The arbitrator or prospective arbitrator has a professional or close personal relationship with counsel to one of the parties or the counsel's law firm.*", (vii) "*The arbitrator or prospective arbitrator acts or has acted as arbitrator in a case involving one of the parties or one of its affiliates.*", (viii) "*The arbitrator or prospective arbitrator acts or has acted as arbitrator in a related case.*", (ix) "*The arbitrator or prospective arbitrator has in the past been appointed as arbitrator by one of the parties or one of its affiliates, or by counsel to one of the parties or the counsel's law firm.*"

questões adicionais ao julgador. De forma semelhante, podem as instituições arbitrais estabelecer em regulamentos, questionários e códigos de ética que as partes têm o dever de fornecer ao árbitro informações suficientes sobre si mesmas e possíveis *stakeholders* envolvidos para fins de checagem de conflitos, sob pena de impossibilitar o exercício do dever de revelação na extensão adequada e também sob pena de preclusão.

Sobretudo, porém, é recomendado que instituições arbitrais atuem proativamente no início e durante o processo arbitral para assegurar que as partes tomem conhecimento dos fatos relevantes, ainda que o árbitro tenha falhado em fazê-lo. Aqui, não se fala em um dever de investigação da entidade arbitral, mas ao menos um dever de informar os dados e elementos que possuir e tiver obtido sobre outras indicações ou relações das quais já tenha tomado conhecimento em outros momentos. Positivo exemplo dessa situação ocorreu no caso *Eureko v. Slovak Republic*, em que a *Permanent Court of Arbitration* (PCA) chamou a atenção das partes para o fato de que o árbitro indicado como substituto pertencia à mesma câmara de *barristers* do presidente do tribunal; a medida foi decisiva para que as partes confirmassem expressamente que não tinham objeção à confirmação do julgador, a despeito daquele fato.[755] Não se trata, ao que parece, de novidade por parte daquela instituição, que também acompanha a indicação de novos advogados pelas partes; em caso mais recente, teria ela alertado as partes de que o novo advogado indicado por uma delas pertencia à mesma câmara de *barristers* de um dos árbitros, o que não foi objetado pelas partes naquele momento e nem mesmo após a sentença arbitral.[756]

No tocante à relevância e ao eventual sigilo ou confidencialidade dos fatos, portanto, as conclusões principais a que se chega são as de que:

a) Árbitros devem investigar e buscar aferir não tudo, mas o que as partes e seus advogados podem considerar relevante (*i.e.*, fatos que podem suscitar "dúvidas justificáveis" "aos olhos das partes"), o que comumente inclui atuações em outras arbitragens, envolvimento em negócios relacionados, representação das partes, controladoras ou afiliadas por si ou por seus sócios, opiniões prévias sobre o caso

---

[755] *Achmea B.V. v. The Slovak Republic*, UNCITRAL, PCA Case No. 2008-13 (formerly Eureko B.V. v. The Slovak Republic). Disponível em: <http://www.italaw.com/cases/417>.
[756] Ver: LEVINE, Judith. Op. cit., p. 273.

específico, dentre outros, e esse dever se mantém durante todo o processo arbitral. Em caso de informações sigilosas ou confidenciais, devem os árbitros revelar de forma genérica, sem especificação de detalhes, nomes e objeto, e, em caso de desconforto em fazê-lo, declinar da indicação será a única opção (embora excepcional).

b) Partes e seus advogados devem municiar o árbitro de informações suficientes sobre as partes e possíveis *stakeholders* envolvidos, sob pena de não poderem suscitar falhas no dever de revelação *a posteriori*. Devem, também, apontar tempestivamente aos árbitros e à instituição arbitral se já conhecem conflitos de interesses. Se possível, devem as partes formular questões e impor requisitos em conjunto para indicar o que entendem relevante "aos seus olhos"; caso não o façam, correm o risco de sujeitar-se a conceitos diversos ou mais genéricos do que as "dúvidas justificáveis" "aos olhos das partes" poderiam suscitar, e que poderão não corresponder à sua visão sobre o tema.

c) Instituições arbitrais podem incluir em seus regulamentos, questionários e códigos de ética previsão das hipóteses que se costuma, "aos olhos das partes", entender como relevantes (podem suscitar "dúvidas justificáveis" "aos olhos das partes"), além da possibilidade, já de praxe, de as partes formularem questões adicionais ao julgador. Podem prever, também, o dever das partes de fornecer ao árbitro informações suficientes sobre si mesmas e sobre *stakeholders* possivelmente envolvidos, e seu dever de informar eventuais conflitos de interesse que conhecerem, sob pena de não possibilitarem o exercício do dever de revelação na extensão adequada e também sob pena de preclusão. Mais importante, porém, é que instituições arbitrais atuem proativamente para assegurar que as partes tomem conhecimento de fatos relevantes que a entidade arbitral já conheça, ainda que o árbitro indicado tenha falhado em fazê-lo.

4.3.3. *Terceira questão*: os elementos do caso concreto demandariam uma preocupação maior com a transparência por parte do árbitro?

No que diz respeito à *terceira pergunta*, importa observar que a aplicação das cláusulas gerais processuais a que nos referimos deve se dar sobretudo caso a caso, conforme as peculiaridades de cada situação, o que é comum no que toca à equidistância do julgador. "O regime da obrigação de revelação tende, mais do que nunca, a depender da casuística".[757] E se viu que as principais dúvidas que surgem no que toca aos limites da indicação de árbitros e seu dever de revelação dizem respeito a fatos, pois, que, no caso concreto, não são publicamente conhecidos ou que envolvam o estado mental ou a preferência do julgador, tais como "se uma omissão no currículo teria sido intencional ou involuntária, se os serviços de consultoria prestados anteriormente teriam sido significantes, ou se a prévia afiliação a um escritório teria criado uma impressão de relação continuada".[758] Trata-se, sem dúvida, de uma análise que passa pelos detalhes do caso concreto.

Nesse ponto, reitere-se que, sendo as partes as maiores interessadas, é mais indicado que sejam revelados todos aqueles fatos que podem ser conhecidos por alguns que atuam no meio arbitral, mas não pelas partes – que podem ou não ter esse tipo de *expertise*.[759] Não se pode exigir dos advogados e partes que conheçam, em detalhes, a comunidade arbitral e as relações que dela surgem. É esse o teste mais adequado quando se trata da extensão do dever de revelação: o teste "aos olhos das partes" é aquele que considera o que, razoavelmente, uma parte deveria conhecer naquele caso para fins de estabilização da constituição do árbitro.

Já analisando sob o ponto de vista mais casuístico, a verdade é que, na grande maioria dos casos em que há uma relação do árbitro com uma parte, advogado ou mesmo outro árbitro – relação essa que é mais comum em negócios ou processos (arbitrais ou judiciais) presentes ou anteriores – esse fato deve ser revelado. Desses fatos que surgem da "comunidade arbitral", os casos concretos dificilmente fogem da regra de que a revelação deve ser feita. Até se pode considerar que as relações daí advindas não são limitadoras da atuação do árbitro no fim do dia; não obstante, devem elas ao menos ser reveladas por medida de transparência. Vejamos alguns exemplos.

---

[757] HEINTZ, Tom Philippe; CERQUEIRA, Gustavo Vieira da Costa. Op. cit. Também nesse sentido, ver: FERRO, Marcelo Roberto. Op. cit., p. 859.
[758] Tradução nossa. No original: "[w]*as a gap in the curriculum vitae intentional or inadvertent? Was the arbitrator's previous consulting work for one of the parties significant? Does a former law firm affiliation create a perception of continuing links?*" (PARK, William W. Op. cit., p. 642-644).
[759] FERNÁNDEZ ROZAS, José Carlos. Contenido ético del deber de revelación del árbitro y consecuencias de su transgresión. B, cit., p. 821.

4.3.3.1. Os casos de *double-hatting*, *repeat appointments*, e *issue conflicts*

Para tratar dos principais temas atualmente, já se referiu à situação do chamado *double-hatting*, em que o árbitro em um processo arbitral, indicado por um advogado, tenha essas posições invertidas em outro processo; ou seja, em outra arbitragem, o árbitro atua como advogado, e o advogado como coárbitro ou presidente, ou mesmo que árbitros tenham atuação como presidente e coárbitro variadas em mais de um processo arbitral. Trata-se de ocorrência que, embora comum em alguns cenários, provavelmente só será conhecida pelos próprios indivíduos, e não pelas diferentes partes por eles representadas em cada processo arbitral. O mesmo vale para indicações reiteradas de um mesmo indivíduo como árbitro pelo mesmo escritório ou pela mesma parte (*repeat appointments*); são fatos que somente o árbitro e quem o indica conhecem, o que cria uma assimetria de informações que pode, se não esclarecida, afetar a imagem que se tem da legitimidade e da confiabilidade do processo. Faz-se de rigor, pois, a revelação desses fatos em transparência, e para que aos poucos se forme e se desenvolva a ideia de como tais fatos devem ser interpretados e tratados.

Enfatize-se que, embora essas relações não sejam necessariamente ilegais ou antiéticas, a sua ocultação dá margem às críticas que se mencionou sobre a legitimidade da indicação de determinados indivíduos como árbitros. A rigor, não há irregularidades nessas situações (a não ser que sejam estabelecidas como forma de favorecimento de determinados profissionais ou partes), mas parece compreensível que a imagem que se cria desse cenário acabe enviesada ou distorcida da realidade – também em decorrência de práticas descabidas por alguns.

Nas circunstâncias de indicações repetidas pela mesma parte, por exemplo, algumas instituições arbitrais têm avaliado a relação sob o ponto de vista de haver (a) uma dependência financeira do árbitro com relação a quem o indica, (b) informações privilegiadas que o árbitro possa ter sobre um dos polos, ou mesmo (c) uma possível afinidade entre ambos que possa causar dúvidas sobre a imparcialidade do julgador; e a conclusão, repita-se, é precisamente no sentido de que não se trata de impeditivos à atuação na maioria dos casos – mas é, *sim*, caso de revelação na maioria das situações.[760]

---

[760] Tradução nossa. No original: [t]*he issue of multiple appointments also engages the question of an affinity developed by the arbitrator for the party or the counsel that has repeatedly appointed him or*

Nesse ponto, referindo-se novamente ao caso *Tidewater v Venezuela*, parecem irretocáveis as conclusões de que indicações repetidas *per se* não afetam a imparcialidade do julgador (mesmo porque a indicação reiterada pode ter se dado precisamente pela equidistância e pela competência do julgador), e seria irrazoável afastar um árbitro que tivesse julgado questões fáticas ou jurídicas análogas, pois tornaria impraticáveis os sistemas de arbitragem comercial e de investimentos.[761] A jurisprudência francesa, aliás, parece seguir exatamente no sentido de não acatar impugnações com base em meras alegações de repetição de árbitros, como se decidiu no caso *Qatar v Creighton*, em que a *Cour de Cassation*[762] entendeu que não haveria maiores óbices a que o mesmo árbitro atuasse em uma arbitragem entre o principal contratado (Creighton) e seus subcontratados e, em seguida, entre o contratado e o contratante (o Estado do Qatar).[763]

Lembremos que é de praxe que se indique o mesmo árbitro a despeito de se ter sagrado vencedor no passado; seria bastante legítimo indicá-lo para um novo caso pelo respeito à sua reputação e à qualidade com que desempenhou sua função no passado. O que se tem notado é que o afastamento de julgadores tem sido raro quando há revelação de indicações reiteradas pela mesma parte ou advogados;[764] ou seja, revelar não é um problema, e, sim, uma possível solução para resolver a questão quanto antes. Para que isso fique claro a todos os envolvidos, contudo, a revelação deve ser feita.

E, embora as Diretrizes da IBA recomendem a revelação de fatos como esses a partir da segunda indicação do mesmo árbitro pela mesma parte

---

her." (GRIMMER, Sarah. Op. cit., p. 98). Também nesse sentido: "É evidente que a constante indicação pela parte, ou por empresas coligadas, gera o dever de revelar, sendo indiferente a circunstância de se saber como votou nos casos anteriores, pois o que fundamenta a dúvida justificada aos olhos das partes não é o sentido do voto, mas a frequente indicação". (FERRO, Marcelo Roberto. Op. cit., p. 876).

[761] Id., p. 152-154.
[762] Ver: LUTTRELL, Sam. Op. cit., p. 86-87.
[763] "[T]*here is "neither bias nor partiality where the arbitrator is called upon to decide circumstances of fact close to those examined previously, but between different parties, and even less so when he is called upon to determine a question of law upon which he has previously made a decision.*" (SOBOTA, Luke A. Repeat Arbitrator Appointments in International Investment Disputes. *In*: **Challenges and recusals of judges and arbitrators in international courts and tribunals**. Chiara Giorgetti (ed.). The Netherlands: Brill Nijhoff, p. 293-319, 2016, p. 305).
[764] Id., p. 299.

em menos de três anos,[765] ou da terceira indicação pelo mesmo advogado ou escritório,[766] tem-se estabelecido que números menores do que esses sugeridos também demandariam a revelação.[767] Embora pareça claro que os fatos que sejam meramente pretéritos perdem relevância – e não necessariamente suscitam dúvidas justificadas –, não há consenso na doutrina e na jurisprudência sobre a possibilidade de delimitação de um prazo fixo.[768] Há dúvidas, em especial, se realmente é possível estabelecer "um limite temporal que separe aquilo que deve ser revelado daquilo que se considera muito antigo e que de alguma forma estaria coberto por uma prescrição mnêmica".[769]

No momento de revisão das Diretrizes da IBA, em 2014, discutiu-se se seria prudente elevar esse "prazo de relevância" para cinco anos, sob o argumento de que, com a evolução da arbitragem, o limite proposto de três anos poderia não mais se mostrar adequado. Após algumas discussões, manteve-se o prazo de três por se reconhecer que se tratava de mera proposição, cuja adequação deverá ser aferida no caso a caso, e que muitos profissionais já têm ampliado esse prazo topicamente para cinco quando entendem necessário.[770] Trata-se também de análise que deve ser feita caso a caso, tendo como premissa os prazos sugeridos, portanto. No caso *Tidewater v Venezuela* mencionado acima, como exemplo, os árbitros consideraram razoável o prazo de três anos (porém sem fazer referência direta àquelas *soft law*).[771]

---

[765] "3.1.3 The arbitrator has, within the past three years, been appointed as arbitrator on two or more occasions by one of the parties, or an affiliate of one of the parties."

[766] "3.3.8. The arbitrator has, within the past three years, been appointed on more than three occasions by the same counsel, or the same law firm."

[767] "(...) circumstances could exist where three or fewer appointments of an arbitrator by the same law firm within a three-year period could justify disqualification." (GRIMMER, Sarah. Op. cit., p. 98).

[768] MALINTOPPI, Loretta; CARLEVARIS, Andrea. Op. cit., p. 153.

[769] Tradução nossa. No original: *"un límite temporal que separe aquello que debe ser revelado, de aquello que se considera como demasiado antiguo y que de alguna manera, estaría cubierto por una prescripción mnémica."* Thomas Clay, como já se adiantou, defende que não deve o árbitro se questionar sobre a antiguidade do fato; deve simplesmente revelá-lo, também porque *"bien se sabe que la memoria es atemporal"*. (CLAY, Thomas. **El árbitro**. Op. cit., p. 70-71).

[770] Ver: ELIAS, Carlos Eduardo Stefen. Op. cit., p. 196-197.

[771] *Tidewater Investment SRL and Tidewater Caribe, C.A. v. Bolivarian Republic of Venezuela* (ICSID Case No. ARB/10/5). Disponível em: <http://www.italaw.com/cases/1096>. Acesso em: 26 out. 2016.

Por fim, embora seja tema mais comum em arbitragens de investimento, como se apontou, tem-se também questionado sobre a necessidade de revelação de árbitro que atue como árbitro ou advogado em outro processo arbitral que trate de questões fáticas e jurídicas análogas (*issue conflict*). Não se trata, novamente, de caso de recusa automática do árbitro, como já decidiu a Corte da CCI em caso em que o árbitro julgaria a mesma questão jurídica (*i.e.*, a existência de restrições e impostos aplicáveis à exportação de gás natural a partir de um determinado país). Nesse caso, entendeu-se que (a) o árbitro não deveria ser afastado automaticamente apenas porque tinha julgado ou estava prestes a julgar determinado tema, e (b) não havia risco de pré-julgamento, pois os tribunais já haviam proferido sentenças de responsabilidade tratando da questão em ambos os casos.[772]

De todo modo, independentemente da conclusão a que se chegar quanto a cada um desses temas, o fato é que, esconder esses fatos somente tornaria o cenário ainda mais difícil de explicar e de justificar. Os árbitros não devem ser menos imparciais que os juízes (seria até o contrário![773]), mas é importante que a equidistância que se estabeleça esteja clara e seja considerada legítima. Nas situações de *double-hatting*, de *repeat appointments* e de *issue conflict* (exceção feita a meras publicações acadêmicas nessa última), a revelação desses fatos nos parece de rigor, até para se evidenciar que não se está tratando, no caso concreto, de "indicações cruzadas" entre os profissionais ou de indicações desprovidas de legitimidade, o que ensejaria suspeitas de favorecimento mútuo.[774] E esses três são apenas alguns exemplos mais clássicos; a revelação deve necessariamente também abordar, por exemplo, relações profissionais com as partes e seus advogados, e interesses financeiros ou vínculos com alguma das partes, ambos que também demandam análises casuísticas relevantes.

O ponto que merece relevo, portanto, é que a revelação, na maioria desses casos concretos, *deve* ser feita, também para se incentivar o estabelecimento de precedentes sobre a equidistância mínima na relação árbitro-partes (o que inclui seus advogados). Como bom exemplo da jurisprudência francesa, pode-se mencionar o chamado "relacionamento comercial

---

[772] MALINTOPPI, Loretta; CARLEVARIS, Andrea. Op. cit., p. 160.
[773] Ver Capítulo 5, item 5.4.1, mais adiante.
[774] Um "*tit for that*", como explica a teoria dos jogos, em que os sujeitos são influenciados a retribuir a conduta da contraparte mediante uma conduta semelhante ou idêntica no futuro.

significativo" (*courant d'affaires*), que é caracterizado pela indicação recorrente de um mesmo indivíduo como árbitro por um grupo de empresas em contratos semelhantes; os casos em que "os fatos revelam uma certa frequência e regularidade na nomeação de um árbitro durante um longo período" podem justificar a dúvida quanto à equidistância e demandam ao menos a revelação.[775] Exemplos desse conceito são os casos *Somoclest vs. DV Construction*[776] e o já referido *Tecso v Neoelectra*, dentre outros, nos quais a *Cour de Cassation* francesa considerou que a frequência e a regularidade de indicações em um longo período caracterizaria a existência de "*courant d'affaires*", o que deveria ao menos ter sido revelado para que a parte que desconhecia os fatos pudesse exercer o seu direito de recusa, se entendesse ser o caso.[777]

Não se questiona que, algumas vezes, acabar-se-á revelando fatos que não impactariam necessariamente a equidistância do julgador, mas é essa a (imperiosa) diferença de crivos que deve ser estabelecida. Revela-se aquilo que "pode" suscitar dúvidas razoáveis sobre a imparcialidade e a independência, e afasta-se o árbitro quando o fato efetivamente suscita essas dúvidas; deve-se diferenciar "a 'revelação', que confere às partes a possibilidade de recusar o árbitro, e a 'recusa', que pode ser manejada quando não existam critérios precisos de independência e imparcialidade do árbitro."[778] São análises e crivos diferentes, e os do dever de revelação têm como propósito a garantia da legitimidade e da confiabilidade, antes de se cogitar uma real avaliação da equidistância. Por isso alguns árbitros fazem questão de afirmar, quando fazem a revelação, que não estão reconhecendo a existência do conflito.[779]

---

[775] HEINTZ, Tom Philippe; CERQUEIRA, Gustavo Vieira da Costa. Op. cit.
[776] *Cour de Cassation*, decisão n° 693, de 20.10.2010 (09-68.997). Disponível em: <http://www.courdecassation.fr/jurisprudence_2/premiere_chambre_civile_568/962_20_17860.html>.
[777] Ver: HEINTZ, Tom Philippe; CERQUEIRA, Gustavo Vieira da Costa. Op. cit.
[778] Tradução nossa. No original: "*la 'revelación', que confiere a las partes la posibilidad de recusar al árbitro, y la 'recusación', que puede ponerse en marcha cuando no existan unos criterios precisos de independencia y de imparcialidad por parte del árbitro*". (FERNÁNDEZ ROZAS, José Carlos. "Contenido ético del deber de revelación del árbitro y consecuencias de su transgresión." Op. cit., p. 815).
[779] DAELE, Karel. Op. cit., p. 5.

4.3.3.2. A revelação não importa necessariamente o afastamento. Ataques indevidos ao árbitro e ao processo devem ser rejeitados e sancionados pelas vias cabíveis, e não levar à diminuição do escopo do dever de revelação

Ato contínuo, se os fatos revelados forem usados para artimanhas pelos advogados e pelas partes, a solução será o enfrentamento da impugnação e, se o caso, a penalização da parte que agir deslealmente. Defende-se aqui, inclusive, a existência de um dever de o árbitro de não renunciar e se defender de impugnações descabidas, como forma de desestimular essas medidas e não causar a impressão de que a impugnação era de fato devida, como pode ter ocorrido no caso *Abengoa v Adriano Ometto*.[780] Um primeiro passo é que o árbitro ao menos responda à impugnação com argumentos convincentes pelos quais entende não deve ser afastado – algo que alguns sequer fazem, pois renunciam antes, o que pode comprometer a confiança das partes na equidistância daquele julgador.[781] A resposta é crucial para "esclarecer as coisas para as partes e fornecer reconforto à parte que fez a impugnação de que o árbitro se mantém imparcial";[782] responder à altura, principalmente quando a impugnação é infundada, é mais uma forma de assegurar a confiança na figura do árbitro e também no instituto em si.

Não suficiente, no aspecto mais amplo, deve-se também considerar muitas das possibilidades listadas por Judith Levine para desencorajar tais impugnações indevidas, todas que podem ser adotadas por instituições arbitrais ou também pelas partes, em conjunto. As leis e regulamentos arbitrais poderiam estabelecer que: (a) o árbitro somente possa renunciar mediante aprovação prévia da instituição arbitral; (b) a parte que aja indevidamente tenha seu direito de indicação do substituto negado; (c) os demais árbitros possam dar seguimento ao processo arbitral no formato de um "tribunal truncado" – sem a indicação de um substituto, com apenas dois árbitros, por exemplo; ou (d) árbitros possam ser sancionados em caso de renúncia

---

[780] A renúncia do presidente se deu também sob o argumento de que se pretendia evitar mais atrasos no processo arbitral. Por esse motivo, a impugnação que havia sido feita não foi apreciada. Ver: LEMES, Selma Maria Ferreira. 1. Árbitro... Op. cit., p. 23.

[781] Ver Capítulo 4, item 4.2, *supra*.

[782] Tradução nossa. No original: "*clarify things for the parties and provide reassurance to the party that filed the challenge that the arbitrator in question remains impartial*". (BROWER, Charles N.; MELIKIAN, Sarah; DALY, Michael P. Op. cit., p. 336).

desarrazoada, e sejam avisados dos danos à reputação que essa conduta lhes poderá causar.[783] São medidas drásticas, mas possíveis.

Outras propostas da mesma autora, também para desincentivar impugnações que tentam retardar o processo ou exercer pressão sobre os árbitros, são as de que (i) estabeleça-se um procedimento *fast-track* de julgamento da impugnação, que deve ocorrer no menor prazo possível,[784] e, (ii) os árbitros não suspendam o processo e deem andamento a ele a despeito da impugnação.[785] Também cogitamos as possibilidades de que (1) em caso de dúvidas sobre as intenções do impugnante, exija-se a prestação de uma garantia para que a impugnação seja apreciada, para fazer frente aos custos e perda de eficiência que podem causar,[786] e (2) instituições arbitrais julguem a impugnação a despeito da renúncia do julgador, ou o tribunal arbitral reconstituído o faça no momento de proferir a sentença arbitral, com vistas a verificar se a oposição feita foi razoável, e sancionar a parte, se o caso.

Nada obstante, a despeito de quaisquer das opções sugeridas, o fato é que *não* cabe ao árbitro tentar precaver-se de impugnações, porquanto, se descabidas, serão ou deverão ser afastadas, inclusive com a possibilidade de imposição de sanções à parte que as tiver manejado.[787] Deve o árbitro preocupar-se com uma revelação que, no caso concreto, possibilite às partes o consentimento informado – até porque, ao tentar evitar uma impugnação, poderá dar azo a possíveis impugnações posteriores à sentença arbitral (que são bem piores, uma vez que se terão sido gastos dinheiro e tempo com todo um processo arbitral que pode restar invalidado). A revelação a menor não é solução adequada para desestimular essa prática. É irretocável

---

[783] LEVINE, Judith. Op. cit., p. 288-292.

[784] Nesse sentido, também Thomas Clay: "*para disminuir el riesgo de mala fe de una parte que utilizara sistemáticamente todos los pretextos a su alcance para impedir la constitución de un tribunal, incluida la revelación de un hecho anodino, sería suficiente prever un mecanismo que permitiese pedir al juez de apoyo que se pronunciase en corto plazo sobre el elemento revelado, con el fin de que indicase si la recusación resulta o no pertinente*". (CLAY, Thomas. *El árbitro*. Op. cit., p. 78).

[785] LEVINE, Judith. Op. cit., p. 279.

[786] As críticas que têm sido feitas a essa possibilidade, contudo, dizem respeito à dificuldade de, logo de início, aferir se a impugnação é legítima e bem-intencionada. Id., p. 280. Ver também: "*In some instances it would be wrong to permit proceedings to be disrupted by unreasonable fears, whether real or feigned.*" (PARK, William W. Op. cit., p. 635).

[787] "*It may be countered that making disqualification easier would only fuel the flames of what many perceive to be an abuse of challenge applications for dilatory and strategic reasons. Abusive practices certainly should be curtailed through time limits and appropriate sanctions.*" (SOBOTA, Luke A. Op. cit., p. 318-319).

a conclusão de Luke A. Sobota de que "o abuso em uma ponta do espectro não desfaz a necessidade de integridade na outra".[788]

Não devem os propostos árbitros, com efeito, em quaisquer casos concretos, evitar revelações por receio de impugnações ou por quaisquer outros interesses. De forma alguma é justificável – e muito menos viável – se preocupar com medidas irrazoáveis e antiéticas, que serão manejadas conforme a vontade de cada sujeito; para essas medidas reprováveis, há sanções que devem ser aplicadas. É o que entendeu a *US Supreme Court* no caso *Commonwealth Coatings v Continental Casualty Co.*, de 1968, em que um dos ministros ressalvou que, caso os árbitros ou a sentença arbitral fossem impugnados por fatos não substanciais, não seria difícil ao julgador da impugnação – naquele caso, o juiz togado – identificar que se tratava de fato realmente frívolo, que não deveria justificar qualquer afastamento ou invalidação.[789] Não se pode comprometer o conteúdo do dever de revelação por esse ou qualquer outro motivo.

Nesse ponto, vale ainda observar que mesmo os chamados "*advance waivers*" ("renúncias antecipadas"[790]) não podem impactar a extensão do dever de revelação. Embora sejam essas renúncias úteis para evitar impugnações em estágio adiantado do processo, a revelação deve ser feita a despeito de a renúncia ser válida ou não,[791] o que deverá ser avaliado apenas para fins de procedência de eventual impugnação. Nesse aspecto, as Diretrizes da IBA são precisas em estabelecer que "uma declaração ou renúncia antecipada com relação a possíveis conflitos de interesses que possam surgir de fatos e circunstâncias futuros não retiram o dever contínuo do árbitro de revelar, conforme o *General Standard* 3(a)".[792]

---

[788] Tradução nossa. No original: "*abuse at one end of the spectrum does not negate the need for integrity at the other*. Id., p. 319.

[789] *Commonwealth Coatings Corp v Continental Casualty Co.* 393 US 145 (1968). Op. cit.

[790] Declarações solicitadas por árbitros para que as partes declarem, antecipadamente, que renunciam a qualquer conflito de interesses que possa surgir no futuro com relação ao árbitro ou ao seu escritório.

[791] LEVINE, Judith. Op. cit., p. 275. Também nesse sentido, ver: FERRO, Marcelo Roberto. Op. cit., p. 859: "(...) *não nos parece admissível sustentar que as partes possam antecipadamente renunciar ao direito de impugnar o árbitro (...)*".

[792] No original: "*[a]n advance declaration or waiver in relation to possible conflicts of interest arising from facts and circumstances that may arise in the future does not discharge the arbitrator's ongoing duty of disclosure under General Standard 3(a)*." (Diretrizes da IBA relativas a Conflitos de Interesses em Arbitragem Internacional, versão de 2014).

Quanto aos elementos concretos e objetivos que devem ser considerados, conclui-se, pois, que:

a) Árbitros devem considerar as particularidades do conflito e interpretá-las conforme os *standards* aplicáveis, de forma a estabelecer quais seriam as principais hipóteses de revelação, de não revelação, ou de sua desnecessidade. Não se deve, de qualquer forma, limitar a avaliar o que conhecem apenas os integrantes da "comunidade arbitral", mas buscar interpretar o que as partes veriam como leigas – o que inclui, na grande maioria dos casos, atuações em outras arbitragens com os mesmos advogados e partes (*"double hatting"*), indicações prévias pelo mesmo escritório ou parte (*"repeat appointments"*), e também decisões ou teses já acatadas ou defendidas envolvendo as mesmas questões fáticas e jurídicas (*"issue conflicts"*). Devem os árbitros, também, aceitar se sujeitar a procedimentos de impugnação, ainda quando frívolos, expondo fundamentalmente as razões pelas quais não haveria razões para o afastamento e sugerindo a responsabilização ou a penalização das partes pela medida, quando aplicável.

b) Partes e seus advogados devem exercer seus direitos de recusa ou de impugnação da sentença arbitral respeitando, em especial, práticas leais e legítimas com vistas à vitória no processo arbitral ou fora dele. Situações de *double hatting*, *repeat appointments* e *issue conflicts*, por exemplo, devem ser reveladas, mas devem levar ao afastamento do árbitro apenas em casos extremos.

c) Instituições arbitrais devem incentivar revelações sobre situações sensíveis e estabelecer previsões regulamentares e de códigos de ética que reflitam essa imprescindibilidade. Devem, mais importante, considerar a implementação de medidas para desestimular impugnações que tenham o propósito de retardar o processo arbitral ou exercer pressão sobre o tribunal arbitral, tais como: (c.1) condicionar a renúncia do árbitro à aprovação pela instituição arbitral, (c.2) considerar que a parte que age de má-fé perca o direito de indicação do substituto, (c.3) permitir o seguimento da arbitragem por "tribunais truncados", (c.4) estabelecer procedimentos *fast-track* de julgamento de impugnações, (c.5) autorizar que tribunais deem seguimento à arbitragem a despeito da impugnação, e (c.6) impor restrições e sanções financeiras para impugnações indevidas, tais como a prestação de garantias e a condenação nas custas do processo.

4.3.4. *Quarta questão*: a não revelação poderia ensejar legítimos motivos para desconfiança na equidistância do julgador?

Quanto à *quarta pergunta*, abordar-se-á no capítulo seguinte as consequências da quebra do dever de revelação, porém já se adianta que deve ser considerada, no momento da revelação, a confiança depositada pelas partes e também pela instituição arbitral na pessoa do árbitro – elemento esse que corresponde às legítimas expectativas criadas por esses sujeitos de que os deveres do julgador privado sejam adequadamente exercidos, em especial os deveres consentâneos com a equidistância esperada. Para decidir não revelar determinado fato, além de considerar se ele é ou não conhecido pelas partes, se é relevante para afetar sua imparcialidade e independência, deve o árbitro buscar aferir se as legítimas expectativas das partes serão quebradas ou afetadas em caso de não fornecimento de alguma informação. O *alter* (as partes, em especial, mas também a instituição arbitral) deverá sentir-se hábil a confirmar a confiança ou a falta de motivos para desconfiança, conforme se explanou sobre o que esses conceitos representam para o instituto da arbitragem.[793] Como asseverou Wiliam Park, "avaliar qualquer contexto específico depende de uma apreciação das legítimas expectativas e sensibilidades das partes".[794]

Esse proposto crivo, de certa forma, é equiparável ao crivo da relevância, com um importante elemento adicional: por vezes, há fatos que, ainda que possam não ser considerados de revelação por relevância clara, devem ser informados como verdadeira precaução e até respeito às partes e às suas expectativas. Essa precaução está em linha com o mencionado efeito estabilizador do dever de revelação, que, como uma "vacina de validade", impede que se utilizem tais fatos como causa de impugnação no futuro, além de estar alinhada com a reiteração da confiança feita pelas partes no

---

[793] Capítulo 2, item 2.4.
[794] Tradução nossa. No original: "*evaluating any given context depends on an appreciation of the parties' legitimate expectations and sensitivities (...)*". NELSON, Annalise. The LCIA Arbitrator Challenge digests: An Interview with William (Rusty) Park. **Kluwer Arbitration Blog**, 23 nov. 2011. Disponível em: <http://kluwerarbitrationblog.com/blog/2011/11/23/the-lcia-arbitrator-challenge-digests-an-interview-with-william-rusty-park>.

momento em que validam determinado árbitro após a revelação. E em se tratando do campo contratual, precauções são também cabíveis, mormente quando se versa sobre o exercício de deveres cuja extensão pode ser questionada em algum momento. É o momento para o árbitro demonstrar sua probidade e as razões pelas quais não há motivos para desconfiar da sua equidistância. E lembre-se que, mediante a revelação dos fatos, a rigor, "eles não poderão ser utilizados durante o curso do processo arbitral nem contra a sentença".[795]

É o que se se decidiu, como se viu, no caso *Tidewater v Venezuela*, em que os dois árbitros julgadores entenderam que, embora indicações em arbitragens anteriores pela mesma parte fossem públicas, a Professora Brigitte Stern poderia, como medida de prudência, ter trazido esse fato ao conhecimento das partes para que o apreciassem e, se fosse o caso, manifestassem sua concordância com a atuação da julgadora ainda assim. Seria medida em linha com a confiança expressa pela parte que a indicara e também com a "não desconfiança" que deveria ser mantida com os sujeitos que não a conhecessem em maior profundidade. *Não* se está defendendo que a não revelação necessariamente levará a uma quebra de confiança passível de conduzir ao afastamento do árbitro ou à anulação da sentença arbitral; trata-se de análise que, como se verá no capítulo adiante, depende de uma série de fatores, em especial dos testes de prova e de parcialidade estabelecidos por cada legislação e regulamento arbitral específicos. Independentemente do modelo que se adote, contudo, a confiança das partes no exercício dos deveres pelos árbitros é pedra angular da validade do processo arbitral, e assim deve ser tratada no momento de se decidir pela revelação ou não.

Estabelecendo uma relação entre esse ponto e o exposto sobre a confiança como uma pedra de toque do instituto – em comparação com outros princípios em que a esfera judicial se baseia com maior ênfase –,[796] defendemos que o árbitro deve ser ainda mais imparcial que o julgador privado, e deve, portanto, parecer ainda mais sê-lo.[797] Deve-se considerar que "a liberdade de escolha das partes e a necessidade de independência e de

---

[795] Tradução nossa. No original: "*éstos no podrán ser utilizados, ni durante el curso del procedimiento arbitral, ni contra el laudo*". (CLAY, Thomas. El árbitro. Op. cit., p. 80).
[796] Capítulo 2, item 2.4.
[797] Ver Capítulo 5, item 5.4.1, mais adiante.

imparcialidade devem ser equilibradas por regras adequadas de revelação, e regras e procedimentos adequados de impugnação."[798] A despeito da existência de grupos reduzidos de *players* e das repetições de indicações e de temas que possam daí surgir, por exemplo, deve-se exercer o dever de revelação como instrumento para garantir que mesmo esses fatores não impliquem um julgamento menos imparcial, ou que ao menos não pareça menos imparcial.

E isso somente ocorrerá mediante o exercício do dever de revelação em extensão que garanta que os crivos que serão realizados sobre a equidistância do julgador se darão às claras, a partir de todos os fatos que se mostrarem relevantes: *primeiramente*, às partes, que deverão avaliar a atuação daquele árbitro; *depois*, à instituição arbitral, que poderá julgar eventual impugnação; e, *por fim*, aos juízes togados, que poderão julgar impugnações a árbitros e a sentenças arbitrais. O conteúdo do dever de revelação, quando adequado, contribui para que todos esses crivos se deem informadamente e estabeleçam, conforme os ônus e testes de prova e requisitos aplicáveis, precedentes e doutrina que servirão de balizas nos casos futuros.

Do contrário, a não revelação de fatos relevantes provavelmente ensejará medidas judiciais que visem ao afastamento do árbitro ou à invalidação da sentença arbitral, e tornará pública – a não ser que o processo judicial corra em segredo de justiça, o que ocorre em poucos casos – uma discussão sobre medidas antiéticas, de forma bastante prejudicial à imagem da arbitragem em geral. Como salienta Thomas Clay, a sombra dos fatos não revelados dará origem a infindáveis debates, colocando a sentença arbitral em uma posição de fraqueza, de debilidade; "em qualquer caso, a justiça que se conceder será uma justiça atormentada".[799]

A ocultação das balizas utilizadas e a opção legislativa por *standards*, como se nota, não são compatíveis ou toleráveis entre si. Será somente mediante o estabelecimento de hipóteses claras que esse modelo não casuístico poderá surtir os efeitos desejados. A falta de transparência das decisões tomadas por árbitros, partes e instituições arbitrais no tocante

---

[798] Tradução nossa. No original: *"the parties' freedom of choice and the need for independence and impartiality are balanced by appropriate disclosure rules, challenge rules, and challenge procedures."* (ZAMOUR, Roman. Op. cit., p. 243).

[799] Tradução nossa. No original: "[e]n cualquier caso, la justicia que se imparta será una justicia atormentada." CLAY, Thomas. **El árbitro**. Op. cit., p. 79.

à extensão do dever de revelação apenas faria emperrar todo o sistema, uma vez que não se instituirão hipóteses-base que tragam segurança ao tema. Mediante a transparência advinda da revelação, árbitros passarão a conhecer os ditames mínimos e os limites desse dever, partes e seus advogados terão sua conduta avaliada no tocante ao tema de indicação de árbitros, e instituições arbitrais poderão publicar decisões de impugnação e desenvolver melhores práticas de indicação e revelação de árbitros para fomentar o devido uso do instrumento. Tratar-se-ia de um círculo virtuoso, em que a transparência importasse segurança e previsibilidade. É o caso de primar para que se estabeleça essa aparência de legitimidade no sistema arbitral.[800]

A preocupação com a legitimidade não deve se dar apenas em relação à visão que é feita pelas partes e pela instituição arbitral, que são as primeiras juízas da equidistância do julgador, mas também perante os tribunais judiciais e a sociedade, que serão, de forma indireta, os juízes finais da legitimidade daquele e de todo processo arbitral. Há que se exercer a revelação de forma condizente com os argumentos que se utiliza para se defender a legalidade e a legitimidade da indicação de árbitros. Essa confiança *lato sensu* também é capital. As críticas que se viu se têm feito à arbitragem, fundadas ou infundadas, devem ser sopesadas e consideradas também em casos específicos, pois é a partir delas que a imagem da figura do árbitro se forma, positiva ou negativamente.

Para os que argumentam que não há problemas em se criar uma "comunidade arbitral", por exemplo, não haveria óbices, portanto, em se tornar pública e transparente a forma como essa comunidade se estabelece e atua no dia a dia. Como se expôs, mesmo temas sensíveis – como os de *double hatting, repeat appointments* e *issue conflicts* – merecem ser apreciados pela sociedade, de forma a evitar alegações de protecionismo ou mesmo de ilegalidades. A indicação de árbitros com o fim de vitória no processo arbitral é realidade, mas também devem restar claros os limites desse jogo. A ocultação pode trazer uma ideia de clandestinidade que deve ser evitada, até porque quem atua na área sabe que em grande parte dos processos arbitrais a formação dos tribunais é feita de forma lícita. Essa licitude, todavia, deve ser comprovada mediante a transparência de cada caso e de

---

[800] **Report of the ASIL-ICCA Joint Task Force on Issue Conflicts in Investor-State Arbitrator**. Op. cit., p. 77.

uma forma geral. É também por esse motivo que surgem críticas sobre o "clube da arbitragem", porquanto evitar a revelação pode parecer uma medida para impedir a entrada de novos *players*, como se tivesse agindo para preservar uma reserva de mercado.[801]

Isso não significa, por óbvio, que se deveria abrir mão da confidencialidade ou do sigilo da arbitragem e muito menos da revelação, quando aplicáveis no caso concreto. Mediante o adequado exercício do dever de revelação, porém, as circunstâncias em que as decisões sobre conflitos de interesses são tomadas se mostrarão em favor do instituto, e não contra ele. A transparência contribuirá para que se demonstre, a despeito das diferenças que possam existir nas regras aplicáveis na arbitragem, que isso não significa que se esteja consentindo com arbitragens parciais (pois viu-se que a imparcialidade sequer é renunciável).[802] Do lado dos (recorrentes) árbitros, em especial, restará claro que existem, sim, relações entre árbitros, advogados e até partes, mas isso, na maioria dos casos, não significa uma causa de impossibilidade de atuação do julgador. Pelo contrário, a existência do grupo seleto de *players* é favorável em muitos aspectos, pois fomenta a especialização e a elevação da qualidade:

> Sob uma concepção negativa, existem os conchavos, grupos em que impera a barganha de influências e onde transitam os "árbitros profissionais" de parte (ou os árbitros que são indicados com frequência inapropriada pelo advogado da parte), pautados por trocas de favores, em relação quase clientelista. Por outro lado, há os *country clubs*, círculos fechados de árbitros que estabeleceram relação mútua de confiança em virtude da conduta exemplar que demonstraram em casos anteriores, tratando-se, em oposição à barganha de influências, de barganha de virtudes em que a moeda de troca é o capital simbólico detido por seus integrantes. Enquanto os conchavos geram painéis viciados, em que os árbitros padecem do pecado da gula arbitral e comportam-se de modo a angariar novas indicações entre seus pares (para presidir painéis, o que os leva à contemporização ou, por vezes, à leniência no trato de determinados argumentos), a indicação com base na confiança e em experiências anteriores conduz a uma experiência positiva, em que imperam a confiança

---

[801] "*Rechazar revelarlo todo impide la llegada de nuevos árbitros y ello se asemeja a una preservación de los intereses en juego.*" (CLAY, Thomas. **El árbitro.** Op. cit., p. 81).
[802] Capítulo 3, item 3.1.

recíproca e a discussão honesta da causa, sem o objetivo de inflar o ego de outros membros do painel (presidente do tribunal em relação aos coárbitros) ou de favorecer a parte que indicou o julgador (coárbitro em relação a algum dos litigantes).[803]

Não se está sustentando, esclareça-se, que o árbitro passe a revelar fatos com vistas apenas à imagem que será feita dele pela sociedade caso o processo se torne público (ou já seja público). Deve-se pontuar, todavia, que a inobservância do dever de revelação, como se expôs, é, além da violação de um dever crucial para a validade daquele processo arbitral, um desserviço à imagem que a sociedade tem do árbitro, que deveria ser de respeito e deferência. Considerado o múnus público que é aceito pelo árbitro, os escopos jurisdicionais do instituto também devem ser devidamente considerados e almejados. Esconder os fatos é solução indefensável. Revelar a menor como propósito de garantir mais indicações apenas traz malefícios àquele processo arbitral específico e também a todo o instituto.

Quanto às possíveis consequências da revelação ou da não revelação para as partes, a instituição arbitral e a sociedade, portanto:

a) Árbitros devem ponderar as expectativas da instituição arbitral e das partes sobre a revelação, inclusive com vistas à confiança (legítima expectativa) das partes e da instituição arbitral sobre sua condição de julgador privado, por exemplo, quando diante de situações de *double hatting*, *repeat appointments* e *issue conflicts*. Devem, também, desse modo, exercer o dever de revelação na extensão compatível com a confiança que deve assegurar à figura do árbitro e à legitimidade de todo o sistema arbitral.

b) Partes e seus advogados devem agir de boa-fé e de forma responsável na externalização de seus interesses e preferências na constituição do tribunal arbitral, sob pena de serem sancionados em caso de medidas procrastinatórias e ilegítimas.

c) Instituições arbitrais devem fomentar o exercício do dever de revelação em extensão adequada, estabelecendo sanções rígidas a árbitros que não revelam adequadamente e também a partes e advogados que fazem uso de medidas procrastinatórias e ilegítimas.

---

[803] CARMONA, Carlos Alberto. Os sete pecados capitais do árbitro. Op. cit.

4.3.5. *Quinta questão*: o consentimento informado está sendo assegurado mediante a revelação (ou a não revelação)?

Como *quinta pergunta*, também já introduzida nos capítulos *supra*, o exercício do dever de revelação deve ser enfrentado e exercido pelo proposto árbitro e pelas partes como o melhor e mais indicado instrumento para que haja um consentimento informado entre árbitro, instituição arbitral e partes sobre o objeto e as bases do que será contratado.[804] Eis o momento – que se perpetua durante o processo arbitral em caso de fatos novos – para assegurar que não haja assimetria de informações que possa comprometer a validade do processo arbitral. E se trata de um dever mútuo, como se expôs, uma vez que ao árbitro cabe revelar o que for relevante para fins de assegurar a inexistência de razões para se desconfiar da sua equidistância, e também das partes é exigido que busquem o básico e forneçam dados suficientes para que essa fase de estabilização se dê sem falhas.[805]

Parece óbvio, mas a melhor forma de evitar impugnações tardias é precisamente a realização de "precisas checagens de conflitos e cuidadosas e tempestivas revelações", o que possibilita às partes que tomem decisões informadas sobre eventuais impugnações ou confirmações e pode, em muitos casos, até levar a um acordo nesse sentido.[806] Nesse sentido, Luke Eric Peterson narra caso Nafta – *North American Free Trade Agreement* em que uma das partes (no caso o Estado do Canadá), ao ser informado de possível conflito de interesses envolvendo o escritório do árbitro, concordou em não impugná-lo mediante a afirmação expressa por parte dele de que estabeleceria uma *"ethical screen"* que impedisse a troca de informações confidenciais entre os envolvidos; ou seja, evitou-se a impugnação por meio de garantias prestadas formalmente pelo julgador.[807] Thomas Clay também menciona exemplo em que a *Cour de Cassation* francesa pontuou que "o determinante não é tanto a existência de um nexo entre o árbitro

---

[804] Capítulo 3, itens 3.2 e 3.3, *supra*.

[805] Capítulo 4, item 4.3.1.

[806] Tradução nossa. No original: *"thorough conflict checks and careful and prompt disclosure"*. (LEVINE, Judith. Op. cit., p. 279).

[807] PETERSON, Luke Eric. Ethical screen erected in NAFTA case to ensure that arbitrator remains cut off from his law firm's prosecution of a separate claim. **Investment Arbitration Reporter**, 18 mar 2014. Disponível em: <https://www.iareporter.com/articles/ethical-screen-erected-in-nafta-case-to-ensure-that-arbitrator-remains-cut-off-from-his-law-firms-prosecution-of-a-separate-claim/>.

e uma das partes, mas a revelação desse nexo";[808] a ação de anulação foi julgada improcedente por se considerar que o nexo entre o árbitro e uma das partes (o fato de ter trabalhado para ela pouco tempo antes) havia sido devidamente revelado antes.[809]

Desse modo, do lado do árbitro, estar-se-á cumprindo seu dever de proferir uma sentença arbitral válida que poderá ser executada pelas partes onde necessário;[810] e, do lado das partes, estar-se-á atuando de forma leal e cooperativa, também com vistas à eficiente e justa resolução do conflito, que é o que mais lhes interessa (ou pelo menos deveria). Trata-se do momento para conhecer e dar a conhecer aquilo que for necessário para a celebração do contrato de maneira informada, sob pena de se cogitar a invalidação de todo o negócio futuramente. E, nesse ponto, a jurisprudência francesa merece destaque por sedimentar que, ademais de um mero instrumento para verificação da independência, o dever de revelação se converteu em "uma autêntica obrigação que se consolidou como um autêntico fim em si mesmo".[811] Não se trata mais de um dever consentâneo da boa-fé apenas; é um dever em si próprio, com extensão e efeitos particulares, todos relacionados à validade e à legitimidade da arbitragem.

Pois a sensibilidade maior do tema, como se expôs,[812] advém do fato de que, considerando que o primeiro contato entre as partes e o proposto árbitro se dá ainda no âmbito pré-contratual, o bem jurídico tutelado nesse momento é o "consentimento informado". Desta feita, a violação a esse dever de informar, se dolosa, poderá levar à anulação quando o dolo for considerado essencial; se culposa ou por dolo acidental, nascerá a responsabilidade civil do julgador, o que também se aprofundará mais adiante.[813] Como se demonstrou, a falha no cumprimento desse dever de revelação quanto a elementos essenciais, em muitos países fere o dever de informar

---

[808] Tradução nossa. No original: "*lo determinante, no es tanto la existencia de un nexo entre el árbitro y una de las partes, como la revelación de dicho nexo*". (CLAY, Thomas. **El árbitro**. Op. cit., p. 74).

[809] "*Es entonces cuando, si el árbitro no ha revelado, de buena o mala fe, los nexos que lo unen a una parte, el litigante dispondrá de una poderosa arma.*" Id., p. 80.

[810] Ver: FERRO, Marcelo Roberto. Op. cit., p. 853.

[811] Tradução nossa. No original: "*una auténtica obligación que se ha consolidado como un auténtico fin en sí misma*". (FERNÁNDEZ ROZAS, José Carlos. Contenido ético del deber de revelación del árbitro y consecuencias de su transgresión. Op. cit., p. 838).

[812] Capítulo 3, itens 3.2 e 3.3, *supra*.

[813] MARTINS-COSTA, Judith. Op. cit., p. 538-539. Capítulo 5, item 5.3.

ou também o de boa-fé (para os países em que o dever de revelar não existe *per se*, pois advém de uma interpretação desse segundo).[814]

Repita-se que deve o árbitro mais se preocupar com eventual invalidade por falta de revelação do que com eventuais impugnações descabidas pelas partes. Cada um desses temas merece enfrentamento distinto: (a) para a definição da extensão do dever de revelação, deve-se considerar a importância do consentimento informado sob pena de invalidade do negócio em certas circunstâncias, e (b) para as impugnações indevidas, medidas processuais de eficiência processual e também penalização de medidas antiéticas devem ser consideradas.[815] São, nada obstante, problemas diferentes – ainda que interligados – que devem ser enfrentados sem que haja prejuízo tanto para a extensão do dever de revelação como para a eficiência do processo arbitral. Para o árbitro e para a instituição arbitral, é melhor que se lute pela extensão adequada do dever de revelação do que contra os ataques indevidos a árbitros e a sentenças arbitrais.

Em resumo, sobre os riscos de invalidade na constituição do tribunal arbitral:

a) Árbitros devem ponderar se a não revelação poderá ser suscitada posteriormente como causa razoável de invalidade do processo e da sentença – ou de denegação de homologação, se estrangeira –, por não se ter obtido um consentimento informado das partes para a sua contratação. Devem ponderar apenas se a informação é desconhecida,

---

[814] "*Some legal systems rely on the notion of good faith either simpliciter (as in West Nordic law) or in combination with other doctrines. Thus, for example, French law uses good faith as a rationale for the imposition of an obligation d'information and German law relies on good faith as the basis of finding an obligation to disclose facts so as to allow rescission for deception. It should be noted that the Greek and Italian codes contain express provisions enjoining the parties to negotiate in good faith.*" (WHITTAKER, Simon; ZIMMERMANN, Reinhard. Op. cit. Op. cit., p. 233).

[815] Os tribunais federais dos Estados Unidos têm agido vigorosamente para desincentivar ataques frívolos a sentenças arbitrais com base em alegações de falhas no dever de revelação. No caso *Postel Industris, Inc. v Travelers Cas. and Sur. Co. of America*, julgado em julho de 2014, a *District Court for the Middle District of Florida* condenou a parte impugnante em custas e honorários, delimitando que "*if a party on the short end of an arbitration award attacks that award in court without any real legal basis for doing so, that party should pay sanctions.*" Disponível em: <http://www.leagle.com/decision/In%20FDCO%2020140721776/U.S.,%20POSTEL%20INDUSTRIES,%20INC.%20v.%20TRAVELERS%20CASUALTY%20AND%20SURETY%20COMPANY%20OF%20AMERICA>.

relevante e necessária, e não se há riscos de impugnações descabidas com base nos fatos informados.
b) Partes e seus advogados devem exercer seu direito de recusa tempestiva e responsavelmente, sob pena de preclusão de seus argumentos e sanções por medidas procrastinatórias e ilegítimas.
c) Instituições arbitrais devem incluir em seus questionários e códigos de ética previsões que diminuam o risco de alegação de desconhecimento da extensão do dever pelos árbitros, estabelecer prazos claros para estabilização da constituição do árbitro, e assegurar que as partes conheçam os fatos relevantes, mesmo quando não revelados.

4.4. Como "racionalizar" o exercício do dever de revelação. Os princípios e critérios necessários para manter a confiança no árbitro sem abrir flancos para impugnações descabidas

Por todas as hipóteses e premissas expostas, está-se defendendo uma verdadeira racionalização do dever de revelação no que toca à extensão em que é exercido e exigido. Essa racionalização significa, *em um primeiro nível*, fazer uso das cláusulas gerais estipuladas na lei e no regulamento arbitral aplicáveis, com vistas aos vetores centrais do dever de informar do árbitro e a confiança que deve ser mantida pelas partes. Fugir desses *standards* e do que eles propõem significaria ignorar opção legislativa que se fez e os propósitos específicos pensados para cada um deles. Não se pode aceitar uma realidade em que "o árbitro, interessado que está em sua própria nomeação, tenderá a considerar irrelevantes informações que as partes (ou ao menos a parte adversária daquela que o indicou) poderão julgar importantes".[816]

Em seguida, *em um segundo nível,* e em conformidade com os exemplos que se apresentou, "racionalizar" o dever de revelação significa estabelecer uma linha de raciocínio razoável sobre o que as partes entenderiam ser de conhecimento necessário para evitar dúvidas sobre a imparcialidade e a independência do julgador. Em todos os cenários considerados – a arbitragem doméstica, internacional e de investimentos –, respeitadas as peculiaridades de cada um deles, que devem ser aferidas caso a caso, a mais adequada extensão do dever de revelação é aquela que leva em consideração os seguintes critérios: (a) se o fato pode ser considerado *desconhecido*, (b)

---

[816] ELIAS, Carlos Eduardo Stefen. Op. cit., p. 192-193.

se é ele *relevante* para suscitar dúvidas acerca da equidistância do julgador, (c) se os elementos e particularidades do *caso concreto* exigem a revelação, (d) se há *legítima expectativa (confiança)* das partes e da instituição arbitral de que o fato seja revelado, e (e) se a falta de revelação de algum fato possibilitará *alegações de invalidade* por qualquer das partes. Todas essas premissas se relacionam, de alguma forma, à relevância dos fatos, mas foram decompostas em categorias e variáveis para deixar a análise mais concreta e específica.

Parece-nos claro, pois, que, a partir das balizas propostas, é possível estabelecer hipóteses concludentes do que deve, do que não deve e do que não precisa ser revelado. Ainda que não se concorde inteiramente com as conclusões a que se chegou, já é salutar que se busque estabelecer diretivas para as situações mais recorrentes e intrigantes. Trata-se de situações que podem ser firmadas, e que, "quando bem definidas pela jurisprudência, eliminarão assim boa parte das dificuldades ligadas à explicação [da extensão do dever de revelação] doravante exigida aos juízes".[817] Os critérios que se propõe usar estão em linha com os vetores do dever de informar e da confiança: o *desconhecimento*, a *relevância*, as *peculiaridades*, as *legítimas expectativas* e o *consentimento informado*.

Isso não significa adotar um posicionamento de *full disclosure*, mas, analogamente ao dever de informar na esfera contratual, exercer o dever de revelar em extensão razoável e compatível com o cenário e os escopos para os quais o dever de revelação foi estabelecido. Isso não significa que haja um dever ilimitado; não é caso de se exigir a revelação de tudo, e, sim, de tudo o que racional e razoavelmente faça realmente sentido. Deve-se, por exemplo, atribuir aos árbitros um dever de investigação e revelação compatível com a sua condição, e o mesmo vale para as partes, ambos como sujeitos contratuais que têm deveres de diminuir a assimetria de informações que há entre eles. Sequer se pode falar em *overdisclosure* quando se está revelando exatamente o que a relação contratual e os fins jurisdicionais demandam como relevantes. Como Arnoldo Wald afirma, "embora seja cediço que eventual mácula aos deveres de revelação, independência e imparcialidade do árbitro deve ser analisada pelo árbitro 'aos olhos das partes', tal análise deve ser realizada de acordo com um critério racional".[818]

---

[817] HEINTZ, Tom Philippe; CERQUEIRA, Gustavo Vieira da Costa. Op. cit.
[818] WALD, Arnoldo. A ética e a imparcialidade na arbitragem. Op. cit., 2013.

Em alguma medida, porém, não se pode ignorar que haja, sim, uma preferência pela revelação em caso de dúvida;[819] entretanto, essa premissa é plenamente consentânea com a própria natureza do dever de revelação, um dever de informar fatos que "podem" suscitar dúvidas sobre a equidistância mínima ou esperada do julgador, como se mencionou. Por isso, a maioria dos regulamentos arbitrais exige e defende que deve haver "mais revelação do que menos".[820] Quanto mais se revelar, mais se conhecerá, e "quanto mais informações públicas ou acessíveis às partes houver, mais emulativa se revelará eventual impugnação do árbitro".[821] Evidentemente, tudo o que "pode" suscitar dúvidas não é o que "efetivamente" levanta essas dúvidas, e, por isso, faz sentido a doutrina "em caso de dúvida, revele-se",[822] como também reconheceu o Superior Tribunal de Justiça brasileiro:

> 29. Devem ser divulgados não apenas fatos que comprometam a independência do árbitro, mas que possam levar a parte a questionar se não haveria abalo desta, sendo certo que, ao contrário dos juízes, já que os árbitros precisam ter a confiança das partes. O mesmo formulário da Câmara Internacional de Comércio tem uma espécie de cláusula "na dúvida, conte".[823]

Independentemente da posição que se adote, com efeito, deve-se dar atenção à tendência crescente de reconhecer o dever do árbitro de informação, como se pode notar dos casos *Vivendi v. Argentina II* e *Tidewater v. Venezuela*, já referidos. O primeiro ao reconhecer que o dever de revelação deve ser exercido de forma abrangente, importando também os deveres de investigar e informar, a despeito de possíveis (futuras) tentativas das partes de impugnar o árbitro indevidamente; e o segundo ao estabelecer que mesmo informações consideradas públicas devem ser reveladas, dada a sua relevância para o processo arbitral como um todo.

---

[819] GRIMMER, Sarah. Op. cit., p. 95-96.
[820] DAELE, Karel. Op. cit., p. 62.
[821] ELIAS, Carlos Eduardo Stefen. Op. cit., p. 77.
[822] *"The parties thus have the right to know some circumstances but they do not have the associated right to propose disqualification on the basis of these very same circumstances."* (DAELE, Karel. Op. cit., p. 10).
[823] Superior Tribunal de Justiça. Corte Especial. Sentença Estrangeira Contestada 9412/US (2013/0278872-5). Ministro Relator Felix Fischer. Acórdão publicado em 30 de maio de 2017, p. 68.

Pode-se perceber, ademais, que nem sempre as análises são subjetivas quando o tema é indicação de árbitros e o dever de revelar; os *standards* são, em grande medida, objetivos, mormente quando levam em conta critérios de razoabilidade. E será somente uma visão objetiva do que deve ser revelado é que se poderá privilegiar, como se deve, "o caráter jurisdicional da arbitragem, que deve oferecer as garantias devidas por toda justiça. Não há aqui lugar para subjetividade na apreciação dos elementos de uma justiça serenamente prestada".[824]

Concorda-se com Marcelo Roberto Ferro quando afirma que se trata de "critério objetivo de apuração, que deve ser avaliado com lógica, ponderação e bom senso".[825] É assim que devem ser trabalhadas as cláusulas gerais processuais: por meio do estabelecimento de precedentes, que são modulados pela doutrina dedicada e podem implicar alterações regulamentares e até legislativas. Mesmo diante de conceitos vagos, há como se estabelecer respostas concretas para dúvidas sobre a extensão do dever de revelação. O direito civil e até o direito processual, apontou-se, são provas disso.

É evidente que a concretização do que deve, do que não deve e do que não precisa ser revelado somente surgirá caso a caso. Porém, como se expôs, os vetores centrais do dever de informar e da confiança o árbitro servirão no preenchimento das cláusulas gerais em linha com esses critérios que se pretendeu estabelecer. Já se trata de um passo adiante substancial. Assim é que se passará a dar segurança, à medida que o interminável catálogo de situações suscetíveis de pôr em dúvida a equidistância do julgador seja abordado, "como os estudos e comentários jurisprudenciais que vão, pouco a pouco, despejando as situações".[826] É assim, repita-se, que se costuma aplicar cláusulas gerais e normas abertas em geral:

> Em brevíssima síntese: por via do método de grupos de casos, as decisões são reunidas em catálogos ou grupos conforme casos em que foi similar a *ratio decidendi*, podendo os catálogos se expressarem inclusive por meio de súmulas

---

[824] Tradução nossa. No original: "*el carácter jurisdiccional del arbitraje, que debe ofrecer las garantías debidas por toda justicia. No hay aquí lugar para la subjetividad en la apreciación de los elementos de una justicia serenamente rendida.*" (CLAY, Thomas. El árbitro. Op. cit., p. 65).

[825] FERRO, Marcelo Roberto. Op. cit., p. 853.

[826] Tradução nossa. No original: "*como también lo son los estudios y comentarios jurisprudenciales que van, poco a poco, despejando las situaciones.*" (FERNÁNDEZ ROZAS, José Carlos. Contenido ético del deber de revelación del árbitro y consecuencias de su transgresión. Op. cit., p. 823).

ou enunciados jurisprudenciais. Uma vez reconduzidas à cláusula geral, as soluções são passíveis de generalização, servindo para resolver outros casos em que se verificam circunstâncias idênticas ou semelhantes. (...) Ter-se-á, pois, progressivamente, a regulação geral (no sentido oposto ao de particular) dos casos, sem que seja necessário traçar, na lei, todas as hipóteses e suas consequências, ocorrendo, por igual, a possibilidade da constante incorporação ao sistema de novos casos (o que se tem referido como ressistematização).[827]

Pela relevância do tema, deve haver um esforço dos árbitros e das instituições arbitrais para estabelecer algumas principais hipóteses do que deveria, do que não deveria e do que não precisaria ser revelado.[828] A própria revelação pelo árbitro deve ter um efeito educativo no sentido de delimitar a extensão desse dever de revelação. E o mesmo vale para as instituições arbitrais, que devem exigir dos árbitros a revelação e julgar impugnações de forma a estabelecer "precedentes", indispensáveis para a segurança jurídica em alguns temas. As melhores interpretações do que sejam "dúvidas justificadas" "aos olhos das partes" somente serão possíveis mediante o exercício do dever de revelação e o escrutínio social da extensão que se propõe.

Em arbitragens ICSID, por exemplo, essa iniciativa tornou possível à doutrina que verificasse a inconsistente interpretação feita por diferentes tribunais, alguns buscando evitar que a revelação se tornasse penosa ao árbitro, ao desencorajar impugnações frívolas, e outros, em sentido oposto, com foco no direito das partes de serem devidamente informadas, ainda que isso implicasse algumas impugnações descabidas por vezes.[829] A evolução na utilização das cláusulas gerais se atinge passo a passo, mediante o estabelecimento de precedentes e os necessários crivos impostos pela doutrina. Há, assim, importantes melhores práticas que devem ser incentivadas, da mesma forma que algumas condutas devem ser repelidas e sancionadas.

No Brasil, resta claro que, para quem entende que são ambos renunciáveis, os casos de impedimento e suspeição previstos no código processual são as primeiras e mais claras hipóteses em que deve haver a revelação,

---

[827] MARTINS-COSTA, Judith. Op. cit., p. 170-171.
[828] "With all these different nationalities involved, it will thus be particularly important that the arbitrator stretches beyond a purely national and domestic perspective and makes a special effort to consider the facts and circumstances as the parties might view and construct them." (DAELE, Karel. Op. cit., p. 9).
[829] DAELE, Karel. Op. cit., p. 11.

uma vez que a própria lei os traz como situações que merecem relevância e atenção das partes.[830] Como se viu, não são as únicas, todavia: há uma série de outras hipóteses, que podem ser trazidas por regulamentos arbitrais, códigos de ética, e também por doutrina e jurisprudência a ponto de demandar a revelação. Aos poucos, mediante algumas das práticas que se sugeriu, estabelecer-se-á um verdadeiro corpo normativo para indicação de árbitros, e os limites que deverão ser considerados pelas partes, advogados, árbitros e instituições arbitrais, de forma semelhante ao que tem ocorrido nas arbitragens ICSID.[831]

E a partir desses precedentes, pode-se incentivar até a alteração de leis ou regulamentos arbitrais para evitar práticas que se mostrem prejudiciais ou antiéticas. Um exemplo disso diz respeito à adição de advogados ao caso que possam ter alguma relação com algum dos árbitros e, assim, comprometer a regularidade do tribunal em meio ao processo arbitral. Para minar essa prática, o Regulamento da LCIA estabeleceu[832] – em linha

---

[830] Como se expôs, entendemos que somente as causas de suspeição seriam renunciáveis e, portanto, as únicas que poderiam ser reveladas e afastadas pelas partes; as de impedimento seriam causas de necessária rejeição da indicação ou de pronta recusa.

[831] "*Decisions of national courts, arbitral institutions, and arbitrators (in the case of ICSID proceedings) all contribute to the elaboration of what might be called a jurisprudence of ethical standards. Those who must rule on disqualification motions will inevitably seek some understanding of what others have done in analogous cases. Although the decisions do not constitute binding precedent in the sense of many national legal systems, they do provide an indication of what others consider the right approach, and as such contribute to transnational ethical norms. Admittedly, the practice of looking to different sources of authority will not be satisfying to those who seek a hierarchy of clear authority within a single legal jurisdiction. For better or for worse, however, no such unified judicial system governs the world of international economic relations. In the world as we find it, an approach taking into consideration relevant national and administrative practice will likely provide greater predictability and fairness than allowing each challenge decision to be fashioned from whole cloth. (...) In an effort to guide both arbitrators and litigants, at least one arbitral institution has published sanitized versions of its challenge decisions. A compendium of challenges under the rules of the LCIA groups the various grounds for disqualification, including the two general rubrics of impartiality or independence, as well as the British formulation of a – duty to act fairly between the parties.*" (PARK, William W. Op. cit., p. 680).

[832] "*18.3. Following the Arbitral Tribunal's formation, any intended change or addition by a party to its legal representatives shall be notified promptly in writing to all other parties, the Arbitral Tribunal and the Registrar; and any such intended change or addition shall only take effect in the arbitration subject to the approval of the Arbitral Tribunal.*
18.4. The Arbitral Tribunal may withhold approval of any intended change or addition to a party's legal representatives where such change or addition could compromise the composition of the Arbitral Tribunal

com as Diretrizes da IBA[833] – o dever das partes de informar prontamente eventual alteração de representação, que poderá ou não ser autorizada no decorrer do processo arbitral mediante a apreciação do direito das partes de escolher seus advogados, do estágio em que a arbitragem se encontrar e de eventuais consequências na eficiência e nos custos de todo o processo.[834] Quanto aos temas que se considerar mais relevantes e sensíveis, surgirá a necessidade de, ainda que arduamente, esclarecer, modular e mesmo divulgar os precedentes sobre esses assuntos a partir da publicação de diretrizes e outras modalidades de orientação.[835]

Para alguns, medidas ainda mais extremas podem ser tomadas a partir das conclusões a que os precedentes conduzirem o intérprete. Para Luke A. Sobota, limitações claras e expressas no número de indicações pela mesma parte ou pelo mesmo escritório de advocacia colaboraria para diminuir o número de impugnações a árbitros e também para elevar a credibilidade

---

or the finality of any award (on the grounds of possible conflict or other like impediment). In deciding whether to grant or withhold such approval, the Arbitral Tribunal shall have regard to the circumstances, including: the general principle that a party may be represented by a legal representative chosen by that party, the stage which the arbitration has reached, the efficiency resulting from maintaining the composition of the Arbitral Tribunal (as constituted throughout the arbitration) and any likely wasted costs or loss of time resulting from such change or addition."

[833] *"7(a). A party shall inform an arbitrator, the Arbitral Tribunal, the other parties and the arbitration institution or other appointing authority (if any) of any relationship, direct or indirect, between the arbitrator and the party (or another company of the same group of companies, or an individual having a controlling influence on the party in the arbitration), or between the arbitrator and any person or entity with a direct economic interest in, or a duty to indemnify a party for, the award to be rendered in the arbitration. The party shall do so on its own initiative at the earliest opportunity."*

[834] Ver: LEVINE, Judith. Op. cit., p. 273-274. Nesse sentido, deve ser mencionado o caso *Hrvatska Elektroprivreda d.d. v. Republic of Slovenia*, ICSID Case No. ARB/05/24, em que se decidiu afastar um advogado que foi adicionado à equipe que representava uma das partes no decorrer do processo arbitral em razão da sua relação com um dos árbitros. Decidiu-se que: "In light of the fundamental rule enshrined in Article 56(1) of the Convention and given its inherent procedural powers confirmed by Article 44, the Arbitral Tribunal hereby decides that the participation of Mr. Mildon QC in this case would be inappropriate and improper. We appreciate that the Respondent was under a misapprehension in this regard and will, by making appropriate procedural adjustments, ensure that the Respondent's ability to present its case will not be adversely affected by this ruling." Disponível em: <http://www.italaw.com/cases/3242>.

[835] Sobre a necessidade de regulamentação do tema de *issue conflicts*, ver: ZAMOUR, Roman. Op. cit., p. 246.

da arbitragem de investimentos, por exemplo.[836] Tratar-se-ia de solução que, na visão do autor, especificamente para o tema de *repeat appointments*, "um standard objetivo traria mais claridade *ex ante* e tornaria mais fácil essa atividade tão difícil".[837] Não se concorda com esse posicionamento do autor, mas é ele um bom exemplo das discussões que o devido dever de revelação pode incitar e enriquecer.

Para que todos esses objetivos sejam atingidos, destarte, deve-se contribuir para a transmissão das informações e a criação paulatina de precedentes. Um primeiro passo cabe ao próprio árbitro, que não deve se acanhar nem se omitir no adequado exercício do dever de revelação, mormente por alegações de receios de ser impugnado. Essa não é e não pode ser uma justificativa para se reduzir a extensão do dever de revelação: *a um*, pois não é o dever de revelação exercido adequadamente que dá origem a impugnações por motivos torpes, mas, sim, sujeitos que colocam seus interesses próprios à frente de uma prática legal e proba; *a dois*, porquanto a falta de integridade em um dos polos não justifica medida similar do outro; e, *por último*, porque há medidas igualmente eficientes – e mais legítimas – para se enfrentar e desestimular impugnações que se mostrem indevidas. São todas condutas que atacam os dois principais problemas a que se referiu na presente dissertação: (a) as críticas feitas a uma suposta "promiscuidade" da comunidade arbitral, e, (b) impugnações frívolas – essas últimas que, na realidade, têm muitos fundamentos ancorados também nas relações que existem na comunidade arbitral, mas se deve pelo fato de elas nem sempre restarem claras e transparentes a todos os envolvidos.

Caberá ao árbitro – e ao juiz togado, se necessária sua intervenção – avaliar se eventuais impugnações por informações reveladas ou não reveladas são cabíveis, e aplicar sanções rígidas caso se note medidas antiprocessuais ou antiéticas. Caberá também ao julgador privado não renunciar quando diante de impugnações fulcradas em intenções dilatórias. Dever-se-á dar peso, assim, à doutrina que defende que há um verdadeiro dever do árbitro de sujeitar-se a essas impugnações com vistas a desencorajar táticas antiéticas em processos arbitrais. Mas se deve ter parcimônia nas respostas às impugnações, de modo a não dar causa superveniente para o afastamento,

---

[836] SOBOTA, Luke A. Op. cit., p. 318-319.
[837] Tradução nossa. No original: "*an objective standard would provide greater ex ante clarity and make this uncomfortable task easier.*" (Id., p. 318).

o que se viu pode ocorrer.[838] Como explica Marcelo Roberto Ferro, "não cabe ao árbitro pedir seu afastamento diante de uma impugnação fundada, como também não lhe compete 'brigar' pela sua permanência".[839]

Acima de tudo, não se pode coibir o uso por medo do abuso. A falta de transparência não é e não pode ser a resposta, pois a revelação, na realidade, contribui para que se conheça os fatos e os possíveis motivos para impugnação. Não há qualquer nexo causal evidente entre informar adequadamente e incentivar táticas de guerrilha ou impugnações de *black art*. Não se pode incentivar um *underdisclosure* com o receio de mais impugnações, porquanto "é certo que apenas as partes são aptas a julgar a influência que esses fatos têm sobre a sua indicação [do árbitro]".[840] Se houver uma "caça às bruxas", será pelos maus litigantes e também por revelações omitidas ou malfeitas.

O dever de revelação, de fato, não é a resposta para todos os problemas advindos da indicação de árbitros, como defendem alguns.[841] Isso não significa, porém, que algum progresso não será atingido mediante o adequado exercício desse dever que atua como vacina de validade de toda a arbitragem. Será somente mediante o devido uso do dever de revelação que se passará a trazer elementos que incentivem balizas adequadas e desestimulem práticas desleais, por meio de precedentes e de doutrina. Isso só contribuirá para que se delimite qual a equidistância mínima que se espera do julgador privado, mediante a diminuição de espaço para oportunismos.

Por meio de *hard law*, doutrina, jurisprudência ou *soft law*, com maior racionalidade, também se diminuirá as arbitrariedades e as assimetrias de informação, pois haverá critérios e elementos baseados nessa racionalidade. Subjetividades ainda existirão, pois se trata de uma característica inerente à ética; não é diferente na esfera judicial quando o Código de Processo Civil estabelece como suspeito o juiz que é "amigo íntimo ou inimigo de qualquer das partes ou de seus advogados".[842] Mas isso levará, ao menos, a que propostos árbitros pensem duas vezes antes de deixar de revelar

---

[838] Capítulo 4, item 4.2, *supra*.
[839] FERRO, Marcelo Roberto. Op. cit., p. 881.
[840] Tradução nossa. No original: "*es cierto que sólo las partes son aptas para juzgar la influencia que tienen dichos hechos sobre su nombramiento.*" (CLAY, Thomas. *El árbitro*. Op. cit., p. 78).
[841] PAULSSON, Jan. **The idea of arbitration**. Oxford, 2013, p. 153.
[842] Lei 13.105, de 16.3.2015 – Novo Código de Processo Civil Brasileiro, Artigo 145, inciso I.

determinado fato por motivos que não a "falta de relevância", por receio de estar atentando contra o espírito da arbitragem e comprometendo a validade da sentença arbitral (e também se colocando em uma posição de risco, como se verá adiante). E no âmbito das partes e dos advogados, evitar-se-á impugnações ou medidas judiciais indevidas, seja por ciência da falta de razoabilidade de seu pleito, seja por receio de sanções judiciais ou mesmo no campo da arbitragem, se ainda em curso. Na lição de Francesco Carnelutti, "[a] necessidade determinante do direito é a de adequar a economia à ética. Mas, a economia só ouvirá a ética se o tom de voz desta for de comando".[843]

Repita-se que, mesmo que não se concorde com todas as premissas que se apresentou, ainda assim se atingirá o objetivo do presente trabalho ao se buscar a delimitação e a concretização das hipóteses do que deve, do que não deve e do que não precisa ser revelado. E, para isso, não há necessidade de alteração da lei; são todas aqui propostas de mudanças de mentalidade, de *lege lata*, posto que estão, como visto, abarcadas pelo "contrato de árbitro". Não há necessidade de previsões legais mais claras ou específicas, por ora; a Lei 9.307/96, por exemplo, já está plenamente em linha com as legislações mais modernas.

Trata-se de solução, outrossim, compatível com a necessidade de estabelecimento e desenvolvimento de normas éticas, que, mediante transparência, merecem debate e enfrentamento mediante precedentes que balizem as condutas que se espera de cada um dos sujeitos.[844] Reitere-se que será pelo adequado exercício dos deveres do árbitro e dos outros *players* que a legitimidade da arbitragem será afirmada ou até resgatada em alguns foros. Mediante algumas das iniciativas que foram apresentadas, restará claro para todos que, ao contrário do que alguns possam pensar, o propósito da revelação não é facilitar impugnações, mas, na realidade, prevê-las e impedi-las.[845]

---

[843] CARNELUTTI, Francesco. Op. cit., p. 546.

[844] "*If assessments of arbitrator challenges were entirely subjective, ethical standards would become irrelevant to any useful ethical canons.*" (PARK, William W. Op. cit., p. 680).

[845] **Report of the ASIL-ICCA Joint Task Force on Issue Conflicts in Investor-State Arbitrator**. Op. cit., p. 76.

4.5. A regulamentação ideal por *hard* e por *soft law*. Como atingir a extensão ideal para assegurar a confiança no árbitro

Em linha com a defesa feita acima, tampouco se vê motivos para que árbitros, instituições arbitrais, partes e advogados não se valham das *soft law* existentes para trazer alguma concretude aos deveres de imparcialidade, de independência e também de revelação. Vale lembrar que a legislação por normas abertas é a melhor forma de regular *hard law*, e soluções específicas devem vir precisamente de códigos de ética e da jurisprudência.[846] Deverão elas, não obstante, ser empregadas conforme o contexto da arbitragem e o cenário específico autorizarem; não se deve aplicá-las – todas e quaisquer delas – sem um crivo anterior de compatibilidade e adequabilidade.

Os códigos de ética criados por instituições arbitrais – que não são *soft law*, pois se tornam vinculantes para as arbitragens conduzidas sob aquela instituição arbitral – facilmente atingirão esse objetivo porque já terão sido criados para aquele contexto dos processos arbitrais sob sua administração. É de todo recomendado, assim, que as instituições arbitrais, em especial as brasileiras, estabeleçam códigos de ética que reflitam o que se entende ser o desejo das partes e da instituição arbitral quando o tema é a extensão do dever de revelação, como se viu tem sido a tendência de algumas delas, principalmente a CCI.[847] Essa sugestão foi dada há anos por Eduardo Grebler, embora não tenha sido seguida, por ora.[848]

Como passo paralelo, devem também as instituições publicar suas decisões sobre impugnações feitas a árbitros, ainda que sem referência aos nomes envolvidos. A LCIA, por exemplo, é instituição arbitral que publica as decisões que profere quanto a impugnações a árbitros, dando importantes diretivas para serem consideradas por árbitros, advogados e partes no âmbito internacional e doméstico.[849] O ponto favorável dessas

---

[846] "*Arbitration rules of procedure do not go into the details of the facts that constitute a breach of the standard of independence and impartiality. That is not their role. The substantive standards for conflict are particularized in ethical codes of conduct and case law.*" ZAMOUR, Roman. Op. cit., p. 243.

[847] **ICC Note to Parties and Arbitral Tribunals on the Conduct of the Arbitration**. Op. cit.

[848] GREBLER, Eduardo. "A Ética dos Árbitros". Op. cit., p. 72.

[849] "*The LCIA Court's challenge decisions are not binding precedent for future challenges. However, each of the challenge decisions gives useful guidance regarding arbitral integrity, and in many cases the decisions address multiple grounds for challenge. A number of the decisions address straightforward cases of clearly meritorious or frivolous challenges. However, even those decisions are valuable because they help to frame*

decisões, como enfatiza Sarah Grimmer, Sênior Legal Counsel da (PCA), é precisamente "um corpo crescente de decisões que servem para esclarecer os padrões aplicáveis para revelação e impugnações, e, como consequência, que elevam a previsibilidade do processo".[850] Por isso, tem-se incentivado que as instituições motivem e deem publicidade às suas decisões sobre impugnações.[851]

Não se vê motivos para a relutância de algumas instituições arbitrais em proferir e publicar decisões motivadas quanto a impugnações. Muito do preconceito que se tem visto, já se pontuou, surge do fato de que não é possível aferir a extensão que se tem dado ao dever de revelação e às decisões a seu respeito.[852] A visão de que revelações sempre levam ao afastamento do árbitro, por exemplo, poderia muito bem ser demovida mediante essas publicações, como fez a CCI ao informar que, de 1998 a 2006, 1055 (18,1%) das 5850 indicações feitas a árbitros ou coárbitros trouxeram revelações, e que, desses 1.055, a grande maioria, 925 (87,7%), foi confirmada a despeito da revelação.[853]

O que se sustenta é que, "apenas se o resultado e os fundamentos das decisões sobre impugnações forem conhecidos, a comunidade arbitral poderá estabelecer e esclarecer onde a linha está sendo traçada".[854] Como

---

the bounds of what may be considered a good-faith question of arbitral independence or impartiality. There are, for example, a clutch of LCIA challenge decisions that should give counsel pause before lodging a challenge based on general allegations of arbitral bias in the administration of the proceedings. Similarly, if an arbitrator's law-firm partner acts as counsel for one of the parties to the arbitration in question, even in an unrelated matter, the challenge decisions suggest that the arbitrator should not resist a challenge to his or her independence on that ground. Other decisions raise more difficult questions, such as the implications of repeat appointments or evidence of pre-judgment of the case." (WALSH, Thomas W.; TEITELBAUM; Ruth. Op. cit., p. 283).

[850] Tradução nossa. No original: *"a growing body of decisions which serves to clarify the applicable standards for disclosure and challenges and, thus, enhances the predictability of proceedings."* (GRIMMER, Sarah. Op. cit., p. 114).

[851] LEVINE, Judith. Op. cit., p. 281-282.

[852] Capítulo 3, item 3.4.

[853] DAELE, Karel. Op. cit., p. 44-45.

[854] No original: *"Only if the results – and reasoning – of challenge decisions are known can the arbitration community sort out and clarify where the line lies."* Também nesse sentido: *"One can look in this respect to the challenge to Sir Christopher Greenwood in the arbitration between Mauritius and the United Kingdom regarding the Chagos Islands, in which the dismissal of the challenge was notified to the parties immediately following a hearing on the challenge, but a reasoned decision was later drafted and published. And, as the London Court of International Arbitration's successful publication of detailed summaries of*

se indicou, a regulamentação por jurisprudência, balizada pela doutrina, e desde que observados os vetores centrais relevantes, é a regulamentação mais indicada.[855] Já se esclareceu o papel da jurisprudência, e cabe à doutrina "esclarecer a significação dos modelos jurídicos (legais, jurisprudenciais, costumeiros e negociais) em vigor e suprir as insuficiências da interpretação jurisprudencial (...)".[856] Não basta somente acumular acórdãos em um mesmo sentido sem maiores critérios; deve haver uma preocupação dogmática no sentido de permitir "o alcance de um consenso".[857] Mediante essas práticas, paulatinamente, leis, regulamentos e códigos de ética passarão a refletir as melhores e mais indicadas práticas com as preocupações que se expôs à exaustão.

E para acelerar e colaborar no debate e no desenvolvimento dessas *hard law*, com efeito, também são úteis as *soft law* criadas por entidades representativas, ainda que devam ser analisadas com mais ressalvas. Deve-se considerar que, apesar das críticas de alguns, essas *soft law* já ganharam boa aceitação em muitos cenários. Muitos autores se posicionaram favoravelmente a essas diretrizes, como William W. Park, que pontua que, se trabalhadas com inteligência, essas diretrizes apresentam uma estimativa muito melhor das expectativas das partes se comparadas à discricionariedade de árbitros que têm em mente suas próprias intenções.[858]

Não se pode ignorar ainda que, além de serem consideradas *lex mercatoria* para alguns, são utilizadas como guias por muitas partes, advogados e mesmo tribunais judiciais.[859] Redfern e Hunter lembram que a maior preocupação que esses tipos de diretrizes buscam solucionar consiste na alta probabilidade de que revelações feitas pelos integrantes do tribunal

---

its challenge decisions shows, redaction of sensitive information relevant to challenges may serve to quell otherwise legitimate party-based concerns over publication. Accordingly, actions such as the October 2015 announcement by the ICC Court of Arbitration that it will henceforth communicate reasons for decisions made on the challenge of an arbitrator where all parties agree are a useful step forward." (**Report of the ASIL-ICCA Joint Task Force on Issue Conflicts in Investor-State Arbitrator**. Op. cit., p. 75-77).

[855] Capítulo 4, item 4.1.
[856] MARTINS-COSTA, Judith. Op. cit., p. 172.
[857] Id., p. 173.
[858] *"If crafted with intelligence, professional guidelines present a better guess about the parties' ex ante expectations than the unbridled discretion of overly clever arbitrators who pursue their own agendas"*. (PARK, William W. Op. cit., p. 226).
[859] LUTTRELL, Sam. Op. cit., p. 264.

não estejam sendo feitas a partir das mesmas premissas. Segundo os autores, uma forma de evitar esse tipo de situação seria estabelecer diretrizes específicas e concretas a respeito do que deve ser revelado e do que é frívolo.[860]

E, como se viu, é exatamente assim que se recomenda se trabalhe com cláusulas gerais: por meio de hipóteses delimitadas caso a caso, "paulatinamente, organizados e aglutinados em torno de grupos de casos típicos".[861] Mais que isso, a própria concepção do direito vem evoluindo no sentido de dar origem a diversas novas fontes, o que inclui, por exemplo, a "multiplicidade e variabilidade de 'padrões' à disposição até mesmo do juiz: princípios, cláusulas gerais, *guidelines* de natureza técnica (estado da arte, sujeito mais favorecido, melhores práticas...)":

> Se, tradicionalmente, o direito era concebido como um sistema fortemente integrado (Legislativo/Executivo/Judiciário), cujas normas eram prescritas e sujeitas à simplicidade racional da subsunção (uma espécie de ideal modelar que se impõe à realidade), agora a paisagem mudou, quer pelo surgimento de novas fontes, quer pela multiplicidade e variabilidade de "padrões" à disposição até mesmo do juiz: princípios, cláusulas gerais, *guidelines* de natureza técnica (estado da arte, sujeito mais favorecido, melhores práticas...) etc. E isso tem obrigado a uma reconsideração do princípio da hierarquia e o aparecimento de hierarquias descontínuas, que se enredam como alternativas, transformando o processo de predeterminação legal que marcava o devido processo. Com essa transformação, surge uma visão menos "imperativista" do direito, pela percepção de que normas constituem menos regras de conduta e mais regras para as ações decisórias, inclusive, mas não exclusive, dos juízes.[862]

Assim é que, para alguns cenários, como é o caso da arbitragem internacional, o uso das *soft law* produz um resultado satisfatório no sentido

---

[860] Como exemplo, mencionam situação em que um coárbitro americano apresentou uma lista de três páginas como *disclosure*, revelando, inclusive, a presença em conferências das quais tinha participado com o advogado de uma das partes, enquanto o outro árbitro, europeu, não entendeu relevante sequer revelar às partes que teria passado a maioria de suas férias de verão com o advogado da parte que o indicou. (BLACKABY, Nigel; PARTASIDES, Constantine; REDFERN, Alan; HUNTER, Martin. Op. cit., p. 269).

[861] MARTINS-COSTA, Judith. Op. cit., p. 168.

[862] FERRAZ JUNIOR, Tercio Sampaio. Regulamentação privada ou pública da ética: O juiz e o árbitro. Op. cit.

de consolidar e se fazer refletir sobre o que seria um *standard* esperado de todos que atuam nesse cenário específico. Mencionou-se nos exemplos e hipóteses acima uma série de situações em que diretrizes não vinculantes contribuiriam para a discussão, como aquelas que se propõem a estabelecer um prazo máximo para o dever de investigação e revelação do árbitro.[863] A consolidação de algumas diretrizes éticas para os árbitros parece, como diz Peter Phillips, ser uma receita que pode ajudar a reduzir o número de instâncias que enredam as partes em um estado de verdadeira "ressaca arbitral".[864] Ainda que não se estabeleçam regras absolutas e que vinculem a todos, a determinação de parâmetros iniciais é um passo adiante que, a nosso ver, é preferível a não dar passo algum. Lembremos que "[n]as cláusulas gerais, função de progresso e função de estabilização andam, pois, de mãos dadas".[865]

Não se propõe, evidentemente, que se torne qualquer *soft law* de aplicação obrigatória – como sequer são na grande maioria dos países e instituições arbitrais –, tampouco que sejam tomadas como causa de decidir única pelos juízes togados ou mesmo pelas instituições arbitrais diante de impugnações a árbitros. Nesse sentido, lembre-se que a aplicação dessas diretrizes não é cogente em praticamente lugar algum,[866] e que, mesmo onde as Diretrizes da IBA foram bem recebidas, a aceitação ocorreu meramente como uma gama de princípios não obrigatórios e não vinculantes, salvo em caso de acordo expresso pelas partes.[867] Não se pode deixar que sejam elas aplicadas

---

[863] **Report of the ASIL-ICCA Joint Task Force on Issue Conflicts in Investor-State Arbitrator.** Op. cit., p. 71. Ver capítulo 3, item 4.3, *supra*.

[864] Peters, Phillip. Can I do this? Arbitrator's Ethics. **Kluwer Arbitration Blog**, 9 nov. 2010. Disponível em: <http://kluwerarbitrationblog.com/blog/2010/11/09/can-i-do-this-%e2%80%93--arbitrator%e2%80%99s-ethics>. Acesso em: 26 out. 2016).

[865] Martins-Costa, Judith. Op. cit., p. 166.

[866] Importante observar que a solução de se estabelecer regras específicas de revelação foi rechaçada pela grande maioria das instituições arbitrais, como é o caso da CCI, da ICDR e da LCIA. Ver: Blackaby, Nigel; Partasides, Constantine; Redfern, Alan; Hunter, Martin. Op. cit., p. 269.

[867] Em grande parte dos países, em especial as instituições arbitrais, reconhece-se que "*a falta de previsão nas Diretrizes da IBA de determinada causa não afasta ou invalida uma impugnação que possa ser feita com base nela*"; e, como exemplo, é já bastante conhecido que "*a Corte da CCI não se baseia apenas nas Diretrizes da IBA para tomar suas decisões*". No original: "*the absence of recognition by the IBA Guidelines of a ground neither precludes nor invalidates a challenge made on that ground*" e

com excesso e sem critério, pois são uma fonte como qualquer outra e, mais que isso, sem qualquer aplicabilidade obrigatória.

Mas o fato inquestionável é que são diversas as instituições arbitrais que hoje fazem uso das Diretrizes da IBA, por exemplo, para de alguma forma fundamentar suas decisões a impugnações a árbitros.[868] Sugere-se tão somente que essas *soft law* sejam ao menos tomadas em conta como um bom parâmetro, como é sua proposição, principalmente para as arbitragens internacionais, e como se fez nos exemplos e hipóteses acima, ainda que para mera ilustração. O propósito é claro no sentido de que tais normas tragam não uma solução final sobre a prática arbitral, mas discussões, desenvolvimento e refinamento. As críticas feitas mundo afora sobre elas também devem ser consideradas, como as de que sua natureza de *common law* favoreceria partes e advogados daquela tradição, ou que se estaria criando um cenário mais propício para a atuação de grandes escritórios norte-americanos; não há como se tomar como lei diretrizes preparadas com base em ordenamentos diversos, mas também não parece haver motivo para que sejam elas refutadas por completo.

E nem é o propósito das Diretrizes da IBA uma resolução definitiva, pois as próprias regras, em sua introdução, enunciam que consistem mais em um princípio do que um fim;[869] "tais diretrizes estão longe de ser exaus-

---

"the ICC Court does not rely solely on the IBA Guidelines for its decisions." (MALINTOPPI, Loretta; CARLEVARIS, Andrea. Op. cit., p. 14).

[868] "The IBA Guidelines were issued by the IBA in 2004 and represent an attempt to establish a consensus within the international arbitration community on the evaluation of conflict issues. Some institutions appear to rely heavily on the IBA Guidelines in resolving challenges to arbitrators. For example, the SCC 'always consults the IBA Guidelines when an arbitrator is challenged'. Similarly, '[w]hen briefing the ICC Court on challenges and contested confirmations of arbitrators, the ICC Secretariat usually mentions any articles of the IBA Guidelines, which somehow contemplate the factual situation alleged'. Statistics from 2004–2009 indicate that, in 106 of 187 ICC challenge decisions, 'at least one article of the Guidelines was referred to as potentially contemplating the situation. In the remaining 81, the secretariat considered that no article of the Guidelines contemplates the situation'. At least nine ICSID decisions have discussed the relevance of the IBA Guidelines, with some going as far as observing that '[t]he IBA Guidelines are widely recognized in international arbitration as the preeminent set of guidelines for assessing arbitrator conflicts'. It appears, therefore, that the IBA Guidelines are cited regularly in challenges to arbitrators (and, albeit more rarely, counsel)." (BAKER, C. Mark; GREENWOORD, Lucy. Op. cit., p. 106-107).

[869] "The IBA and the Working Group view these Guidelines as a beginning, rather than an end, of the process.". (Diretrizes da IBA relativas a Conflitos de Interesses em Arbitragem Internacional, versão de 2004, p. 5)

tivas e unanimemente acolhidas".[870] É visível que nem todas as regras se aplicarão, mas o que vale é que se fundamente as razões e se estabeleça os precedentes, ainda que divergentes. O que parece não ser a solução mais apropriada é deixar a questão mal resolvida, já que a discricionariedade demasiada acaba por propiciar mais oportunidades para condutas antiprocessuais ou antiéticas, como assevera Agostinho Pereira de Miranda:

> É de crer que a ausência de regras claras sobre as obrigações de revelação (disclosure) dos árbitros tem favorecido os casos em que a suspeição é suscitada. Daí a necessidade de estabelecer critérios rigorosos para a determinação da existência de falta de independência ou de imparcialidade.[871]

É na falta de uma normatização, ainda que indicativa, que as maiores irregularidades são cometidas. E, na linha do que defende William W. Park, a partir de normas preexistentes, os árbitros terão margem menor para eleger as regras que levem ao resultado mais favorável às suas predisposições subjetivas.[872] A confiança no árbitro e, logo, no instituto da arbitragem deve ser o fiel da balança. Se cada norma tem sua aplicabilidade com vistas ao direito à segurança, e se há possibilidade de que se importem determinadas regras na medida em que forem convenientes e aplicáveis, parece não haver razão para que assim não se faça.

E, como se viu, especificamente no tocante ao dever de revelação, as diretrizes existentes são muito úteis, pois, na medida do possível, estabelecem alguns critérios objetivos para aquilo que se buscava com os termos "aos olhos das partes" e "dúvidas justificáveis". Uma saída que se mostra muito menos favorável, e que vai de encontro à confiança que legitima a instituição da arbitragem – e a sua própria segurança jurídica –, é deixar que a figura do árbitro caia em descrédito. Como indica André de A. C. Abbud, "comparados com a alternativa da absoluta inexistência de qualquer regra ou diretriz, o uso desses protocolos e recomendações favorece o planejamento das partes e evita surpresas decorrentes da criação de regras *ex post facto*".[873]

---

[870] HEINTZ, Tom Philippe; CERQUEIRA, Gustavo Vieira da Costa. Op. cit.
[871] MIRANDA, Agostinho Pereira de. Op. cit.
[872] "*Arbitrators who interpret preexisting norms have less leeway to pick rules that will lead to the outcome favored by their subjective predispositions*". (PARK, William W. Op. cit., p. 226).
[873] ABBUD, André de Albuquerque Cavalcanti. Op. cit., p. 173-174.

Tratando-se de arbitragens internacionais que envolvam o Brasil ou qualquer outro país, desta feita, não há razões para não se considerar algumas dessas *soft law*. Sendo um árbitro brasileiro envolvido em uma arbitragem internacional, ou mesmo uma parte ou um advogado, não há dúvidas de que devem se adequar à prática existente.

Na arbitragem doméstica, de outro lado, as oposições à sua aplicação – muitas delas justas – dizem respeito à alegada inaplicabilidade de muitas regras internacionais a um ambiente local. Nesse, o crivo deve ser ainda mais rígido, mas deve-se ter a mente aberta para experiências internacionais e estrangeiras, que devem ser vistas com atenção. A solução, parece-nos, passa por uma análise criteriosa daquilo que propõem as *soft law*, como assevera Carlos Alberto Carmona.[874] Nada impede que, com parcimônia, essas *soft law* sejam também consideradas para arbitragens domésticas brasileiras. São diversos os casos listados nas Diretrizes da IBA que poderiam, sim, ser trazidos para o cenário nacional, ainda que como uma fonte não vinculante, porém bastante indicativa e persuasiva do que as partes entenderiam como relevantes para fins do dever de revelação. E como as *soft law* se legitimam por sua adesão a elas,[875] diretrizes consideradas inapropriadas perderão sua utilidade com o tempo e, aos poucos, não ganharão aplicabilidade para preencher as lacunas deixadas pelas cláusulas gerais:

> Porém, embora o método do grupo de casos seja útil e necessário no preenchimento das cláusulas gerais, não é, todavia, suficiente para assegurar a correta apreciação da matéria. O intérprete deve estar atento para não descuidar da singularidade do caso, substituindo-a por uma aplicação automatizada da solução previamente fixada no grupo de casos.[876]

Ressaltemos que "[n]ão se trata, por certo, de uma incorporação (ou nacionalização) automática dos precedentes estrangeiros, mas a correta e adequada reflexão sobre os fundamentos daquelas decisões e sua adaptação à realidade brasileira".[877] Cabe ao intérprete considerá-las caso a caso, como é sua proposta e como se deve atuar na aplicação de cláusulas gerais e conceitos

---

[874] CARMONA, Carlos Alberto. Em torno do árbitro. Op. cit.
[875] Ibid.
[876] MARTINS-COSTA, Judith. Op. cit., p. 170-171.
[877] FERRO, Marcelo Roberto. Op. cit., p. 851.

indeterminados. Trata-se esse, aliás, do pensamento tópico-sistemático que a doutrina moderna tem reconhecido como mais produtivo e eficiente para a regulamentação de temas que se mostram igualmente voláteis e complexos: por uma necessária conjugação e coordenação dos modelos dedutivo e casuístico, sem os quais não seria possível identificar e ressistematizar os elementos problemáticos da ciência do direito.[878]

Para mencionar um exemplo – além de todas as referências que já se fez –, concordamos com Arnoldo Wald quando afirma que "eventual vedação às nomeações repetitivas ou *double hatting* poderia causar prejuízo à arbitragem, em detrimento da autonomia da vontade das partes",[879] não há razão para que esse fato, porém, não seja dado a conhecer às partes e que haja uma regra (ainda que não vinculante) expressa nesse sentido no cenário brasileiro, como já se mencionou.[880] É o que estabelecem as Diretrizes da IBA, em seu item 3.1.3 (lista laranja – sugerindo a revelação, portanto).[881] É evidente que a autonomia da vontade deve prevalecer se as partes buscam aquele árbitro por *expertise* ou qualidade de seu trabalho em casos pretéritos. Contudo, a indicação reiterada pode, sim, dar a impressão de iniquidade no procedimento a uma parte que não conheça tal fato, e por isso deve ser revelada.

Esse exemplo também mostra que será possível, mediante uma "dogmática jurídica criativa", preencher as cláusulas gerais com ética jurídica e social compatíveis com o que se pretende para a arbitragem no Brasil.[882] Será um trabalho de visitar e revisitar as hipóteses estabelecidas nessas *soft law* e até de ampliar a participação brasileira nessas regras.[883] E já se tem feito isso, como indicou o relatório de *"Use and Utility of the IBA Rules*

---

[878] MARTINS-COSTA, Judith. Op. cit., p. 193.
[879] WALD, Arnoldo. A ética e a imparcialidade na arbitragem. Op. cit.
[880] Capítulo 4, item 4.3.3.1.
[881] *"The arbitrator has, within the past three years, been appointed as arbitrator on two or more occasions by one of the parties, or an affiliate of one of the parties."*
[882] Descrevendo o sucesso da jurisprudência alemã em estabelecer uma dinâmica ponte entre as fontes de produção jurídica e a solução de casos concretos – atividade que dificilmente seria obtida pelo legislador por meio de hipóteses taxativas pré-estabelecidas, ver: MARTINS-COSTA, Judith. Op. cit., p. 125.
[883] "Para que representem verdadeiramente o interesse da comunidade arbitral e não sejam consideradas como imposição da cultura ou da vontade de determinados países ou grupos, é necessária a participação cada vez mais ampla e representativa de diversas jurisdições na elaboração dessas normas". (MANGE, Flavia Foz. Op. cit., p. 197).

and Guidelines", do Comitê de Arbitragem da *International Bar Association* – IBA.[884] Os participantes brasileiros indicaram, por exemplo, que das 258 arbitragens conhecidas nos cinco anos anteriores, em 154 casos (~60%) se fez referência às Diretrizes da IBA sobre Conflitos de Interesses, e em ~34% desses casos a referência foi feita à previsão que trata do dever de revelação do árbitro.[885] Além disso, muitos participantes pontuaram o reconhecimento que as Diretrizes da IBA ganharam no cenário brasileiro como fonte essencial quando o tema é conflito de interesses, de modo que propostos árbitros utilizaram os enunciados em 88% dos casos para aceitar o encargo e em 90% dos casos para realizar o dever de revelação.[886]

Em conclusão, sobre a regulamentação ideal, (i) no ambiente internacional, as *hard law* poderão ser aprofundadas tanto quanto possível, por meio de previsões mais indicativas da vontade das partes nos regulamentos e códigos de ética das instituições – interpretados e balizados pela jurisprudência e pela doutrina –, e as *soft law* terão efeito educativo e persuasivo mais relevantes, buscando alguma uniformidade em meio a tantas culturas distintas, e (b) no cenário doméstico, regulamentos e códigos de ética poderão também buscar mais concretude, com atenção à jurisprudência e doutrina construídas, e *soft law* internacionais utilizadas como fonte

---

[884] DALMASO MARQUES, Ricardo. KULEZLA, Gustavo Santos. **Report for Brazil on the Use and Utility of the IBA Rules and Guidelines**. 10 fev, 2016, p. 6-7.

[885] Pode haver um *overlap* nas respostas dos participantes, o que não impacta, porém, a magnitude dos números. Id., p. 6-7.

[886] "*In Brazil, in the last 5 years the Guidelines were referenced in 60% of the cases known to Respondents in which issues of conflict of interest have arisen at the time of the constitution of the arbitral tribunal. Respondents serving as counsel consulted the Guidelines in 55% of the cases in which issues of conflicts arose, while Respondents acting as arbitrators consulted them in 88% of the cases when deciding to take on an appointment, and in 90% of the cases when making disclosures. In addition, the most active arbitral institutions in Brazil tend to apply the Guidelines when deciding challenges.*" "*By contrast, the Guidelines were consulted much more frequently in certain less popular civil law arbitral seats. For instance, practitioners acting as counsel relied very frequently on the Guidelines when appointing arbitrators in the UAE and Russia (100%),85 Mexico (98%), Japan (92%), South Korea (89%), Peru (82%), and Argentina (78%). Similarly, arbitrators in certain civil law jurisdictions relied very frequently on the Guidelines when accepting appointments (e.g., 100% of the time in the UAE and Russia, 86 89% of the time in Japan, 88% of the time in Brazil, 76% of the time in Peru) or when making disclosures (e.g., 100% of the time in Japan and Russia, 87 90% of the time in Brazil, 75% of the time in Argentina, and 71% of the time in Peru).*" (**Report on the reception of the IBA arbitration soft law products.** The IBA Arbitration Guidelines and Rules Subcommittee, 16 set. 2016, p. 43. Disponível em: <http://www.ibanet.org/LPD/Dispute_Resolution_Section/Arbitration/Default.aspx>. Acesso em: 26 out. 2016).

subsidiária, com força persuasiva menor, mas ao menos considerada. É o que premeditou Carlos Alberto Carmona, ao afirmar, já há anos, que "com o passar do tempo – e com o desenvolvimento da prática da arbitragem no Brasil – os órgãos arbitrais acabarão por editar códigos de ética que poderão dar alguma orientação para solucionar casos dúbios".[887]

Nada obsta, inclusive, que se crie uma *soft law* eminentemente brasileira, que traduza os deveres de imparcialidade, independência e revelação desejados para arbitragens domésticas. A Lei 9.307/96, como já se disse, não deve ser alterada para trazer algo mais que cláusulas gerais, como se faz praticamente no mundo todo, mas a edição de *soft law* condizentes com a prática nacional demonstra ser uma solução atingível, embora mais árdua e trabalhosa. Do contrário, a opção será mesmo focar em regulamentos e códigos de ética de instituições, utilizar *soft law* internacionais como se entender cabíveis, e cuidar para que jurisprudência e doutrina se fiem nas balizas corretas.

E como dificilmente se criará essas *soft law* eminentemente brasileiras, parece-nos de todo indicado que se considere para arbitragens domésticas, ainda que como fonte secundária, as diretrizes de viés internacional. A despeito de qualquer crítica, não se pode ignorar o caráter pedagógico, persuasivo e até preventivo dessas normas.[888] Evidentemente, os códigos de ética e demais normas trazidos pelas instituições arbitrais locais deverão ter preferência, por ordem de compatibilidade; contudo, não nos parece recomendado – nem condizente com a legitimidade que a arbitragem ganhou no país – que simplesmente se as ignore. Regras éticas e deveres são comprovadamente a melhor forma de lidar com subjetividade e normas de conduta.

A aplicabilidade – ainda que cautelosa e criteriosa – das *soft law* nos parece, sim, uma solução razoável também para a realidade doméstica brasileira. A confiança na figura do árbitro e na legitimidade da arbitragem requer uma análise da extensão do dever de revelação também sob os

---

[887] CARMONA, Carlos Alberto. **Arbitragem e processo: um comentário à Lei nº 9.307/96**. Op. cit., p. 255.

[888] LUTTRELL, Sam. Op. cit., p. 194. Também nesse sentido: "Embora não estejam imunes a críticas, com a expansão da comunidade arbitral e a entrada de novos atores, considera-se benéfica a existência de normas não-estatais. Ainda que possuam um caráter vinculativo limitado, servem como exemplos e contribuem para a difusão da prática arbitral" (MANGE, Flavia Foz. Op. cit., p. 217).

aspectos contratual, econômico e internacional da arbitragem, e isso significa também não fechar os olhos para padrões internacionais, se aplicáveis, com o resultado último de "aumento da própria legitimidade da arbitragem como sistema de distribuição da justiça no plano internacional".[889] A consequência última poderá ser um aumento tanto da qualidade quanto da especialidade. Tudo isso com o intuito de, em cenários de incerteza, reafirmar a confiança depositada pelas partes no árbitro e na arbitragem propriamente dita.

---

[889] ABBUD, André de Albuquerque Cavalcanti. Op. cit., p. 174.

5.
Consequências da Violação do Dever de Revelação: Efeitos e Sanções Éticas, Materiais e Também Processuais

Dentro dos mecanismos que ajudam a observância plena da independência e da imparcialidade na arbitragem ocupa um lugar destacado o dever de revelar a existência de conflito de interesses; esse dever constitui a peça mestra do regime jurídico da ética arbitral e é amplamente reconhecido nas diferentes culturas jurídicas, legislações e regulamentos de arbitragem. (...) O dever de revelação tem um caráter preventivo que, em caso de descumprimento, dá lugar a medidas de caráter punitivo: a anulação da sentença arbitral, a recusa e a própria responsabilidade do árbitro.[890]

A última questão a ser analisada consiste nas consequências que se deve atribuir às hipóteses de violação do dever de revelação pelo árbitro. Após

---

[890] Tradução nossa. No original: "*Dentro de los mecanismos que ayudan a una observancia plena de la independencia e imparcialidad en el arbitraje ocupa un lugar destacado el deber de revelar la existencia de conflicto de intereses; dicho deber constituye la pieza maestra del régimen jurídico de la ética arbitral y es ampliamente reconocido en las diferentes culturas jurídicas, las legislaciones y los reglamentos de arbitraje. Es una obligación que se configura como un auténtico principio fundamental del arbitraje tanto interno como internacional y es una consecuencia directa del principio general de buena fe. El deber de revelación tiene un carácter preventivo dando lugar su incumplimiento a ciertas medidas de carácter punitivo: la anulación del laudo arbitral, la recusación y la propia responsabilidad del árbitro*". (FERNÁNDEZ ROZAS, José Carlos. Contenido ético del deber de revelación del árbitro y consecuencias de su transgresión. Op. cit., p. 699).

se delimitar a extensão do dever de revelação, deve-se aferir os efeitos e as sanções possíveis caso o árbitro não exerça seu dever de revelação como deveria. Não é segredo que qualquer dever que não possua sanção correspondente e à altura tende à ineficácia.[891] E não basta qualquer sanção; deve ela ser compatível com a relevância jurídica e social daquele dever e também com as suas possíveis transgressões. Atribuir sanções ou penalidades insuficientes poderá levar à inutilidade do dever, que acabará livremente desrespeitado; e, da mesma forma, no outro extremo, impor punições exageradamente pesadas poderá desestimular o uso do instituto da arbitragem em geral. Deve haver uma indispensável busca pelo equilíbrio nesse tocante.

É disso que se vai tratar quanto às possíveis violações do dever de revelar. Assim como falhas no exercício dos deveres do juiz togado podem importar consequências processuais, materiais e éticas, o mesmo pode ocorrer para o árbitro, porém em alcance e substância distintos. As questões que se colocam dizem respeito (a) ao que configura uma violação ao dever de revelação (*i.e.*, o que significa violá-lo); e (b) às hipóteses em que a infração poderá levar a certas consequências processuais, materiais e éticas – autonomamente ou em combinação com outros elementos e critérios. O cabimento de cada uma dessas medidas, ou mesmo de todas eles, variará conforme conceitos, momentos e requisitos próprios.

A sensibilidade nesse tema reside no fato de que, se o árbitro viola seu dever de revelar, propositalmente ou não, está inevitavelmente concedendo a uma das partes, ou a ambas, "uma arma poderosa" para se atacar o árbitro ou a sentença arbitral.[892] Enfatize-se mais uma vez que a melhor proteção contra os riscos de afastamento do árbitro ou de uma tentativa de anulação ou denegação de homologação da sentença é, pois, o adequado exercício do dever de revelação, mormente porque o propósito desse

---

[891] Conforme a doutrina de Hans Kelsen, sequer há norma jurídica sem sanção, uma vez que o direito consiste em uma ordem coativa. Toda norma jurídica contém não só a imposição de uma conduta (ordem jurídica positiva), mas também uma sanção para o caso de descumprimento (ordem moral positiva) – uma dependente da outra. São as normas jurídicas primárias e secundárias, respectivamente. Ver: KELSEN, Hans. **Teoria pura do direito**. Tradução de João Baptista Machado. 4. ed. São Paulo: Martins Fontes, 1994; e KELSEN, Hans. **Teoria geral das normas**. Tradução de José Florentino Duarte. Porto Alegre: Fabris, 1986.

[892] CLAY, Thomas. *L'arbitre*. Op. cit., p. 334-335.

instrumento é evitar que alguma das partes suscite a falta de informações como causa de vício do processo ou da sentença. No mundo ideal, não haveria assimetria de informações ou oportunismos passíveis de minar o consentimento informado das partes e do árbitro quanto à celebração do contrato de investidura.

O fato inescapável, contudo, é que todos estão sujeitos a erros e violações (e sempre há quem os cometa dolosamente), quando "um árbitro pode não ter revelado todos os fatos que poderiam objetivamente afetar sua independência ou sua imparcialidade".[893] Quando isso ocorre, uma consequência automática – e a mais natural – é que o árbitro receba críticas e comentários desfavoráveis no meio jurídico, empresarial ou comercial em que se insira a arbitragem, o que pode significar uma possível diminuição de indicações para atuar como árbitro; o seu "capital simbólico" poderá ser afetado.[894] Já se mencionou que os usuários da arbitragem usualmente trocam impressões sobre atuações de outros profissionais, e não há dúvidas de que um árbitro que violar seu dever de revelação poderá não mais ser bem quisto ou desejado por outras partes, advogados ou instituições arbitrais;[895] afinal "cabe esperar que os praticantes realizem eles mesmos uma seleção preventiva dos árbitros".[896] Mas deve haver mais; trata-se de tema que também precisa ser regulado e exigido, ainda que minimamente, para assegurar que transgressões não passem desapercebidas ou não sancionadas.

Desta feita, o que se busca aqui explorar é que todas as medidas sejam avaliadas, *como primeiro fator*, conforme a autoridade do dever de revelação como instrumento estabilizador do processo arbitral e garantidor da confiança na equidistância mínima do julgador. Nesse aspecto, deve-se considerar que uma violação ao dever de revelação ocorrerá mediante a falta de revelação de fatos que poderiam suscitar dúvidas justificáveis sobre a equidistância do proposto árbitro, e não apenas mediante a

---

[893] Tradução nossa. No original: "*an arbitrator may not have disclosed all relevant facts which objectively could affect his independence or impartiality and which at a later stage lead to the arbitrator's removal or withdrawal.*" (LEW, Julian D. M., *et al.* Op. cit., p. 286).

[894] Capítulo 1, item 1.2, acima.

[895] Id.

[896] Tradução nossa. No original: "*cabe esperar que los practicantes realicen ellos mismos una selección preventiva de los árbitros*". (CLAY, Thomas. **El árbitro**. Op. cit., p. 132).

parcialidade dele efetiva e *in concreto*, como defendem alguns.[897] O dever de revelação é um dever autônomo que merece ser analisado como tal; pode-se até não se entender por uma ou outra sanção pela violação no caso concreto, em razão de circunstâncias e condições específicas, porém a violação terá ocorrido pela falta de revelação no momento e na forma devidos.

E, *como segundo fator*, para se dar a relevância adequada ao dever de revelar, em harmonia com o valor que lhe concederam a Lei 9.307/96 e outras legislações, deve-se atribuir consequências adequadas para o caso de seu descumprimento. Cumpre considerar, além das já inquestionáveis possibilidades de responsabilização do árbitro e de medidas ético-disciplinares contra ele, também as opções de seu afastamento e até de invalidação da sentença arbitral ou de denegação da homologação daquela estrangeira quando a falta de revelação em si se mostrar grave e determinante a ponto de causar desconfiança na equidistância e levar a uma aparência de parcialidade do julgador. Revelar, como se viu,[898] também significa assegurar às partes a inexistência de motivos que abalem a confiança no julgador, de modo que sua infração pode, sim, em casos extremos, representar hipótese de consequências processuais. Da mesma forma que a extensão do dever de revelação deve ser vista conforme a perspectiva das partes e da sociedade, as consequências da sua violação devem ser compatíveis com a natureza e a relevância desse instrumento.

Não se defende, por evidente, que a mera quebra do dever de revelação isoladamente analisada ou uma quebra puramente subjetiva da confiança devam dar azo ao afastamento do árbitro ou à invalidação da sentença arbitral. Não existe uma quebra de confiança *per se* ou subjetivamente analisada que importe qualquer consequência tão extrema, até porque não se pretende dar ainda mais armas para impugnações frívolas e outras táticas de guerrilha que se tem visto. Mas tampouco se ignora que, tendo em vista a autoridade do dever de revelação para o processo arbitral, o peso que se dá à sua violação é crucial também para a legitimidade de todo o sistema; de um lado, soluções muito extremas podem incentivar ataques indevidos, e, de outro, propostas demasiadamente lenientes podem importar um desapreço nocivo ao adequado exercício do dever de revelação. Essas

---

[897] Ver item 5.1 adiante.
[898] Capítulo 2, item 2.3.

soluções devem todas ser enfrentadas com cuidado, pois, como aponta Thomas Clay, é uma característica humana buscar culpados "ante todo fracasso ou insatisfação".[899]

Estamos cientes dessas válidas preocupações e elas são consideradas e respondidas em nossas conclusões. A despeito delas, veremos, o que se defende é que a falta de revelação deve, sim, ter peso a ponto de ser levada em conta no momento de se avaliar a manutenção do árbitro ou a higidez da sentença arbitral. Não dar apreço algum a esse instrumento, como alguns propõem, parece-nos solução que ignora o dever de revelação e destoa da sua natureza, da sua íntima relação com o elemento da equidistância, e também do seu caráter também contratual e dos escopos jurisdicionais da arbitragem. Dentre diversos outros argumentos, tratando-se de uma relação também contratual, a invalidação do negócio jurídico ou a sua rescisão por violação – além da responsabilização civil (e até criminal) do violador – devem ser sopesadas conforme as particularidades do caso. Em casos de aparência de parcialidade causada pela falha, medidas mais drásticas podem – e devem – ser cogitadas e aplicadas.

Sobretudo, como se verá, defende-se que o dever de revelação não pode – e não deve – ser tratado como ato insignificante e irrelevante do processo arbitral; deve ser visto como importante instrumento de preservação da regularidade da constituição do julgador, e, mais importante, da confiança depositada pelas partes na equidistância (a imparcialidade *lato sensu*) do árbitro, naquele árbitro especificamente indicado, e também no instituto da arbitragem em geral. Também – e especialmente – quanto ao dever de revelar se deve aplicar a máxima de que "se o árbitro atua fora dos seus poderes ou viola seus deveres, pode dar causa à sua remoção e à impugnação da sentença".[900]

---

[899] Tradução nossa. No original: *"ante todo fracaso o insatisfacción."* CLAY, Thomas. **El árbitro**. Op. cit., p. 85-86.

[900] Tradução nossa. No original: *"If an arbitrator acts outsider of his or her powers or breaches his or her duties, this may provide grounds for the removal of the arbitrator and/or for the challenge of any award."* (FINIZIO, Steven P. SPELLER, Duncan. Op. cit., p. 205).

5.1. O que significa violar o dever de revelação. Falta de exercício no tempo e forma devidos. Desnecessidade de quebra absoluta e efetiva da imparcialidade (que dificilmente seria evidenciada)

Antes de se analisar as consequências da violação do dever de revelação, deve-se compreender, como passo anterior, no que consiste essa violação. Pareceria óbvio dizer que a violação do dever de revelação corresponderia à falha do árbitro ou proposto árbitro em revelar, no momento e forma devidos, fato que poderia suscitar às partes dúvidas justificáveis sobre sua imparcialidade ou independência. Seria uma resposta intuitiva e até automática: a violação ocorreria mediante (a) a falta de revelação, (b) uma revelação aquém no conteúdo, ou (b) intempestiva, entendida como aquela que, com conteúdo adequado ou não, é feita fora do prazo estabelecido para tanto, seja no início ou durante o processo arbitral,[901] conforme as premissas estabelecidas no capítulo anterior.

Há quem defenda, contudo, que esse nem sempre seria o caso. Para Selma Maria Ferreira Lemes, após o encerramento do processo arbitral, com a prolação da sentença, não mais se deveria aferir se teria havido fatos não informados, mas, em vez disso, somente se teria havido violação aos deveres de imparcialidade e independência em concreto; ou seja, nessa fase adiantada, somente seria o caso de verificar se agiu o árbitro com *efetiva* parcialidade.[902] Nesse mesmo sentido, assevera Tércio Sampaio Ferraz Jr. que a invalidação da sentença somente seria possível se tomado em conta o *desempenho* do árbitro impugnado; somente nas situações em que condutas reais e concretas do árbitro tivessem afetado o resultado da arbitragem poderia se falar em violação do dever de revelar.[903]

Com todo o acatamento, não se concorda com esses posicionamentos, que parecem misturar os conceitos de imparcialidade e de revelação e também ignorar a impraticabilidade de se aferir violações à imparcialidade em momento adiantado do processo (ou mesmo após seu encerramento). De forma diversa, entendemos que há dois crivos distintos que devem ser feitos: (a) se houve uma falha (falta de revelação, feita aquém ou intempestiva),

---

[901] Como se apontou, não basta apresentar uma lista colossal de revelações em que se omite fatos relevantes ou os informa intempestivamente.

[902] LEMES, Selma Maria Ferreira. O dever de revelação do árbitro... Op. cit.

[903] FERRAZ JÚNIOR, Tercio Sampaio. Suspeição e impedimento em arbitragem: sobre o dever de revelar na lei 9.307/1996. Op. cit.

e (b) se essa violação seria acentuada o suficiente para acarretar consequências para o processo ou para o árbitro. Uma é a norma primária, que estabelece a conduta, e a outra a secundária, que prevê o cabimento da sanção ou consequência. Violar o dever de revelação, pois, significa pura e simplesmente não revelar o que deveria ter sido revelado no conteúdo e momentos devidos. No momento de se avaliar o cabimento de alguma das consequências possíveis, pode-se até cogitar de dar peso inferior ou estabelecer critérios mais rígidos para impugnações feitas ao final do processo arbitral, e exigir provas ou circunstâncias mais contundentes nesses casos, como fazem algumas instituições arbitrais e tribunais judiciais, ver-se-á adiante,[904] mas não se pode ignorar que haja uma falha.

Para tentar explicar o que os autores acima parecem mesclar: uma coisa é aferir se houve quebra aparente ou evidente da imparcialidade (que é um crivo subsequente que pode ser necessário para se aferir se deve o árbitro ser afastado ou sua sentença anulada), e outra, totalmente diferente, se foi violado o dever de revelação, que consiste em um passo anterior, porque "[o] dever de revelação não se confunde com a imparcialidade".[905] Não se discute que o dever de revelação tem caráter instrumental para garantir a imparcialidade *lato sensu*, na medida em que trabalha para evitar situações em que a falta de informações possa causar aparência de parcialidade. Isso não significa, entretanto, que não se possa aferir se houve sua violação de forma dissociada da imparcialidade. Sendo instrumental, como é, pode-se até cogitar de situações em que violar o dever de revelação não impactará a imparcialidade do julgador no fim do dia, mas isso não denota que ambos devam sempre ser examinados em conjunto ou como se um só fossem.

Exemplo disso é o já mencionado caso *Abengoa v. Adriano Ometto*, em que a *Court of Appeals for the Second Circuit*, nos Estados Unidos, decidiu que a falha do árbitro em investigar e revelar a relação de seu escritório com empresas do grupo de uma das partes ocorreu, mas não impactaria a imparcialidade do julgador no caso específico. Não se disse em momento algum que não teria havido falha no dever de revelação; pelo contrário, a violação ao dever consistiu em verdadeira premissa para a apreciação judicial da falha – se deveria importar a anulação da sentença. O juízo

---

[904] Ver item 5.4 adiante.

[905] "O dever de revelação não se confunde com a imparcialidade, nem o seu descumprimento não leva, *ipso facto*, à nulidade do processo arbitral". ELIAS, Carlos Eduardo Stefen. Op. cit., p. 199.

não afirmou – e nem poderia– que não houve falha naquele caso; o que se debateu, ao menos na ação judicial norte-americana, foi somente se a anulação da sentença era a consequência adequada[906] – o que nos parece ser o crivo adequado, a despeito de não se concordar com a conclusão final a que se chegou por lá.

E vale lembrar que, como os crivos de revelação e imparcialidade são distintos, já se indicou,[907] há casos em que a revelação foi feita por mera "precaução" – uma medida que tem espaço no momento do exercício do dever de revelar.[908] Evidentemente, porém, caso se entenda que essa precaução não foi tomada, isso não significará dizer que se violou o dever de revelar em si, e muito menos que se deveria afastar o árbitro, penalizá-lo ou invalidar a sentença por esse motivo, por exemplo. Se estava no campo da mera precaução, o fato não revelado provavelmente não trará qualquer consequência para o julgador ou para o processo em si; se, de outro lado, entretanto, a revelação daquele fato era *necessária*, e não meramente sugerida, aí, sim, poderá se falar em violação do dever de revelar e potencialmente em alguma consequência daí advinda.

Em síntese, a análise inicial que deve ser feita, em linha com as premissas de extensão que se expôs, deve dizer respeito tão somente à relevância daquele fato para se aferir se daria origem a dúvidas sobre a equidistância do julgador, conforme as propostas do capítulo anterior. Se a conclusão for de que *deveria* ter sido revelado, e não o foi, estar-se-á diante de uma violação ao dever de revelar. Apenas no passo posterior, caberá aferir as consequências necessárias, conforme os requisitos respectivos, que serão abordados a seguir; competirá ao órgão competente[909] avaliar o cabimento

---

[906] "Among the circumstances under which the evident-partiality standard is likely to be met are those in which an arbitrator fails to disclose a relationship or interest that is strongly suggestive of bias in favor of one of the parties. Id. However, we have repeatedly cautioned that we are not quick to set aside the results of an arbitration because of an arbitrator's alleged failure to disclose information." (*Ometto v. ASA Bioenergy Holding A.G.* (No. 12-4022, 2014 WL 43702 (2d Cir. Jan. 7, 2014). Disponível em <https://casetext.com/case/ometto-v-asa-bioenergy-holding-ag>). Ver: "Second Circuit declines to vacate arbitration award for arbitrator partiality". **Practical law**, 10 jan. 2014. Disponível em: <http://us.practicallaw.com/6-554-1085>).

[907] Capítulo 4, item 4.3.2, *supra*.

[908] Capítulo 4, item 4.3.4, *supra*.

[909] Como se viu, o órgão competente pode variar conforme a lei e o regulamento aplicáveis. Em alguns países, as impugnações podem ser feitas no processo arbitral, ao órgão competente, e ao Poder Judiciário concomitante ou sucessivamente. "*Depending upon the seat of the arbitration,*

de medidas ético-disciplinares, responsabilização civil ou criminal, afastamento, e invalidação ou denegação de homologação da sentença.[910]

5.2. As sanções e penalidades ético-disciplinares. Redução de honorários, remoção da lista de árbitros, e sanções e penalidades profissionais ao árbitro ou ao seu escritório (ou organização)

Pode-se iniciar pelo exemplo que não encontra maiores controvérsias: as possíveis sanções e penalidades ético-disciplinares aplicáveis ao árbitro, reconhecidas como plausíveis também em caso de violação do dever de revelação. Como se apontou, sem prejuízo da responsabilização civil ou criminal do árbitro, seu possível afastamento do processo ou da anulação da sentença, os árbitros estão sujeitos a possíveis sanções e penalidades ditas éticas, definidas em regulamentos arbitrais e em códigos instituídos pela instituição arbitral ou por outras entidades de interesse na arbitragem doméstica ou internacional.[911] Há, inclusive, previsões legais nessa linha, como o Código de Processo Civil Suíço, que estabelece que outro árbitro ou uma das partes pode requerer a aplicação de uma "multa disciplinar" ao árbitro caso descumpra algum dever seu.[912] São sanções que podem também ser comparadas com as do juiz togado,[913] com a diferença de que, como não há uma federação ou associação de árbitros (pois árbitro não é uma profissão),[914] alguns textos legais e infralegais se encarregam de prever sanções por violação a normas de conduta com vistas a proteger a arbitragem dos "maus árbitros", "aqueles que não cumprem sua missão dentro das condições requeridas por seu notável ofício jurisdicional."[915]

---

the opposing party, even if the challenge is unsuccessful, may be entitled to renew the challenge in the courts of the seat of the arbitration." (LOEWESTEIN, Andrew B. Ob, it., p. 359). Capítulo 3, item 3.4.

[910] E, nesse ponto, repisa-se que a violação dos deveres e obrigações pelo árbitro – incluído o dever de revelação – pode importar sanções no âmbito processual, material e também ético-disciplinar. São análises distintas, que não podem induzir o intérprete ao erro de que sejam contraditórias entre si. Ver capítulo 2, item 2.3, acima.

[911] PAULSSON, Jan. **The idea of arbitration**. Op. cit., p. 148. Capítulo 2, item 2.3, acima.

[912] No espanhol: *"multa disciplinaria"*. (CLAY, Thomas. **El árbitro**. Op. cit., p. 133).

[913] Capítulo 2, item 2.3, acima.

[914] Capítulo 1, item 1.1, acima.

[915] Tradução nossa. No original: *"aquellos que no cumplen su misión dentro de las condiciones requeridas por su notable oficio jurisdiccional."*. (Id. Op. cit., p. 132).

A sanção mais comum e a que mais se indica é a redução dos honorários do árbitro, prevista em alguns regulamentos. Trata-se de uma das poucas hipóteses em que se pode cogitar de uma sanção com impactos profissionais sobre o árbitro, aliás.[916] Mas não é só: há como se considerar também a remoção do árbitro da lista da instituição, se existente, ou mesmo a proibição de atuação em novos processos arbitrais sob a administração daquele centro. Não nos parece possibilidade remota no caso de violação do dever de revelação, uma vez que, atualmente, grande parte dos regulamentos e códigos de ética preveem o dever do árbitro de revelar fatos que possam causar dúvidas sobre a sua equidistância. Seriam opções talvez extremas para um árbitro que tivesse incidido uma vez na violação, por falha, porém plenamente possíveis a depender dos critérios do órgão competente; uma violação proposital do dever de revelar certamente possibilitaria a imposição dessas sanções éticas.

Não se pode desconsiderar, outrossim, também a possibilidade de que o julgador seja sancionado no âmbito da entidade de classe representativa da sua profissão, seja advogado ou não – uma consequência que pode ser chamada de disciplinar. Como não existe a profissão de árbitro, em casos mais graves, o julgador poderia sofrer sanções disciplinares no âmbito do seu real ofício (se algum), que pode ser também de engenheiro, economista ou de contador, por exemplo. É usual, aliás, que em falhas de checagem de conflitos não só o profissional, mas também o escritório de advocacia ou a empresa em que trabalhe possam ser sancionados.[917]

São hipóteses mais remotas e improváveis, entretanto, tendo em vista que o indivíduo não estaria atuando na condição de advogado, engenheiro ou contador quando da violação, mas de árbitro – atuação que, a rigor, não é abrangida por sua profissão. Por isso, essa sanção nos parece mais adequada apenas para as arbitragens no âmbito das instituições representativas das profissões,[918] como seria o caso da Câmara de Mediação, Conciliação e Arbitragem da Comissão das Sociedades de Advogados da

---

[916] Id., p. 133-134.
[917] CRIVELLARO, Antonio. Does the arbitrator's failure to disclose conflicts of interest fatally lead to annulment of the award? The approach of the European State Courts. Op. cit., p. 141.
[918] Id., p. 133.

Ordem dos Advogados de São Paulo – OABSP (CAMCA),[919] ou mesmo para casos em que a violação do dever de revelar configurou uma grave infração ética também no âmbito da profissão que exerce o julgador (*e.g.*, um contador que, como julgador em uma arbitragem, deixe de revelar um conflito que possui com clientes seus na prestação de serviços de contabilidade).

Quanto aos critérios para que se imponha ao árbitro essas sanções ético-disciplinares, em todas essas hipóteses, parece claro que a violação ao dever de revelação pode ser considerada suficiente *per se* para a condenação do árbitro a despeito da aferição de impacto aparente ou efetivo sobre a imparcialidade do julgador ou de consequências processuais ou materiais. E isso, pois se trata de uma sanção administrativa, análoga àquela que pode ser imposta aos juízes togados em caso de infrações deontológicas, e que independe das consequências impostas em outros campos (incluindo o processual). Uma sanção ético-disciplinar pode ser aplicada por mera violação do dever de revelação, se cumpridos os requisitos entendidos pelo órgão competente como aplicáveis; isto é, a despeito de configurar causa de afastamento do árbitro ou de invalidade da sentença arbitral, que são critérios distintos. Como lembra Francesco Carnelutti, "existem regras éticas cuja observância é mais ou menos necessária à manutenção da paz, e nem todas se prestam a ser impostas pela força";[920] e nos parece que o dever de revelar é uma dessas normas éticas que merecem sanção em caso de transgressão.

Trata-se, além do mais, de solução plenamente compatível com o caráter ético do dever de revelação que se apontou,[921] e que, repita-se, não necessariamente se comunica com as consequências jurídicas, pois "um homem ético não é apenas aquele que obedece a normas.[922] São análises distintas, de modo que caberia à instituição arbitral desencorajar infrações ao dever de revelação, a despeito de conduzirem ao afastamento do julgador ou à

---

[919] Câmara de Mediação, Conciliação e Arbitragem da Comissão das Sociedades de Advogados da Ordem dos Advogados de São Paulo – OABSP (CAMCA). Disponível em: <http://www.oabsp.org.br/comissoes2010/sociedades-advogados/camara-de-mediacao-conciliacao-e-arbitragem>.
[920] CARNELUTTI, Francesco. Op. cit., p. 131.
[921] Ver capítulo 2, item 2.3, acima.
[922] BASTOS, Celso Ribeiro. Op. cit.

anulação da sentença arbitral.[923] Como a maioria dos regulamentos aborda e rege o dever de revelação de forma distinta dos deveres de imparcialidade e independência, não revelar algum fato que deveria sê-lo pode importar a exclusão da lista de árbitros ou a proibição de atuação em novos processos (verdadeiras "listas negras"), como já se reportou internacionalmente.[924] Não se pode ignorar os benefícios que a regulamentação da deontologia pode trazer ao evitar condutas inadequadas, ainda que não ilícitas; trata-se de relevante efeito preventivo.[925] Como aponta Jan Paulsson, os árbitros "não estão além do alcance das sanções editadas por tribunais, instituições profissionais e instituições arbitrais ansiosas para não serem contaminadas por 'maçãs podres'".[926]

É de todo indicado, assim, que instituições arbitrais não exijam violações evidentes aos deveres de imparcialidade e independência (*evident partiality*) para a aplicação dessas sanções; a falta de revelação de um fato determinante para a equidistância do julgador, conforme as propostas que se fez no capítulo anterior, já deve ser suficiente para tanto. Repita-se, sobretudo, que essas punições ético-disciplinares não podem ser utilizadas como saída fácil para a não aplicação de outras consequências, de cunho processual e material, conforme a hipótese. O campo ético e disciplinar não pode ser utilizado como alternativa para evitar sanções mais rígidas e diretas ao árbitro e à sentença arbitral, como parecem entender alguns.[927]

---

[923] Até porque a instituição arbitral nem sempre terá ingerência sobre as consequências processuais e materiais. Soluções no campo ético, em alguns casos, será o máximo a que se conseguirá chegar.

[924] CLAY, Thomas. **El árbitro**. Op. cit., p. 133. Desconhece-se casos semelhantes no Brasil, o que pode se dar pelo sigilo dessas eventuais penalidades ou por de fato não terem sido aplicadas até o momento.

[925] Id., p. 133-134.

[926] Tradução nossa. No original: "*As many arbitrators have learned to their discomfort, they are not beyond the reach of sanctions edited by courts, bar associations, and indeed arbitral institutions anxious not to be contaminated with rotten apples.*" (PAULSSON, Jan. **The idea of arbitration**. Op. cit., p. 148).

[927] Entendemos inadequada, desta forma, a proposta de Antonio Crivellaro que omissões no dever de revelar sejam respondidas principalmente mediante sanções profissionais ao árbitro e seu escritório de advocacia. Trata-se de defesa que ignora que se trata de julgamentos distintos e não excludentes e também desconsidera a relevância processual e material do dever de revelação. (CRIVELLARO, Antonio. Does the arbitrator's failure to disclose conflicts of interest fatally lead to annulment of the award? The approach of the European State Courts. Op. cit., p. 141).

As sanções administrativas não impedem as processuais e materiais, que devem ser analisadas de forma separada e conforme os respectivos requisitos legais e regulamentares, como se detalhará adiante.[928]

5.3. As sanções e penalidades materiais e pessoais. Responsabilização civil e criminal do árbitro

Como se expôs acima,[929] diversas legislações e regulamentos arbitrais conferem ao árbitro imunidade relativa contra os seus atos, de modo a assegurar que esteja livre de pressões que possam ser exercidas pelas partes ou por terceiros quando do cumprimento dos seus deveres e obrigações no processo arbitral;[930] esses textos normativos atribuem maior ou menor proteção ao árbitro, de forma análoga ao juiz, naquilo que diz respeito à função jurisdicional que também exerce. Já se explicou também, porém, que há importantes limitações e vozes contrárias à ideia de se imunizar o árbitro por completo, ou pelo menos de forma semelhante ao que se faz com o juiz togado.[931] Como expõe Dario Alessi, "o árbitro, como uma parte contratante, deve ser responsabilizado por violações ao contrato a que aceitou se submeter".[932] Atualmente, portanto, essa imunidade dos árbitros no âmbito civil comporta importantes exceções – que variam conforme cada lei nacional –, com relação, por exemplo, a (a) falhas que não se relacionem à atividade jurisdicional do árbitro, ou não sejam abrangidas por ela, ou (b) violações de deveres atinentes à atividade jurisdicional perpetradas por dolo ou culpa grave.

---

[928] E saliente-se que, também aqui, que não se trata de propostas de *lege ferenda*, mas de possibilidades existentes atualmente a depender da lei, do regulamento e da entidade representativa já aplicáveis. No limite, sugere-se que instituições considerem revisar regulamentos arbitrais e códigos de ética que não possuam previsões que autorizem os posicionamentos aqui defendidos. A lei nacional, de todo modo, não merece alteração nesse sentido, até porque, repita-se, trata-se de normas éticas e não necessariamente jurídicas.

[929] Capítulo 2, item 2.3, acima.

[930] "*An arbitrator's failure to comply with his or her contractual obligations may, in principle, give rise to civil liability to one (or both) of the parties to the arbitration. (...) In practice, however, an arbitrator is sometimes entitled to various immunities from civil claims by the parties arising out of his or her conduct of the arbitration. The scope of such immunity will depend upon the applicable arbitration rules and national laws.*" (FINIZIO, Steven P.; SPELLER, Duncan. Op. cit., p. 201-202). Ver capítulo 1, item 1.8 *supra*.

[931] Capítulo 2, item 2.3, acima.

[932] Tradução nossa. No original: "*the arbitrator as a contracting party is to be held liable for breaches of the contract she has agreed to enter into*". (ALESSI, Dario. Op. cit., p. 783).

Nesse contexto, entendemos que a violação do dever de revelação se enquadra na primeira categoria, em que se encontram as hipóteses em que a atuação do julgador se dê fora da sua atuação como detentor de poder jurisdicional, naquilo que falha em cumprir obrigações e deveres contratuais ou pré-contratuais do contrato de investidura. Esse é, na realidade, o caso mais clássico de violação do dever de revelação, quando ainda não se "está" árbitro para aquela causa, e o proposto julgador "oculta parte dos nexos que o unem a um dos litigantes ou a outros intervenientes no processo";[933] nessa situação, está-se falando de verdadeira responsabilidade pré-contratual, em que poderá o julgador ser responsabilizado por falhar no dever de informação, que deve ser balizado pelo princípio da boa-fé objetiva e pela confiança (legítima expectativa) que se cria no outro contratante.[934]

E, de outro lado, se já durante o processo arbitral, estar-se-á diante de responsabilidade contratual, porquanto já se encontrará celebrado o contrato de investidura entre partes e o árbitro.[935] Em ambos os casos, sobretudo, lembremos que não se trata de atividade jurisdicional do árbitro, pois o dever de revelação não é em si um ato jurisdicional[936] – o que significa seria necessária a verificação apenas de descumprimento pré-contratual ou contratual, na modalidade de responsabilidade subjetiva.[937] O dever de revelação é exercido por um indivíduo que exerce jurisdição, mas ele não se trata de um ato jurisdicional em si, e, por isso, a análise sob o ponto de vista da lei material é de rigor.

Sob esse ponto de vista, com efeito, parece-nos adequado o posicionamento de que a falta de revelação poderia implicar a responsabilização civil do julgador, que não gozaria de qualquer imunidade quanto a esse ato. A falta com os deveres de informar ou até a ocorrência de um vício de consentimento poderão fazer surgir ao julgador a obrigação de indenizar

---

[933] Tradução nossa. No original: "*oculta parte de los nexos que lo unen a los litigantes o a otros intervinientes en el procedimiento arbitral*". (CLAY, Thomas. **El árbitro**. Op. cit., p. 128).

[934] Ver capítulo 2, item 2.4, acima.

[935] Id.

[936] Ver capítulo 3, item 3.3, acima.

[937] "*Sea como fuere, esta obligación, de la cual se conoce su importancia para la integridad del arbitraje, no es apreciada bajo la óptica de la misión jurisdiccional del árbitro, porque consiste en que este último informe acerca de sí mismo. La misma conlleva la responsabilidad civil del árbitro desde el momento en el que se cumple de forma incorrecta. Un simple incumplimiento de esta obligación podría ser suficiente. No se necesita aquí ni una 'culpa personal', ni tan siquiera una culpa simple.*" (Id., p. 128-129).

caso se prove a violação ao dever de revelação, seja ela proposital ou não. Trata-se de nada mais que uma *"action for breach of contract"*,[938] uma vez que as violações dizem respeito a deveres e obrigações do árbitro que surgem do vínculo contratual com as partes.

Pode o árbitro, por exemplo, ser condenado a indenizar as partes pelo que despenderam com honorários e custos do processo que não teriam contratado caso lhes fossem dadas as informações devidas, como decidiram os tribunais franceses em precedentes históricos.[939] Quando decide o árbitro omitir o fato, corre o risco "de que surja um fato litigioso suscetível de acabar com o processo arbitral e levar inclusive à sua responsabilidade civil".[940] Exatamente nesse sentido decidiu a Suprema Corte da Áustria ao julgar que a imunidade que é garantida aos árbitros não se estenderia à violação do dever de revelação, cuja natureza contratual faria com que o árbitro fosse responsável pela "quebra de um dever contratual."[941]

A jurisprudência francesa também por diversas vezes estabeleceu que, no tocante ao dever de revelar, o árbitro não estaria coberto por qualquer imunidade legal ou contratual, e que deveria indenizar as partes pelos danos que causara ao violar o dever e possibilitar ataques a ele (árbitro) ou à sentença arbitral.[942] Exemplo dessa conjuntura é o caso *Raoul Duval*, em que o presidente do tribunal arbitral começou a trabalhar para uma das partes um dia após a prolação da sentença arbitral, e sem que esse fato tivesse sido revelado ainda na fase de tratativas (ou seja, durante o processo arbitral).[943] A sentença arbitral foi anulada por esse motivo, e *Raoul Duval*

---

[938] FINIZIO, Steven P. SPELLER, Duncan. Op. cit., p. 201.
[939] Ver: FOUCHARD, Philippe, GAILLARD, Emmanuel; e GOLDMAN, Berthold. Op. cit., p. 594-595.
[940] Tradução nossa. No original: "de *que surja un hecho litigioso susceptible de acabar con el procedimiento arbitral y que podría incluso conllevar su responsabilidad civil.*" (CLAY, Thomas. **El árbitro**. Op. cit., p. 79).
[941] Tradução nossa. No original: "*breach of a contractual duty*". (LEW, Julian D. M., *et al*. Op. cit., p. 271).
[942] Id., p. 295.
[943] Poder-se-ia alegar que, tendo a contratação tendo sido realizada após o encerramento da jurisdição do árbitro, seria fato não mais compreendido pelo dever de revelar, que se encerra com a prolação da sentença ou a decisão sobre os pedidos de esclarecimentos sobre ela. No caso, porém, *Raoul Duval* logrou comprovar que as tratativas para contratação do árbitro por uma das partes se iniciaram durante o processo arbitral, o que causou razoável aparência de parcialidade a ponto de invalidar a sentença arbitral.

obteve indenização pelos danos advindos da conduta do árbitro, que foi condenado a reembolsar as partes pelos honorários dos árbitros, custas da instituição arbitral e demais custos despendidos no processo arbitral.[944] Reconheceu-se, *primeiro*, a relação contratual entre árbitro e parte, e, *segundo*, a responsabilidade contratual por ele assumida e violada no caso, pois "o árbitro tinha o dever positivo de informar as partes dessa situação (...) violou o devido processo legal e cometeu uma violação pessoal que deu causa à sua responsabilização."[945]

Outra sanção material que pode ser aplicada ao árbitro consiste na perda do direito de receber sua remuneração, seus honorários, como se apontou leis e regulamentos arbitrais estabelecem, e pode também corresponder a uma sanção material ou patrimonial.[946] "Se um árbitro descumpre suas obrigações contratuais de seu mandato, ele ou ela podem perder o seu direito contratual ao pagamento."[947] Como exemplo, estabelece a *English Arbitration Act*, de 1996, em seu artigo 24(4) que o árbitro que for removido pode ter sua remuneração reduzida ou completamente afastada, a critério do juiz.[948] Repita-se que, *mutatis mutandis*, pode-se comparar essa sanção a um abatimento do preço por violações de deveres que tornaram a prestação jurisdicional menos valiosa, conforme o Art. 442 do Código Civil brasileiro.[949]

Não se pode, nada obstante, assombrar possíveis árbitros, nem passar a impressão de que se trata de consequência exageradamente rígida. A responsabilização civil pela violação do dever de revelação, por informação faltante no início (responsabilidade pré-contratual) ou durante o processo arbitral (responsabilidade contratual), situa-se *na modalidade subjetiva* e, ainda,

---

[944] TGI Paris, 12 mai. 2012, *Raoul Duval v. V.* Ver: FOUCHARD, Philippe, GAILLARD, Emmanuel; e GOLDMAN, Berthold. Op. cit., p. 594-595.

[945] Tradução nossa. No original: *"the arbitrator had the positive obligation to inform the parties of this situation (...) violated due process and committed a personal fault triggering his liability."* (Ibid.).

[946] Capítulo 2, item 2.3, acima.

[947] Tradução nossa. No original: *"If an arbitrator fails to fulfil the contractual obligations of his or her mandate, he or she may forfeit any contractual right to payment."* (FINIZIO, Steven P. SPELLER, Duncan. Ob, cit., p. 203).

[948] *Section 24(4): "Where the court removes an arbitrator, it may make such order as it thinks fit with respect to his entitlement (if any) to fees or expenses, or the repayment of any fees or expenses already paid".*

[949] Lei 10.406/2002: "Art. 442. Em vez de rejeitar a coisa, redibindo o contrato (art. 441), pode o adquirente reclamar abatimento no preço". Ver capítulo 2, item 2.3, acima.

demanda outro requisito cogente da responsabilização civil: a ocorrência de efetivos danos. Não é em todos os casos que a falta da revelação causa algum prejuízo aos litigantes, mas apenas naqueles em que essa falha conduz (a) a atrasos no processo ou na execução da sentença arbitral por dar causa a esses ataques, *ou* (b) ao efetivo afastamento do julgador ou à invalidação da sentença arbitral, o que ensejaria a repetição ou a prática de novos atos em prejuízo do tempo e dos gastos despendidos no processo.[950] Ademais, alguns regulamentos arbitrais também preveem cláusulas de limitação de responsabilidade dos árbitros, e não se descarta a possibilidade de os árbitros contratarem seguros que cubram eventuais violações que se considere contratuais com as partes.[951]

Mais que isso, é manifesto que a responsabilização civil não se mostrará adequada quando a impugnação se der por motivo torpe ou frívolo. Em linha com o que se expôs no capítulo acima, tratando-se de responsabilidade contratual (subjetiva), deve-se analisar, previamente à verificação das possíveis consequências, se houve efetivamente violação ao dever de revelação; se não houve, não se pode sequer falar de ato ilícito pré-contratual ou contratual, de modo que o árbitro não será considerado responsável por eventuais atrasos que ataques a ele ou à sentença possam causar. Lembremos que "a responsabilidade do árbitro deve ser determinada pelos princípios tradicionais do direito contratual, baseado na isonomia de trocas, justiça comutativa, e justiça".[952] Deve-se fazer prova, enfatize-se, de que a não revelação do fato efetivamente ocorreu e também que causou danos a alguma das partes, ou mesmo a ambas.

Porém, aqui, novamente, como ocorre com as sanções éticas, parece claro que não precisará haver uma violação evidente a outros deveres, como os de imparcialidade e independência, para se configurar a responsabilidade do julgador. A violação do dever de revelação – que é, repita-se, um dever autônomo – já é uma quebra contratual suficiente e capaz de, verificados os requisitos conforme a lei aplicável, possibilitar a reparação. Não obstante, será uma hipótese remota a responsabilização civil sem que

---

[950] Ver: FERRO, Marcelo Roberto. Op. cit., p. 850.
[951] Ainda assim, porém, haverá discussões sobre a extensão das limitações ou seguros pactuados. Ver, nesse sentido: CLAY, Thomas. **El árbitro**. Op. cit., p. 134-141.
[952] No original: *"arbitrator's liability must be determined by the traditional principles of contract law as based on the ideas of equality of exchange, commutative justice, and fairness."* (ALESSI, Dario. Op. cit., p. 739-740).

tenha havido ao menos a suspensão do processo arbitral, porquanto, do contrário, dificilmente as partes terão sofrido danos pela violação. Parece pouco provável que se consiga estabelecer o nexo causal e a ocorrência de danos se a falta da revelação não tiver levado a algum tipo de retrocesso ou inconveniente na resolução da lide.

Pela própria natureza da sanção, destarte, trata-se de possibilidade que pode ocorrer a qualquer momento do processo, mas normalmente é experimentada ao seu final, pois, somente com andamento – ou mesmo o encerramento – da arbitragem, poder-se ter mais segurança pela ocorrência (ou não) do nexo e dos danos para se cogitar da responsabilização civil do árbitro. O mais comum é que o pleito de responsabilização ocorra somente após o afastamento do árbitro ou a anulação da sentença, quando o eventual ilícito contratual, o nexo causal e os supostos danos já se encontrarão provavelmente mais palpáveis e concretos. Parece lógico, assim, que a violação *per se*, embora possível em teoria, dificilmente levará à responsabilização do árbitro.

Por fim, embora também excepcional, a violação do dever de revelar pode implicar responsabilização criminal nos casos em que a falta de informação caracterizar um ilícito penal, até porque "uma sentença arbitral pode ser constitutiva por si própria de um delito".[953] Destarte, haverá responsabilidade criminal do árbitro quando se apurar que a falta de revelar foi utilizada, por exemplo, como meio para se possibilitar ou perpetrar corrupção, falsidade documental ou outro ato criminoso conforme a lei aplicável, que poderá ser a da sede da arbitragem ou do local onde os atos foram praticados. Nesse tocante, em razão da equiparação do julgador privado ao estatal para esses fins – ao menos no Brasil –,[954] o árbitro "atua como um juiz natural de fato e de direito, estando sujeito à legislação penal em razão da prática de crimes cometidos no exercício da sua função".[955]

O exemplo recente de maior repercussão ocorreu no caso *"Tapie"*, em que a Corte de Apelações de Paris entendeu que a sentença arbitral de mais de 403 milhões de euros fora proferida mediante fraude após conluio

---

[953] Tradução nossa. No original: "*un laudo arbitral puede ser constitutivo, por sí mismo, de un delito.*" (CLAY, Thomas. **El árbitro**. Op. cit., p. 115-116).

[954] Lei 9.307/96: "Art. 17. Os árbitros, quando no exercício de suas funções ou em razão delas, ficam equiparados aos funcionários públicos, para os efeitos da legislação penal."

[955] FERRO, Marcelo Roberto. Op. cit., p. 849.

perpetrado entre um dos árbitros, Pierre Estoup, e uma das partes, o empresário Bernard Tapie, e seu advogado, Me Lantourne.[956] Nesse caso, a própria sentença arbitral foi considerada objeto de fraude por se ter apurado que o árbitro teria deliberada e sistematicamente influenciado o tribunal arbitral a decidir a favor de uma das partes; houve, para isso, uma série de fatos propositalmente não revelados pelo árbitro, tais como (a) um contrato de honorários entre o advogado e o árbitro especificamente relacionado ao caso, (b) uma relação existente entre o árbitro e um dos consultores da parte com relação a disputas relacionadas, (c) uma série de informações periodicamente fornecidas pela parte ao árbitro sobre o processo arbitral desde o seu início, e (d) uma relação pessoal entre o árbitro e a parte.[957] É esse um bom retrato da falha do dever de revelar – em conjunto com outras violações – possibilitar a persecução criminal do julgador.

Nesse caso, contudo, não bastará a falha *per se* no dever de revelação, pois será crucial também a configuração da autoria e da materialidade do crime pelo julgador; podem existir casos em que a violação ocorreu, mas não se verificou a prática de um ilícito penal conforme a lei aplicável, por exemplo. Nesse sentido é o já mencionado caso *SA Auto Guadeloupe Investissements v Columbus Acquisitions Inc*,[958] em que o árbitro não manteve as partes informadas acera de um determinado fato e foi, por isso, acusado criminalmente de falsificação ideológica; a acusação no âmbito penal foi posteriormente rejeitada. Trata-se, de qualquer forma, também de caso representativo de que a falta do dever de revelação também pode ter implicações de ordem criminal.[959]

---

[956] Cass. Civ. I, 30 June 2016, N°15-13.755. Ver: Le Brusq, Jehan-Damien. The Tapie Saga: Paris successfully passed the test. **Kluwer Arbitration Blog**, 30 jun. 2016 Disponível em: <http://kluwerarbitrationblog.com/2016/09/01/the-tapie-saga-paris-successfully-passed-the-test/>.

[957] Ver: Franc-Menget, Laurence. Archer, Peter. Paris Court of Appeal orders the retraction of an award made where one arbitrator lacked independence: the ongoing Tapie saga. *In*: **Herbert Smith Arbitration Notes**, 4 mar. 2015. Disponível em: <http://hsfnotes.com/arbitration/2015/03/04/paris-court-of-appeal-orders-the-retraction-of-an-award-made-where-one-arbitrator-lacked-independence-the-ongoing-tapie-saga/>.

[958] *SA Auto Guadeloupe Investissements v Columbus Acquisitions Inc et al*, Cass Civ 1, 14/26279, 16 dez. 2015. Ver Kleiman, Elie. Dehaudt-Deville, Yann. Op. cit.

[959] Sobre outros casos em que se apurou crimes cometidos por árbitros em conluio com uma das partes ou seus advogados, ver: Levine, Op. cit., p. 287-288.

5.4. As possíveis consequências processuais. Recusa ou afastamento do árbitro, invalidação da sentença arbitral, e denegação de homologação da sentença arbitral estrangeira

Por fim, deve ser analisado o tema das consequências processuais da violação do dever de revelação; isto é, quais as implicações processuais no caso de uma arbitragem em que se verifique revelação aquém da extensão ou tempestividade exigidas. E as consequências que parecem menos claras na doutrina e na jurisprudência são justamente essas. Como expõe Paulo Henrique Lucon, "[m]issão difícil é aquela de definir quais fatos são relevantes ou suficientes para, caso omitidos, levar à substituição do árbitro ou, pior, à anulação da sentença arbitral".[960]

Um *primeiro motivo* para esse fenômeno é que medidas processuais dependem de previsão expressa na lei ou no regulamento arbitral; no processo, atos não previstos em lei são (ou deveriam ser) raríssimos, para não se dizer inexistentes, motivo pelo qual parte da doutrina sequer acredita na possibilidade de invalidação de uma sentença arbitral por violação ao dever de revelação, por exemplo. E, como *segundo motivo*, no que toca às invalidades, o processo arbitral se compara com o judicial, em que há nulidade apenas no caso de vícios "para os quais o legislador prevê a pena de nulidade" e, para os que não comportam tal sanção, encontram-se apenas nos campos da inexistência ou da mera irregularidade.[961]

Partindo para as hipóteses mais controversas e delicadas, portanto, as medidas processuais mais recorrentemente referidas são a recusa e a impugnação do árbitro, previstos em leis e regulamentos arbitrais,[962] e que seriam as soluções mais adequadas e eficientes, mormente a recusa, que deveria ser exercida no primeiro momento possível.[963] Esclareça-se que se

---

[960] LUCON, Paulo Henrique dos Santos. Op. cit.

[961] BADARÓ, Gustavo Henrique. Op. cit., p. 534-535. Ver também: DIDIER, Fredie. Op. cit., p. 273-275.

[962] A rigor, o afastamento do árbitro pode se dar por impugnação ou por acordo entre as partes. Essa última opção, em linha com uma possível resilição contratual, é bastante rara, porém. "*Termination of an appointment through joint agreement between the parties must be differentiated from termination through application by a party to a national court or an arbitration institution.*" (FINIZIO, Steven P.; SPELLER, Duncan. Op. cit., p. 199).

[963] Viu-se que a recusa seria exercida logo no momento da indicação do árbitro, enquanto a impugnação ocorreria em qualquer momento posterior, quando o árbitro já estivesse constituído. Fala-se genericamente em impugnação, por vezes, para evitar a repetição e porque nem toda

refere à recusa e à impugnação como instrumentos processuais pelo fato de que, como já se mencionou, na arbitragem, os regulamentos formam verdadeiras normas processuais do sistema,[964] e, como tais, "constituem importante elemento integralizador do devido processo legal arbitral."[965] Tal como ocorre com o juiz que é afastado da causa por impedimento ou suspeição, a remoção do árbitro mediante uma recusa ou impugnação se mostraria a melhor saída – de preferência a recusa, que viria antes – para o julgador inapto a julgar com imparcialidade e independência.

Como um complicador, entretanto, viu-se que algumas partes e advogados fazem uso da recusa e da impugnação para retardar o processo arbitral e para exercer pressão sobre os árbitros,[966] o que põe os órgãos julgadores em situações complexas no sentido de as acolher ou não pelos mais diversos motivos. Por isso se apontou que a forma pela qual os árbitros, instituições, comitês *ad hoc* e juízes julgam recusas e impugnações é de tamanha relevância;[967] porquanto o peso que dão aos fatos e às provas que exigem para julgar esses incidentes impacta diretamente a constituição dos árbitros da forma como pretendida. Não por outra razão instituições arbitrais têm adotado iniciativas para trazer mais transparência e legitimidade aos julgamentos de recusa e impugnação, como se viu.[968]

Em termos de procedimento, para arbitragens institucionais ou aquelas *ad hoc*, o julgamento de eventuais recusas e impugnações pode se dar pelos demais árbitros, pela instituição, por conselhos já instituídos ou comitês *ad hoc* criados para julgar especificamente aquele incidente, ou também pelo

---

lei ou regulamento fazem essa distinção técnica. A Lei 9.307/96, por exemplo, fala apenas em recusa, e não em impugnação. Ver capítulo 4, item 4.3.2, por exemplo.

[964] Ver capítulo 1.

[965] "As regras dos regulamentos, ao passo que compõem a convenção, vão além. Ditam o procedimento arbitral sempre de forma pautada pela vontade das partes e pela atuação do árbitro. É por isso que os regulamentos têm papel de destaque no sistema na medida em que criam verdadeiros 'direitos processuais arbitrais'". (PARENTE, Eduardo de Albuquerque. Op. cit., p. 125-126).

[966] "*As any commercial disputes lawyer knows, delays can be beneficial for the clients: they might give them time to make (or free up) money for the award, allow for creative bookkeeping, or even give clients a chance to shed assets. Experience shows that delays also tend to revive settlement negotiations, sometimes with positive results.*" (LUTTRELL, Sam. Op. cit., p. 250).

[967] Ver capítulo 3, item 3.1.3, em especial.

[968] Ver capítulo 1, item 1.2, *supra*.

Poder Judiciário.[969] O procedimento e o julgamento desses pedidos variam conforme o regulamento, os critérios e a prática da instituição arbitral, dos árbitros ou mesmo dos tribunais judiciais competentes,[970] e por isso se reporta que "as disparidades nas decisões sobre impugnações advêm mais do fato de que são proferidas por diferentes instituições arbitrais do que da adoção de padrões distintos."[971] Em geral, impugnações aos árbitros podem ser formuladas a qualquer momento do processo até o exaurimento da jurisdição do tribunal arbitral, o que ocorre com a prolação da sentença arbitral ou com a decisão sobre os pedidos de esclarecimentos (os "embargos arbitrais"). Após esse momento, o instrumento cabível seria apenas a ação de invalidação da sentença arbitral.

Por essas variações, já se apontou, os requisitos, os ônus e testes de prova e os critérios para recusa ou afastamento de um árbitro dependem do órgão julgador, que pode adotar diferentes abordagens.[972] Em estudo já mencionado, Sam Luttrell indica que três testes ou critérios seriam os mais utilizados por instituições arbitrais ou tribunais judiciais para se aferir a parcialidade: aqueles que estabelecem a necessidade do afastamento do julgador privado ou da anulação da sentença arbitral mediante (i) uma "apreensão razoável" (*reasonable apprehension*); (ii) uma "real possibilidade" (*real possibility*); ou (iii) um "real risco" (*real danger*) de parcialidade no caso. Além disso, o julgamento de cada um desses critérios, a depender da prática do órgão julgador, poderia se basear em um *standard* (uma cláusula geral) do que poderia impactar a imparcialidade aos olhos (a) das partes, (b) de um terceiro bem informado, ou (c) do órgão competente para o julgamento.[973] Note-se, mais uma vez, que esses critérios são diversos daqueles do exercício do dever de revelação, que é mais amplo

---

[969] "*Where the parties cannot agree to the removal of an arbitrator, one or more of the parties may apply to the tribunal itself for one or more of the arbitrators to be removed. In addition, in some circumstances, a party may apply to a national court or the relevant arbitral institution for removal.*" (FINIZIO, Steven P. SPELLER, Duncan. Op. cit., p. 200).

[970] Capítulo 3, item 3.1.3.

[971] Tradução nossa. No original: "*The distinction in challenge decisions have more to do with different arbitral institutions than with the varying standards.*" (BROWER, Charles N. MELIKIAN, Sarah. DALY, Michael P. Op. cit., p. 320).

[972] Capítulo 3, item 3.1.3.

[973] LUTTRELL, Sam. Op. cit., p. 250.

e encontra fundamentos mais de prevenção do que de sanção, como se explicitou.[974]

Mas não há unanimidade sobre cada um desses critérios e *standards*, como se apontou anteriormente;[975] em alguns países, como no Brasil, essa discussão sequer parecer ter chegado até o momento. Também como exemplo disso, Sam Luttrell defende que a melhor forma de reduzir impugnações a árbitros na arbitragem internacional seria adotar o modelo de *real danger*, segundo o qual as impugnações (a) somente seriam julgadas procedentes em caso de um "real risco" de parcialidade no caso, e (b) deveriam ser julgadas conforme "os olhos do órgão competente" pelo julgamento. O próprio autor indica, todavia, que a maioria das instituições e tribunais judiciais costuma adotar critérios menos rígidos que esses, o que poderia, a seu ver, dar margem para mais impugnações a árbitros e sentenças.[976] É no âmbito também dessas discussões que se abordará as possíveis consequências processuais da violação do dever de revelar.

5.4.1. *A primeira premissa*. A equidistância do árbitro, independentemente de quem o indique, deve ser tida como violada em caso de uma aparência de parcialidade. A desnecessidade de parcialidade efetiva ou evidente

Fazendo um juízo crítico desses modelos, defendemos, *como primeira premissa*, que se deve exigir para o afastamento do árbitro, para a anulação da sentença arbitral ou para a denegação da homologação da sentença estrangeira, o que a doutrina e alguns julgados chamam de "aparência de parcialidade" (*appearance of bias*), ou, para Sam Luttrell, o de "apreensão razoável" (reasonable apprehension)[977] – no sentido de que não possa atuar, e suas decisões sejam consideradas inválidas, aquele que pela relação que possui com as partes ou com o objeto do processo arbitral, ou pela impressão que passou a esse respeito, cause dúvidas razoáveis (aparência) sobre sua possibilidade de julgar de forma imparcial.

---

[974] Ver, por exemplo, capítulo 5, item 5.1.
[975] Capítulo 3, item 3.1.3.
[976] Fala-se em "invalidação", pois, como exposto acima, nem todas as causas de ataque à sentença arbitral são de nulidade, a despeito da previsão equivocada da lei. Ver capítulo 2, item 2.3, *supra*.
[977] LUTTRELL, Sam. Op. cit., p. 250.

É essa a prática de algumas instituições arbitrais,[978] trazida também pelas Regras da Uncitral,[979] defendida para arbitragens ICSID,[980] e seguida na maioria dos países que se baseiam na Lei-Modelo da Uncitral.[981] Não nos parece, de pronto, que se deva adotar crivos mais rígidos que esse tanto no julgamento das impugnações ao árbitro quanto para ataques a sentenças arbitrais, ao contrário do que entendem alguns.[982] Exigir qualquer critério ou ônus acima disso, de que se provasse uma efetiva ou evidente parcialidade (*actual* ou *evident partiality*) do julgador, por exemplo, parece-nos irreal e incompatível com a confiança na figura do árbitro que a lei exige do árbitro durante todo o processo e também depois dele.

Sobretudo, não nos parece adequada a interpretação de que árbitros seriam ou poderiam ser menos imparciais do que juízes togados, como se reporta ocorreria nos Estados Unidos, onde seria mais difícil afastar um árbitro – de quem se exigiria uma *evident partiality*, conforme a *Federal Arbitration Act*[983] – do que um juiz federal, para o qual o critério de *appearance of bias* se aplica.[984] Naquele país, aliás, a despeito de a Suprema Corte ter decidido na já referida decisão *Commonwealth Coatings Copr v. Continental Casualty Co.* que o critério deveria focar uma "*impression of possible bias*" (ou seja, apenas a aparência seria suficiente), Paulo Henrique Lucon aponta que as cortes estaduais não têm um posicionamento sólido sobre o tema; a maioria delas ainda exigiria mais que a aparência de parcialidade, e apenas

---

[978] GRIMMER, Sarah. Op. cit., p. 97.

[979] "[S]ustaining a challenge of an arbitrator under Article 12 does not necessarily require proof of an arbitrator's actual lack of impartiality or independence. The appearance of these deficiencies may alone suffice in certain circumstances to disqualify an arbitrator. Article 12 notably requires only that 'doubts' as to an arbitrator's impartiality or independence be proven to be justifiable, not than an arbitrator is, in fact, biased or dependent on a party." (CARON, David D. CAPLAN, Lee M. Op. cit., p. 214).

[980] "*After reviewing the somewhat consistent approach to such disqualification proposals in recent International Centre for Settlement and Investment Disputes ('ICSID') decisions, this chapter suggests that the issue of repeat appointments be analyzed under an objective standard that focuses upon the appearance of bias rather than actual bias.*" (SOBOTA, Luke A. Op. cit., p. 293).

[981] LUTTRELL, Sam. Op. cit., p. 14.

[982] Ver: CAVALIERI, Thamar. Op. cit.

[983] Ver: HARTTZLER, Jennifer. "Scandinavian Reinsurance: Good News for Those Arbitrating in New York?". **Kluwer Arbitration Blog**, 25 fev. 2012. Disponível em: <http://kluwerarbitrationblog.com/2012/02/25/scandinavian-reinsurance-good-news-for-those-arbitrating-in-new-york/>.

[984] SOBOTA, Luke A. Op. cit., p. 311-312.

o 5º, o 9º e o 11º distritos aplicariam o *standard* de "mera aparência" adotado pela Suprema Corte.[985]

Nesse ponto, reconheceu-se nos capítulos anteriores que na arbitragem os vínculos entre julgador, advogados e partes podem ser mais recorrentes e mais estreitos – todos no campo da "independência", portanto –, mas nem por isso se admite uma flexibilização do pressuposto processual da imparcialidade.[986] Pelo contrário. Relações de dependência podem de alguma forma ser aceitas (se devidamente reveladas e consentidas), porém é equivocado afirmar que o estado mental da imparcialidade *lato sensu* seja renunciado pelas partes que se submetem à arbitragem. Discordamos, pois, de quem acredita que os testes e ônus para afastamento de julgadores deveriam ser mais rígidos do que aqueles aplicáveis aos juízes togados, sob o argumento de que as partes na arbitragem abdicariam de alguma forma à imparcialidade e à independência.[987] Pode-se concordar com um meio em que haja mais relações entre os sujeitos e que elas sejam mais próximas – até porque, como se apontou, há bons e favoráveis motivos para isso ocorra[988] – mas não que algum deles não aja com a equidistância mínima imposta pela lei aplicável.

Em sentido diametralmente oposto, na realidade, concordamos com quem defende que *os árbitros devem parecer ser ainda mais imparciais que os juízes togados*,[989] tendo em vista, em especial, que muitos dos mecanismos de confiança da esfera judicial não existem na arbitral, tais como métodos transparentes de formação dos juízes, salários fixos, garantias de vitaliciedade, inamovibilidade, e irredutibilidade de vencimentos, recursos a tribunais superiores, vinculação a precedentes, dentre muitos outros. Estamos de acordo com Luke A. Sobota quando afirma que "a falta desses mecanismos no sistema arbitral exige maior vigilância quanto à independência e à imparcialidade".[990]

---

[985] LUCON, Paulo Henrique dos Santos. Op. cit.
[986] Capítulo 3, item 3.1.
[987] LUTTRELL, Sam. Op. cit., p. 265-267.
[988] Capítulo 1, item 1.3.
[989] Ver capítulo 4, item 4.3.3.1, *supra*.
[990] Tradução nossa. No original: "[i]*f anything, the absence of such mechanisms in the arbitral realm calls for greater vigilance with respect to independence and impartiality.*" SOBOTA, Luke A. Op. cit., p. 311-312.

É visível que quem defende esses critérios mais rígidos para se afastar um árbitro ou anular a sentença arbitral tem como propósito reduzir o apetite das partes e dos advogados de formular impugnações por motivos torpes. A nosso ver, porém, repita-se, a preocupação não deve ser apenas o número das impugnações a árbitros;[991] de forma até mais importante, deve-se atentar para a equidistância mínima que se espera do julgador e a confiança dos litigantes e da sociedade de que o julgador aparente e efetivamente atua de forma imparcial. Focar apenas os ataques a árbitros e a sentenças nos parece uma visão torta da problemática, pois não objetiva estabelecer "como deve ser", mas apenas "como evitar medidas desleais". De nada adianta se dizer que a justiça deve "parecer" ter sido feita e exigir, para afastamento do julgador ou invalidação da sentença, uma comprovação cabal de parcialidade (que se sabe, e se viu,[992] é rara a ponto de impossibilitar uma efetiva aferição da falta de equidistância).

Com efeito, embora seja ainda tema aberto para a doutrina e para a jurisprudência, notadamente a brasileira,[993] defendemos que se deve primar – para o tema da imparcialidade dos árbitros em geral, mas, em especial, no que toca ao exercício do dever de revelação – pela teoria da *aparência de parcialidade*, não com o intuito de facilitar a remoção de árbitros e a anulação de sentenças, e, sim, de enfatizar a importância do dever de revelação e fazer crescer a transparência em todos esses cenários. Trata-se de visão em linha também com o que ensina Enrico Tullio Liebman ao ensinar que "não basta que o juiz, no íntimo, se sinta capaz de exercer o seu ofício com a habitual imparcialidade; é necessário que não reste sequer a dúvida de que motivos pessoais possam influir em seu ânimo".[994]

Ainda nesse aspecto, salientamos que tampouco nos parece fazer sentido a visão daqueles[995] que propõem estabelecer critérios distintos de imparcialidade e independência para os diferentes membros do tribunal arbitral, se presidente ou coárbitros.[996] A despeito das críticas que devem ser feitas a práticas de "parcialidade velada" de julgadores em sua atuação

---

[991] Ver capítulo 4, itens 4.3.3 e 4.3.4, *supra*.
[992] Capítulo 3, item 3.1.3.
[993] LUCON, Paulo Henrique dos Santos. Op. cit., 2013.
[994] LIEBMAN, Enrico Tullio. Op. cit., p. 82.
[995] Ver: CAVALIERI, Thamar. Op. cit.
[996] Capítulo 3, item 3.1.2.

como coárbitros, a sua conduta, quanto à independência e à imparcialidade frente às partes e ao conflito, deve ser equiparada à do presidente – não é nem maior, nem menor.[997] Há diferenças funcionais no tocante às atividades realizadas por cada um deles, porém não quanto à equidistância que se espera de cada um.[998] Essa prática de países de *common law* de que alguns árbitros seriam "*non-neutrals*" não reflete de forma correta a prática internacional e não necessariamente deve ser transposta a outros países;[999] como aponta Gary Born, a maré virou nesse sentido também nos Estados Unidos, inclusive.[1000] Pode até se desconfiar mais de um árbitro que não se conhece, o que não significa que se possa admitir que ele seja menos imparcial apenas porque foi indicado pela contraparte.[1001]

5.4.2. *A segunda premissa*. O julgamento de recusas, impugnações a árbitros e ações de anulações deve se dar conforme "os olhos de um terceiro razoável", e não os do tribunal ou órgão julgador apenas

Como *segunda premissa*, entendemos que o *standard* a ser utilizado para se tentar aferir a aparência de parcialidade, *primeiro*, não pode ser o dos "olhos das partes", que é aquele que vimos é utilizado para fins de revelação e que,

---

[997] Não obstante haja quem defenda que o direito das partes de indicar árbitros deveria ser abolido do instituto, a teoria e a prática são de se permitir indicações diretas sem que isso impacte necessariamente a imparcialidade e a independência que se exige deles. Ver, a esse respeito: NAÓN, Horacio A. Grigera. Party-appointed arbitrators: a Latin American perspective? Op. cit.; e PAULSSON, Jan. **Moral Hazard in International Dispute Resolution**. Op. cit. Capítulo 1, item 1.3.

[998] Curioso precedente foi estabelecido na Malásia (*Sundra Rajoo v. Mohamed Abdul Majed*), onde um dos coárbitros peticionou a um tribunal judicial que forçasse o outro coárbitro a revelar que já havia sido indicado pelo mesmo grupo empresarial mais de 20 vezes. A *Hight Court* reconheceu jurisdição para apreciar a alegação de violação do dever de revelação, ainda que feita por outra parte interessada – o árbitro – que não as partes no processo arbitral. Considerou-se, em especial, que os árbitros são partes no contrato com as partes e, portanto, há deveres de fidúcia que devem ser sopesados e aplicados. Ver: MOGAN, Shanti K. Arbitrator's duty of disclosure. **International Law Office**, 26 mai. 2011. Disponível em: <http://www.internationallawoffice.com/Newsletters/Arbitration-ADR/Malaysia/Shearn-Delamore-Co/Arbitrators-duty-of-disclosure>.

[999] LUTTRELL, Sam. Op. cit., p. 270. Ver capítulo 3, item 3.1.3, *supra*.

[1000] BORN, Gary. **International commercial arbitration**. Kluwer Law International, 2009, p. 1496.

[1001] Ver capítulo 2, item 2.4, *supra*.

portanto, é mais amplo precisamente para aumentar o nível de informação que será dado às partes.[1002] Expôs-se à exaustão na presente obra que os crivos de revelação e afastamento são distintos propositalmente, para aumentar o leque de informações fornecidas, e possibilitar as impugnações apenas em casos extremos.[1003] Revela-se o que "pode causar" ou o que "provavelmente causaria" dúvidas justificáveis, e se afasta o julgador pelo que as efetivamente "causa" no caso específico. Ambos os critérios são de alguma forma objetivos (o segundo mais que o primeiro); porém, enquanto o primeiro tem como bem jurídico principal tutelado o *consentimento informado*, o segundo busca evitar precipuamente transgressões à *equidistância mínima do árbitro*.

Nesse sentido, já quando diante de uma impugnação a árbitro ou pleito de invalidação de sentença arbitral, não podem as consequências processuais ser avaliadas conforme os "olhos do órgão julgador", que se observou poderiam variar fortemente a depender da modalidade de arbitragem, do país e do órgão competente, e exporiam as partes a uma insegurança sem limites.[1004] Os precedentes que devem ser firmados pela prática das cláusulas gerais não podem variar conforme a cabeça de cada julgador; contra esse entendimento retrógrado, devem ser estabelecidas soluções que possibilitem o fechamento do sistema, que somente será atingido caso se analise as impugnações "aos olhos de um terceiro bem informado". É o que estabelecem também as Diretrizes da IBA, como se viu, quando preveem que impugnações devem ser julgadas conforme o "juízo razoável de um terceiro informado".[1005]

Aliás, vale observar que, em linha com a primeira premissa, em determinados países, o teste de *apparent bias* muitas vezes já está diretamente relacionado a um *standard* de que a aparência deve ser avaliada conforme

---

[1002] Capítulo 4, item 4.1, por exemplo.

[1003] Id.

[1004] Não concordamos com Thamar Cavalieri de que "parece razoável que se aplique teste subjetivo para averiguação do que deve ser revelado (com consideração à perspectiva das partes) e teste objetivo para as decisões de impugnações de parcialidade". (CAVALIERI, Thamar. Op. cit.). Ambos os testes podem se mostrar objetivos, embora o de revelação possua, de fato, alguns critérios mais subjetivos – e de precaução – que devam ser considerados. Ver capítulo 3, item 3.1.3.

[1005] Capítulo 4, item 4.1.

a visão de um terceiro razoável e informado.[1006] E é a esse critério, entendemos, que a Lei 9.307/96 faz referência no momento em que adota a cláusula geral do que denota "dúvidas justificadas" sobre a imparcialidade e a independência do julgador. Trata-se do modelo que se tem adotado também em arbitragens ICSID, onde "a aparência de parcialidade precisa ser estabelecida pela avaliação da prova por um terceiro".[1007] A evolução do sistema depende de avaliações objetivas, e não subjetivas, das causas de afastamento e de invalidação das sentenças arbitrais, como já se apontou.[1008] Será somente mediante um modelo objetivo que se dará às partes e à sociedade respostas claras e seguras quanto à indicação de árbitros.[1009]

5.4.3. *A terceira premissa.* Critérios e testes de prova diferentes podem ser aplicados em momentos distintos do processo e conforme a parte e seus advogados demorem mais para alegar a existência de parcialidade

A terceira premissa a ser destacada consiste na referida prática de instituições, árbitros e juízes de, em estágios adiantados do processo arbitral, ou após a sua conclusão, exigir provas adicionais para se aferir a aparência de parcialidade.[1010] Essa técnica tem reconhecidamente se mostrado positiva, na medida em que evita que partes perdedoras se fiem em motivos frívolos para buscar o atraso do processo ou a inutilização da sentença. Além de outros mecanismos com fins semelhantes já mencionados,[1011] é bastante salutar que se realize um crivo mais rígido em momentos adiantados do

---

[1006] Nesse sentido, sobre a aplicação da Seção 24 do *English Arbitration Act*, que estabelece o *"common law test for apparent bias, which was whether the fair-minded and informed observer – having considered the facts – would conclude that there was a real possibility that the tribunal was biased"*. (BERARD, Marie. LEWIS, Katharina. High Court removes arbitrator over doubts as to impartiality. **International Law Office**, 21 mai. 2015. Disponível em: http://www.internationallawoffice.com/Newsletters/Arbitration-<ADR/United-Kingdom/Clifford-Chance-LLP/High-Court-removes-arbitrator-over-doubts-as-to-impartiality>).

[1007] Tradução nossa. No original: "[t]*he appearance of bias must be established 'on the basis of a reasonable evaluation of the evidence by a third party*". (KINNEAR, Meg. Challenge of arbitrators at ICSID – an overview. **Proceedings of the Annual Meeting (American Society of International Law)**, v. 108, The Effectiveness of International Law, p. 412-416, 2014).

[1008] Ver capítulo 4, item 4.4, *supra*.

[1009] SOBOTA, Luke A. Op. cit., p. 317-318.

[1010] Ver capítulo 3, item 3.1.3.

[1011] Capítulo 4, item 4.3.3.

processo arbitral, exigindo-se mais provas de uma possível parcialidade para se cogitar do afastamento do árbitro[1012] – considerando o estorvo que uma impugnação em momento adiantado do processo pode causar.[1013]

Parece razoável, pois, que, também com a preocupação de evitar que impugnações sejam utilizadas como táticas processuais, esses órgãos tendam a adotar critérios tanto mais rígidos para afastamento quanto mais próximo se esteja da sentença, ou mesmo após a sua prolação, quando se busca sua invalidação ou denegação de homologação. Uma primeira diferenciação já é feita, por exemplo, quanto aos requisitos para que um árbitro seja recusado e para que seja afastado. Um critério, menos rígido, é aplicado quando há a indicação do julgador e a parte é instada a se manifestar a esse respeito (a recusa); outro, distinto e mais rígido, é aquele que se dá quando o processo já está em curso, em que o árbitro já está constituído, e seria impugnado.[1014] Nesse segundo momento, tendo em vista os óbices que o afastamento causará a todo o processo, instituições e juízes costumam entender que "as circunstâncias em que o árbitro pode ser afastado são geralmente limitadas".[1015]

Como explica Gary Born, trata-se de uma escolha lógica sob o ponto de vista processual tolerar maiores riscos de parcialidade conforme o processo se adianta ou após sentença arbitral ser proferida.[1016] Esclareça-se que não se defende que o dever de revelação em si seja diferente em cada estágio do processo arbitral – pelo contrário, a extensão se mantém exatamente a mesma –;[1017] são diferenças que somente podem ser estabelecidas por instituições e tribunais quanto ao momento em que a impugnação é feita, o que é algo totalmente diferente. Trata-se, como se viu, ademais, de uma

---

[1012] ELIAS, Carlos Eduardo Stefen. Op. cit., p. 199.

[1013] *"An attempt to seek the removal of one or more arbitrators is a relatively extreme measure. This can delay the conduct of the arbitration or prevent the arbitrators from proceeding to an award altogether."* (FINIZIO, Steven P.; SPELLER, Duncan. Op. cit., p. 199).

[1014] Capítulo 4, item 4.3.3.

[1015] Tradução nossa. No original: *"the circumstances in which an arbitrator may be removed are generally limited. (...) An attempt to seek the removal of one or more arbitrators is a relatively extreme measure. This can delay the conduct of the arbitration or prevent the arbitrators from proceeding to an award altogether."* (FINIZIO, Steven P. SPELLER, Duncan. Op. cit., p. 199).

[1016] *"(...) higher risks should arguably be tolerated towards the end of arbitral proceedings (as compared to the outset of the proceedings)"*. (BORN, Gary. Op. cit., p. 1476).

[1017] FERRO, Marcelo Roberto. Op. cit., p. 857.

atribuição de ônus mais pesados à parte impugnante conforme o processo arbitral se adianta, em linha com uma carga dinâmica do ônus da prova conforme o estágio processual e o *status* de cada sujeito processual.[1018]

5.4.4. *A primeira conclusão*. O árbitro deverá ser afastado e a sentença deverá anulada quando a violação do dever de revelar causar aparência de parcialidade mediante legítima desconfiança sobre a sua equidistância

Trazendo essa discussão para o tema da violação do dever de revelação, com base nas *três premissas* acima, o crivo fundamental que deve ser feito para se considerar o afastamento do árbitro ou a anulação da sentença arbitral diz respeito à aparência de falta de equidistância que a falha na revelação causar. Ainda que se deva impor ônus da prova mais elevados à parte que faz a afirmação de parcialidade do árbitro em momento adiantado do processo, o afastamento poderá ocorrer se verificado que o árbitro deixou de revelar fato que comprometa a aparência de poder julgar de forma equidistante. E, sim, existirão casos em que a falha em revelar conduzirá a uma aparente falta de imparcialidade – uma percepção de que o julgador não conseguiria julgar de forma isenta porque deixou de exercer adequadamente o seu dever de informar.

Não se trata mais de tentar avaliar se, caso os fatos tivessem sido revelados, eventual impugnação teria sido certamente admitida, pois a falha no dever de revelar já torna impossível essa aferição póstuma.[1019] O que se deve identificar, então, é se a falta de revelação, conforme as perguntas que se formulou no capítulo anterior (*i.e.*, de fatos desconhecidos, relevantes, específicos, com legítima expectativa, e para um consentimento informado), causou uma aparência de parcialidade do árbitro. E não há dúvidas de que o fato de a revelação não ter sido feita não é absoluto e decisivo, mas já pesa contra o árbitro, que não cumpriu esse seu dever a contento.[1020]

Isso não significa, ressalvamos, resgatar *ipsis litteris* o que previam as já revogadas *Rules of Ethics* da IBA, que, em seu Art. 4.1, estabeleciam que "[a] falha em fazer tal revelação (...) pode, por si, ser fundamento para desqualificação mesmo para que as circunstâncias ou fatos não revelados

---

[1018] Capítulo 4, itens 4.3.1 e 4.3.2, por exemplo.
[1019] Capítulo 3, item 3.1.3.
[1020] CAVALIERI, Thamar. Op. cit.

não a justificassem". Repita-se que essa análise do que justificaria o afastamento ou a anulação acaba quase sempre impossível quando a falha no dever de revelação é suscitada; essa possibilidade já foi esgotada quando não se revelou na extensão e no momento devidos. O que se deve aferir nesse momento posterior é se a falta de revelação teria objetivamente causado dúvidas sobre ter sido feito ou ainda poder ser feito um julgamento equidistante da causa.

É o que defendem Stephen K. Huber e Maureen A. Weston quando afirmam que os árbitros gozam de uma *presunção de imparcialidade* (a confiança), mas, quando falham no dever de revelação, têm essa *presunção invertida*, e com ela também o ônus da prova; passa-se a uma presunção relativa de que o árbitro é parcial.[1021] O julgador, nesse caso, encontra-se em situação em que deve provar que os fatos não deveriam ter sido revelados (*i.e.*, eram fatos que não estavam no objeto do dever de revelar) ou que a falta de revelação não teria impactado sua equidistância (*i.e.*, os fatos deveriam ter sido revelados, mas a falha ocorrida, no caso concreto, não significou uma aparência de parcialidade). Caso não seja o árbitro capaz de se desincumbir desse ônus, seu afastamento e a anulação da sentença serão consequências viáveis e até necessárias para colocar as partes em situação compatível com a vontade que expressaram de se submeter a um processo justo e válido.

Não se defende, destarte, presumir uma parcialidade verdadeira pela falha, tampouco de considerar absolutos os fatos não revelados. Trata-se, na realidade, de avaliar o dever de revelação alinhado com outros fatores, porém dando a ele peso adequado – *uma suspeita, uma inversão de ônus* – para buscar aferir a parcialidade aparente; não é essa falha meramente "um elemento de apreciação entre outros".[1022] É o que também defende Marcelo Roberto Ferro, fazendo referência a países que seguem essa linha:

> Entenda-se bem: a suspeita de parcialidade torna apenas mais árduo para o árbitro desincumbir-se do ônus da prova de sua independência, que sobre si recai, não implicando sua desqualificação automática, eis que os fatos devem

---

[1021] HUBER, Stephen K; WESTON, Maureen A. **Arbitration: cases and materials**. 2. ed. Lexis Nexis, 2006, p. 420.
[1022] LEMES, Selma Maria Ferreira. O dever de revelação do árbitro... Op. cit.

ser casuística e razoavelmente analisados e ponderados, a fim de que a realidade prevaleça sobre a aparência. Este o entendimento das jurisprudências francesa e inglesa, bem como das *IBA Guidelines*. No âmbito da jurisprudência americana, o *leading case* sobre o tema é o caso 'Commonwealth Coatings Corp. versus Continental Casualty', julgado pela Suprema Corte daquele País, no qual restou decidido que o descumprimento do dever de revelar acarretou a anulação da sentença arbitral. Segundo a decisão, *'any tribunal permitted by law to try cases and controversies not only must be unbiased but also must avoid even the appearance of bias'*.[1023]

Quanto ao afastamento do julgador, pelas informações públicas que se tem, é exatamente isso que têm feito muitos centros de arbitragem, comitês *ad hoc*, árbitros e tribunais judiciais, que, para impugnações feitas no decorrer do processo arbitral, majoritariamente decidem que a violação do dever de revelação *causa* uma aparência ou suspeita de falta de equidistância que leva ao afastamento do árbitro. Como exemplo, apontam Yves Derains e Eric A. Schwartz que, nas arbitragens CCI, a verificação de que o árbitro deixou de revelar fato que deveria ter sido informado pode, sim, servir como base para o seu afastamento.[1024] De uma forma geral, quando a impugnação é feita durante o processo, antes que a sentença (parcial ou final) seja proferida, "a violação do dever do árbitro de revelar os fatos relevantes geralmente possibilita a cada parte que recorra à instituição ou corte competente para remover o árbitro."[1025]

Quando se trata da invalidação da sentença, de outro lado, os critérios parecem ser menos claros e uniformes; se há sentença já proferida, tem-se notado uma inclinação a se exigir provas de que o fato não era ou não poderia ser conhecido pelas partes e a falta de informação teria efetivamente comprometido a aparência de um julgamento equidistante. Como se mencionou, há soluções fáceis para algumas situações que são mais absurdas, como o árbitro que deixa de revelar que, após sua indicação, foi contratado como diretor do banco que financiou a *joint venture* objeto

---

[1023] FERRO, Marcelo Roberto. Op. cit., p. 855.
[1024] DERAINS, Yves. SCHWARTZ, Eric A. Op. cit., p. 136-137.
[1025] Tradução nossa. No original: "*a breach of the arbitrator's duty (...) to disclose the relevant facts, generally gives each party the right to apply to the competent institution or court to have the arbitrator removed.*" (LEW, Julian D. M., *et al.* Op. cit., p. 287).

do litígio.[1026] Todavia, é nos casos em que uma verdadeira evidência de parcialidade não é verificada que a discussão se acirra; é aqui que entra o posicionamento de alguns, com os quais não se concorda, de que não mais se deveria aferir a violação do dever de revelação, mas apenas a ocorrência efetiva de parcialidade no caso.[1027]

Repita-se que as dificuldades em se cogitar da anulação da sentença arbitral advêm, de início, do fato de que, como esperado, nenhuma lei arbitral estabelece que a sentença poderá ser invalidada "em caso de violação do dever de revelação" – o que por si só poderia levar o intérprete à conclusão de que essa não é uma hipótese de invalidação da sentença arbitral, tendo em vista a taxatividade dessas causas como previstas na lei aplicável (normalmente a da sede da arbitragem).[1028] Pois, sendo taxativo o rol de causas para invalidação da sentença arbitral, alguns afirmam que a violação do dever de revelação em nenhuma hipótese pode importar a invalidação da sentença arbitral. No Brasil, seria o mesmo que afirmar que "o descumprimento do dever de revelar não é, *per se*, hipótese listada no rol de nulidades da sentença arbitral".[1029]

Esse não é, porém, em absoluto, um óbice à anulação da sentença pela violação do dever de revelar, que consiste em hipótese inserida em outras trazidas pelas leis nacionais como causas de invalidação da sentença arbitral, em especial aquelas de *parcialidade do árbitro* ou de *julgador que não poderia atuar como tal*. No Brasil, por exemplo, pode-se considerar que a sentença arbitral em violação ao dever de revelação teria sido proferida por quem "não podia ser árbitro" (Art. 33, II, Lei 9.307/96) ou que teriam sido violados "os princípios do contraditório, da igualdade das partes, da imparcialidade do árbitro e de seu livre convencimento" (Art. 33, VIII, C/C Art. 21, § 2º,

---

[1026] Ver: MOGAN, K. Shanti. Failure by arbitrator to declare lack of impartiality invalidates award." **International Law Office**, 7 fev. 2013. Disponível em: <http://www.internationallawoffice.com/Newsletters/Arbitration-ADR/Malaysia/Shearn-Delamore-Co/Failure-by-arbitrator-to-declare-lack-of-impartiality-invalidates-award>).

[1027] Ver item 5.1, acima.

[1028] "*Not every breach by a tribunal of its duties will create a right of challenge. The precise circumstances in which an award may be challenged will vary according to the law of the seat of the arbitration.*" (FINIZIO, Steven P. SPELLER, Duncan. Op. cit.).

[1029] MARTINS, Pedro A. Batista. Normas e Princípios Aplicáveis aos Árbitros. *In*: MARTINS, Pedro A. Batista, LEMES, Selma M. Ferreira e CARMONA, Carlos Alberto. **Aspectos Fundamentais da lei de arbitragem**. Rio de Janeiro: Forense, 1999, p. 303.

Lei 9.307/96). E ressalte-se, uma vez mais, que essa interpretação faz sentido também sob o ponto de visto contratual, porquanto, como visto, a falta de informações essenciais ao negócio pode dar azo à invalidação do negócio jurídico.[1030]

Deve ser afastada de plano, assim, a alegação de que a taxatividade das causas de anulação não permitiria o ataque à sentença arbitral. Como decidiu a Suprema Corte de Israel no caso *Moskowitz v. Menorah Mivtachin Insurance*, a despeito de não haver previsão expressa no tocante ao dever de revelação, as causas relativas à regularidade do processo, da constituição do árbitro e também da cláusula arbitral são suficientes para se cogitar da anulação quando há suspeitas razoáveis de parcialidade do julgador. Nesse caso, o árbitro não havia revelado, dentre outras relações pessoais, uma conexão próxima com o pai de uma das partes, de quem fora vizinho de apartamento por vários anos, e que esse pai inclusive atuara ativamente para sua indicação como árbitro no caso. O tribunal considerou que a anulação deveria ser concedida pelo fato de a violação ao dever de boa-fé ter sido relevante a ponto de criar dúvidas se uma das partes concordaria com o árbitro caso a revelação tivesse sido feita, mormente nesse (raro) caso em que o nome do árbitro já constava da cláusula arbitral.[1031]

Isso não significa, nada obstante, que não faz sentido a preocupação de muitos de que não se deve ampliar oportunidades para impugnações a árbitros e ataques a sentenças arbitrais por motivos torpes, como já se disse. Nesse sentido, Jean François Poudret e Sébastien Besson criticam o posicionamento de legislações como a americana e a alemã de que, para eles, o mero fato de ter o árbitro quebrado o dever de revelar já poderia possibilitar a invalidação da sentença;[1032] segundo os autores, como ocorre na Suíça e no Reino Unido, "a violação do dever é só mais um elemento a ser considerado juntamente com outros", de forma que a invalidação somente deveria ocorrer quando a imparcialidade e a

---

[1030] Ver capítulo 3, item 3.1.4, por exemplo.
[1031] NIXON, Zvi. SOBEL, Lauren. Supreme Court sets aside arbitration award for non-disclosure. **International Law Office**, 7 jan. 2016,. Disponível em: <http://www.internationallawoffice.com/Newsletters/Arbitration-ADR/Israel/E-Landau-Law-Office/Supreme-Court-sets-aside-arbitration-award-for-non-disclosure>.
[1032] POUDRET, Jean François; BESSON, Sébastien. Op. cit., p. 361.

independência do árbitro também são efetivamente comprometidas.[1033] Retratando essa faceta da questão, aponta também Pedro Batista Martins que o exercício do dever de revelação em alguns países alça grau tão elevado que, a seu ver, por vezes se tem dado mais valor para o descumprimento do dever de revelar do que propriamente ao fato que não foi revelado.[1034]

Na nossa visão, contudo, essas disparidades a depender da lei aplicável[1035] não fazem qualquer sentido sob o ponto de vista legal, uma vez que não há alterações ou diferenças legislativas ou regulamentares significantes que justificassem esses posicionamentos diversos. No final do dia, a decisão por afastar o árbitro ou anular sentenças arbitrais por violações ao dever de revelar acaba se baseando também em opções discricionárias de cada tribunal. Entendemos que, a não ser que se estabeleça expressamente na lei que somente a evidente parcialidade deveria levar à anulação da sentença, o crivo da aparência de parcialidade já significa que a violação do dever de revelar causa suspeita de parcialidade capaz de eivar de nulidade a sentença arbitral.[1036] E deve ser essa a abordagem também no Brasil, e parece tê-la sido no mencionado caso *Abengoa v. Adriano Ometto*, em que o Superior Tribunal de Justiça claramente sinalizou sua concordância com critérios de "aparência" de parcialidade, ao mencionar que seria inconstitucional e ilegal no Brasil se exigir provas de que o árbitro teria "concretamente, se deixado influenciar pelo fato de seu escritório ter advogado para a parte contrária.":

[1033] Os autores ainda indicam que a jurisprudência francesa não seria consistente a esse respeito, porquanto recentes decisões pela invalidação da sentença arbitral por mera violação do dever de revelação vêm sofrendo graves críticas da doutrina. (Ibid.).

[1034] MARTINS, Pedro A. Batista. Normas e Princípios Aplicáveis aos Árbitros. Op. cit., p. 303. No sistema norte-americano, segundo aponta, a falta de transparência seria encarada como *misbehaviour*, comportamento esse que viabilizaria a anulação da sentença arbitral. No estado da Califórnia, houve até previsão de que a sentença fosse obrigatoriamente invalidada se o árbitro falhasse no dever de revelação. Ver: DONAHEY, M. Scott. California and Arbitrator Failure to Disclose. The Long and Winding Road to Award and Enforcement in International Arbitration. **Journal of International Arbitration**, v. 24, Issue 4, p. 389-413, 2007.

[1035] LEW, Julian D. M., *et al.* Op. cit., p. 265-266.

[1036] Trata-se de caso de nulidade, pois restará violado o pressuposto processual da imparcialidade, que se trata de causa original de nulidade e não de anulabilidade.

23. Incompatível com o sistema constitucional e infraconstitucional brasileiro o entendimento da Justiça norte-americana de que seria necessário provar que, ao decidir contra o interesse da parte contrária, o presidente dos dois tribunais arbitrais teria, concretamente, se deixado influenciar pelo fato de seu escritório ter advogado para a parte vencedora. No Brasil, suspeição e impedimento regem-se por juízo in abstracto e não por juízo in concreto.[1037]

De uma vez por todas, portanto: a falta de revelação já poderia indicar uma aparência de falta de imparcialidade e comprometeria a regularidade do processo, conforme o clássico caso *Commonwealth Coatings Copr v. Continental Casualty Co.*, cuja sentença foi invalidada justamente em razão de o dever de revelação ter sido violado; ali, tal como no caso *Abengoa v. Adriano Ometto*, a violação do dever de revelação teria criado, no mínimo, uma "aparência de parcialidade", sem que se precisasse concluir por uma parcialidade efetiva.[1038] Pode-se mencionar outros exemplos, mas já é claro que, em muitos cenários, tem-se considerado que "a aparência de parcialidade pode ser um fundamento para anular a sentença quando o árbitro falhou para com o dever de revelação".[1039]

Esclareça-se: não é a violação *per se* que levará à remoção e à anulação, e, sim, a violação que cause a aparência de parcialidade, o que se dará nos casos em que se passar pelas perguntas referidas no capítulo anterior e se concluir que o fato deveria ter sido revelado, e, além disso, que essa falha causou suspeita de parcialidade do julgador. Não será qualquer fato que levará ao afastamento do julgador; necessariamente será um desconhecido, relevante, específico, de legítima expectativa de revelação e que prejudicou o consentimento informado. Para alguns autores, essa falha pode até implicar, mais grave, uma "evidência de parcialidade" (*evidence of partiality*),

---

[1037] Superior Tribunal de Justiça. Corte Especial. Sentença Estrangeira Contestada 9412/US (2013/0278872-5). Ministro Relator Felix Fischer. Acordão publicado em 30 de maio de 2017, p. 67.
[1038] LEW, Julian D. M., *et al.* Op. cit., p. 265-266.
[1039] Tradução nossa. No original: "[l]*a apariencia de parcialidad puede ser una base para anular el laudo cuando el árbitro ha faltado a su deber de revelación y la anulación se vuelve más sólida cuando se ha comprobado fehacientemente la parcialidad.*" (FERNÁNDEZ ROZAS, José Carlos. Alcance del deber de revelación del árbitro... Op. cit., p. 602).

mas entendemos que sequer se precisa chegar a tanto.[1040] Defende-se que "a falta de revelação é uma suspeita de parcialidade", que pode ser afastada no caso concreto; mas, caso não o seja, as consequências processuais serão inevitáveis.[1041]

Para que se tenha claro: a violação do dever de revelação por si só não deve ser causa para anulação da sentença, mas há casos em que essa falha cria uma aparência de parcialidade que pode, sim, destruir a higidez da decisão arbitral. Aliás, afirmar que a violação *per se* causaria o afastamento do árbitro ou a invalidação da sentença daria a impressão ou o sentido pejorativo de que seria qualquer fato não revelado que poderia levar a essas consequências. Não é isso que se defende; todo o crivo de necessidade de revelação precede a análise das consequências, como se viu, o que significa que fatos irrelevantes não terão o condão de impactar o processo arbitral ou a sentença arbitral.

Repita-se que não se discorda que se deve combater impugnações e ações de invalidação baseadas em motivos torpes ou frivolidades. Nada obstante, o crucial é que os crivos de uma efetiva violação ao dever de revelação terão sido feitos com antecedência, ao apreciar se o fato não revelado seria conhecido pelo árbitro e pelas partes e se deveriam tê-lo investigado e, portanto, se o fato não informado era relevante, conforme os critérios que se propôs *supra*. Mediante esses critérios anteriores, já se evitará anulações com base em impugnações frívolas, pois, se baseada em fatos irrelevantes, a impugnação não passará sequer pelos juízos críticos iniciais. Como exemplo, não será anulada uma sentença arbitral porque os árbitros foram convidados como panelistas em eventos organizados pelos advogados de uma das partes, como já decidiu um tribunal federal russo no caso *Yukos v OJSC*.[1042]

Além disso, já se mencionou que uma opção bastante salutar seria exigir provas adicionais para a impugnação no decorrer ou no fim do processo, e também para a tentativa de anulação de sentenças arbitrais com base em fatos não revelados. Andam bem os órgãos julgadores que impõem ônus e

---

[1040] FERRO, Marcelo Roberto. Op. cit., p. 858.
[1041] Ibid.
[1042] KUROCHKIN, Dmitry. ALBERT, Francesca. Arbitrators' impartiality and duty of disclosure. **International Law Office**, 19 jun. 2008. Disponível em: <http://www.internationallawoffice.com/Newsletters/Arbitration-ADR/Russia/Herbert-Smith-CIS-LLP/Arbitrators-impartiality-and-duty-of-disclosure>.

testes de prova mais elevados do que se faria se a impugnação tivesse sido feita no momento inicial da arbitragem.[1043] De todo modo, ainda assim, deve ser um crivo ainda de aparência de parcialidade, e não de efetiva parcialidade, e muito menos de "real perigo", e sem tratar diferentemente a imparcialidade que se exige de coárbitros e de presidentes.[1044] Com isso, também serão evitados afastamentos ou anulações com base em fatos irrelevantes ou que tivessem sido "guardados na manga" por partes e advogados.

Como mais uma ressalva importante, não se trata de invalidar a sentença por apenas uma alegada desconfiança (elemento subjetivo) das partes. Não se deve invalidar todo o processo arbitral e a sentença parcial ou final por todo e qualquer motivo que as partes, sozinhas, suscitem como causa de *bias*. Concordamos com Selma M. Ferreira Lemes quando afirma que apenas a quebra de confiança, somente ela, não pode importar o afastamento do árbitro ou a anulação da sentença, porquanto "a validade da sentença não depende da apreciação puramente subjetiva e arbitrária da parte sobre a pessoa e competência do árbitro, mas sim de sua independência e imparcialidade"; a doutrina que exige a mera comprovação de uma quebra de confiança ou violação *per se* não nos parece, de fato, acertada.[1045] Ainda que se possa, como a jurisprudência francesa, considerar a revelação a pedra angular da independência e da imparcialidade, seria exagerado imaginar que a falta de revelação de qualquer fato poderia comprometer a higidez da sentença arbitral.[1046]

[1043] Concordamos com Thamar Cavalieri quando sugere que os crivos devem ser realizados a depender do momento e das circunstâncias em que a violação do dever de revelação é invocada, se uma impugnação no decorrer do processo ou tentativa de invalidação da sentença arbitral; para a autora, por exemplo, "encerrada a arbitragem, é desejável que se demande mais provas para configurar a falta de imparcialidade de coárbitro ou presidente". (CAVALIERI, Thamar. Op. cit.).
[1044] Também nesse sentido: ELIAS, Carlos Eduardo Stefen. Op. cit., p. 207-209.
[1045] Ver: ELIAS, Carlos Eduardo Stefen. Op. cit., p. 199.
[1046] Ver, sobre esse posicionamento mais inclinado à anulação de sentenças arbitrais apenas pela violação do dever de revelação: CLAY, Thomas. **El árbitro**. Op. cit., p. 81-83. Em sentido oposto, ver: "*Anullment cannot be taken as an automatic result of a failure to disclose without considering that it harms to many victims*". (CRIVELLARO, Antonio. Does the arbitrator's failure to disclose conflicts of interest fatally lead to annulment of the award? The approach of the European State Courts. Op. cit., p. 141). Conforme expõe o autor, não seria racional superestimar a importância da falta de revelação e subestimar os elementos de independência e imparcialidade, uma vez que, na prática, *disclosures* excessivamente completos não necessariamente evitariam causas de parcialidade ou dependência, e, além disso, seria notória a malícia quase corriqueira da

Mas não é isso que se está sustentando. Deve-se anular a sentença apenas quando há objetivamente uma aparência de parcialidade causada pela violação do dever de revelar, quando já verificado que se tratava de fato relevante que deveria ter sido revelado. É o que defende Marc Henry, quando afirma que "não é a falta de revelação que justifica a ação de anulação, mas atentar à exigência de independência que o silêncio do árbitro pode revelar".[1047] É a aparência (ou desconfiança) que a falta do dever de revelação causa que importa. Como afirma Carlos Alberto Carmona em parecer apresentado no caso *Abengoa v. Adriano Ometto*, "a falta de tais revelações mostra conduta que justifica a desconfiança dos CONSULENTES no árbitro-presidente, compromete sua independência e imparcialidade e submete a sentença arbitral a inevitável nulidade".[1048]

De mais crucial, não se concorda com a visão de que se deverá sempre avaliar se a imparcialidade foi efetivamente violada durante o processo arbitral. Tratar-se-ia, *a um*, de análise impossível, pois estados mentais não são facilmente perceptíveis, mormente em momentos adiantados do processo ou após o seu fim.[1049] Repise-se que a falta de revelação impede toda a análise de equidistância e confiança, o que significa que na maioria dos casos sequer é possível fazer uma aferição precisa de parcialidade posteriormente; estar-se-ia, na realidade, exigindo uma comprovação quase impraticável. A violação ao dever de revelação deve ter peso considerável também precisamente pelo fato de que já impossibilita uma análise retroativa contundente da imparcialidade do árbitro durante o processo arbitral. Do contrário, a afronta ao dever restaria inócua: revelar ou não revelar seria simplesmente irrelevante, porquanto o fato não revelado apenas teria sua apreciação diferida para o momento futuro e com reduzidas chances de se encontrar a verdade sobre a parcialidade do julgador.

---

parte perdedora em tentar invocar a não revelação de um fato como uma causa de invalidação. (CRIVELLARO, Antonio. The Arbitrator's Failure to Disclose Conflicts of Interest: Is It Per Se a Ground for Annulling the Award?. Op. cit., p. 309).

[1047] HENRY, Marc. Les obligations d'independence et d'information de larbitre à la lumière de la jurisprudence recente. **Revue de l'Arbitrage**, 1999, p. 223.

[1048] Superior Tribunal de Justiça. Corte Especial. Sentença Estrangeira Contestada 9412/US (2013/0278872-5). Ministro Relator Felix Fischer, fl. 1256.

[1049] *"Not only is actual bias the wrong question, it is an extremely difficult one to answer."* (SOBOTA, Luke A. Op. cit., p. 311-312).

E o posicionamento nos parece correto, *a dois*, porque, ao se buscar a parcialidade efetiva, estar-se-ia ignorando o caráter autônomo do dever de revelação, que não se confunde com a imparcialidade e terá seu exercício menoscabado. A decisão tornaria ineficaz o dever de revelação porque a ausência de revelação daquele fato específico não causaria, para o processo e para as partes, qualquer consequência relevante; as partes se encontrariam ao final na esdrúxula situação de serem munidas de uma sentença arbitral proferida por alguém aparentemente parcial e não poderem fazer nada a respeito senão buscar medidas ético-disciplinares contra o julgador. Não parecerá ter-se feito justiça, o que corresponde a não ter havido justiça afinal.

Discordamos, assim, da tese de que, ao se avaliar o pleito de invalidação da sentença arbitral, "não se afere mais a falta de revelação simplesmente, mas o fato não revelado e sua influência a ensejar e macular a sentença arbitral proferida";[1050] ou de que "[n]o controle que sucede à sentença já proferida, não cabe mais aferir a suposta falta de revelação, mas, sim, se o árbitro em questão efetivamente agiu de modo parcial durante a arbitragem".[1051] Não é isso. A não revelação de certos vínculos pode macular a confiança na equidistância; não há dúvidas de que, "em determinadas circunstâncias a omissão na revelação, por si só, já compromete esses atributos [independência e imparcialidade]".[1052]

E foi, mais uma vez, o que decidiu o Superior Tribunal de Justiça brasileiro no caso *Abengoa v. Adriano Ometto*, ao estabelecer que, "para o Direito brasileiro, irrelevante se o Sr. David Rivkin efetivamente conhecia ou deixou-se influenciar por tal proximidade e relacionamento", porquanto "eventual desconhecimento dos fatos não descaracteriza a sua dupla suspeição" – que poderia ter sido validada pelas partes, se informada, mas não o foi:

> 32. A operação gera igualmente grave suspeição, pois, em tese, a vitória do Grupo Abengoa nas arbitragens favoreceria os intuitos da First Reserve, cuja prosperidade seria do interesse da Debevoise & Plimpton, por ser um bom cliente do escritório. O caso enquadra-se na alínea V do art. 135 do CPC/1973, que determina que "reputa-se fundada a suspeição de parcialidade do juiz, quando: ... V – interessado no julgamento da causa em favor de uma das partes".

[1050] LEMES, Selma Maria Ferreira. O dever de revelação do árbitro... Op. cit.
[1051] WALD, Arnoldo. A ética e a imparcialidade na arbitragem. Op. cit.
[1052] FERRO, Marcelo Roberto. Op. cit., p. 859.

33. Repita-se: para o Direito brasileiro, irrelevante se o Sr. David Rivkin efetivamente conhecia ou deixou-se influenciar por tal proximidade e relacionamento. Mesmo que se admita que não se contaminou, in concreto, pela convivência negocial entre seu escritório, terceiros interessados e a parte vencedora na arbitragem, ainda assim eventual desconhecimento dos fatos não descaracteriza a sua dupla suspeição.[1053]

Também nesse sentido decidiu a *Suprema Corte da Finlândia,* no caso *The Ruola Family v. X, The Supreme Court of Finland,* a falha no dever de revelação pelo árbitro representa uma violação que, além da sanção pessoal e patrimonial do árbitro, pode, sim, importar a anulação da sentença arbitral. Nesse caso, descobriu-se que o presidente do tribunal arbitral, "X", atuara como consultor legal de uma das partes, seu grupo econômico e de intervenientes quanto a assuntos não relacionados à arbitragem antes de seu início e também no seu decorrer. "X" não revelara tais fatos às partes e, por esse motivo, a sentença arbitral foi anulada.[1054] Trata-se também de exemplo de caso em que a informação não revelada poderia não impactar de fato a equidistância do julgador (caso as partes concordassem com a atuação do árbitro de antemão), mas a falta de revelação teve causou uma aparência de parcialidade que levou à invalidação.

É esse mais um caso clássico do que se defende, em que se considera que "os danos causados à Família Ruola teriam sido evitados caso tivessem tido a oportunidade, após a revelação pelo X, de aceitá-lo como árbitro ou de impugná-lo durante o processo arbitral".[1055] A "vacina" da arbitragem poderia ter funcionado, mas a falha no dever de revelar comprometeu a regularidade do processo e impossibilitou uma análise apurada da parcialidade do julgador, como também sinalizou o Superior Tribunal de Justiça brasileiro:

[1053] Superior Tribunal de Justiça. Corte Especial. Sentença Estrangeira Contestada 9412/US (2013/0278872-5). Ministro Relator Felix Fischer. Acordão publicado em 30 de maio de 2017, p. 69.

[1054] WASELIUS, Jan; MEINANDER, Tanja. **The Ruola Family v. X, The Supreme Court of Finland, 2005:14**, 31 jan. 2005. A contribution by the ITA Board of Reporters. Kluwer Law International, 2005.

[1055] Tradução nossa. No original: "[t]*he damage possibly caused to the Ruola Family would have been avoided had they had the opportunity following a disclosure by X to accept his acting as an arbitrator or to challenge him during the arbitral proceedings.*" (Ibid.).

CONSEQUÊNCIAS DA VIOLAÇÃO DO DEVER DE REVELAÇÃO

Tendo em vista que o escritório de advocacia, do qual o árbitro-presidente do tribunal arbitral que proferiu as sentenças homologandas é sócio sênior, recebeu, na pendência do procedimento arbitral em questão (i.e. de 4 de março de 2010 a 13 de dezembro de 2010), honorários por serviços prestados a empresa "relacionada " – para usar o termo da citada jurisprudência da Corte Internacional de Arbitragem da CCI –, a uma das partes da arbitragem, era dever ético do referido árbitro renunciar ao cargo de presidente do tribunal arbitral ou, pelo menos, revelar essa circunstância às partes da arbitragem, porque é evidente que o fato de o escritório de advocacia do qual o árbitro é sócio sênior receber expressivos honorários de empresa do mesmo grupo de uma das partes da arbitragem causa em qualquer pessoa, quando não fundada suspeição, ao menos, forte desconfiança ou séria dúvida, a respeito da imparcialidade do árbitro em questão.[1056]

Concordamos com Pedro Batista Martins, pois, quando afirma que o dever de revelação é "dever inafastável do árbitro, sob pena de nulidade da sentença arbitral".[1057] Lembremos uma vez mais que,[1058] em caso de omissões dolosas de elementos essenciais, a invalidação da sentença arbitral pode ser comparada à decretação de nulidade do negócio jurídico, mediante o chamado "dolo por omissão";[1059] trata-se de interpretação em linha com as noções da teoria geral do direito sobre o plano de validade dos atos jurídicos,[1060] segundo o qual, desde o início do século XIX, admite-se a anulação de negócios por motivos que envolvam falta de consentimento informado na celebração.[1061] Não seriam, logo, apenas os casos em que houvesse uma omissão proposital, mas todos aqueles em que se verificasse uma "omissão culpável",[1062] no sentido de que o árbitro deveria ter inves-

---

[1056] Superior Tribunal de Justiça. Corte Especial. Sentença Estrangeira Contestada 9412/US (2013/0278872-5). Ministro Relator Felix Fischer. Acordão publicado em 30 de maio de 2017, p. 67.
[1057] MARTINS, Pedro A. Batista. Dever de revelar do árbitro. Op. cit.
[1058] Ver capítulo 2, item 2.3, *supra*.
[1059] Lei 10.406/2002: "Art. 147. Nos negócios jurídicos bilaterais, o silêncio intencional de uma das partes a respeito de fato ou qualidade que a outra parte haja ignorado, constitui omissão dolosa, provando-se que sem ela o negócio não se teria celebrado".
[1060] DIDIER, Fredie. Op. cit., p. 272.
[1061] WHITTAKER, Simon; ZIMMERMANN, Reinhard. Op. cit., p. 43.
[1062] CRIVELLARO, Antonio. Does the arbitrator's failure to disclose conflicts of interest fatally lead to annulment of the award? The approach of the European State Courts. Op. cit., p. 140.

tigado e revelado os fatos, e sua falha teria criado a aparência de que não teria agido com imparcialidade, conforme o que se indicou no capítulo anterior.

E o crivo de aparência, repita-se, deve ser conforme a visão de um terceiro razoável e bem informado. Como se decidiu no caso LCIA No. 816660 (August 28, 2009), deve-se avaliar se "se um observador justo e informado entenderia que o árbitro tinha 'um interesse pessoal ou pecuniário no resultado, ainda que pequeno', independentemente da existência de uma parcialidade verdadeira (*actual bias*)."[1063] Ressalte-se que, nesse caso, o Comitê constituído por J. William Rowley QC, Filip De Ly e Teresa Giovannini mencionou que houve a falha na revelação, feita de forma seletiva e incompleta, e que isso foi considerado como fator de aparência da falta de equidistância; afinal, se não se revela propositalmente, algo pode se estar escondendo.[1064]

Isso mostra, portanto, que há diversas situações, ainda que excepcionais, em que a falta de revelação causa, sim, aparência fundada de falta de equidistância; como afirmam Tom Phillippe Heintz e Gustavo Vieira da Costa Cerqueira ao comentar julgado em que a *Cour de Cassation* francesa exigiu, para invalidar uma sentença arbitral, "o liame entre os fatos não revelados e a dúvida razoável nas partes quanto às qualidades de independência e de imparcialidade do árbitro seja necessariamente explicado."[1065] Existindo a dúvida razoável, e não tendo sido feita a revelação, há a violação do dever de revelação, e a invalidação da sentença arbitral deve ser concedida nos casos em que o árbitro ou qualquer outra parte não possa ilidir a suspeita que se criou de que o julgamento não teria se dado de forma equidistante.

[1063] Tradução nossa. No original: *"whether a fair-minded and informed observer might view the arbitrator as having 'a personal or pecuniary interest in the outcome, however small', independently of the presence, or the risk of, actual bias."* (LCIA Court Decision on Challenge to Arbitrator, LCIA Reference No. 81160, 28 ago. 2009). Ver: Walsh, Thomas W.; Teitelbaum; Ruth. Op. cit.

[1064] *"4.16. The Division noted that the arbitrator had made five disclosures which were, by and large, general, selective and incomplete. Although the absence of disclosure or incomplete disclosure did not, as such, constitute sufficient grounds for removal, such failures may in some cases be taken into account in assessing whether there is apparent bias. In this respect, the Division noted that more and more relevant information was made known in the process of the five disclosures: information which should have been made known much earlier on."* (Ibid.).

[1065] Heintz, Tom Philippe; Cerqueira, Gustavo Vieira da Costa. Op. cit.

Nesse tocante, outrossim, discordamos, respeitosamente, de Luiz Olavo Baptista, quando afirma que a anulação somente é cabível quando houver prova de que o árbitro que tenha faltado com a revelação "possa ter tido influência sobre os demais" e de "como isso poderia afetar o resultado", o que não ocorreria em julgamentos em unânimes.[1066] A aparência de parcialidade de apenas um árbitro pode, sim, dar azo à invalidação da sentença arbitral, a despeito de eventual decisão unânime. E isso porque não há como se descartar – e, na prática, não há sequer como se provar – que aquele árbitro não possa ter comprometido a equidistância de todo o tribunal. Sobretudo, "não se sabe qual a contribuição do árbitro parcial para a direção tomada pelo processo arbitral e pela sentença, que por ele podem ter sido 'influenciados' ainda que seu entendimento sobre o mérito do caso tenha sido divergente".[1067]

Nesse ponto, Marcelo Roberto Ferro aponta que, no Brasil, a jurisprudência do Superior Tribunal de Justiça também tem se estabelecido no sentido de que a unanimidade da decisão, quando proferida por colegiado de três julgadores, não afasta a sua nulidade quando violada a imparcialidade de um deles. Trazendo essa conclusão para o sistema da arbitragem, "um tribunal em que um dos árbitros não preenche os requisitos do Art. 14 (...) está malformado, e, por isso, pela doutrina do *fruit of a poisonous tree* – de resto, aceita no Doutrina Brasileiro –, a sentença que dele provier estará contaminada".[1068] Basear-se na unanimidade do julgamento quando um dos árbitros falhou em revelar o que deveria, portanto, tampouco é solução para evitar a invalidade da sentença arbitral.

Ademais, não obstante todos esses argumentos, já se indicou que sinalizar contra o oportunismo é crucial para o sistema, que não pode dar a impressão de que está permitindo julgamentos imparciais por assimetrias de informações entre o árbitro e as partes.[1069] Caso as partes tenham, de fato, concordado com a atuação de um julgador que possua alguma relação com uma parte ou alguém do seu círculo comercial, profissional ou pessoal, essa ciência-anuência deve se dar de forma expressa. De outro

---

[1066] BAPTISTA, Luiz Olavo. Dever de revelação do árbitro: extensão e conteúdo. Inexistência de infração. Impossibilidade de anulação da sentença arbitral. Op. cit.
[1067] ELIAS, Carlos Eduardo Stefen. Op. cit., p. 207.
[1068] FERRO, Marcelo Roberto. Op. cit., p. 882--886.
[1069] Ver capítulo 3, item 3.4, e capítulo 4, item 4.4, dentre outros.

lado, caso alguma informação não tenha sido dada, e deveria ter sido fornecida pela sua relevância para o consentimento informado, o afastamento do julgador e a invalidação da sentença serão soluções plausíveis e até necessárias.

Repita-se que não se pode dar mais margem para as críticas que se têm feito de "promiscuidades" na indicação de árbitros.[1070] E, para que isso ocorra, deve-se mostrar que se está efetivamente sancionando e repelindo os casos em que a constituição do tribunal não se dá como deveria, o que inclui os casos de falta de informações indispensáveis. Deve-se preferir um juízo de legalidade a um juízo de mero oportunismo, e é isso que se está fazendo ao prever uma consequência objetiva para a violação do dever de revelação.[1071] Se nenhuma implicação direta houver para as partes no processo, estar-se-á inutilizando o dever de revelação, sem o qual a arbitragem não se sustenta, não para em pé.[1072]

5.4.5. *A segunda conclusão*. A aparência de parcialidade mediante legítima desconfiança sobre a equidistância é causa também de denegação de homologação de sentença estrangeira

Ainda, não se pode desconsiderar a hipótese de denegação da homologação de sentença arbitral estrangeira por violação do dever de revelação, tampouco sob alegação de que não haveria previsão legal para tanto. Novamente, embora as causas de denegação – tais como a de invalidação – sejam taxativas, a violação do dever de revelação pode se enquadrar em diversas dessas hipóteses, como seriam (a) a violação ao direito de defesa, ao devido processo legal e também à igualdade, na medida em que se impede o direito de recusa e de impugnação da parte, (b) a composição indevida do tribunal arbitral, integrado por um julgador aparentemente parcial, ou (c) a exceção de ordem pública, caracterizada pela falta do pressuposto processual da imparcialidade.[1073]

[1070] Ver capítulo 1, item 1.3, por exemplo.
[1071] GRAU, Eros Roberto. Op. cit., p. 163: "O juízo de oportunidade comporta uma opção entre diferentes jurídicos, procedida subjetivamente pelo agente; o juízo de legalidade é atuação, embora desenvolvida no campo da prudência, que o intérprete autêntico desenvolve atado, retido, pelo texto, nos limites da legalidade".
[1072] MARTINS, Pedro A. Batista. Dever de revelar do árbitro. Op. cit.
[1073] Fernández Rozas, José Carlos. Alcance del deber de revelación del árbitro... Op. cit., p. 602.

Todas essas hipóteses estão previstas na Convenção de Nova Iorque sobre o Reconhecimento e a Execução de Sentenças Arbitrais Estrangeiras,[1074] ratificadas pela grande maioria dos países e internalizada ao ordenamento jurídico brasileiro pelo Decreto n. 4.311, de 23 de julho de 2002,[1075] e que já havia inspirado a Lei 9.307/96; são todas, logo, causas reconhecidas de denegação de homologação, não só no Brasil, mas internacionalmente. Mesmo reconhecendo, pois, que no juízo de delibação não se analisa o mérito da sentença, a violação do dever de revelação consiste também em causa de rejeição da homologação da sentença arbitral estrangeira na condição de invalidade processual de relevância internacional e nacional.[1076]

[1074] Listagem completa dos países que ratificaram a Convenção de Nova Iorque sobre o Reconhecimento e a Execução de Sentenças Arbitrais Estrangeiras. Disponível em: <http://www.uncitral.org/uncitral/en/uncitral_texts/arbitration/NYConvention_status.html>.

[1075] "Artigo V: 1. O reconhecimento e a execução de uma sentença poderão ser indeferidos, a pedido da parte contra a qual ela é invocada, unicamente se esta parte fornecer, à autoridade competente onde se tenciona o reconhecimento e a execução, prova de que: a) as partes do acordo a que se refere o Artigo II estavam, em conformidade com a lei a elas aplicável, de algum modo incapacitadas, ou que tal acordo não é válido nos termos da lei à qual as partes o submeteram, ou, na ausência de indicação sobre a matéria, nos termos da lei do país onde a sentença foi proferida; ou b) a parte contra a qual a sentença é invocada não recebeu notificação apropriada acerca da designação do árbitro ou do processo de arbitragem, ou lhe foi impossível, por outras razões, apresentar seus argumentos; ou c) a sentença se refere a uma divergência que não está prevista ou que não se enquadra nos termos da cláusula de submissão à arbitragem, ou contém decisões acerca de matérias que transcendem o alcance da cláusula de submissão, contanto que, se as decisões sobre as matérias suscetíveis de arbitragem puderem ser separadas daquelas não suscetíveis, a parte da sentença que contém decisões sobre matérias suscetíveis de arbitragem possa ser reconhecida e executada; ou d) a composição da autoridade arbitral ou o procedimento arbitral não se deu em conformidade com o acordado pelas partes, ou, na ausência de tal acordo, não se deu em conformidade com a lei do país em que a arbitragem ocorreu; ou e) a sentença ainda não se tornou obrigatória para as partes ou foi anulada ou suspensa por autoridade competente do país em que, ou conforme a lei do qual, a sentença tenha sido proferida. 2. O reconhecimento e a execução de uma sentença arbitral também poderão ser recusados caso a autoridade competente do país em que se tenciona o reconhecimento e a execução constatar que: a) segundo a lei daquele país, o objeto da divergência não é passível de solução mediante arbitragem; ou b) o reconhecimento ou a execução da sentença seria contrário à ordem pública daquele país".

[1076] Não se mostra acertada, com efeito, a afirmação do Ministro Felix Fischer, que, vencido, afirmara que não poderia o Superior Tribunal de Justiça brasileiro decidir de forma diferente quanto ao tema de imparcialidade. (Superior Tribunal de Justiça. Corte Especial. Sentença Estrangeira Contestada 9412/US (2013/0278872-5). Ministro Relator Felix Fischer. Acordão

Parece impensável defender a inexistência de previsão específica para que motivo tão relevante como a aparente imparcialidade do julgador torne inadmissível a denegação de homologação de sentença estrangeira nesses casos extremos que se indicou,[1077] como também entendeu o Superior Tribunal de Justiça no caso *Abengoa v Ometto*:

> Assim, como a violação ao princípio da imparcialidade equivale a violar princípio e garantias constitucionais fundamentais da República Federativa do Brasil, trata-se de matéria de interesse público, de ordem pública e não sujeita à preclusão. Com efeito, a questão relativa à imparcialidade do julgador consubstancia matéria de ordem pública no Brasil e, portanto, é cognoscível a qualquer tempo, ainda que após a prolação da sentença, já que por ser até mesmo causa suficiente para ação rescisória (incisos I e II do art. 485 do CPC), com maior razão pode ser examinada quando em curso o processo de homologação de decisão em que se aponta a atuação de julgador parcial.
>
> 22. É irrelevante que a questão sobre a suposta ausência de imparcialidade do presidente dos tribunais arbitrais dos casos sob exame já tenha sido submetida ao Poder Judiciário norte-americano. A imparcialidade do juiz é princípio fundante do Judiciário brasileiro e se este concluir que, num caso de sentença submetida a processo de homologação para produção de efeitos em território brasileiro, esta rigorosa imparcialidade não estava presente, a homologação deve ser negada por contrariedade à ordem pública, nos termos do art. 39, II, da Lei 9.307/96.[1078]

Como também exemplo dessa possibilidade, foi o que ocorreu no já mencionado caso francês *SA Auto Guadeloupe Investissements v. Columbus Acquisitions Inc*,[1079] em que foi rejeitado o pedido de homologação da sen-

---

publicado em 30 de maio de 2017, p. 14). Não há que se falar em violação à soberania dos Estados Unidos da América, haja vista, principalmente, que o rito de reconhecimento (homologação) de sentenças estrangeiras comporta essa análise – de validade – da imparcialidade, que em nada se confunde com uma apreciação de mérito.

[1077] Ver, em sentido contrário: LEMES, Selma Maria Ferreira. 1. Árbitro.... Op. cit., p. 34-39.

[1078] Superior Tribunal de Justiça. Corte Especial. Sentença Estrangeira Contestada 9412/US (2013/0278872-5). Ministro Relator Felix Fischer. Acordão publicado em 30 de maio de 2017, p. 45.

[1079] *SA Auto Guadeloupe Investissements v Columbus Acquisitions Inc et al*, Cass Civ 1, 14/26279, 16 jan. 2015. Ver: KLEIMAN, Elie. DEHAUDT-DEVILLE, Yann. Op. cit.

tença proferida em Barbados, com base no Artigo 1520, 2º, do Código de Processo Civil francês, que corresponde ao Artigo V.1.d. da Convenção de Nova Iorque – de que pode não ser homologada a sentença nos casos em que se verifique que "a composição da autoridade arbitral ou o procedimento arbitral não se deu em conformidade com o acordado pelas partes, ou, na ausência de tal acordo, não se deu em conformidade com a lei do país em que a arbitragem ocorreu".[1080]

Nesse (importante) ponto, é de se notar que, para se cogitar da denegação de homologação, sequer se teria que invocar a violação à hipótese de ordem pública especificamente prevista; a violação do dever de revelação já importa uma constituição inválida do tribunal arbitral capaz de impedir a validação em outros países. Mas, ainda que assim não fosse, a violação à ordem pública também seria causa de rejeição da homologação, como opinou Carlos Alberto Carmona, com foco na função do Superior Tribunal de Justiça de, por lei, garantir que somente sentenças que tenham sido proferidas em respeito às garantias do devido processo legal produzam efeitos no Brasil:

> Os fatos não revelados comprometem objetivamente a independência do árbitro-presidente no julgamento dos dois processos arbitrais que analiso, sendo as sentenças arbitrais nulas por violação da ordem pública nacional, o que impede sua homologação pelo Superior Tribunal de Justiça, órgão que tem como missão institucional zelar pela plena observância das garantias básicas de nosso sistema jurídico. Despiciendo ressaltar que, nesse mister de zelar pela ordem pública interna, o Superior Tribunal de Justiça não está adstrito a qualquer interpretação forasteira do nosso direito, não se vinculando a corte brasileira ao entendimento manifestado por outras cortes estrangeiras sobre temas que interessam às garantias do devido processo legal.[1081]

[1080] Versão em português acima extraída do Decreto n. 4311/2011, que internalizou a Convenção de Nova Iorque na legislação brasileira. No original: *"the composition of the arbitral authority or the arbitral procedure was not in accordance with the agreement of the parties, or, failing such agreement, was not in accordance with the law of the country where the arbitration took place"*.

[1081] Superior Tribunal de Justiça. Corte Especial. Sentença Estrangeira Contestada 9412/US (2013/0278872-5). Ministro Relator Felix Fischer, fl. 1255. Também em parecer apresentado opinando pela não homologação da sentença estrangeira, Nelson Nery Jr. assevera que teria se verificado violação aos preceitos constitucionais do juiz natural e da motivação das decisões judiciais, que seriam "de ordem pública internacional, consoante disposição expressa do art.

Embora tenha opinado no sentido oposto no caso (*i.e.*, pela homologação das sentenças arbitrais estrangeiras), parecem-nos também adequadas as premissas de Selma Maria Ferreira Lemes de que a violação do dever de revelação poderá afetar a imparcialidade do julgador, também violando a ordem pública que impende a denegação da homologação no Brasil, "quando restar demonstrado: (i) a sua total incompatibilidade com os princípios que regem o desempenho das funções jurisdicionais; e (ii) que resultou em impacto concreto sobre a arbitragem."[1082] E é exatamente isso que, defendemos, a falha no dever de revelação pode causar: uma aparência de parcialidade objetiva que afeta a mínima equidistância que era esperada do julgador. Não se exigirá impactos concretos comprovados, mas uma aparência de que a falta de revelação importou uma suspeita razoável de que o árbitro não atuou – proposital ou involuntariamente – de forma equidistante.

É exatamente o que ocorreu no caso *Abengoa v Adriano Ometto*, em que houve a violação do dever de revelar – reconhecida pelo próprio árbitro na ação de anulação proposta em Nova Iorque – e a relação do escritório em que o julgador atuava como sócio com o grupo de uma das partes, por não ter sido revelada, causou a aparência de que o julgamento não teria se dado de forma imparcial. Não se trata de meros indícios, de modo que essa aparência de parcialidade é também alçada ao nível de matéria de ordem pública. Conforme indica Vera Monteiro de Barros, "na presença de evidências de desvios procedimentais graves o pedido de homologação deve ser recuado para que princípios fundamentais do direito não sejam afetados".[1083] A despeito de outras discussões que foram travadas perante o Superior Tribunal de Justiça nesse caso, homologar sentença arbitral nessas condições teria significado que produzisse efeitos no território brasileiro sentença arbitral proferida em aparente violação da parcialidade do tribunal e, consequentemente, inválida e inexequível sob a égide da Convenção de Nova Iorque e da Lei 9.307/96:

4º do Código Bustamante, Tratado de Direito Internacional Privado em plena vigência no direito brasileiro" (fl. 1386). Não faz o parecerista maiores referências ao dever de revelação, mas primordialmente à falta de independência e à violação da boa-fé objetiva pelo julgador, que também seria matéria de ordem pública (fl. 1389).

[1082] LEMES, Selma Maria Ferreira. 1. Árbitro... Op. cit., p. 34-39.
[1083] Ibid.

Não se trata, assim, simplesmente de fatos que comprometam a independência do árbitro, mas que possam levar a parte a questionar se a independência do árbitro não estaria sendo comprometida. Lembre-se que os árbitros devem ter a confiança das partes, ao contrário dos juízes.[1084]

5.4.6. *Conclusão final*. A falha no dever de revelação poderá levar a consequências também processuais nos casos em que tal violação configurar uma aparência de parcialidade do árbitro

Defendemos, em síntese, que a falta de revelação de fatos relevantes poderá causar uma aparência (ou suspeita de parcialidade) que deverá dar azo – além das consequências meramente éticas e materiais, conforme o caso – ao afastamento do julgador, à invalidação da sentença doméstica e também à denegação de homologação da sentença estrangeira. Conforme o processo arbitral prossegue, é evidente que o crivo pode ficar mais rígido, mas não se pode deixar de considerar os impactos que a falha no dever de revelação causa quanto à aparência de parcialidade e, portanto, de legalidade e legitimidade do processo arbitral. Quanto a todas essas possibilidades deve pesar que o crivo de relevância – junto com os demais a ele relacionados – já terá sido feito conforme os critérios que se propôs e não se trata mais de verificar se houve parcialidade *in concreto*; a aparência de injustiça será suficiente para mostrar que não houve a justiça – e a confiança na justiça e no árbitro indicado – que as partes buscavam ao se submeter à arbitragem.

Não se trata de interpretação que fomente ataques com base em frivolidades, mas, ao revés, que se propõe a criar precedentes que reprimam e sancionem revelações insuficientes, e, ao mesmo tempo, desestimulem impugnações e ataques frívolos ou intempestivos. Será apenas com a exigência de critérios aprofundados de relevância e a atribuição de consequências rígidas com impacto também para as partes que se assegurará a legitimidade da arbitragem no Brasil e no âmbito internacional. Sanções pessoais e patrimoniais ao árbitro são úteis, porém insuficientes; o afastamento do árbitro, a invalidação da sentença arbitral e a denegação da homologação da sentença estrangeira, com impacto real sobre o processo e sobre as partes, as maiores interessadas, são medidas de rigor nesses casos extremados.

[1084] Superior Tribunal de Justiça. Corte Especial. Sentença Estrangeira Contestada 9412/US (2013/0278872-5). Ministro Relator Felix Fischer, fl. 1255.

Por isso se enfatizou tanto o caráter contratual e a exigência da confiança na indicação do árbitro; porquanto, como decidiu o Superior Tribunal de Justiça, "dada a natureza contratual da arbitragem, que põe em relevo a confiança fiducial entre as partes e a figura do árbitro, a violação por este do dever de revelação de quaisquer circunstâncias passíveis de, razoavelmente, gerar dúvida sobre sua imparcialidade e independência, obsta a homologação da sentença arbitral."[1085]

Repita-se, ainda, que não se trata, qualquer delas, de propostas de *lege ferenda*, mas todas de *lege lata*, na medida em que interpretações adequadas das leis e regulamentos aplicáveis são suficientes para se atingir os objetivos de interpretar, aplicar e julgar o dever de revelar adequadamente. No limite, alguns regulamentos arbitrais, códigos de ética e *soft law* podem ser alterados ou emendados sutilmente para refletir algumas das proposições que se fez e até para alavancar algumas das discussões que se abordou. De mais a mais, contudo, por ora, não vemos razões para que se altere a Lei 9.307/96 para positivar os critérios que se propôs. Trata-se de tema que, envolvendo direito e deontologia, como se expôs, tem melhores chances de ser resolvido pelo estabelecimento e pela evolução de condutas do que por eventuais alterações legislativas.

Esclareça-se, por fim, que não se está defendendo posições que estimulem uma maior diversidade na indicação de árbitros, nem diminuir as indicações recebidas por alguns indivíduos que se mostrem mais capacitados; nenhuma das propostas feitas acima têm esses intuitos, que merecem aprofundamentos e discussões separadas. A preocupação maior que se pretendeu expor e enfrentar diz respeito às crises de legitimidade e éticas que a arbitragem doméstica e internacional tem sofrido; pretendeu-se tratar do tema em especial sob o ponto de vista de regularidade da constituição dos árbitros.

Sob esse prisma, a diversidade poderá ser atingida em mais ou em menos tempo – pode ser uma consequência natural. Porém, o crucial é, quem quer se indique para atuar como árbitro, seja um integrante da "comunidade arbitral" ou não, que sejam fornecidas as informações necessárias para que se assegure o consentimento informado das partes e se evite invalidades

---

[1085] Superior Tribunal de Justiça. Corte Especial. Sentença Estrangeira Contestada 9412/US (2013/0278872-5). Ministro Relator Felix Fischer. Acordão publicado em 30 de maio de 2017, p. 2.

que comprometam a validade do processo arbitral. Mais uma vez, com essas medidas, restará claro que, ao contrário do que alguns possam pensar, o propósito da revelação não é facilitar impugnações, mas, na realidade, prevê-las e impedi-las.[1086]

[1086] **Report of the ASIL-ICCA Joint Task Force on Issue Conflicts in Investor-State Arbitrator**. Op. cit., p. 76.

Conclusão

1. A visão moderna do processo demanda que sejam analisados também os seus aspectos sociológico, econômico e político. A equidistância do julgador, sua responsabilidade, critérios para seu recrutamento e graus de sua participação são alguns dos temas que passaram a exigir análises interdisciplinares pelos processualistas para se obter, por meio da *legitimação pelo procedimento*, os objetivos de isonomia processual e julgamentos adequados. Não basta mais ao direito processual a análise cega apenas de suas normas, e isso se aplica também ao processo arbitral, que é jurisdicional e, apesar de consistir em sistema diverso do judicial, está também sujeito ao devido processo legal naquilo que estabelece o direito processual constitucional.

2. A possibilidade de escolha do julgador caso a caso na esfera arbitral – inexistente, em tese, no âmbito judicial[1087] – torna díspar a regulamentação da atuação de juízes e de árbitros. A autonomia da vontade na seleção tópica e específica do julgador privado põe em campos distintos árbitros e juízes, com poucos pontos de semelhança. Diferentemente de ser juiz, atuar como árbitro não é uma profissão; ninguém "é" árbitro, pois apenas atua como tal – "está-se" árbitro – quando é indicado naquele processo único em razão da vontade manifestada pelas partes. Essa diferença dá origem a

---

[1087] Salvo para os que defendem que o negócio jurídico processual, trazido pelo Novo Código de Processo Civil brasileiro, agora possibilita a escolha do julgador também no processo judicial, e desde que se entenda que essa premissa não viola o princípio do juiz natural no direito processual judicial. Ver capítulo 1, item 1.1.

incentivos distintos aos indivíduos que pretendem atuar como árbitros, de quem se exige também outras qualidades para que seja considerada a sua indicação como julgador privado naquele e em mais processos arbitrais.

3. Tratando-se a indicação de árbitros de uma análise de preferências feita pelo mercado, quem deseja atuar como árbitro tem incentivos para buscar especialização, reputação e disponibilidade, dentre outras qualidades que compõem o seu "capital simbólico". Além disso, fala-se hoje abertamente – e de forma legítima – na escolha do árbitro com o propósito de obter sucesso no mérito da arbitragem: *a escolha para vencer*. *Primeiro*, escolhe-se o árbitro buscando a vitória, e muitos imaginam que conseguem antever qual será o posicionamento desse indivíduo antes de indicá-lo. *Segundo*, as partes se atêm às qualidades que inspirem credibilidade de que, a despeito do resultado, a decisão será digna de confiança. Trata-se essa segunda de legítima previsibilidade, não de resultado, mas do adequado exercício dos deveres pelos árbitros como elemento de segurança do sistema.

4. Em seu estado ideal e ótimo, a arbitragem atingiria os seus propósitos de reunir os mais indicados profissionais para atuarem nos processos mais diversos. Não se está falando apenas de arbitragens internacionais multimilionárias que envolvem o comércio internacional e investimentos estrangeiros, em que advogados e *experts* mais qualificados e dispendiosos são envolvidos. Arbitragens domésticas focadas em determinados setores industriais e comerciais, como seguros, locações e franquias, também atingirão seus escopos se indivíduos capacitados forem indicados e exercerem adequadamente os seus deveres e obrigações. Esses são os árbitros a que (idealmente) se referem a Lei 9.307/96 e muitas outras: aqueles indivíduos, normalmente com relações mais amplas e até substanciosas que os juízes togados, cuja nomeação o mercado incentiva a indicação de forma mais constante devido às suas qualidades. Esses são os propósitos tanto da arbitragem doméstica como da internacional e o estado ótimo que buscam: o estabelecimento de *critérios razoáveis de seleção* e a criação de um *círculo virtuoso de indicação*.

5. Como ponto de preocupação, contudo, em razão da possibilidade de escolha do julgador, os cenários da arbitragem doméstica e internacional levaram à criação de grupos mais reduzidos, próximos e seletos de pessoas

que atuam em processos arbitrais – a chamada "comunidade arbitral" (ou o "clube arbitral", para os mais críticos). Não é raro que advogados e árbitros se conheçam e até tenham atuado juntos, o que dá origem a alegações de que haveria uma "promiscuidade" na indicação de árbitros, que auxiliaria na efetividade do sistema, porém impactaria a validade e a legitimidade das decisões. Algumas dessas críticas são infundadas, mas precisam também ser enfrentadas; para aquelas que são devidas, há falhas que devem ser compreendidas e corrigidas, sob risco de se comprometer a legitimidade que foi construída nas últimas décadas. Deve-se atentar para a *legitimidade do e pelo procedimento* também na arbitragem.

6. Defendemos que as soluções a essas crises de legitimidade não passam por se *impor* mais diversidade na indicação de julgadores ou se *privar* as partes de seu direito de indicá-los, como defendem alguns estudiosos do tema. Essas são propostas incompatíveis com os pilares em que a arbitragem está fundada e que levarão fatalmente à queda da qualidade das arbitragens e das decisões nelas proferidas. A solução mais indicada é aquela já dada pelo próprio sistema arbitral: o adequado exercício pelo árbitro dos seus deveres e obrigações, mormente aqueles relacionados à sua imprescindível equidistância, conforme a relação *sui generis* que é mantida com as partes e com a sociedade. O mundo da arbitragem é um mercado, mas não se pode olvidar das regras que existem para balizá-lo: as regras que advêm da natureza contratual e jurisdicional do encargo do árbitro e que servem precisamente para equilibrar, de um lado, o direito de se indicar o árbitro e, de outro, as imprescindíveis fronteiras do devido processo legal.

7. E há alguns deveres que se mostram mais relevantes na esfera arbitral do que na esfera judicial, pelo fato, por exemplo, de (a) o juiz estatal gozar de legitimidade e confiança ditas "institucionais", já que se trata de um funcionário público, (b) o árbitro, de outro lado, ser indicado pelas partes – ou conforme método por elas escolhido – e delas gozar confiança de que exercerá sua função com competência, discrição, disponibilidade, dentre outros atributos, e (c) a própria figura do árbitro ser bastante mais complexa e volátil. O caráter do árbitro de um sujeito jurídico mais complexo do que o julgador estatal torna os deveres e obrigações nesse tocante mais intricados e amplos. Atualmente, sequer ainda existe o "juiz asséptico" que um dia se entendeu ser o ideal, sem visões políticas, econômicas ou sociais;

na arbitragem, porém, as diversas inter-relações mantidas pelo árbitro o tornam um cidadão, em teoria, ainda mais engendrado na sociedade e que é incentivado a buscar mais relações – há uma *impessoalidade* para o juiz que certa e propositalmente não há para o árbitro.

8. Nesse ponto, a despeito de eventuais previsões na legislação processual, em regulamentos arbitrais, ou em códigos de ética, há sempre nos deveres e obrigações do árbitro um elemento de "contratualidade". A atuação do árbitro naquele processo específico só existe pela vontade das partes, e os deveres e obrigações a que ele está sujeito também são moldados pelas escolhas que as partes fazem sobre a regulamentação a ser conferida a essa relação. Sobretudo, destaca-se a obrigação principal de julgar, mas são cruciais também os deveres relacionados, igualmente advindos da natureza contratual do vínculo com as partes, em especial os deveres de independência, de imparcialidade, e de revelação, todos eles relacionados à confiança que lhe é investida pelas partes. Há alguns desses deveres e obrigações que encontram base apenas na lei, outros, apenas no regulamento de arbitragem, mas todos eles têm supedâneo no "contrato de árbitro" que se firma entre as partes e o julgador privado.

9. As pedras de toque aqui, desta feita, são a *relação contratual* e, como consequência dela, a *confiança* que se deposita na pessoa do árbitro. São esses os componentes que não existem ao juiz togado e que fazem toda a diferença ao se impor ao árbitro deveres e obrigações e dele se exigir o seu cumprimento. A função jurisdicional do julgador privado não está focada apenas na prolação da sentença arbitral; essa é apenas a obrigação principal, uma das atribuições dele exigida, mas há ainda diversos deveres que devem ser exercidos a contento. No vínculo obrigacional moderno, não basta o cumprimento da obrigação final, mas também as várias fases da relação obrigacional necessárias para a satisfação daquela obrigação. Devem ser levados em conta, na relação árbitro-parte, os princípios reitores das relações negociais do Direito Privado, em especial a autonomia privada, a responsabilidade, a confiança, e a boa-fé.

10. Com destaque, surgida desse aspecto contratual, a *confiança* a que a Lei 9.307/96 se refere corresponde à garantia às partes, pelo que conhecem e pelo que lhes é dado a conhecer sobre o árbitro, de que não possuem

motivos razoáveis ou justificados para desconfiar que aquele proposto julgador não cumprirá seus deveres e obrigações de origem jurisdicional e contratual. Não se trata de uma fidúcia incondicionada ou ingênua, e, sim, decorrente do que se conhece pelas informações públicas e pelas fornecidas pelo próprio indicado. Para o árbitro que se conhece previamente, a confiança provavelmente é a mais ampla e extensa; para o que não se conhece, por sua vez, a confiança reside em não existirem elementos que comprometam a segurança e a legítima expectativa das partes de ter o conflito julgado de forma justa, em especial no que toca à imparcialidade e à independência do julgador (e também quanto à sua competência). Por isso, dizemos que as partes *não devem ter motivos para "desconfiar" do árbitro*. A confiança não será necessariamente a mesma para todos os integrantes do tribunal, e a possibilidade de indicação ao menos de um deles surge com o propósito de garantir que aquele indicado poderá monitorar a integridade da arbitragem.

11. Confiar no árbitro – e no instituto da arbitragem, em última análise – significa estabelecer um verdadeiro laço de fidúcia, que é contratual, de que aquele julgador privado não só proferirá uma sentença para resolver o litígio. Espera-se dele mais que isso, e esse é um dos motivos da contratação da arbitragem pelas partes, em vez de se socorrerem do Poder Judiciário: a confiança, que somente é alcançada pelas partes quando a elas é dada a oportunidade de conhecer o que há de relevante sobre o árbitro, independentemente de quem o indique, para que confiem (ou não) que exercerá seus deveres e obrigações à altura do quanto se busca contratar. Por isso, tem-se dado, com razão, elevada importância ao cumprimento de cada um desses elementos por parte dos árbitros; trata-se de tema caro à legitimidade da arbitragem em si, seja ela doméstica ou internacional. Aqui, está se falando também dos deveres contratuais de cooperação e lealdade no campo da arbitragem, que une de forma umbilical *processo e contrato*.

12. No contexto dessa relação tão próxima, destaca-se o *dever de revelação*, o dever do proposto árbitro, devido logo após sua indicação e durante todo o processo, de revelar fatos que, provavelmente desconhecidos ou ocultos às partes, podem comprometer sua atuação como julgador privado naquele caso. A sua imprescindibilidade para o processo já é inconteste, mas ainda há uma série de dúvidas que devem ser esclarecidas. De um lado,

está previsto em praticamente todas as legislações e regulamentos arbitrais e é considerado um indiscutível princípio da arbitragem internacional e doméstica; porém, de outro, para alguns, ainda não restam suficientemente claras a sua natureza, causas, finalidades e efeitos principais.

13. O primeiro e mais íntimo vínculo do dever de revelação se dá com os deveres de imparcialidade, independência e/ou neutralidade, intrinsecamente ligados – hoje, na maioria dos países e regulamentos, apenas os dois primeiros – à premissa básica da jurisdição de que o julgamento, seja de um juiz ou de um árbitro, dê-se de forma válida, justa e imparcial. Em ambas as esferas, judicial e arbitral, não se pode abrir mão da imparcialidade *lato sensu* (a equidistância mínima) do julgador, sob pena de nulidade por falta do pressuposto processual da imparcialidade. Somente pode atuar como julgador, privado ou público, alguém sem interesse no resultado do processo e sem preferência por uma das partes. Não há devido processo legal sem imparcialidade *lato sensu*, e, sem qualquer deles, não há justiça.

14. Na arbitragem, a diferença[1088] é que deve prevalecer a autonomia da vontade, podendo as partes aceitar o árbitro a despeito de motivos que na esfera judicial importariam o afastamento: no Brasil, para alguns, as causas de impedimento e suspeição; a despeito de debates doutrinários sobre o tema, as partes na arbitragem podem renunciar a grande parte dos impeditivos listados na lei processual. Assim, renúncias no campo da independência podem ser autorizadas, uma vez que serve ela (o elemento da independência) unicamente a evitar situações de parcialidade difíceis de se apurar no caso concreto; entretanto, a imparcialidade em si é irrenunciável e indisponível. O devido processo legal e as normas de ordem pública dele advindas impedem uma renúncia, aberta ou implícita, a um julgador imparcial.

[1088] Para alguns, o negócio jurídico processual teria passado a permitir se aceitar também no processo judicial – e não apenas no arbitral – um juiz que se enquadre nas causas de impedimento ou suspeição. Entendemos, nada obstante, que somente as causas de suspeição poderiam ser renunciadas pelas partes, tanto na esfera judicial como na arbitral; as causas de impedimento, na lei processual brasileira, são de ordem pública e, logo, irrenunciáveis e indisponíveis em ambos os sistemas, sujeitos que estão ao direito processual constitucional. Ver capítulo 3, item 3.1.

15. Essa é a "equidistância mínima" a que se refere e se busca atingir: aquela delimitada pela lei aplicável, em normas de ordem pública, e que pode até ser ampliada pela vontade expressa das partes, mas não diminuída em alguns extremos. Não se concorda que poderia haver um *trade-off* implícito entre especialidade e independência na arbitragem, por exemplo. É uma realidade que são mais próximas as relações entre os sujeitos que atuam em arbitragens – mormente em processos arbitrais domésticos –, mas isso não significa que há uma tolerância implícita por menos independência. Eventuais flexibilizações só podem se dar de modo específico, transparente e bem informado, e nunca quanto ao elemento da imparcialidade em si. O julgamento no processo arbitral não deve ser ou parecer ser menos imparcial do que aquele no processo judicial. Pelo contrário: *deve-se exigir ainda mais transparência quanto à imparcialidade do julgador na arbitragem*, onde não há possibilidade de recurso no mérito contra a sentença, além de os profissionais que atuam mais frequentemente como árbitros terem como característica uma gama maior de relações que podem interferir na sua atuação.

16. Com efeito, a relação próxima entre esses deveres relacionados à equidistância e o dever de revelação advém de que será somente mediante o fornecimento de informações adequadas às partes que se poderá confiar – ou não desconfiar – que o árbitro se manterá equidistante. É recorrente, na doutrina, a menção ao exemplo da mulher de César, que não somente deveria ser honesta, mas, sobretudo, parecer sê-lo; e o mesmo vale para o árbitro. O exercício do dever de revelação pelo árbitro é uma forma de demonstração de honestidade do árbitro, de que (a) os deveres de imparcialidade e independência existem e estão sendo fielmente cumpridos e (b) se há renúncia a algum aspecto no campo da independência, trata-se de decisão deliberada, um *consentimento informado*.[1089]

17. O dever de revelação surge como instrumento da jurisdição arbitral que exige que o proposto árbitro, assim que indicado e antes de sua aceitação,

---

[1089] Não se admite que possa haver renúncia à imparcialidade na arbitragem, mas, para os que defendem essa possibilidade, dever-se-ia, ainda assim, haver a revelação dos fatos para que a renúncia fosse feita de forma expressa. A renúncia implícita não poderia ocorrer em qualquer hipótese, a despeito do posicionamento que se adote. Ver capítulo 3.

revele às partes fatos que possam impactar a equidistância perante elas e perante a causa e também validem outros elementos que tenham sido exigidos pelas partes. É nesse momento que se deve fazer uma declaração fiel de imparcialidade e independência, além também de disponibilidade e competência, por exemplo, para que se extraiam do proposto árbitro, em especial, informações que poderiam comprometer a equidistância de sua atuação. E não obstante toda essa fase inicial, o dever de revelação *não é estático*, pois perdura durante todo o processo arbitral. O árbitro deve ser e parecer imparcial e independente durante todo o processo, até a prolação da sentença arbitral (incluído o julgamento dos pedidos de esclarecimentos), com a mesma extensão, e não apenas quando de sua indicação.

18. As *causas* do dever de revelação advêm da peculiaridade de a arbitragem ser formada pela autonomia da vontade das partes. Basta notar que ao juiz togado não se impõe um dever de revelar quaisquer fatos; a única revelação possível pelo magistrado seria para motivar seu impedimento ou suspeição – *uma revelação para se afastar pessoalmente da causa*. Além disso, o árbitro possui uma gama mais elevada de situações que poderiam impactar sua equidistância; não sendo um julgador permanente e exclusivo, não se poderia assegurar um julgamento equidistante sem mecanismos para que se conhecesse as informações relevantes a seu respeito. Como regra, o juiz togado revela "para sair", e o árbitro "para ficar" no processo.

19. As *finalidades* do dever de revelação são de prevenir que fatos ligados à pessoa do árbitro comprometam a validade da arbitragem, porquanto possibilita às partes que, conhecedoras dos fatos relevantes, pugnem por seu afastamento, quando devido, ou estejam impedidas de suscitá-lo no futuro. Há uma escolha legislativa por esse aprofundamento logo de início, já que é previsto prazo preclusivo para o exercício do direito processual de recusa ou impugnação. O dever de revelação trabalha para facilitar o maior desafio quando se trata de indicar árbitros: equilibrar, de um lado, o direito das partes à livre indicação de árbitros, e, de outro, a fidúcia de todas as partes de que não há relações desconhecidas que possam impactar sua atuação. Busca-se assegurar que as partes confiem ou não tenham razões para desconfiar da equidistância do árbitro desde o princípio.

20. Os *efeitos* desse dever são de conceder à parte a opção de recusar ou impugnar o árbitro, com razões para tanto, ou renunciar ao direito de fazê-lo posteriormente. Trata-se de verdadeiro momento preclusivo e de "estabilização" da constituição do tribunal, uma "purga do sistema". O direito de recusa é reconhecido como um direito indispensável às partes, e exatamente por esse motivo que o dever de revelar tem sido descrito como a "apólice de seguro de vida" da arbitragem, possuindo um "efeito purificador". Quando o árbitro se declara equidistante com relação às partes e ao litígio, as circunstâncias reveladas que poderiam ser vistas pelas partes como motivos de preocupação – salvo as de ordem pública – são impossibilitadas de causar vícios no processo arbitral; é efetivado o binômio da "ciência-anuência" pelas partes.

21. Trata-se de um *dever* em sua *natureza* e *essência*, pois não corresponde à obrigação principal de prolação da sentença, e, sim, a um dever informativo, instrumental, tão crucial quanto a obrigação final. *Não é jurisdicional em si* porque não presta a tutela de "dizer o direito", porém é a ela anexo e fundamental, de origem e natureza contratuais. Está-se tratando de *autêntico dever de informação sobre o conteúdo e extensão da relação contratual*; por isso, inclusive, que, em comparação com o campo contratual, em caso de infração a esse dever de informar, mediante o fornecimento de informações inverídicas ou de omissões informativas para a concretização do negócio, pode-se cogitar desde a anulação (se houver dolo essencial) até a responsabilidade civil (se houver dolo acidental).

22. Umas das características mais relevantes do dever de revelar, e talvez pouco enfatizadas, é a de *diminuir a assimetria de informações* entre as partes (e seus advogados) e os árbitros, principalmente sobre temas de equidistância (e também de competência). Deve ela ser mitigada tanto quanto possível, mediante o cumprimento dos deveres de boa-fé e transparência contratual, tendo em vista o *desincentivo psicológico e econômico que já existe* ao árbitro para o fornecimento de informações sobre si. Como em todo mercado, há um oportunismo, o provimento incompleto ou distorcido de informações com o intuito de esconder, ofuscar ou confundir a outra parte, e que fatalmente leva a reais ou aparentes situações de assimetria de informações. A solução é estabelecer regras de comportamento que desestimulem oportunismos exagerados. *Informação é poder* e *importa custos*

de transação, que também devem ser reduzidos pelo adequado exercício do dever de revelação.

23. Em razão do poder jurisdicional do árbitro, falhas no exercício do dever de revelação impactam a confiança no árbitro especificamente indicado, e também na figura do árbitro e no instituto da arbitragem em geral. De forma *imediata*, no processo, violações ao dever de revelação comprometem a eficiência e alongam a resolução do conflito. No plano *mediato*, o que é pior, muitos agentes passam a desacreditar na arbitragem, uma vez que perdem a razão muitos dos seus alardeados benefícios. Trata-se de tema que toca, em especial, a conduta de advogados, árbitros, partes, e também instituições arbitrais, e a forma pela qual eventuais violações devem ser tratadas em prol do instituto. É um tema também de ética que está presente nas preocupações de todos os protagonistas da arbitragem.

24. Não se pode mais deixar apenas ao árbitro, sem maiores critérios, que decida quais informações devem ser reveladas ou não, em especial quando se sabe que há um incentivo pessoal (e econômico) para a não revelação. Deve-se lutar pela diminuição das impugnações frívolas e também das fundadas. Não podem prosperar estratégias e oportunismos, seja pelos advogados que guardam e, se derrotados, suscitam supostas nulidades para reavivar o litígio, seja pelos árbitros que omitem informações cruciais com o fito de ser repetidamente indicados em novos casos. Não se pode dar motivos para desconfiar da figura do árbitro e muito menos da arbitragem em si. Está-se criando um verdadeiro *trading* ou *moral hazard*, que já levou mercados à falência exatamente por esse motivo: *por não saber lidar com o fato de que alguma das partes da transação possui informações mais completas que a outra*.

25. Para a lei brasileira, o enfrentamento de algumas questões é de peculiar rigor no momento em que o país se encontra em matéria de contencioso judicial e arbitral. Sob o argumento de que a "comunidade arbitral" seria ainda diminuta no país, relações existentes entre árbitros, advogados, partes e outros sujeitos do processo arbitral também podem ser questionadas. Não se esconde, ademais, que a visão internacional que se construiu do Brasil não é das mais positivas no passado recente, considerado o complexo cenário político advindo das descobertas de atividades históricas de corrupção nos setores público e privado. Tratar de legalidade e ética no

processo arbitral contribui também para que se enfatize ou se resgate a legitimidade das instituições brasileiras perante a sociedade internacional.

26. Defendemos, assim, que a solução a muitos dos problemas descritos deve se dar pelo exercício dos seus deveres por árbitros, partes, advogados e instituições arbitrais, em especial o dever de revelação, que é capaz de fazer desaparecer muitas das desconfianças e dúvidas que existem sobre a forma pela qual árbitros são indicados. Deve-se, no tocante ao dever de revelar: (a) comprovar as suas causas, as finalidades e os efeitos, (b) assegurar a importância da responsabilização por eventuais falhas processuais, materiais e éticas cometidas pelas partes, advogados e árbitros e, deste modo, (c) desestimular oportunismos de ambos os lados mediante o delineamento concreto e o realce do adequado exercício do dever de revelação. Se as relações são legítimas, devem ser feitas transparentes. *Não há mais espaço para falta de transparência no tocante à forma pela qual o processo arbitral – que é processo – é conduzido e julgado.*

27. Quanto à *extensão* e ao *conteúdo* do dever de revelar, para que ele atinja as finalidades e produza os efeitos almejados, o conteúdo da revelação deve estar em consonância com o que as partes – o seu principal *alter* – esperam seja informado. Não basta apenas "revelar"; deve-se revelar na extensão necessária, sob pena de ser o mesmo que sequer ter revelado. A delicadeza desse crivo interno e externo, com efeito, advém especialmente de que nem todas as relações e interesses dos sujeitos envolvidos são públicas ou aparentes, e de que há incentivos distintos a cada parte, próprios da relação contratual, para que a revelação se dê em menor ou maior extensão. O árbitro – para quem as indicações podem ser uma "massagem para o ego" e também uma forma de remuneração – é marcado por uma pletora de elementos que podem se mostrar relevantes para as partes, mas ele próprio pode não concordar ou até preferir – inadequadamente ou por falha própria – omitir alguns desses fatos. O dever de revelação passa, também, por uma questão de conduta desses sujeitos, que pode se dar de várias formas, legítimas ou ilegítimas, bem-intencionadas ou não.

28. As dúvidas que se colocam nesse contexto, pois, dizem respeito a (i) quais desses fatos e relações poderiam ter impacto ou suscitar dúvidas sobre a imparcialidade e a independência do árbitro, fazendo necessária a

revelação, e (ii) quais deles impactariam de vez esses elementos, e deveriam, assim, exigir do árbitro que sequer aceitasse a indicação. E isso se dá, além da própria subjetividade que é, em tese, peculiar ao tema, por um motivo em especial: o uso, nesses campos (tanto no da revelação como no da impugnação), das chamadas cláusulas gerais. Para regular essas limitações, há uma escolha legislativa por, ao invés de róis taxativos de hipóteses, esses *standards* com o propósito de deixar ao exegeta, diante do cenário concreto e específico, as melhores, mais indicadas e dinâmicas interpretações das normas. A questão fulcral é que se optou – na Lei 9.307/96, e em outras leis nacionais e regulamentos arbitrais – por normas abertas para assegurar a compatibilidade da evolução da regulamentação com a dinamicidade da prática da arbitragem. As *hard law* aplicáveis conferem discricionariedade aos árbitros, o que tem razão de ser sob a perspectiva de busca por evolutividade e volubilidade, mas pode dar azo a práticas consideradas ilegais ou antiéticas.

29. Isso não é um problema insuperável, porém. O objetivo deve ser o de fazer adequado uso dessas cláusulas gerais (nesse caso, processuais); e há, sim, formas de se estabelecer limites e acompanhar os resultados para evitar decisões assistemáticas e iniquidades processuais. Deve-se buscar interpretar e estabelecer, por grupos de precedentes, doutrina e *soft law*, quais são, em cada cenário, (a) as situações que devem, (b) as que não devem, e (c) as que sequer precisam ser reveladas. Para nortear a aplicação dos *standards*, devem ser considerados os seus vetores de aplicação no tocante ao dever de revelação: *o dever do árbitro de informar* e a *confiança na pessoa do árbitro*. Trata-se de criar um *"bonus pater familias arbitral"* e aplicá-lo de forma apropriada.

30. E não nos parece que os riscos atribuídos ao *overdisclosure* devem se sobrepor ao direito das partes de serem adequadamente informadas dos fatos que podem causar dúvidas sobre a equidistância do árbitro. A doutrina mais razoável e convincente se destaca no sentido de que, embora os riscos pontuados de um *overdisclosure* sejam reais e legítimos, não podem ser considerados mais relevantes que o próprio dever de informação do árbitro. Não caberia ao árbitro fazer uma análise de probabilidade de as partes o impugnarem (ou atacarem a sentença arbitral posteriormente), com base nos fatos que serão informados; deveria ele apenas se preocupar em revelar adequadamente às partes informações acerca de fatos que elas

deveriam conhecer para assegurar sua confiança na equidistância do julgador. *A preocupação do árbitro deveria ser apenas a extensão adequada do dever de revelação*; ataques inoportunos deveriam ser enfrentados por quem for julgar a impugnação, sejam os outros árbitros, a instituição arbitral, um comitê *ad hoc*, ou mesmo o juiz estatal, conforme o caso.

31. Não se trata aqui de advogar por um *full disclosure*, porém. Não nos parece adequada a defesa por uma revelação absoluta sem maiores reflexões. Na realidade, sequer se defende que se deve revelar "a mais", e quiçá "a menos". O que se argumenta é que se deve buscar racionalidade nas exigências que se faz do que deve ser investigado e revelado por cada um dos polos: os árbitros, de um lado, e as partes e seus advogados, do outro. E, reitere-se, há testes que podem ser utilizados nesse rumo. Como se defendeu, deve-se revelar o que *as partes provavelmente não conhecem*, que é *relevante*, que leva em conta as *peculiaridades do processo arbitral*, que está em linha com as *legítimas expectativas do alter*, e que garante o *consentimento informado*; não precisam ser revelados todos os outros fatos (frívolos ou irrelevantes), e não devem ser revelados os que forem considerados sigilosos ou confidenciais.

32. A despeito dos problemas expostos, com efeito, há soluções viáveis que devem ser consideradas – e muitas delas precipuamente de *lege lata*, e não de *lege ferenda*. Trata-se mais de como interpretar e aplicar os *standards* trazidos pelas leis e regras arbitrais do que buscar eventuais alterações legislativas. *O dever de revelar é semelhante em extensão ao dever de informar no campo contratual*, que encontra óbices e dificuldades em sua delimitação muito parecidos aos que se indicou. Também pelo prisma contratual, o sucesso do contrato depende intensamente de deveres que diminuam a assimetria de informações, e, psicologicamente, a informação é crucial em razão da condição humana de tomar decisões apenas com base nos dados que lhe são fornecidos. Não se trata de adotar um posicionamento pelo *full* ou *overdisclosure*, mas, sobretudo, de reconhecer que há balizas para o dever de revelação (como um dever de informação) e que são formadas com base no cenário e nas peculiaridades de cada processo arbitral; "o *quantum* informativo é questão de grau."[1090]

[1090] MARTINS-COSTA, Judith. Op. cit., p. 535.

33. E é possível – e até preferível – que se passe a estabelecer esses crivos de forma mais objetiva, uma vez que há interpretações que podem ser consideradas mais apropriadas para os *standards* de "dúvidas justificáveis", "aos olhos das partes" e "terceiro razoável", ou seus análogos. Quando se exige do árbitro que se *desprenda de seus interesses próprios* e passe a considerar o que as partes ou um terceiro razoável têm como relevante, está-se buscando a fixação de hipóteses mais objetivas, tanto quanto possível. Não há dúvidas de que, por meio das perguntas como as que foram feitas nesta obra, pode-se chegar a delimitações bastante avançadas do que deve, do que não deve, e do que não precisa ser revelado em cada cenário e com possibilidade de construção no caso específico. Trata-se de trazer concretude, por exemplo, à fórmula (quase um mantra) reiterada pela jurisprudência francesa de que "o árbitro deve revelar qualquer circunstância suscetível de afetar o seu julgamento e de provocar nas partes uma dúvida razoável sobre suas qualidades de imparcialidade e de independência".[1091]

34. A *primeira pergunta* que deve ser feita pelo árbitro no momento de avaliar o que revelar diz respeito à *possibilidade* de as partes conhecerem o fato que seria revelado. Muitas vezes, é mais simples ao árbitro que revele o fato do que exija que as partes o busquem sozinhas; ou seja, tal fato está no escopo do dever de revelar, na medida em que dificilmente seria obtido pelas partes, sozinhas. Por isso, deve-se revelar o que as partes "provavelmente" desconhecem, na sua condição de leigas, e não o que a comunidade arbitral ou outro setor especializado pode conhecer; a relevância do exercício do dever de revelação deve ter até mais peso do que a discussão sobre o fato de ser público. Mesmo nos casos de processos ou sentenças arbitrais feitas públicas, por exemplo, é extremo se exigir que as partes saibam desses fatos ou os investiguem sozinhas. Quando se trata de processos arbitrais, domésticos e internacionais, confidenciais ou públicos, deve-se presumir que as partes não os conheçam, ainda que tenham recebido atenção midiática.

35. Do lado das partes, deve-se exigir – além da busca dos elementos básicos (como aqueles que constam do currículo do indivíduo) – tempestividade nos comentários sobre os fatos revelados ou não revelados e eventuais impugnações, sob pena de preclusão, conforme o binômio

---

[1091] HEINTZ, Tom Philippe; CERQUEIRA, Gustavo Vieira da Costa. Op. cit.

"ciência-anuência". É ônus das partes exercer o direito de recusa ou impugnação de forma legítima e tempestiva, dentro do prazo estabelecido pela lei ou pelo regulamento. Trata-se de dever advindo da boa-fé e lealdade processuais, e também sob pena de não poder suscitar o tema novamente, por preclusão ou consequências dos princípios de *estoppel* ou *waiver*, por exemplo. E instituições arbitrais podem incluir em seus regulamentos, questionários, e códigos de ética previsões expressas de que a revelação deve se dar também sobre fatos públicos (como outros processos arbitrais) que possam não ser de fácil alcance pelas partes, em especial durante o processo arbitral, quando se espera que o árbitro revele quaisquer fatos novos e relevantes que surjam, a despeito de sua publicidade.

36. A *segunda pergunta*, e a mais decisiva, diz respeito à *relevância* do fato analisado. O dever de revelação não abarca apenas fatos que efetivamente coloquem em xeque e em dúvida a imparcialidade e a independência do julgador – crivo que é mais rígido e é feito para o caso de impugnação apenas; como se está ainda tratando da fase cujo propósito é informar adequadamente as partes e a instituição arbitral, o critério para revelação é um pouco mais largo, focalizando os fatos que "*poderiam*" levantar dúvidas sobre a equidistância do árbitro. É nesse ponto também que surgem as cláusulas gerais de "dúvidas justificáveis" e "aos olhos das partes". Está-se dando peso relevante não só ao que o árbitro entende possa trazer de dúvidas sobre a sua equidistância, mas ao que podem *os demais sujeitos* cogitar a esse respeito.

37. "Dúvidas justificáveis" foram estabelecidas pela doutrina e jurisprudência como aquelas que podem afetar a independência e a imparcialidade do árbitro no ato de julgar. Trata-se de relações profissionais, comerciais, ou pessoais que possam existir entre, de um lado, o árbitro, seus sócios, e familiares, e, de outro, as partes e seus advogados, incluídas eventuais empresas relacionadas com o conflito ou nele interessadas, e também as relações com os outros árbitros, se composto um tribunal colegiado. Como regra, atuações em outras arbitragens como advogado ou árbitro e envolvimentos em negócios relacionados são, sim, relevantes e devem ser revelados. Nem todos esses casos devem levar ao afastamento do árbitro, mas a revelação é, sim, de rigor. Não são causas de recusa, porém são de revelação na maioria dos casos.

38. Exige-se do árbitro que realize investigações adequadas a respeito de sua relação com as partes, seus sócios, empresas *holdings* e afiliadas, por exemplo, e também os advogados. O árbitro não deve ser um investigador, tampouco revelar todas as nuances de sua vida, mas deve buscar os fatos que podem ser relevantes a ponto de afetar a visão feita da sua equidistância. Ainda que se trate de trabalho por vezes árduo – mormente para que o árbitro acompanhe o desenvolvimento desses fatos –, *não há como afastar esse dever de investigação*, que é também contínuo. Há, inevitavelmente, o dever de investigação de fatos pelo árbitro, e se ele não foi diligente em buscá--los, e se eram relevantes para a causa, não há como se afastar a ocorrência de violação ao dever de revelação.

39. Contudo, caso as partes e advogados não forneçam elementos suficientes para que a checagem de conflitos se realize de forma adequada, não poderá o árbitro ser considerado responsável por não verificar eventual relação com alguma pessoa ou entidade que não tenha sido indicada como envolvida. É dever das partes fornecer as informações necessárias na instituição da arbitragem, e também durante ela, caso alguma alteração societária ocorra, por exemplo. As Diretrizes da IBA vão mais longe e, em seu item 7(a), exigem que as partes informem os árbitros, as partes e a instituição arbitral das relações diretas ou indiretas mantidas com os julgadores "por sua própria iniciativa e quanto antes".[1092] Trata-se ainda de prática apenas incentivada, mas que pode ganhar receptividade em atenção aos deveres das partes e dos advogados de atuarem de boa-fé, no sentido de já indicarem voluntariamente os casos de possíveis conflitos de interesses.

40. *Contrario sensu*, será irrelevante, frívolo ou leviano o que não justifique que as partes tenham razão para ter dúvida. Essa análise de relevância exige o que a doutrina chama de teste "*de minimis*", para verificar quais relações não são relevantes para revelação. Como estabeleceu a *US Supreme Court* no caso *Commonwealth Coatings v Continental Casualty Co.*, os árbitros possuem uma série de relações e não podem ser obrigados a revelar uma "biografia completa e incensurada"; entretanto, se há envolvimento dele ou de seu escritório em negócios relevantes que envolvam uma das partes, a revelação

---

[1092] Diretrizes da IBA relativas a Conflitos de Interesses em Arbitragem Internacional, versão de 2014.

é exigida. A interpretação deve ser semelhante para situações de ainda mais clara frivolidade, por exemplo, quando o árbitro e o advogado atuem no corpo editorial de uma revista, já tenham atuado como palestrantes em conferências comuns ou contribuído com capítulos de uma mesma obra; essas são, em quase todos os casos, hipóteses irrelevantes e que não demandam sequer revelação.

41. Interações ou publicações meramente acadêmicas, da mesma forma, raramente serão abarcadas pelo dever de revelação. Há casos, porém, em que atuações em casos anteriores ou concorrentes cumulados com publicações acadêmicas podem dar azo a impugnações bem-sucedidas, no que se tem denominado "*issue conflicts*". Enfatize-se: atuações prévias como árbitro e outras atuações profissionais, a rigor, deveriam ser reveladas, mas interações meramente acadêmicas raramente serão abarcadas pelo dever de revelação, *a não ser que* se refiram ao caso concreto específico ou possam representar que o árbitro não ouvirá uma ou mais partes com uma "mente aberta".

42. Quanto à legalidade da revelação, não há dever do árbitro de revelar fatos que sejam, pela lei ou por contrato, confidenciais ou sigilosos. Na prática, muitos indivíduos são hábeis o suficiente para fazer a revelação de fatos confidenciais ou sigilosos de forma genérica, sem violar suas obrigações de confidencialidade e sigilo. No limite, contudo, caso não se sinta o árbitro confortável para fazer sequer revelações genéricas, e caso os fatos que deveriam ser revelados sejam relevantes, a única solução é declinar da indicação. Trata-se, contudo, de hipótese bastante restrita, pois partes e instituições costumam se satisfazer com as informações fornecidas, ainda que mais gerais.

43. De todo modo, para evitar a discussão sobre o que é, e o que não é relevante, faz sentido que partes e advogados formulem questões adicionais àquelas já constantes do formulário da instituição arbitral, ou mesmo deliberem eventuais requisitos de revelação. Se a ideia é que se interprete a extensão do dever de revelação "aos olhos das partes", nada mais indicado do que lhes possibilitar que externalizem a sua visão sobre a questão. Caso não o façam, correrão o risco de se sujeitar aos *standards* e testes de prova que os órgãos julgadores de eventuais impugnações decidirem aplicar no caso concreto – o pode variar em cada cenário e país. Além disso, a atitude

de uma parte de não suscitar essas dúvidas e posicionamentos oportunamente pode ser considerada de má-fé em alguns casos.

44. Para as instituições arbitrais, recomenda-se incluir, em seus regulamentos, questionários e códigos de ética, previsões expressas dessas situações que se costuma entender como relevantes, além da possibilidade, já de praxe, de as partes formularem questões adicionais ao julgador para tornar sua visão mais concreta. De forma semelhante, podem as instituições arbitrais estabelecer que as partes têm o dever de fornecer ao árbitro informações suficientes sobre si mesmas e possíveis *stakeholders* envolvidos para checagem de conflitos, sob pena de impossibilitar o exercício do dever de revelação na extensão adequada. Acima de tudo, é de todo indicado que instituições arbitrais, como precaução, atuem proativamente no início e durante o processo para assegurar que as partes tomem conhecimento dos fatos relevantes, ainda que o árbitro tenha falhado em fazê-lo.

45. Na *terceira pergunta*, importa observar que a aplicação das cláusulas gerais deve se dar sobretudo conforme as *peculiaridades de cada situação*. E, nesse passo, sendo as partes as maiores interessadas, devem ser revelados todos aqueles fatos que podem até ser conhecidos por alguns que atuam no meio arbitral, mas não o são pelas partes, como leigas. Não se pode exigir dos advogados e partes que conheçam, em detalhes, a comunidade arbitral e as relações que dela surgem, por exemplo. O crivo de relevância deve considerar a visão das partes sobre essas relações, e não de um ou outro indivíduo mais bem informado. Até pode-se considerar que as relações daí advindas não são limitadoras da atuação do árbitro, mas devem ao menos ser reveladas por medida de transparência. É esse o teste mais adequado: considerar aquilo que, razoavelmente, uma parte ordinária deveria conhecer naquele caso para fins de estabilização da constituição do árbitro.

46. Isso vale para os principais temas atualmente, os chamados *double--hatting*, *repeat appointments* e *issue conflict*,[1093] que, embora comuns em alguns

---

[1093] Exceção feita aos *issue conflicts* suscitados com base em meras publicações acadêmicas e comerciais, que se viu são de uma forma geral irrelevantes *a não ser que* expressem uma visão consolidada e inalterável do indivíduo sobre a questão ou se refiram ao conflito específico. Ver capítulo 4, item 4.3.2.

cenários, provavelmente só são conhecidas pelos próprios indivíduos, e não pelas diferentes partes por eles representadas em cada processo arbitral. A rigor, não há ilegalidades nem irregularidades nessas situações (a não ser que sejam estabelecidas como forma de favorecimento de profissionais ou de partes), mas parece compreensível que a imagem que se cria desse cenário, quando ocultado, acabe enviesada ou distorcida da realidade. Independentemente da conclusão a que se chegar quanto a cada um desses temas, esconder esses fatos somente tornaria o cenário ainda mais difícil de se justificar. Situações como essas devem ser reveladas, porém devem levar ao afastamento do árbitro apenas em casos extremos.

47. Se os fatos revelados forem usados para artimanhas pelos advogados e pelas partes, a solução será o enfrentamento da impugnação e, se o caso, a penalização daquele que agir deslealmente. A despeito de quaisquer das opções sugeridas, o fato é que *não* cabe ao árbitro tentar precaver-se de impugnações, porquanto, se descabidas, serão ou deverão ser afastadas, inclusive com a possibilidade de imposição de sanções à parte que as tiver manejado. *A revelação a menor não é solução adequada para desestimular essa prática.* Não se pode comprometer o conteúdo do dever de revelação por esse ou qualquer outro motivo; "o abuso em uma ponta do espectro não desfaz a necessidade de integridade na outra".[1094]

48. Defende-se, em especial, a existência de um *dever do árbitro de não renunciar e de se defender de impugnações descabidas*. Nada obstante, algumas possibilidades adicionais para evitar e desencorajar impugnações indevidas devem ser consideradas, como as de que: (a) o árbitro somente possa renunciar mediante aprovação da instituição, (b) a parte que aja de má-fé tenha seu direito de indicação do substituto negado, (c) os demais árbitros possam dar seguimento ao processo arbitral por um "tribunal truncado", e (d) árbitros possam ser sancionados em caso de renúncia desarrazoada, e sejam sempre avisados dos danos à reputação que essa conduta lhe poderá causar. Além disso, propõe-se também que (i) estabeleça-se um procedimento *fast-track* de julgamento da impugnação, (ii) os árbitros não suspendam o processo arbitral e deem andamento a ele a despeito

---

[1094] Tradução nossa. No original: "*abuse at one end of the spectrum does not negate the need for integrity at the other.* SOBOTA, Luke A. Op. cit., p. 319.

da impugnação, e (iii) imponha-se restrições e sanções financeiras para impugnações indevidas, tais como a prestação de garantias e a condenação nas custas do processo.

49. Quanto à *quarta* pergunta, para decidir não revelar determinado fato, deve o árbitro buscar aferir se as *legítimas expectativas* (a *confiança*) das partes serão quebradas em caso de não fornecimento da informação. O *alter* (as partes) deverá, a partir da revelação (ou não), sentir-se hábil a confirmar a confiança ou a falta de motivos para desconfiança. Essa precaução está em linha com os efeitos estabilizadores do dever de revelação, que, como uma "vacina de validade", impede que se utilizem tais fatos como causa de impugnação no futuro, além de estar alinhada com a reiteração da confiança feita pelas partes quando validam o árbitro após a revelação. *Sustentamos que cabe ao árbitro ser mais imparcial que o juiz, deve, portanto, também parecer ainda mais sê-lo.*

50. Há que se exercer a revelação de forma condizente também com os argumentos que se utiliza para se defender a legalidade e a legitimidade da indicação de árbitros tal como ocorre. As críticas que se têm feito à arbitragem devem ser sopesadas e consideradas também em casos específicos. Para os que argumentam que não há problemas em se estabelecer uma "comunidade arbitral", por exemplo, não haveria óbices em se tornar pública e transparente a forma como essa comunidade se estabelece e atua. Mesmo temas sensíveis merecem ser apreciados pela sociedade, de forma a evitar alegações de protecionismo ou mesmo de ilegalidades. A indicação de árbitros com o fim de vitória no processo arbitral é irrefutável, mas também devem restar claros os limites estabelecidos e exigidos nesse jogo.

51. Como *quinta* e *última pergunta*, o exercício do dever de revelação deve ser enfrentado e exercido pelo proposto árbitro e pelas partes como o melhor e mais indicado instrumento para que haja um *consentimento informado* entre árbitro e partes sobre o objeto e as bases do que será contratado. Do lado do árbitro, estar-se-á cumprindo seu dever de proferir uma sentença arbitral válida que poderá ser executada pelas partes onde necessário; e, do lado das partes, estar-se-á atuando de forma leal e cooperativa, também com vistas à eficiente e justa resolução do conflito. A sensibilidade maior do tema advém do fato de que, como o primeiro contato entre as partes e

o proposto árbitro se dá ainda no âmbito pré-contratual, o bem jurídico tutelado nesse momento é o consentimento informado, o que significa que omissões informativas podem dar azo à invalidação de todo o processo.

52. Defende-se, na linha das respostas a essas cinco perguntas, a racionalização do dever de revelação no que toca à sua extensão. Essa racionalização significa, em um *primeiro nível*, fazer uso das cláusulas gerais estipuladas na lei, no regulamento e no código de ética aplicáveis, com vistas aos vetores centrais do dever do árbitro de informar e da confiança que deve ser mantida no árbitro. Fugir desses *standards* e do que eles propõem significaria ignorar a opção legislativa que se fez e os propósitos específicos pensados para cada um deles. "Racionalizar" o dever de revelação significa, logo de início, estabelecer uma linha de raciocínio razoável sobre o que as partes entenderiam de ciência necessária para evitar dúvidas sobre a imparcialidade e a independência do julgador.

53. Em um *segundo nível*, em todos os cenários considerados – a arbitragem doméstica, internacional, comercial e de investimentos –, respeitadas as peculiaridades de cada um deles, a mais adequada extensão do dever de revelação é aquela que leva em consideração os seguintes critérios: (a) se o fato pode ser considerado *desconhecido*, (b) se é ele *relevante* para suscitar dúvidas acerca da equidistância do julgador, (c) se os elementos e particularidades do *caso concreto* exigem a revelação, (d) se há *legítima expectativa (confiança)* das partes e da instituição arbitral de que o fato seja revelado, e (e) se a falta de revelação possibilitará alegações de invalidade por qualquer das partes, por falta de um *consentimento informado*. A partir dessas balizas propostas, é possível estabelecer hipóteses concludentes do que deve, do que não deve e do que não precisa ser revelado – *e esse crivo, repita-se, é diverso daquele de impugnação do julgador ou da sentença arbitral*.

54. Racionalizar não significa adotar um posicionamento de *full disclosure*, mas, analogamente ao que ocorre com o dever de informar na esfera contratual, exercer o dever de revelar em extensão razoável e compatível com o cenário e os escopos para os quais ele foi estabelecido. Em alguma medida, não se pode ignorar que haja uma preferência pela revelação em caso de dúvida, porém essa premissa é plenamente consentânea com a própria natureza do dever de revelação – um dever de informar fatos que

"podem suscitar" (e não ainda necessariamente suscitam) dúvidas sobre a equidistância esperada do julgador. Deve-se atribuir aos árbitros um dever de investigação e revelação compatível com a sua condição, o que significa que sequer se pode falar em *overdisclosure* quando se revela exatamente o que a relação contratual e os fins jurisdicionais demandam sejam informados.

55. De todo modo, aos poucos, mediante algumas das práticas que se sugeriu, estabelecer-se-á um verdadeiro corpo normativo para indicação de árbitros, e os limites que deverão ser considerados pelas partes, advogados, árbitros e instituições arbitrais. Para isso, mediante transparência, deve-se contribuir para a transmissão das informações e a criação paulatina de precedentes. Um primeiro passo cabe ao próprio árbitro, que não deve se omitir no adequado exercício do dever de revelação, mormente por receios de ser impugnado. Não se pode incentivar um *underdisclosure* com o temor de mais impugnações e menos indicações, pois apenas as partes são aptas a julgar a influência que esses fatos têm sobre a indicação do árbitro. De outro lado, caberá aos órgãos julgadores de impugnações, se necessária sua intervenção, avaliar se eram de fato cabíveis e aplicar sanções rígidas caso se note medidas antiprocessuais ou antiéticas. *Se houver uma "caça às bruxas", será pelos maus litigantes e também por revelações omitidas ou malfeitas.*

56. Outrossim, por meio de *hard law*, doutrina, jurisprudência ou *soft law*, com maior racionalidade, serão diminuídas as arbitrariedades e assimetrias de informação, pois haverão critérios e elementos baseados nessa racionalidade. Subjetivismos ainda existirão, porquanto se trata de uma característica inerente às normas de conduta, mas já se levará a que (a) árbitros indicados pensem duas vezes antes de deixar de revelar determinado fato por motivos que não a falta de relevância, por receio de comprometer a validade da sentença e também se colocar em uma posição de risco, e (b) partes e advogados estejam menos inclinados a fazer uso de impugnações ou medidas processuais indevidas, seja por ciência da falta de razoabilidade de seu pleito, seja por receio de sanções no âmbito judicial ou arbitral.

57. E mesmo que não se concorde com todas as premissas que se apresentou, ainda assim se atingirá o objetivo de se buscar a delimitação e a concretização das hipóteses do que deve, do que não deve e do que não

precisa ser revelado. Para isso, repita-se, não há necessidade de alteração da lei; são abordadas mudanças de mentalidade, de *lege lata*, uma vez que já estão abarcadas pelo "contrato de árbitro". Trata-se de solução compatível com a necessidade de estabelecimento e desenvolvimento de normas de conduta (éticas) que, a partir da transparência, merecem debate e enfrentamento mediante precedentes que balizem as condutas que se espera de cada um dos sujeitos. Reitere-se que será pelo adequado exercício dos deveres do árbitro e dos outros *players* que a legitimidade da arbitragem será afirmada ou até resgatada em alguns foros.

58. Ainda, não se vê motivos para que árbitros, instituições arbitrais, partes e advogados não se valham de *soft law* para trazer concretude aos deveres de imparcialidade, de independência e também de revelação. Os códigos de ética criados por instituições arbitrais facilmente atingirão esse objetivo porque já terão sido criados para aquele contexto dos processos arbitrais iniciados sob sua administração (e serão, para esses, *hard law*). Como passo paralelo, devem também as instituições publicar suas decisões sobre impugnações feitas a árbitros, ainda que sem referência aos nomes envolvidos; muito do preconceito que se tem visto surge do fato de que não é possível aferir a extensão que se tem dado ao dever de revelação, à indicação do árbitro, e às decisões a esse respeito.

59. Essas medidas, contudo, podem não ser suficientes. Para acelerar e colaborar no debate e no desenvolvimento das *hard law*, doutrina e jurisprudência, também são úteis as *soft law* criadas por entidades representativas, ainda que sejam devam ser analisadas com mais ressalvas. Quanto a essas, o crivo deverá ser mais rígido para se evitar que regras atípicas sejam exigidas em um cenário incompatível com elas. Porém, não se pode ignorar que, além de serem consideradas *lex mercatoria* para alguns, são utilizadas por muitas partes, advogados e mesmo juízes togados. E é exatamente assim que se recomenda se trabalhe com cláusulas gerais e normas abertas em geral: por meio de hipóteses delimitadas caso a caso. E, mais que isso, a própria concepção do direito vem evoluindo no sentido de dar origem a diversas novas fontes, sejam elas vinculantes ou não.

60. Assim, sobre a regulamentação ideal da extensão do dever de revelação, (i) no ambiente internacional, as *hard law* poderão ser aprofundadas

por meio de previsões indicativas da vontade das partes nos regulamentos, questionários e códigos de ética das instituições – interpretados e balizados pela jurisprudência e pela doutrina –, e, aqui, as *soft law* terão efeito educativo e persuasivo mais intensos, buscando alguma uniformidade em meio a tantas práticas e culturas distintas, e (b) no cenário doméstico, regulamentos e códigos de ética poderão também buscar mais concretude, com atenção da jurisprudência e da doutrina construídas, e *soft law* internacionais utilizadas ainda que seja como fontes subsidiárias, com força persuasiva menor, mas ao menos consideradas. Como dificilmente se criará *soft law* eminentemente brasileiras, é de todo indicado que se considere diretrizes de viés internacional também para arbitragens domésticas, mesmo que com reservas. A despeito de qualquer crítica, não se pode ignorar o caráter pedagógico, persuasivo e até preventivo dessas normas. A consequência última poderá ser um aumento tanto da qualidade quanto da especialidade. Tudo isso com o intuito de, em cenários de incerteza, reafirmar a confiança depositada pelas partes no árbitro e na arbitragem propriamente dita.

61. Por fim, em termos de *consequências*, além de se delimitar a extensão do dever de revelação, deve-se aferir os efeitos e as sanções possíveis caso o árbitro não exerça seu dever de revelação como deveria. Uma consequência automática – e a mais natural – é que o árbitro violador receba críticas e comentários desfavoráveis no meio em que se insira a arbitragem, o que pode significar uma possível diminuição de indicações suas para atuar como árbitro; o seu "capital simbólico" poderá ser afetado. Mas deve haver mais; trata-se de tema que também deve ser regulado, ainda que minimamente, para assegurar que transgressões, de árbitros ou de partes, não passem desapercebidas ou não sancionadas. Deve haver consequências condizentes com a relevância desse dever para o processo específico e para a legitimidade da arbitragem.

62. Não se defende, por evidente, que a mera quebra do dever de revelação isoladamente analisada ou uma quebra puramente subjetiva da confiança devam dar azo ao afastamento do árbitro ou à invalidação da sentença arbitral. Não existe uma quebra de confiança *per se* ou subjetivamente analisada que importe qualquer consequência tão extrema, até porque não se pretende dar ainda mais armas para impugnações frívolas e outras táticas de guerrilha que se tem visto. Mas tampouco se ignora que, tendo em vista

CONCLUSÃO

a autoridade do dever de revelação para o processo arbitral, o peso que se dá à sua violação é crucial também para a legitimidade de todo o sistema; de um lado, soluções muito extremas podem incentivar ataques indevidos, e, de outro, propostas demasiadamente lenientes podem importar um desapreço nocivo ao adequado exercício do dever de revelação.

63. No momento de se analisar se o dever de revelação foi violado, há dois crivos distintos que devem ser feitos: (a) se houve uma falha (a falta de revelação, foi feita aquém em conteúdo, ou foi intempestiva), e (b) se essa violação seria relevante para acarretar consequências para o processo ou para o árbitro. *Violar o dever de revelação significa pura e simplesmente não revelar o que deveria ter sido informado no conteúdo e momentos devidos.* No momento de se avaliar o cabimento de alguma das consequências possíveis, pode-se cogitar de dar peso inferior ou estabelecer critérios mais rígidos para impugnações feitas ao final do processo, e exigir provas ou elementos mais contundentes nesses casos, como fazem algumas instituições arbitrais e tribunais judiciais, mas não se pode ignorar que haja uma falha.

64. O exemplo que não encontra maiores controvérsias diz respeito às possíveis sanções e penalidades *ético-disciplinares* aplicáveis ao árbitro. A sanção mais comum é a redução dos honorários do árbitro, mas se deve cogitar também da remoção do árbitro da lista de árbitros da instituição, se existente, ou mesmo a proibição de atuação em novos processos arbitrais sob a sua administração. Seriam opções talvez extremas para um árbitro que tivesse incidido apenas uma vez na violação, porém plenamente possíveis a depender dos critérios considerados pelo órgão competente. Não se pode desconsiderar, também, a possibilidade de que o julgador privado seja sancionado no âmbito da entidade de classe representativa da sua profissão, seja advogado ou não – uma consequência que pode ser dita disciplinar.

65. No tocante à responsabilização *material* e *pessoal* do árbitro, a violação do dever de revelação se enquadra na categoria das hipóteses em que não há imunidade do árbitro, pois é atuação do julgador que se dá *fora da sua atuação como prestador jurisdicional*, naquilo que falha em cumprir obrigações e deveres contratuais ou pré-contratuais do contrato de investidura. O dever de revelação é exercido por um indivíduo que exerce jurisdição, mas não se trata de um ato jurisdicional em si, e, portanto, a violação ao

dever de revelar deve ser sancionada como tal. Trata-se de nada mais que uma "*action for breach of contract*". Seria o caso, por exemplo, do árbitro que é condenado a indenizar as partes pelo que despenderam com honorários e custos do processo arbitral que não teriam contratado caso lhes tivessem sido dadas as informações necessárias. Outra sanção material que pode ser aplicada consiste na perda do direito de receber sua remuneração, seus honorários.

66. Não se pode, porém, assombrar possíveis árbitros. A responsabilização civil pela violação do dever de revelação, por informação faltante no início (responsabilidade pré-contratual) ou durante o processo arbitral (responsabilidade contratual), situa-se na modalidade subjetiva e, ainda, demanda outro requisito cogente da responsabilização civil: *a ocorrência de efetivos danos*. Não é em todos os casos que a falta da revelação causa algum prejuízo, mas apenas nos casos em que essa falha conduz (a) a atrasos no processo ou na execução da sentença arbitral por dar causa a ataques, ou (b) ao efetivo afastamento do julgador ou à invalidação da sentença arbitral, o que ensejaria a repetição ou a prática de novos atos. Além disso, alguns regulamentos também preveem cláusulas de limitação de responsabilidade dos árbitros, e árbitros podem contratar seguros privados que cubram eventuais violações contratuais.

67. Embora também excepcional, a violação do dever de revelar pode implicar responsabilização criminal nos casos em que a falta de informação configurar um ilícito penal. Em tese, haverá responsabilidade criminal do árbitro quando se apurar que a falta de revelar foi utilizada como meio de possibilitar ou perpetrar corrupção, falsidade documental ou qualquer outra atividade criminosa conforme a lei aplicável. Não bastará, porém, a falha *per se* no dever de revelação; será crucial também a caracterização da autoria e da materialidade do crime pelo julgador. Podem haver casos em que a violação ocorreu, mas não se verificou a prática de um ilícito penal, portanto.

68. De forma mais contundente, defende-se que a violação do dever de revelação de fatos relevantes, conforme os critérios que se propôs, *pode causar aparência (ou suspeita) de parcialidade* que deve dar azo ao afastamento do árbitro, à invalidação da sentença doméstica e à denegação de homologação

da sentença estrangeira. Os árbitros gozam de *presunção de imparcialidade* (a confiança), mas, quando falham no dever de revelação, têm essa *presunção invertida*; passa-se a uma presunção relativa de que o árbitro é ou foi parcial. O árbitro, nesse caso, encontra-se em situação em que deve provar que os fatos não deveriam ter sido revelados ou que a falta de revelação não teria impactado a confiança na sua equidistância. Caso não seja ele capaz de se desincumbir desse ônus, a medidas processuais referidas serão consequências necessárias para se colocar as partes em situação compatível com a vontade se submeter a um processo justo e válido.

69. Reitere-se que não se trata de invalidar o processo por apenas alegada desconfiança (elemento subjetivo) das partes. Deve-se fazê-lo apenas quando há objetivamente uma aparência de parcialidade causada pela violação do dever de revelar conforme os critérios que se estabeleceu. E não será qualquer fato que chegará a tanto, mas apenas um *desconhecido, relevante, específico*, de *legítima expectativa* de revelação e que, não informado, prejudicou o *consentimento informado*. Existindo a dúvida razoável, e não tendo sido feita a revelação, há a violação do dever de revelação, e as consequências processuais mencionadas devem ser concedidas quando o árbitro ou qualquer outra parte não possa ilidir a suspeita que se criou de que o julgamento não se daria ou não teria se dado de forma equidistante. Não se trata de considerar absolutos os fatos não revelados, e, sim, de avaliar o dever de revelação dando a ele peso adequado – uma suspeita, uma inversão de ônus – para buscar aferir a parcialidade aparente; não é essa falha meramente "um elemento de apreciação entre outros".[1095]

70. Conforme o processo arbitral prossegue ou se encerra, o crivo pode ficar mais rígido para se deferir tais medidas, mas não se pode desconsiderar os impactos que a falha no dever de revelação pode causar ao criar uma suspeita de parcialidade e, portanto, também de uma aparente falta de legalidade e de legitimidade do processo. Não é essa interpretação que fomenta ataques com base em frivolidades, mas, ao revés, é avaliação que se propõe a criar precedentes que reprimam e sancionem revelações insuficientes e malfeitas, e, ao mesmo tempo, desestimulem ataques frívolos ou intempestivos. A "vacina" da arbitragem poderia ter funcionado, porém

---

[1095] LEMES, Selma Maria Ferreira. O dever de revelação do árbitro... Op. cit.

a falha no dever de revelar comprometeu a regularidade do processo e impossibilitou uma análise apurada da parcialidade do julgador.

71. Além do mais, sinalizar contra o oportunismo é crucial para o sistema, que não pode dar a impressão de que se está permitindo julgamentos parciais por assimetrias de informações entre o árbitro e as partes. Não se pode dar mais margem para as críticas que se têm feito de "promiscuidades" na indicação de árbitros. E, para que isso ocorra, deve-se mostrar que se está efetivamente sancionando e repelindo os casos em que a constituição do tribunal não se dá como deveria, o que inclui os casos de falta de informações indispensáveis. Deve-se, pois, preferir um juízo de legalidade a um juízo de mero oportunismo, e é isso que se está fazendo ao prever uma consequência objetiva para a violação do dever de revelação. Se nenhuma implicação direta houver para as partes no processo, estar-se-á inutilizando o dever de revelação, sem o qual a arbitragem não se sustenta, não para em pé.

72. Como observação final, aponta-se que não se está defendendo posições que estimulem uma maior diversidade na indicação de árbitros, nem diminuir as indicações recebidas por alguns indivíduos que se mostrem mais capacitados; nenhuma das propostas feitas tem esses intuitos. A preocupação maior que se pretendeu expor e enfrentar diz respeito às crises de legitimidade e éticas que a arbitragem doméstica e internacional tem sofrido. Ao se estabelecer extensão e consequências compatíveis com esse propósito, atingir-se-á o objetivo maior de diminuir o número de processos impactados por condutas inadequadas de árbitros, partes ou advogados e, como consequência, fortalecer-se-á a legitimidade da arbitragem doméstica e internacional. Com essas medidas, sobretudo, restará claro que, ao contrário do que alguns possam pensar, o propósito da revelação não é facilitar impugnações, mas prevê-las e impedi-las.[1096]

[1096] **Report of the ASIL-ICCA Joint Task Force on Issue Conflicts in Investor-State Arbitrator**. Op. cit., p. 76.

Posfácio

Resolver conflitos é tarefa inerente ao mundo do direito.

Para tanto, sempre que possível, o direito emprega regras bem precisas, cuja mera leitura tende a ser suficiente para discriminar o certo do errado. Não raro, no entanto, o direito se vale de normas cuja hipótese de incidência requer concretização, como vem a ser o dever de revelação dos árbitros, previsto no art. 14, § 1º, da Lei de Arbitragem.

Tal concretização reclama a identificação de critérios que permitam delimitar o âmbito operativo da norma de maneira apropriada e, com isso, assegurar sua aplicação coerente aos diversos casos nos quais é chamada a intervir.

O trabalho de Ricardo Dalmaso Marques procura contribuir à definição de tais critérios. Nesse sentido, situa a figura do árbitro, discorre sobre suas relações e, no que talvez seja o ponto central do estudo, disserta sobre a extensão de seu dever de revelação, para, ao final, discutir as consequências de sua inobservância.

Trata-se de esforço necessário ao bom andamento da arbitragem, cujas regras devem ser interpretadas de modo a assegurar que o julgamento feito por árbitros imparciais e independentes não seja desafiado pelo mero inconformismo da parte que não obteve o resultado que desejava.

Ao dialogar com a boa doutrina, analisar os julgados pertinentes e propor soluções para os problemas próprios ao tema, "*Dever de Revelação do Árbitro*", ora publicado pela prestigiosa editora Almedina, revela-se uma leitura enriquecedora e torna-se obra credora de lugar próprio na biblioteca de todos os que se dedicam à resolução de conflitos por meio do instituto da arbitragem.

São Paulo, 29 de junho de 2018

Cristiano de Sousa Zanetti
Professor Associado da Faculdade de Direito da USP

REFERÊNCIAS

Abaclat and Others v. Argentina Republic, ICSID Case No. ARB/07/5. Disponível em: <http://www.italaw.com/cases/35>. Acesso em: 26 out. 2016.

Abbud, André de Albuquerque Cavalcanti. **Soft law e produção de provas na arbitragem internacional**. São Paulo: Atlas, 2014.

Achmea B.V. v. The Slovak Republic, UNCITRAL, PCA Case No. 2008-13 (formerly Eureko B.V. v. The Slovak Republic). Disponível em: <http://www.italaw.com/cases/417>. Acesso em: 26 out. 2016.

Alessi, Dario. Enforcing Arbitrator's Obligations: Rethinking International Commercial Arbitrator's Liability. **Journal of International Arbitration**, v. 31, Issue 6, p. 735-784, 2014.

Alves, Rafael Alves. A imparcialidade do árbitro no direito brasileiro: autonomia privada ou devido processo legal? **Revista de Direito Bancário do Mercado de Capitais e da Arbitragem**, v. 7, p. 109-126, 2005.

Andrews, Neil. Civil justice's 'songs of innocence and experience': the gap between expectation and experience. **Revista de Processo**, v. 41, n. 252, p. 437-454, 2016.

Andrighi, Nancy. O perfil do árbitro e a regência de sua conduta pela lei da arbitragem. In: **ADV Advocacia Dinâmica: seleções jurídicas**, n. 2, p. 3-5, fev. 1998.

Applied Indus. Materials Corp. v. Ovalar Makine Ticaret Ve Sanayi, A.S., 492 F.3d 132 (2d Cir. 2007). Disponível em <https://www.trans-lex.org/311420/_/applied-industrial-materials-corp-v--ovalar-makine-ticaret-ve-sanayi-as--and-others-district-court-sdny-28--june-2006-no-05-cv-10540-/>. Acesso em: 26 out. 2016.

Arbitrator Intelligence. Disponível em: <http://www.arbitratorintelligence.org/>. Acesso em: 26 out. 2016.

Armelin, Donaldo. A ação declaratória em matéria arbitral. **Revista de Arbitragem e Mediação**, v. 9, p. 108-119, abr./jun. 2016.

___. Notas sobre a ação rescisória em matéria arbitral. **Revista de Arbitragem e Mediação**, v. 1, p. 11-20, jan./abr. 2014.

BADARÓ, Gustavo Henrique. **Juiz natural no processo penal**. São Paulo: Editora Revista dos Tribunais, 2014.

BAKER, C. Mark; GREENWOORD, Lucy. Are Challenges Overused in International Arbitration? **Journal of International Arbitration**, v. 30, issue 2, p. 101112, 2013.

BALL, Markham. Probity deconstructed: how helpful, really, are the New International Bar Association Guidelines on Conflicts of Interest in International Arbitration? **Arbitration International**, Kluwer Law International, v. 21, Issue 3, 2005.

BAPTISTA, Luiz Olavo. Dever de revelação do árbitro: extensão e conteúdo. Inexistência de infração. Impossibilidade de anulação da sentença arbitral. **Revista de Arbitragem e Mediação**, v. 36, p. 199-218, 2013.

___. **Arbitragem comercial e internacional**. São Paulo: Lex Editora, 2011.

BARBI, Celso Agrícola. Formação, seleção e nomeação de juízes no Brasil sob o ponto de vista da humanização da justiça. **Revista de Processo**, v. 3, n. 11/12, p. 31-36, jul./dez. 1978.

BARLOW, Maude; JENNAR, Raoul Marc. Grande Mercado Transatlântico – A praga da arbitragem internacional. **Le Monde Diplomatique Brasil**, jun./2016. Disponível em: <http://www.diplomatique.org.br/print.php?tipo=ar&id=2032>. Acesso em: 26 out. 2016.

BASTOS, Celso Ribeiro. Ética no Direito. **Cadernos de Direito Constitucional e Ciência Política**, n. 29, Revista dos Tribunais, 1999.

BENETI, Sidnei Agostinho. O juiz e o serviço judiciário. **Revista de Processo**, v. 55, p. 127-151, jul./set.1989.

BERARD, Marie. LEWIS, Katharina. High Court removes arbitrator over doubts as to impartiality. **International Law Office**, 21 mai. 2015. Disponível em: http://www.internationallawoffice.com/Newsletters/Arbitration-<ADR/United-Kingdom/Clifford-Chance-LLP/High-Court-removes-arbitrator-over-doubts-as-to-impartiality>. Acesso em: 26. out. 2016.

BERMANN, George A. The 'Gateway' Problem in International Commercial Arbitration. **The Yale Journal of International Law**, v. 37, 2012.

BESSON, Sébastien. Is There a Real Need for Transcending National Legal Orders in International Arbitration? Some Reflections Concerning Abusive Interference from the Courts at the Seat of the Arbitration. In: **International Arbitration: The Coming of a New Age?**, Albert Janvan den Berg (ed), ICCA Congress Series, v. 17, p. 378-388, p. 2013.

BLACKABY, Nigel; PARTASIDES, Constantine; REDFERN, Alan; and HUNTER, Martin. **Redfern and Hunter on International Arbitration.** Fifth Edition, Oxford University Press, 2010.

BORN, Gary. **International commercial arbitration**. Kluwer Law International, 2009.

BROWER, Charles N. MELIKIAN, Sarah. DALY, Michael P. Tall and Small Tales of a Challenged Arbitrator. In: **Challenges and recusals of judges and arbitrators in international courts and tribunals**. Chiara Giorgetti (ed.). The Netherlands: Brill Nijhoff, p. 320-336, 2016.

__. The Ethics of Arbitration: Notes from a Practicing International Arbitrator. **Berkeley Journal of International Law (BJIL) Publicist**, 5, 1, 2010. Disponível em: <http://bjil.typepad.com/brower_final.pdf>. Acesso em: 26 out 2016.

BROYDE, Michael. Jewish Law Courts in America: Lessons Offered to Sharia Courts by the Beth Din of America Precedent. **New York Law School Law Review**, v. 57, 2012-2013.

Burlington Resources Inc. v. Republic of Ecuador, ICSID Case No. ARB/08/5 (formerly Burlington Resources Inc. and others v. Republic of Ecuador and Empresa Estatal Petróleos del Ecuador (PetroEcuador)). Disponível em: <http://www.italaw.com/cases/181>. Acesso em: 26 out. 2016.

CAIVANO, Roque J. **Arbitraje**. 2. ed. Buenos Aires. Ad-Hoc, 2008.

CALAMANDREI, Piero. **Eles, os juízes, vistos por um advogado**. 2. ed. São Paulo: Martins Fontes, 2015.

CALLIGARIS, Contardo. **Todos os reis estão nus**. São Paulo: Três Estrelas, 2013.

Câmara de Mediação, Conciliação e Arbitragem da Comissão das Sociedades de Advogados da Ordem dos Advogados de São Paulo – OABSP (CAMCA). Disponível em: <http://www.oabsp.org.br/comissoes2010/sociedades-advogados/camara-de-mediacao-conciliacao-e-arbitragem>. Acesso em: 26 out. 2016.

Câmara dos Deputados, Comissão rejeita regulamentação de profissão de conciliador e árbitro, 7 nov. 2013. Disponível em: <http://www2.camara.leg.br/camaranoticias/noticias/DIREITO-E-JUSTICA/456673-COMISSAO-REJEITA-REGULAMENTACAO-DE-PROFISSAO-DE-CONCILIADOR-E-ARBITRO.html>. Acesso em: 26 out. 2016.

CÂMARA, Alexandre Freitas. **Arbitragem – Lei no 9.307/96**. 5. ed. Rio de Janeiro: Lumen Juris, 2009.

CÁRDENAS, E.; RIVKIN, D. W. A Growing Challenge for Ethics in International Arbitration. In: **Global Reflections on International Law**, Commerce and Dispute Resolution, ICC Publishing, Paris, 2005.

CARDOSO, Christiana Beyrodt; COELHO, Leonardo de Castro; e RODOVALHO, Thiago. Poderes, deveres e jurisdição de um tribunal arbitral. In: **Arbitragem comercial: princípios, instituições e procedimentos; a prática do CAM-CCBC**. Maristela Basso, Fabrício Bertini Pasquot Polido (Orgs.). 1. ed. São Paulo: Marcial Pons/CAM-CCBC – Centro de Arbitragem e Mediação/Câmara de Comércio Brasil-Canadá, 2013.

CARMONA, Carlos Alberto. Os sete pecados capitais do árbitro. **Revista de Arbitragem e Mediação.** São Paulo, v. 14, n. 52, p. 391-406, jan./mar. 2017

___. A língua no processo estatal e no processo arbitral: um diálogo com Vincenzo Vigoriti. **20 anos da Lei de Arbitragem. Homenagem a Petrônio R. Muniz.** Coord. Carmona, Lemes e Martins. São Paulo: Atlas, 2017.

___. Em torno do árbitro. **Revista de Arbitragem e Mediação**, v. 8, n. 28, p. 47-63, jan./mar. 2011.

___. **Arbitragem e processo: um comentário à Lei nº 9.307/96.** São Paulo: Atlas, 2009.

___. Utilização, por órgão arbitral institucional, do vocábulo "tribunal" em sua denominação social – Legalidade – Inexistência de proibição do emprego do vocábulo 'tribunal' para designar entidades privadas – Inexistência de impedimento, por conta da denominação social, de aceitar a filiação da instituição ao CONIMA – Abuso na utilização de símbolos nacionais – Recomendação. **CONIMA**, 4 out. 2006. Disponível em: <http://www.conima.org.br/arquivos/1297>. Acesso em: 26 out. 2016.

___. Arbitragem e jurisdição. In: **Participação e processo.** DINAMARCO, Cândido Rangel; WATANABE, Kazuo; GRINOVER, Ada Pellegrini (Coord.). São Paulo: Revista dos Tribunais, 1988.

CARNELUTTI, Francesco. **Teoria geral do direito** (tradução Antonio Carlos Ferreira). São Paulo: LEJUS, 1999.

CARON, David D. CAPLAN, Lee M. **The UNCITRAL Arbitration Rules: A commentary**. 2. ed., 2013.

CAVALIERI, Thamar. Imparcialidade na Arbitragem. **Revista de Arbitragem e Mediação**, ano 11, v. 41, p. 117-172, abr./jun. 2014.

CC/Devas (Mauritius) Ltd., Devas Employees Mauritius Private Limited and Telecom Devas Mauritius Limited v. India, UNCITRAL. Disponível em: <http://www.italaw.com/cases/1962>. Acesso em: 26 out. 2016.

CCI website. ICC Court announces new policies to foster transparency and ensure greater efficiency. 5 jan. 2016. Disponível em: <http://www.iccwbo.org/News/Articles/2016/ICC-Court-announces-new-policies-to-foster-transparency-and-ensure-greater-efficiency/>. Acesso em: 26 out. 2016.

CHIARLONI, Sergio. Qualcosa di liberale: riflessioni minime sui rapporti tra politica e giustizia (e sul principio di legalità), **Giur. it**, 2002.

CINTRA, Antônio Carlos de Araújo; GRINOVER, Ada Pellegrini; DINAMARCO, Cândido Rangel. **Teoria Geral do Processo**. 24. ed. São Paulo, Malheiros, 2008.

Classificação Brasileira de Ocupação (CBO). Ministério do Trabalho e do Emprego (TME). Disponível em: <http://www.ocupacoes.com.br/tabela-completa-da-cbo>. Acesso em: 26 out. 2016.

CLAY, Thomas. **El árbitro**. 1. ed. Colección Cátedra Bancolombia de derecho económico, financiero y del mercado de valores. Serie Arbitraje Internacional, n. 2. Bogotá: Pontificia Universidad Javeriana, Facultad de Ciencias Jurídicas, Grupo Bancolombia, Grupo Editorial Ibáñez, 2012.

__. Quem são os árbitros internacionais. Abordagem sociológica. **Revista de Arbitragem e Mediação**, ano 2, n. 6, p. 107-125, 2005.

__. L'arbitre. Paris, Éditions Dalloz, 2001.

Code of Ethics for Arbitrators for Commercial Disputes. AAA – American Arbitration Association; ABA – American Bar Association. Disponível em: <https://www.adr.org/aaa/ShowProperty?nodeId=/UCM/ADRSTG_003867>. Acesso em: 26 out. 2016).

COLE, Tony, et al. **Legal Instruments and Practice of Arbitration in the EU (Study, Annex, Questionnary, Answers to Questionnary)**. European Parliament. Directorate-General for Internal Policies – Policy Department. Citizen's Rights and Constitutional Affairs, 15 jan. 2015. Disponível em: <http://www.europarl.europa.eu/thinktank/en/document.html?reference=IPOL_STU(2015)509988> Acesso em: 26 out. 2016.

COMMISSION, Jeffery P. How Much Does an ICSID Arbitration Cost? A Snapshot of the Last Five Years. **Kluwer Arbitration Blog**, 29 fev. 2016. Disponível em: <http://kluwerarbitrationblog.com/2016/02/29/how-much-does-an-icsid-arbitration-cost-a-snapshot-of-the-last-five-years/>. Acesso em: 26 out. 2016.

Commonwealth Coatings Corp. v. Continental Casualty Co., U.S. 1968. Disponível em: <https://www.law.cornell.edu/supremecourt/text/393/145>. Acesso em: out. 2016.

COMPARATO, Fábio Konder. Novas funções judiciais no Estado moderno. **Revista dos Tribunais**, n. 614, p. 14-22, dez. 1986.

Comprehensive Economic and Trade Agreement (CETA), EU–Can., Annex 29-B. Disponível em: <http://trade.ec.europa.eu/doclib/docs/2016/february/tradoc_154329.pdf>. Acesso em: 26 out. 2016.

CORDEIRO, António Menezes. **Tratado da arbitragem**. Almedina: Coimbra, 2015.

__. **Da Boa-Fé no Direito Civil**. Almedina: Coimbra, 1984.

Corpo de Árbitros do Centro de Arbitragem e Mediação da Câmara de Comércio Brasil-Canadá (CAM-CCBC). Disponível em: <http://www.ccbc.org.br/BuscaSocio?AssociadoCategoriaId=2>. Acesso em: 26 out. 2016.

CORREIA, Marcelo dos Santos Barradas. A responsabilidade civil do árbitro. **Revista Brasileira de Arbitragem**, Ano X, v. 39, p. 7-24, 2013.

COSSÍO, Francisco González de. Imparcialidad. **Revista del Club Español del Arbitraje**, n. 17, p. 17-41, 2013.

COUTO, Jeanlise Velloso. **Árbitro e Estado: interesses divergentes?** São Paulo: Atlas, 2010.

CRIVELLARO, Antonio. "Does the arbitrator's failure to disclose conflicts of interest fatally lead to annulment of the award? The approach of the European State Courts." **The Arbitration Brief**, n. 1, p. 121-141, 2014.

__. The arbitrator's failure to disclose conflicts of interest: is it per se a ground for annulling the award? In: FERNÁNDEZ-BALLESTEROS, M. Á.; ARIAS, David (Ed.). **Liber Amicorum Bernardo Cremades**, La Ley, p. 387-411, 2010.

DAELE, Karel. **Challenge and Disqualification of Arbitrators in International Arbitration**. Kluwer Law International, 2012, p. 12.

DAHLMAN, Carl. J. The Problem of Externality. **The Journal of Law and Economics**, v. 22, n. 1, 1979.

DALMASO MARQUES, Ricardo. KULEZLA, Gustavo Santos. **Report for Brazil on the Use and Utility of the IBA Rules and Guidelines**. 10 fev. 2016.

__. Report on the Lunch Seminar Latin America: Hottest Issues, Country by Country? **Legitimacy: Myths: Realities, Challenges**. ICCA Congress Series. Kluwer Law International, v. 18, p. 913-931, 2015.

__. To diversify or not to diversify' Report on the Session Who are the Arbitrators? **Legitimacy: Myths: Realities, Challenges**. ICCA Congress Series, v. 18, p. 579-588, 2015.

__. A lei aplicável à cláusula arbitral na arbitragem comercial internacional. **Revista Brasileira de Arbitragem**. Ano 12, Volume 47, 2015, p. 7-37.

__. ALMEIDA, Fernanda Dias de. DAL MAS, Fernanda Marques. Os grupos de empresas e os seus reflexos quanto aos efeitos da convenção de arbitragem. In: **Processo Societário – Volume II**. São Paulo: Quartier Latin, p. 655-694, 2015.

__. Breves Apontamentos sobre a Extensão do Dever de Revelação do Árbitro. **Revista Brasileira de Arbitragem**, v. 31, p. 59-84, 2011.

DERAINS, Yves; SCHWARTZ, Eric. **A guide to the ICC Rules of Arbitration**. 2. ed. Kluwer Law International, 2005.

DEZALAY, Yves; GARTH, Bryant G. **Dealing in virtue.** The University of Chicago Press, 1996.

DIDIER, Fredie. **Curso de Direito Processual Civil – Teoria Geral do Processo e Processo de Conhecimento**, v. 1, 12. ed. Salvador: JusPodium, 2011.

DINAMARCO, Cândido Rangel. **Instituições de direito processual civil:** v.1. São Paulo: Malheiros, 2016.

__. **Nova era do processo civil**. 4. ed. São Paulo: Malheiros, 2013, p. 38-39.

__. **A arbitragem na teoria geral do processo**. São Paulo: Malheiros, 2013.

__. **instrumentalidade do processo**. 6. edição: Malheiros, 1998, p. 149-219.

Diretrizes da International Bar Association (IBA) sobre arbitragem. Disponível em: <http://www.ibanet.org/Publications/publications_IBA_guides_and_free_materials.aspx≥. Acesso em: 26 out. 2016.

DONAHEY, M. Scott. **California and Arbitrator Failure to Disclose. The Long and Winding Road to Award and Enforcement in International Arbitration**. Journal of International Arbitration, v. 24, Issue 4, p. 389-413, 2007.

Doux Frangosul v Bank of America. Tribunal de Justiça do Estado de São Paulo – TJ/SP, 24a Câmara de Direito Privado, Apelação n. 0106328-28.2012.

8.26.0100, Desembargador Relator Salles Vieira.

DRAETTA, Ugo. **Behind the Scenes in International Arbitration**. JurisNet, 2011.

EL-KOSHERI, M; YOUSSEF, K. The Independence of International Arbitrators: An Arbitrator's Perspective. **ICC Bulletin 2007**, Special Supplement 48, 2007.

ELIAS, Carlos Eduardo Stefen. **Imparcialidade dos árbitros**. 2014. Tese (Doutorado em Direito Processual) – Faculdade de Direito, Universidade de São Paulo, São Paulo, 2014.

EnCana Corporation v. Republic of Ecuador, LCIA Case No. UN3481, UNCITRAL (formerly EnCana Corporation v. Government of the Republic of Ecuador). Disponível em: <http://www.italaw.com/cases/393>. Acesso em: 26 out. 2016.

Enquete Inaugural de Instituições de Arbitragem na América Latina. Institute for Transnational Arbitration (ITA); White & Case LLP, 2011. Disponível em: <https://www.cailaw.org/media/files/ITA/Publications/arbitral-institutions-guide-dec.pdf>. Acesso em: 26 out. 2016.

Enunciado 489 do VI Fórum Permanente de Processualistas Civis. Curitiba, 25 out. 2015. Disponível em: <http://direitosumularbrasileiro.blogspot.com.br/2016/03/enunciados-do-vi-forum-permanente-de.html>. Acesso em: 26 out. 2016.

ESTAVILLO-CASTRO, Fernando. Ethics in Arbitration. In: FERNÁNDEZ-BALLESTEROS, M. Á.; ARIAS, David (Ed.). **Liber Amicorum Bernardo Cremades**, La Ley, p. 387-411, 2010.

FERNÁNDEZ ROZAS, José Carlos. Contenido ético del deber de revelación del árbitro y consecuencias de su transgresión. **Revista de Arbitraje Comercial y de Inversiones**, v. VI, n. 3, p. 799-839, 2013.

__. Clearer Ethics Guidelines and Comparative Standards for Arbitrators. In: FERNÁNDEZ-BALLESTEROS, M. Á.; ARIAS, David (ed.). **Liber Amicorum Bernardo Cremades**, La Ley, 2010.

FERRAZ JUNIOR, Tercio Sampaio. Regulamentação privada ou pública da ética: O juiz e o árbitro. **Revista de Arbitragem e Mediação**, v. 50, p. 391-404, 2016.

__. Suspeição e impedimento em arbitragem: sobre o dever de revelar na lei 9.307/1996. **Revista de Arbitragem e Mediação**, v. 8, n. 28, São Paulo, p. 65-82, jan./mar. 2011.

FERRO, Marcelo Roberto. Apontamentos sobre a independência dos árbitros. In: **Temas de Direito Societário e Empresarial Contemporâneos**, ADAMEK, Marcelo Vieira Von (coord.). São Paulo: Editora Malheiros, p. 849-886, 2011.

FICHTNER, José Antonio. MANNHEIMER, Sergio Nelson. MONTEIRO, André Luís. Cinco pontos sobre a arbitragem no projeto do novo código de processo civil. **Revista de Processo**, 205/309, set. 2012.

FINIZIO, Steven P. SPELLER, Duncan. **A practical guide to international commercial arbitration: assessment,**

planning and strategy. Thomson Reuters: London, 2010.

FORD, Bonnie. In U.S. Federal Court motion, Landis claims arbitrators had conflicts of interest. **ESPN.com**, 26 set. 2008. Disponível em: <http://www.espn.com/olympics/cycling/news/story?id=3611019>. Acesso em: 26 out. 2016.

FOUCHARD, Clément. Tecnimont Saga: Episode V – The Paris Court Strikes Back. **Kluwer Arbitration Blog**, 3 ago. 2016. Disponível em: <http://kluwerarbitrationblog.com/2016/08/03/tecnimont-saga-episode-v-the-paris-court-strikes-back/>. Acesso em: 26 out. 2016.

FOUCHARD, Philippe. GAILLARD, Emmanuel. GOLDMAN, Berthold. **International Commercial Arbitration**. Kluwer Law International, Haia, 1999.

FRANC-MENGET, Laurence. ARCHER, Peter. Paris Court of Appeal orders the retraction of an award made where one arbitrator lacked independence: the ongoing Tapie saga. In: **Herbert Smith Arbitration Notes**, 4 mar. 2015. Disponível em: <http://hsfnotes.com/arbitration/2015/03/04/paris-court-of-appeal-orders-the-retraction-of-an-award-made-where-one-arbitrator-lacked-independence-the-ongoing-tapie-saga/>. Acesso em: 26 out. 2016.

FURTADO, Paulo. BULOS, Uadi Lammêgo. **A Lei de Arbitragem comentada**. São Paulo: Saraiva, 1997.

GAILLARD, Emmanuel. **Legal theory of international arbitration**. Martinus Nijhoff: Leiden, 2010.

GAJARDONI, Fernando da Fonseca. A relativização da hipótese de impedimento do art. 144, IX. **Jota**, 28 nov. 2016. Disponível em: <http://jota.info/colunas/novo-cpc/relativizacao-da-hipotese-de-impedimento-art-144-ix-28112016>. Acesso 26 out. 2016.

GALBRAITH, Jean. ZARING, David. Soft Law as Foreign Relations Law. **Cornell Law Review**, 99, 735, 2014.

GEARING, Matthew. The relationship between arbitrator and parties: is the pure status theory dead and buried? **Kluwer Arbitration Blog**, 17 jun. 2011. Disponível em: <http://kluwerarbitrationblog.com/2011/06/17/the-relationship-between-arbitrators-and-parties-is-the-pure-status-theory-dead-and-buried/>. Acesso em: 26 out. 2016.

GIUSTI, Gilberto. DALMASO MARQUES, Ricardo. Sentenças arbitrais parciais: uma análise prática. **Revista de Arbitragem e Mediação**, ano 7, v. 26, p. 46-58, jul./set. 2010.

—. DALMASO MARQUES, Ricardo. "Arbitraje internacional comercial en Brasil: marco legal y jurisprudencial." In: **El arbitraje comercial internacional en Iberoamerica: marco legal y jurisprudencial.** Antonio Hierro; Cristian Conejero (Coords.). Madrid: La Ley, p. 177-212, 2012.

—. DALMASO MARQUES, Ricardo. As partes na arbitragem internacional: direito brasileiro, UNIDROIT e CISG – Extensão dos efeitos da cláusula compromissória. In: **Arbitragem Internacional: UNIDROIT, CISG e**

Direito Brasileiro. São Paulo: Quartier Latin, p. 247-264, 2010.

GONÇALVES, William Couto. O juiz na história, critérios de sua escolha e a Escola de Magistratura. **Revista de Processo**, v. 60, 1990.

GRAU, Eros Roberto. **Por que tenho medo dos juízes (a interpretação/aplicação do direito e os princípios**. 7. ed. São Paulo: Malheiros, 2016.

GREBLER, Eduardo. A Ética dos Árbitros. **Revista Brasileira de Arbitragem**, Vol. X, Issue 40, p. 72-77, 2013.

GREENWOOD, Lucy. MCLLWRATH, Michael. VIDAJ-GOJKOVIC, Ema. Puppies or Kittens. **Kluwer Arbitration Blog**, 28 abr. 2016. Disponível em: <http://kluwerarbitrationblog.com/2016/04/28/15144/>. Acesso em: 26 out. 2016.

GRIMMER, Sarah. Chapter 3: The Determination of Arbitration Challenges by the Secretary-General of the Permanent Court of Arbitration. In: **Challenges and recusals of judges and arbitrators in international courts and tribunals.** Chiara Giorgetti (ed.). The Netherlands: Brill Nijhoff, p. 80-114, 2016.

GUERRERO, Luis Fernando. Reflexão sobre a relação entre árbitros e partes: natureza jurídica e necessário afastamento de propostas de regulamentação no Direito brasileiro. **Revista Brasileira de Arbitragem**, n. 15, p. 43-53, jul./set. 2007.

GUZMAN, Andrew T. Arbitrator Liability: Reconciling Arbitration and Mandatory Rules. **Duke Law Journal**, 49, 2000.

HAAS, Peter M. Introduction to epistemic communities and International Policy Coordination. **International Organization**, v. 46, n. 1, p. 1-35, 1992.

HARTTZLER, Jennifer. "Scandinavian Reinsurance: Good News for Those Arbitrating in New York?". **Kluwer Arbitration Blog**, 25 fev. 2012. Disponível em: <http://kluwerarbitrationblog.com/2012/02/25/scandinavian-reinsurance-good-news-for-those-arbitrating-in-new-york/>. Acesso em: 26 out. 2016.

HEINTZ, Tom Philippe. CERQUEIRA, Gustavo Vieira da Costa. Racionalização do dever de revelação no direito francês de arbitragem. **Revista de Arbitragem e Mediação**, v. 36, p. 411-431, 2013.

HENRY, Marc. Les Obligations d'Indepéndence et d'information de l'arbitre à la lumière de la jurisprudence récente. **Revue de l'Arbitrage**, 1999.

HORVATH, Gunther J. LEINWATHER, Niamh. NETTLAU, Harry. WILSKE, Stephan. Chapter 1, §1.02: Categories of Guerrilla Tactics. In: Stephan Wilske and Günther J. Horvath (eds), **Guerrilla Tactics in International Arbitration**, v. 28, p. 3-16, Kluwer Law International, 2013.

Hrvatska Elektroprivreda d.d. v. Republic of Slovenia, ICSID Case No. ARB/05/24. Disponível em: <http://www.italaw.com/cases/3242>. Acesso em: 26 out. 2016).

HUBER, Stephen K. WESTON, Maureen A. **Arbitration: cases and materials**. 2. ed. Lexis Nexis, 2006.

IBA Rules of Ethics for International Arbitrators, 1987 Disponível em:

<https://www.trans-lex.org/701100/_/iba-rules-of-ethics-for-international-arbitrators-1987/>. Acesso em: 26 out. 2016.

ICC Note to Parties and Arbitral Tribunals on the Conduct of the Arbitration, 2016. Disponível em: <http://www.iccwbo.org/News/Articles/2016/ICC-Court-adopts-Guidance-Note-on-conflict-disclosures-by-arbitrators/>. Acesso em: 26 out. 2016.

Informativo Migalhas, 19 out. 2015. Disponível em: <http://www.migalhas.com.br/Pilulas/228644>. Acesso em: 26 out. 2016.

Informativo Migalhas, 18 nov. 2016. Disponível em: <http://www.migalhas.com.br/informativo/3990>. Acesso em: 26 nov. 2016.

Jivraj v Hashwani. [2011] UKSC 40 – on appeal from the Court of Appeal [2010] EWCA Civ 712, July 27, 2011. Disponível em: <https://www.supremecourt.uk/decided-cases/docs/UKSC_2010_0158_Judgment.pdf>. Acesso em: 26 out. 2016.

KAHNEMAN, Daniel. **Thinking, Fast and Slow**. Penguin: London, 2012.

KARRER, Pierre R. **Introduction to international arbitration practice**. Kluwer Law International, p. 233-238, 2014.

KELSEN, Hans. **Teoria pura do direito**. Tradução de João Baptista Machado. 4. ed. São Paulo: Martins Fontes, 1994.

___. **Teoria geral das normas**. Tradução de José Florentino Duarte. Porto Alegre: Fabris, 1986.

KINNEAR, Meg. Challenge of arbitrators at ICSID – an overview. **Proceedings of the Annual Meeting (American Society of International Law)**, v. 108, The Effectiveness of International Law, p. 412-416, 2014.

KINNEAR, Meg. NITSCHKE, Frauke. Disqualification of Arbitrators under the ICSID Convention and Rules. In: **Challenges and recusals of judges and arbitrators in international courts and tribunals**. Chiara Giorgetti (ed.). The Netherlands: Brill Nijhoff, p. 34-79, 2016.

KLEIMAN, Elie. DEHAUDT-DEVILLE, Yann. Independence and impartiality: Supreme Court confirms stern approach to duty of disclosure. **International Law Office**, 21 abr. 2016. Disponível em: <http://www.internationallawoffice.com/Newsletters/Arbitration-ADR/France/Freshfields-Bruckhaus-Deringer-LLP/Independence-and-impartiality-Supreme-Court-confirms-stern-approach-to-duty-of-disclosure>. Acesso em: 26 out. 2016.

KUROCHKIN, Dmitry. ALBERT, Francesca. Arbitrators' impartiality and duty of disclosure. **International Law Office**, 19 jun. 2008. Disponível em: <http://www.internationallawoffice.com/Newsletters/Arbitration-ADR/Russia/Herbert-Smith-CIS-LLP/Arbitrators-impartiality-and-duty-of-disclosure>. Acesso em: 26 out. 2016.

LACAN, Jacques. **Livro 7: A ética da psicanálise**. Rio de Janeiro: Jorge Zahar, 1991.

LE BRUSQ, Jehan-Damien. The Tapie Saga: Paris sucessfully passed the test. **Kluwer Arbitration Blog**, 30 jun.

2016 Disponível em: <http://kluwerarbitrationblog.com/2016/09/01/the-tapie-saga-paris-successfully-passed-the-test/>. Acesso em: 26 out. 2016.

LEE, João Bosco. PROCOPIAK, Maria Claudia de Assis. A obrigação da Revelação do Árbitro – Está Influenciada por Aspectos Culturais ou Existe um Verdadeiro Standard Universal? **Revista Brasileira de Arbitragem**, ano 4, v. 14, 2007.

Legal News. The French Supreme Court's Pragmatic Assessment of the Arbitrator's Duty of Disclosure, 1 dez. 2014. Disponível em: <https://arbitrationnewsaltana.wordpress.com/2014/12/05/the-french-supreme-courts-pragmatic-assessment-of-the-arbitrators-duty-of-disclosure/>. Acesso em: 26 out. 2016.

LEITE, Antônio Pinto. Independência, imparcialidade e suspeição de árbitro. **Revista Brasileira de Arbitragem**, v. 6, n. 25, p. 104-118, jan./mar. 2010.

LEMES, Selma Maria Ferreira. 1. Árbitro. Dever de Revelação. Inexistência de Conflito de Interesses. Princípios da Independência e da Imparcialidade do Árbitro. 2. Homologação de Sentença Arbitral Estrangeira no STJ. Inexistência de Violação à Ordem Pública (Processual). Artigo 39, II, da Lei de Arbitragem e Artigo V(II)(b) da Convenção de Nova Iorque. **Revista Brasileira de Arbitragem**, v. XI, Issue 41, p. 7-41, 2014.

__. O dever de revelação do árbitro, o conceito de dúvida justificada quanto à sua independência e imparcialidade (Art. 14, § 1o, da Lei 9.307/1996) e a ação de anulação da sentença arbitral (Art. 32, II, da Lei 9.307/1996). **Revista de Arbitragem e Mediação**, v. 36, p. 231-251, 2013.

__. A independência e a imparcialidade do árbitro e o dever de revelação. **Revista Brasileira de Arbitragem**, 26/22. Porto Alegre: Síntese, 2010.

__. **Árbitro: princípios da independência e imparcialidade**. São Paulo: LTr, 2001.

LENZ, Carlos Eduardo Thompson Flores. O Conselho Nacional de Justiça e a administração do poder Judiciário. **Revista de Direito Administrativo e Constitucional**, v. 6, n. 23, jan. 2006.

LEVINE, Judith. Chapter 9: Late-in-the-Day Arbitrator Challenges and Resignations: Anecdotes and Antidotes. In: **Challenges and recusals of judges and arbitrators in international courts and tribunals**. Chiara Giorgetti (ed.). The Netherlands: Brill Nijhoff, p. 247-292, 2016.

LEW, Julian D. M.; MISTELIS, Loukas A.; KROLL, Stephan M. **Comparative International Arbitration**. Kluwer Law International, 2003.

LIEBMAN, Enrico Tullio. **Manual de direito processual civil, 1;** tradução e notas de Cândido Rangel Dinamarco. Rio de Janeiro: Ed. Forense, 1984.

Lista dos países que aderiram à Lei-Modelo da Uncitral. Disponível em: <http://www.uncitral.org/uncitral/en/uncitral_texts/arbitration/1985Model_arbitration_status.html>. Acesso em: 26 out. 2016.

Lista dos países que ratificaram a Convenção de Nova Iorque sobre o Reconhecimento e a Execução de Sentenças Arbitrais Estrangeiras. Disponível em: <http://www.uncitral.org/uncitral/en/uncitral_texts/arbitration/NYConvention_status.html>. Acesso em: 26. out. 2016.

LOEWESTEIN, Andrew B. Chapter 12: The Approach of Counsel to Challenges in International Disputes". In: **Challenges and recusals of judges and arbitrators in international courts and tribunals**. Chiara Giorgetti (ed.). The Netherlands: Brill Nijhoff, p. 337-362, 2016, p. 346-347.

LUCON, Paulo Henrique dos Santos. Imparcialidade na arbitragem e impugnação aos árbitros. **Revista de Arbitragem e Mediação**, v. 39, p. 39-51, 2013.

LUHMAN, Niklas. **Legitimação pelo procedimento** (tradução de Maria da Conceição Côrte-Real). Brasília: UnB, 1980.

LUTTRELL, Sam. **Bias challenges in international commercial arbitration: the need for a "real danger" test**. The Netherland: Kluwer Law International, 2009.

MALINTOPPI, Loretta. CARLEVARIS, Andrea. Chapter 5: Challenges of Arbitrators, Lessons from the ICC. In: **Challenges and recusals of judges and arbitrators in international courts and tribunals**. Chiara Giorgetti (ed.). The Netherlands: Brill Nijhoff, p. 140-163, 2016.

MANCUSO, Sandra Regina. O processo como relação jurídica. **Revista dos Tribunais**, v. 81, n. 682, p. 56–61, ago. 1992.

MANGE, Flavia Foz. **Processo Arbitral: Aspectos Transnacionais**. São Paulo: Quartier Latin, 2013.

MARINONI, Luiz Guilherme. Da Teoria da Relação Jurídica Processual ao Processo Civil do Estado Constitucional. In: **A Constitucionalização do direito**. SOUZA NETO, Cláudio Pereira de; SARMENTO, Daniel (Coordenadores). Rio de Janeiro: Lumen Juris, 2007.

MARTINS-COSTA, Judith. **A boa-fé no direito privado: critérios para a sua aplicação**. São Paulo: Marcial Pons, 2015.

MARTINS, Pedro A. Batista. Dever de revelar do árbitro. **Revista de Arbitragem e Mediação**, v. 36, p. 219-229, 2013.

__. **Apontamentos sobre a Lei de Arbitragem: comentários à Lei nº 9.307/1996**. Rio de Janeiro: Forense, 2008.

__. Normas e Princípios Aplicáveis aos Árbitros. In: MARTINS, Pedro A. Batista, LEMES, Selma M. Ferreira e CARMONA, Carlos Alberto. **Aspectos Fundamentais da lei de arbitragem**. Rio de Janeiro: Forense, 1999.

MCLLRATH, Michael. Getting to know you. **Kluwer Arbitration Blog**, 2 abr. 2013. Disponível em: <http://kluwerarbitrationblog.com/2013/04/02/getting-to-know-you/>. Acesso em: 26 out. 2016.

MENON, Sundaresh. Keynote address, in Albert Jan van den Berg (ed), International Arbitration: The Coming of a New Age?, **ICCA Congress Series**,

v. 17, Kluwer Law International, p. 6-27, 2013.

MENTSCHIKOFF, Soia. Commercial arbitration. **Columbia Law Review**, 1961.

MIRANDA, Agostinho Pereira de. O estatuto deontológico do árbitro – passado, presente e futuro. **Revista de Arbitragem e Mediação**, São Paulo, v. 07, n. 26, p. 116-128, jul./set. 2010.

MOGAN, K. Shanti. Failure by arbitrator to declare lack of impartiality invalidates award. **International Law Office**, 7 fev. 2013. Disponível em: <http://www.internationallawoffice.com/Newsletters/Arbitration-ADR/Malaysia/Shearn-Delamore-Co/Failure-by-arbitrator-to-declare-lack-of-impartiality-invalidates-award>. Acesso em: 26 out. 2016).

__. Arbitrator's duty of disclosure. **International Law Office**, 26 mai. 2011. Disponível em: <http://www.internationallawoffice.com/Newsletters/Arbitration-ADR/Malaysia/Shearn-Delamore-Co/Arbitrators-duty-of-disclosure>. Acesso em: 26. out. 2016.

MULLERAT, Ramón. The liability of arbitrators: a survey of current practice. **International Bar Association Commission on Arbitration**. Chicago, 2006.

NAÓN, Horacio A. Grigera. Party-appointed arbitrators: a Latin American perspective? **Revista de Arbitragem e Mediação**, v. 1, n. 3, p. 75-79, set./dez. 2004.

NELSON, Annalise. The LCIA Arbitrator Challenge digests: An Interview with William (Rusty) Park. **Kluwer Arbitration Blog**, 23 nov. 2011. Disponível em: <http://kluwerarbitrationblog.com/blog/2011/11/23/the-lcia-arbitrator-challenge-digests-an-interview-with-william-rusty-park>. Acesso em: 26 out. 2016.

NERY JUNIOR, Nelson. **Princípios do processo na Constituição Federal**. 12. ed. São Paulo: Editora Revista dos Tribunais, 2016.

__. O juiz natural no direito processual civil comunitário europeu. **Revista de Processo**, v. 101, p. 949-984, jan./mar. 2001.

NERY, Rosa Maria de Andrade. Fatos processuais. Atos jurídicos processuais simples. Negócio jurídico processual (unilateral e bilateral). Transação. **Revista de Direito Privado**, v. 64, p. 261-274, out./dez. 2015.

NIEUWVELD, Lisa Bench. Choosing the Wheathered Veteran or the Young Buck. **Kluwer Arbitration Blog**, 8 jan. 2011. Disponível em: <http://kluwerarbitrationblog.com/2011/01/08/choosing-the-weathered-veteran-or-the-young-buck/>. Acesso em: 26 out. 2016.

NIXON, Zvi. SOBEL, Lauren. Supreme Court sets aside arbitration award for non-disclosure. **International Law Office**, 7 jan. 2016,. Disponível em: <http://www.internationallawoffice.com/Newsletters/Arbitration-ADR/Israel/E-Landau-Law-Office/Supreme-Court-sets-aside-arbitration-award-for-non-disclosure>. Acesso em: 26 out. 2016.

NUNES PINTO, José Emilio. O árbitro deve decidir. **Revista Just Vigilantibus**, 3 ago. 2013.

NUNES, Thiago Marinho. **Arbitragem e prescrição**. São Paulo: Atlas, 2014.

Abengoa v. Adriano Ometto. Superior Tribunal de Justiça. Corte Especial. Sentença Estrangeira Contestada 9412/US (2013/0278872-5). Ministro Relator Felix Fischer. Disponível em: <https://ww2.stj.jus.br/processo/pesquisa/?src=1.1.2&aplicacao=processos.ea&tipoPesquisa=tipoPesquisaGenerica&num_registro=201302788725>. Acesso em: 26 out. 2016.

Ometto v. ASA Bioenergy Holding A.G. (No. 12-4022, 2014 WL 43702 (2d Cir. Jan. 7, 2014). Disponível em <https://casetext.com/case/ometto-v-asa-bioenergy-holding-ag>. Acesso em: 26 out. 2016.

OPPETIT, Bruno. **Teoría del arbitraje.** Traducción autorizada al español de la obra **Theórie de l'arbitrage**, publicada en lengua francesa por la editorial Press Universitaries de France, 1998. Eduardo Silva Romero, Fabrio Matilla Espinosa y José Joaquín Caicedo Demoulin (traductores). Colombia: Legis Editores, 2006.

PARK, William W. Arbitrator Integrity: The Transient and the Permanent. **San Diego Law Review**, v. 46, p. 629-704, 2009.

PAULSSON, Jan. **The idea of arbitration**. Oxford, 2013.

__. **Moral Hazard in International Dispute Resolution**. Inaugural Lecture as holder of Michael R. Klein Distinguished Scholar Chair, University of Miami School of Law, 29 abr. 2010.

PEER, Michael. The independence and impartiality of arbitrators: How much disclosure is enough. **Arbitration News**, International Bar Association Legal Practice Division, v. 20, n. 1, mar. 2015.

PETERS, Phillip. Can I do this? Arbitrator's Ethics. **Kluwer Arbitration Blog**, 9 nov. 2010. Disponível em: <http://kluwerarbitrationblog.com/blog/2010/11/09/can-i-do-this-%e2%80%93-arbitrator%e2%80%99s-ethics>. Acesso em: 26 out. 2016).

PETERSON, Luke Eric. Ethical screen erected in NAFTA case to ensure that arbitrator remains cut off from his law firm's prosecution of a separate claim. **Investment Arbitration Reporter**, 18 mar. 2014. Disponível em: <https://www.iareporter.com/articles/ethical-screen-erected-in-nafta-case-to-ensure-that-arbitrator-remains-cut-off-from-his-law-firms-prosecution-of-a-separate-claim/> Acesso em: 26 out. 2016.

Postel Industris, Inc. v Travelers Cas. and Sur. Co. of America. Disponível em: <http://www.leagle.com/decision/In%20FDCO%2020140721776/U.S.,%20POSTEL%20INDUSTRIES,%20INC.%20v.%20TRAVELERS%20CASUALTY%20AND%20SURETY%20COMPANY%20OF%20AMERICA>. Acesso em: 26 out. 2016.

POUDRET, Jean François. BESSON, Sébastien. **Comparative law on**

international arbitration. Thomson-Sweet & Maxwell, 2007.

Practical law, Second Circuit declines to vacate arbitration award for arbitrator partiality. 10 jan. 2014. Disponível em: <http://us.practicallaw.com/6-554-1085>. Acesso em: 26 out. 2016.

Puig, Sergio. 2014. Social capital in the arbitration market. **European Journal of International Law**, v. 25, n. 2, p. 387–424, 2014.

R v. Sussex Justices, ex parte McCarthy, [1924] 1 KB 256. Disponível em: <http://pages.rediff.com/r-v-sussex-justices--ex-parte-mccarthy/1287219>. Acesso em: 26 out. 2016.

Report of the ASIL-ICCA Joint Task Force on Issue Conflicts in Investor-State Arbitrator. The ICCA Reports, n. 3, 17 mar. 2016. Disponível em: <https://www.asil.org/asil-icca-joint-task-force>. Acesso em: 26 out. 2016.

Report on the reception of the IBA arbitration soft law products. The IBA Arbitration Guidelines and Rules Subcommittee, 16 set. 2016. Disponível em: <http://www.ibanet.org/LPD/Dispute_Resolution_Section/Arbitration/Default.aspx>. Acesso em: 26 out. 2016.

Ribeiro, Joaquim de Souza. O Princípio da Transparência no Direito Europeu dos Contratos. **Estudos do Direito do Consumidor**, v. IV. Coimbra: Centro de Direito do Consumo da Faculdade de Direito da Universidade de Coimbra, 2002, p. 138.

Rocha, José de Moura. Notas sobre a fixação da natureza da relação processual. **Anuário do Mestrado em Direito**, n. 4, Recife: Universidade Federal de Pernambuco, jan./dez. 1988.

Rogers, Catherine. What if the Ghost of Christmas Present Visited the International Arbitration Community of 1995. **Kluwer Arbitration Blog**, 26 dez. 2015. Disponível em: <http://kluwerarbitrationblog.com/2015/12/26/what-if-the-ghost-of-christmas-present-visited-the-international-arbitration--community-of-1995> Acesso em: 26 out. 2016.

__. Arbitrator Intelligence' is here. **Kluwer Arbitration Blog**, 21 set. 2014. Disponível em: <http://kluwerarbitrationblog.com/2014/09/21/arbitrator-intelligence-is-here/>. Acesso em: 26 out. 2016.

Roos, Cristian Conejéro; Grion, Renato Stephan. Arbitration in Brazil: law and practice from an ICC perspective. In: **ICC International Court Bulletin**, v. 17, n. 2, p. 26, 2006.

Ross, Alison. Arbitration hinders development of common law – Lord Chief Justice of England and Wales. **Global Arbitration Review**, 31 mar. 2016. Disponível em: <http://globalarbitrationreview.com/article/1035418/arbitration-hinders-development--of-common-law-%E2%80%93--lord-chief-justice-of-england-and--wales>. Acesso em: 26 out. 2016.

SA Auto Guadeloupe Investissements v Columbus Acquisitions Inc, et al, Cass Civ 1, 14/26279, 16 dez. 2015.

Salgueiro, Sophie. A independência e a imparcialidade do árbitro à luz da jurisprudência da Corte de Apelação de

Paris confrontada à prática brasileira. **Revista de Arbitragem e Mediação**, v. 32, p. 373-387, 2012.

SCAVONI JÚNIOR, Luiz Antonio. Causas e cláusulas de exclusão de responsabilidade civil. **Revista de Direito Privado – DPriv**, v. 2, n. 8, São Paulo, p. 53-119, out./dez. 2001.

SCHRITZMEYER, Ana Lúcia Pastore. Por uma mudança no tempo do Judiciário: percepções sobre seleção, formação e carreira de magistrados da justiça comum do Estado de São Paulo. **Revista Brasileira de Ciências Criminais**, v. 24, p. 257-268, 1998.

SCOCUGLIA, Livia. Herman Benjamin: Juízes devem entender que ética não é só para terceiros. **Jota**, 16 nov. 2016. Disponível em: <http://jota.info/herman-benjamin-juizes-devem-entender-que-etica-nao-e-para-terceiros?utm_source=Newsletter&utm_campaign=Acesso%20Newsletter%2016-11>. Acesso em: 26 nov. 2016).

SHERMAN, Michelle. Why companies want arbitrators who have a public profile on LinkedIn and the internet. **Lexology**, 9 mar. 2011. Disponível em: <http://www.lexology.com/library/detail.aspx?g=4ef6687d-29e2-482a-8594-5dc112dd709f>. Acesso em: 26 out. 2016.

SILVA, Clóvis do Couto e. **A obrigação como processo**. Rio de Janeiro: Editora FGV, 2006.

SILVER-GREENBERG, Jessica. CORKERY, Michael. Beware the Fine Print: Part II – In Arbitration, a 'Privatization of the Justice System'. **New York Times**, 01 nov. 2015. Disponível em: <http://www.nytimes.com/2015/11/02/business/dealbook/in-arbitration-a-privatization-of-the-justice-system.html>. Acesso em: 26 out. 2016.

__. GEBELOFF, Robert. Beware the Fine Print: Part I – Arbitration Everywhere, Stacking the Deck of Justice. **New York Times**, 31 out. 2015. Disponível em: <http://www.nytimes.com/2015/11/01/business/dealbook/arbitration-everywhere-stacking-the-deck-of-justice.html>. Acesso em: 26 out. 2016.

SOBOTA, Luke A. Repeat Arbitrator Appointments in International Investment Disputes. In: **Challenges and recusals of judges and arbitrators in international courts and tribunals**. Chiara Giorgetti (ed.). The Netherlands: Brill Nijhoff, p. 293-319, 2016

Solutions, Inc. Disponível em: <http://dsi-adr.com/wp-content/uploads/2011/07/Arbitrator_Questionnaire.pdf>. Acesso em: 26 out. 2016.

SOMBRA, Thiago Luís Santos. **A eficácia dos direitos fundamentais nas relações privadas**. 2. ed. São Paulo: Atlas, 2011.

STIGLER, George. The Economics of Information. **Journal of Political Economy**, v. 69, 1961.

STIPANOWICH, Thomas J.; ULRICH, Zachary P. **Arbitration in Evolution: Current Practices and Perspectives of International Arbitrators**. Legal Studies Research Paper Series. Paper Number 2014/30. Pepperdine University – School of Law, 2014,

p. 10. Disponível em: <https://papers.ssrn.com/sol3/papers.cfm?abstract_id=2519196>. Acesso em: 26 out. 2016.

SUANNES, Adauto. Provas eticamente inadmissíveis no processo penal. **Revista Brasileira de Ciências Criminais**, n. 31, p. 75-101, jul./set. 2000.

Superior Tribunal de Justiça, AgRg no Ag 110.559/DF, Rel. Ministro Edson Vidigal, Quinta Turma, julgado em 10/08/1999, DJ 13/09/1999.

Superior Tribunal de Justiça, Conflito de Competência 111.230/DF, Rel. Ministra Nancy Andrighi, Segunda Seção, julgado em 08/05/2013, DJe 03/04/2014.

Supremo Tribunal Federal (STF). ADPF – Arguição de Descumprimento de Preceito Fundamental n. 165, ofício de 1 set. 2015.

SUSSKIND, Richard; SUSSKIND, Daniel. **The future of the professions: how technology will transform the work of human experts**. Oxford University Press, 2015.

Tabela de Custos da Corte da Câmara de Comércio Internacional da CCI. Disponível em: <http://www.iccwbo.org/products-and-services/arbitration-and-adr/arbitration/cost-and-payment/cost-calculator/>. Acesso em: 26 out. 2016.

The Owners of the Steamship Catalina & The Owners of the Motor Vessel Norma. 61 Lloyd's Rep. 360, 1938. Disponível em: <https://www.trans-lex.org/311230/_/catalina-v-norma-[1938]-61-llyods-law-reports-360-et-seq/>. Acesso em 26 out. 2016.

Tidewater Investment SRL and Tidewater Caribe, C.A. v. Bolivarian Republic of Venezuela (ICSID Case No. ARB/10/5). Disponível em: <http://www.italaw.com/cases/1096>. Acesso em: 26 out. 2016.

TIMM, Luciano Benetti. GUANDALINI, Bruno. RICHTER, Marcelo de Souza. Reflexões sobre uma análise econômica da ideia de arbitragem no Brasil. **20 anos da Lei de Arbitragem. Homenagem a Petrônio R. Muniz.** Coord. Carmona, Lemes e Martins. São Paulo: Atlas, 2017

Urbaser S.A. and Consorcio de Aguas Bilbao Biskaia, Bilbao Biskaia Ur Partzuergoa v. Argentine Republic (ICSID Case No. ARB/07/26). Disponível em: <http://www.italaw.com/cases/1144>. Acesso em: 26 out. 2016.

VERÇOSA, Fabiane. A liberdade das partes na escolha e indicação de árbitros em arbitragens internacionais: limites e possibilidades. **Revista de Arbitragem e Mediação**, a. 1, n. 1, p. 332-350, jan. 2004.

VIDAJ-GOJKOVIC, Ema. Puppies or Kittens – How to Better Match Arbitrators to Party Expectations. **Kluwer Arbitration Blog**, 8 ago. 2016. Disponível em: <http://kluwerarbitrationblog.com/2016/08/08/puppies-kittens-better-match-arbitrators-party-expectations-results/>. Acesso em: 26 out. 2016.

Vito G. Gallo v. The Government of Canada, UNCITRAL, PCA Case No. 55798. Disponível em: <http://www.italaw.com/cases/471>. Acesso em: 26 out. 2016.

WALD, Arnoldo. A ética e a imparcialidade na arbitragem. **Revista de Arbitragem e Mediação**, v. 39, p. 17-37, 2013.

WALSH, Thomas W. TEITELBAUM. Ruth. The LCIA Court Decisions on Challenges to Arbitrators: An Introduction. In: William W. Park (ed), **Arbitration International Special Edition on Arbitrator Challenges**. LCIA, Kluwer Law International, p. 283-313, 2011.

WASELIUS, Jan; MEINANDER, Tanja. **The Ruola Family v. X, The Supreme Court of Finland, 2005:14**, 31 jan. 2005. A contribution by the ITA Board of Reporters. Kluwer Law International, 2005.

WHITESELL, Anne Marie. Independence in ICC Arbitration: ICC Court Practice Concerning the Appointment, Confirmation, Challenge and Replacement of Arbitrators. **International Chamber of Commerce Bulletin, Independence of Arbitrators**, Special Supplement 2007, 2007.

WHITTAKER, Simon; ZIMMERMANN, Reinhard. **Good faith in European contract law**. Cambridge studies in international and comparative law. Cambridge: England, 2000.

WILLIAMSON, Oliver E. **The economic institutions of capitalism**. Free Press, New York, 1985.

WLADECK, Felipe Scripes. **Impugnação da sentença arbitral**. Salvador: Editora JusPodivm, 2014.

ZAMOUR, Roman. Issue Conflicts and the Reasonable Expectation of an Open Mind: The Challenge Decision in Devas v. India and its impact. In: **Challenges and recusals of judges and arbitrators in international courts and tribunals**. Chiara Giorgetti (ed.). The Netherlands: Brill Nijhoff, p. 228-246, 2016.

ÍNDICE

PREFÁCIO	15
INTRODUÇÃO REVELAR É, SOBRETUDO, INFORMAR E VALIDAR	19
1. A FIGURA DO ÁRBITRO: QUEM "SÃO" OS ÁRBITROS, E O QUE SIGNIFICA SER (OU "ESTAR") ÁRBITRO	25
2. A RELAÇÃO DO ÁRBITRO COM AS PARTES E COM A SOCIEDADE: SEUS DEVERES E OBRIGAÇÕES – A NATUREZA CONTRATUAL E A CONFIANÇA COMO PEDRAS DE TOQUE	69
3. O DEVER DE REVELAÇÃO DO ÁRBITRO: SUA NATUREZA JURÍDICA, CAUSAS, FINALIDADES E EFEITOS	105
4. A EXTENSÃO DO DEVER DE REVELAÇÃO DO ÁRBITRO: O QUE DEVE, O QUE NÃO DEVE, E O QUE NÃO PRECISA SER REVELADO	161
5. CONSEQUÊNCIAS DA VIOLAÇÃO DO DEVER DE REVELAÇÃO: EFEITOS E SANÇÕES ÉTICAS, MATERIAIS E TAMBÉM PROCESSUAIS	279
CONCLUSÃO	333
POSFÁCIO	361
REFERÊNCIAS	363